中国社会科学院学部委员专题文集
ZHONGGUOSHEHUIKEXUEYUAN XUEBUWEIYUAN ZHUANTI WENJI

清朝社会等级制度论

经君健○著

中国社会科学出版社

图书在版编目(CIP)数据

清朝社会等级制度论/经君健著.—北京：中国社会科学出版社，2016.2
（中国社会科学院学部委员专题文集）
ISBN 978-7-5161-6434-1

Ⅰ.①清… Ⅱ.①经… Ⅲ.①社会结构—中国—清代—文集
Ⅳ.①D691.7-53

中国版本图书馆 CIP 数据核字（2015）第 146878 号

出 版 人	赵剑英
责任编辑	冯　斌
责任校对	刘　娟
责任印制	戴　宽

出　　版	中国社会科学出版社
社　　址	北京鼓楼西大街甲 158 号
邮　　编	100720
网　　址	http://www.csspw.cn
发 行 部	010-84083685
门 市 部	010-84029450
经　　销	新华书店及其他书店
印刷装订	北京君升印刷有限公司
版　　次	2016 年 2 月第 1 版
印　　次	2016 年 2 月第 1 次印刷
开　　本	710×1000　1/16
印　　张	28.25
插　　页	2
字　　数	455 千字
定　　价	108.00 元

凡购买中国社会科学出版社图书，如有质量问题请与本社联系调换
电话：010-84083683
版权所有　侵权必究

《中国社会科学院学部委员专题文集》编辑委员会

主任 王伟光

委员（按姓氏笔画排序）

王伟光　刘庆柱　江蓝生　李　扬
李培林　张　江　张蕴岭　陈佳贵
卓新平　郝时远　赵剑英　晋保平
程恩富　蔡　昉

统筹 郝时远

编务 王　琪　刘　杨

前　言

哲学社会科学是人们认识世界、改造世界的重要工具，是推动历史发展和社会进步的重要力量。哲学社会科学的研究能力和成果是综合国力的重要组成部分。在全面建设小康社会、开创中国特色社会主义事业新局面、实现中华民族伟大复兴的历史进程中，哲学社会科学具有不可替代的作用。繁荣发展哲学社会科学事关党和国家事业发展的全局，对建设和形成有中国特色、中国风格、中国气派的哲学社会科学事业，具有重大的现实意义和深远的历史意义。

中国社会科学院在贯彻落实党中央《关于进一步繁荣发展哲学社会科学的意见》的进程中，根据党中央关于把中国社会科学院建设成为马克思主义的坚强阵地、中国哲学社会科学最高殿堂、党中央和国务院重要的思想库和智囊团的职能定位，努力推进学术研究制度、科研管理体制的改革和创新，2006年建立的中国社会科学院学部即是践行"三个定位"、改革创新的产物。

中国社会科学院学部是一项学术制度，是在中国社会科学院党组领导下依据《中国社会科学院学部章程》运行的高端学术组织，常设领导机构为学部主席团，设立文哲、历史、经济、国际研究、社会政法、马克思主义研究学部。学部委员是中国社会科学院的最高学术称号，为终生荣誉。2010年中国社会科学院学部主席团主持进行了学部委员增选、荣誉学部委员增补，现有学部委员57名（含已故）、荣誉学部委员133名（含已故），均为中国社会科学院学养深厚、贡献突出、成就卓著的学者。编辑出版《中国社会科学院学部委员专题文集》，即是从一个侧面展示这些学者治学之道的重要举措。

《中国社会科学院学部委员专题文集》（下称《专题文集》），是中国社会科学院学部主席团主持编辑的学术论著汇集，作者均为中国社会科学院学部委员、荣誉学部委员，内容集中反映学部委员、荣誉学部委员在相关学科、专业方向中的专题性研究成果。《专题文集》体现了著作者在科学研究实践中长期关注的某一专业方向或研究主题，历时动态地展现了著作者在这一专题中不断深化的研究路径和学术心得，从中不难体味治学道路之铢积寸累、循序渐进、与时俱进、未有穷期的孜孜以求，感知学问有道之修养理论、注重实证、坚持真理、服务社会的学者责任。

2011年，中国社会科学院启动了哲学社会科学创新工程，中国社会科学院学部作为实施创新工程的重要学术平台，需要在聚集高端人才、发挥精英才智、推出优质成果、引领学术风尚等方面起到强化创新意识、激发创新动力、推进创新实践的作用。因此，中国社会科学院学部主席团编辑出版这套《专题文集》，不仅在于展示"过去"，更重要的是面对现实和展望未来。

这套《专题文集》列为中国社会科学院创新工程学术出版资助项目，体现了中国社会科学院对学部工作的高度重视和对这套《专题文集》给予的学术评价。在这套《专题文集》付梓之际，我们感谢各位学部委员、荣誉学部委员对《专题文集》征集给予的支持，感谢学部工作局及相关同志为此所做的组织协调工作，特别要感谢中国社会科学出版社为这套《专题文集》的面世做出的努力。

《中国社会科学院学部委员专题文集》编辑委员会
2012年8月

目 录

明清两代"雇工人"的法律地位问题 ………………………………… (1)
明清两代农业雇工法律上人身隶属关系的解放 ………………… (20)
论清代社会的等级结构 …………………………………………… (71)
关于中日学者对明清两代雇工人身份地位问题研究的评介 ……… (128)
关于清代奴婢制度的几个问题 …………………………………… (149)
试论雍正五年佃户条例
　　——清代民田主佃关系政策的探讨之一 ……………………… (255)
论清代蠲免政策中减租规定的变化
　　——清代民田主佃关系政策的探讨之二 ……………………… (274)
清代民田主佃关系政策的历史地位
　　——清代民田主佃关系政策的探讨之三 ……………………… (296)
《病榻梦痕录》札记
　　——清代塾师收入状况一瞥 …………………………………… (318)
关于明清法典中"雇工人"律例的一些问题
　　——答罗仑先生等 …………………………………………… (333)
《清代社会的贱民等级》一书重印后记 …………………………… (366)

附录　浅谈元代驱奴的来源及其法律地位 ……………………… (370)

索引 ………………………………………………………………… (416)

明清两代"雇工人"的法律地位问题

在关于中国资本主义萌芽问题的讨论中，不少同志根据历史文献中关于"雇"、"佣"的记载，来考察中国资本主义生产关系的"萌芽"时代，我们认为这是很有必要的。问题在于如何运用马克思列宁主义的理论，正确地判断这些"雇"、"佣"劳动的性质。事情很清楚，资本主义的剥削关系虽然采取资本家阶级对工资劳动者阶级的雇佣关系的形式，但雇佣关系却并不就等于资本家阶级对工资劳动者阶级的剥削关系。我国不同时期的历史文献中所见到的"雇"、"佣"，到底是什么性质，是需要结合当时各种条件认真研究的。在这篇文章中，我们仅就明清两代的雇工人这种雇佣关系的性质问题，提出一点看法。

马克思主义所说的资本主义雇佣关系，是"自由劳动"的雇佣关系。"自由劳动和这种自由劳动对货币的交换……是雇佣劳动的前提与资本的历史条件之一。"① 所谓"自由劳动"包含双重意义。第一，劳动者已从前资本主义的人身隶属关系中解放出来，成为一个有权出卖自己劳动力的"自由"的人；第二，劳动者已被夺去生产资料，"自由"得一无所有。前者使劳动者出卖劳动力成为可能，后者使劳动者出卖劳动力成为必要。当这种"自由"的劳动者在劳动力市场上和资本家进行交易时，双方"彼此作为身份平等的商品所有者发生关系，所不同的只是一个是买者，一个是卖者，因此双方是在法律上平等的人"。② 这里的"平等"，当然就是买卖双方都有根据自己的"自由意志"成立交易契约——雇佣契约的同等权利的意思。

---

① 马克思：《资本主义生产以前各形态》，人民出版社1956年版，第3页。
② 马克思：《资本论》第1卷，见《马克思恩格斯全集》第23卷，第190页。

在鸦片战争以前的中国历史上，早就出现了大量的被夺去生产资料的劳动者。这些贫苦劳动者，绝大部分都是破产农民。我们在明清历史文献中所看到的"雇"、"佣"字样，主要就是指他们被雇佣的现象。

在中国资本主义萌芽问题的讨论中，有个别同志，把这些劳动者的被雇佣，不加区别地一概看成是资本主义的雇佣关系。理由是，这些劳动者的被雇佣，已经是"自由的契约关系"，或者说是"赤裸裸的货币关系"等等。但是，事情并不这样简单。

马克思主义经典作家在分析双重"自由"的意义时，是以劳动者仅仅出卖劳动力，同资本家成立资本主义雇佣关系为前提的。资本主义是这样一种人对人的剥削制度，在这种制度之下，资本家阶级"要购买别人劳动力来增殖自己所占有的价值总额"，① 即从事于剩余价值的生产。在资本主义关系下，资本家是向劳动者购买"在一定时间内对他的劳动力的使用"，② 而不是购买劳动者本身；资本家需要的是劳动者以"法律上的平等"地位和他成立雇佣契约关系，而不是使这种劳动者在雇佣期间和他发生人身隶属关系。这当然不是由于资本家阶级对工资劳动者阶级怀有什么善良心肠，这是资本主义的历史特征，是不以人们意志为转移的资本主义生产关系的客观规律。

但是，如果在前资本主义的各种人对人的剥削制度之下，事情就不会是这样的。明清文献上所说的"雇"、"佣"现象，情况到底如何，我们应该深究。

现在，我们试就明清法典上有关"雇"、"佣"的规定来探讨劳动者在受雇期间的身份地位问题。法典反映生产关系是通过"折光"作用的，是和实际生活有距离的。可是法典毕竟是统治阶级压迫被统治阶级的工具，法典上面剥夺被统治者任何权利的规定，都是统治阶级束缚人民的绳索，是经常有效的、随时可以动用的现实的统治工具。因此，我们对于明清雇佣劳动者身份地位问题的探讨，可以从明清法典的有关规定开始做起。实际生活中的具体情况，我们在这里暂不涉及。

---

① 马克思：《资本论》第1卷，见《马克思恩格斯全集》第23卷，第782页。
② 马克思：《资本论》第2卷，见《马克思恩格斯全集》第24卷，第42页。

一　明清法律上的雇工人

在明清两代，贵族、缙绅和地主为了生产劳动，为了家庭服役，都需要役使劳动力。在当时的社会经济条件下，他们常常采取购买劳动者的方式来获取劳动力。买来的劳动者就成为奴婢，有的则在名义上称作义男、义女。他们的这种人身购买往往也采取"自由交易"的雇佣契约形式。这种雇佣的交易和奴婢买卖的主要差异，只在于"雇与奴虽同隶役，实有久暂之殊"，"雇工人者，雇倩役使之人，非奴婢之终身从役者"；① 就是说奴婢的卖身契约终身有效，世代有效，而雇佣契约只在约定的年月时限以内对雇佣劳动者有约束力。明清两代的法律术语把这样被"雇"、"佣"的劳动者称为"雇工人"，② 称雇主为"家长"，认为雇主和雇工人之间"应有主雇之谊"，③ 具有所谓"主仆名分"；从而，这种关系在实际上成为主仆关系的一种。

明清法典并不承认雇工人和雇主之间有什么平等的身份地位，所有的只是从属的人身隶属关系。当时的法典是把雇工人看作一个特殊的社会等级，对雇工人的许多罪行的判处原则，和"凡人"、"奴婢"分别对待，列有专门条款。但法律条文和许多法学家的著作则往往"奴"、"雇"并提。而雇工人确实也是一种和奴婢虽有若干不同但又极相类似的社会等级，"盖亦贱隶之徒耳"。④

根据现存文献，我们知道，迟至万历十六年（1588年），明政府才第一次对雇工人这个法律术语下了正式的定义。这个定义说，"今后官民之

---

① 张楷：《律条疏议》卷20，明天顺间刊，第21、25页。
② 明清法典没有指明雇工人是农业雇佣劳动者还是手工业雇佣劳动者。我们所见清代成案中涉及的雇工人，绝大多数都是农业雇佣劳动者；也有少数判例涉及手工业劳动者，特别是尚未脱离农业的手工业劳动者，如烧炭工、砖瓦工等，他们也受有关雇工人的法律的约束。
③ 聂尔康：《濂江公牍》，咸丰九年广东石城县冯亚五案，见《为宰公牍》，第23页。
④ 张楷在《律条疏议》中按道："雇工人非奴婢之比，亦必倍减以科刑。〔家长〕致死〔雇工人〕而与〔致死〕奴婢同徒，失之轻也；〔家长〕故杀〔雇工人〕而与〔故杀〕凡人同斩，失之重也。故其死及故杀，则均坐以绞刑，过失杀伤并不论罪，盖亦贱隶之徒耳。"见卷20，第21页，"良贱相殴"律后。

家，凡倩工作之人，立有文券，议有年限者，以雇工人论；止是短雇月日，受值不多者，依凡论"。① 这时法典才明文规定把"止是短雇月日，受值不多者"排除在雇工人的范围之外。万历十六年以后，明政府未曾对雇工人的含义再次做过修改。清代法典也继承了这个定义。不过，清政府在乾隆二十四年（1759年）、乾隆三十二年（1767年）、乾隆五十三年（1788年）、嘉庆六年（1801年）和宣统二年（1910年），分别做过几次修改或补充。关于这个问题，我们将在本书《明清两代农业雇工法律上人身隶属关系的解放》一文中专门讨论。在这里，我们只想指出一点，即从万历十六年以后，并不是所有的雇佣劳动者都被看成是法律上的雇工人；法律术语雇工人所指的社会成员，并不是一个固定不变的社会等级。但是，另一方面也必须强调指出，明清法律对于雇工人所犯各种罪行的判刑等级，自从洪武三十年（1397年）最终编定《明律集解附例》的时候起，到宣统二年（1910年）纂修《大清现行刑律》的时候止，除个别罪行外，一直没有变动，前后历时五百多年。这就是说，随着社会经济情况的发展，构成法律上雇工人身份的条件虽然在发生着变化，但是，只要雇佣关系适合当时的雇工人的含义，构成法律上的雇工人身份，那么，他就得受到雇工人的法律约束。五百多年以来，历朝的统治者对于如何惩处雇工人的犯罪行为这个问题，前后一致，极少发生异议，他们对待雇工人的那副凶残面貌是一直没有改变的。②

二 被当作子孙、卑幼判刑的雇工人

明清统治阶级是把雇工人编入雇主的宗法家长制体系以内，对雇工人侵犯雇主及其有服亲属的行为，比照子孙或卑幼侵犯其父母、尊长的罪行

---

① 刘维谦：《明律集解附例》（以下简称《明律》）卷20，光绪三十四年（1908年）修订法律馆重刊本，"斗殴"。

② 因此，我们可以根据任何一部明清律例来研究两代雇工人的法律地位。明清两代，尤其是清代，现存的律例很多，主要可参阅：(1)《明律》；(2) 吴达海：《大清律集解附例》，康熙年间修补顺治原版刊本；(3) 吴坛：《大清律例通考》，光绪十二年刊本；(4)《大清律例增修汇纂大成》，光绪二十四年刊本等。

来权衡处刑的。

明清时代的统治阶级和法学家并不承认雇主和雇工人之间是什么简单的劳动力买卖的交易行为，而称雇主是雇工人的家长，强调支付劳动报酬的行为是雇主"恩养"雇工人，就和家长之"恩养"其子孙一样。家长和雇工人之间具有一种名分关系，这种名分，类比作伦理关系中"亲子"、"尊卑"、"上下"的名分。对于这一点，所有明清两代的法学家都是一贯坚持的。例如，明代的刘维谦就强调说，"雇工人虽无伦理，而名分之重与子孙不异"；① 清代的李柟说，"雇工人虽不在伦常中，而名分之重，则与子孙不异"；② 清代的万枫江又说，"雇工人虽不同服属，而名分之重与子孙不异"。③ 当然，明清两代的统治阶级绝不是把雇工人真正当作子孙，赋予他们以子孙的权利，例如，遗产继承权，等等。这一点是无须说明就可理解的。雇工人和子孙的另一差异，就是在一个家族中，某代子孙对上代固然处在子孙、卑幼的地位，对其下代却又是父母、尊长，而雇工人则对雇主的任何亲属都处在子孙、卑幼的地位。他只是在犯罪处刑时比照子孙、卑幼的地位，而不享有子孙、卑幼的任何权利。总之，在明清两代的统治阶级看来，"奴仆、雇工人之于家长，实属分严情疏，非卑幼亲属可比"。④

这种把雇佣劳动者编入雇主的宗法家长制体系以内来确定其判刑等级的"主仆"制度，和资本主义制度下资本家和工资劳动者之间的关系决不应该混淆起来。这是明清封建主义生产关系的一种特殊现象，是一个必须认真研究的问题。现在就来看看这种制度的具体内容。

大家知道，中国的五服制度是区别血缘关系的亲疏以定服丧等级的一种制度。五服制度把血缘亲属分为直系尊长、期亲、大功、小功和缌麻五类。如果男女分别计数，那么属于尊亲的有八种，期亲十三种，大功十一

---

① 《明律》卷19，第28页。
② 李柟：《大清律笺释》卷19，康熙刊本，第6页。
③ 万枫江：《大清律集注》卷20，乾隆三十四年刊本，第7页。
④ 乾隆十九年十二月，刑部奏折。见沈如焞《例案续增》卷21，第74页。

种，小功十九种，缌麻三十八种，总共八十九种。① 这就是说，雇工人对雇主及其八十九种亲属都处于从属地位，不得享受平等的法律待遇。例如雇主的同胞兄弟乃是雇主的"期亲"，也就是雇工人的"期亲"；和雇主出自同一高祖父母而为雇主旁系亲属的同辈女子，在亲属称谓上叫作族姊妹，在丧服制度上，如其未嫁，属于"缌麻亲"，她在法律上也被当作雇工人的"缌麻亲"对待。总之，尽管雇工人只从雇主个人那里领取饭食工钱，和雇主的那许多亲属了无经济关系，但是雇主的所有有服亲属却都对雇工人享有特殊的法律地位。

为了说明明清时代法律怎样把雇工人编制在雇主的宗法制家族体系以内，由此来确定他对雇主亲属的人身隶属关系，我们可以把他们之间若干种相互犯罪的判刑和同一家族中子孙、卑幼与父祖、尊长间相互犯罪的判刑做一番比较。

明清法律规定，雇工人谋杀家长或家长期亲、外祖父母致死，与子孙谋杀祖父母②、父母致死，或卑幼谋杀期亲尊长、外祖父母致死同罪，凡参与共谋，不分主犯或从犯，一律凌迟处死。③ 雇工人谋杀家长之大功、小功、缌麻亲属致死，与卑幼谋杀大功、小功、缌麻亲尊长致死同罪，凡参与共谋，不分主犯或从犯，一律斩决④。雇工人故杀家长之大功、小功、

---

① 在本宗九族成员之间，除父母、祖父母、曾祖父母和高祖父母乃直系尊亲外，凡伯叔父母和未嫁姑、兄弟和未嫁姊妹、长子夫妇和嫡孙、众子、侄和未嫁侄女，都叫作"期亲"；凡已嫁姑、堂兄弟、已嫁姊妹和未嫁堂姊妹、众子之妇和众孙、侄之妇和已嫁侄女，都叫作"大功亲"；凡伯叔祖父母和未嫁祖姑、堂伯叔父母和未嫁堂姑、兄弟之妻、再从兄弟、已嫁堂姊妹和未嫁再从姊妹、堂侄和未嫁堂侄女、嫡孙之妇、侄孙和未嫁侄孙女，都叫作"小功亲"；凡曾伯叔祖父母和未嫁曾祖姑、族伯叔祖父母、已嫁祖姑和未嫁族祖姑、族伯叔父母、已嫁堂姑和未嫁族姑、堂兄弟之妻、族兄弟、已嫁再从姊妹和未嫁族姊妹、堂侄之妇、再从侄、已嫁堂侄女和未嫁再从侄女、众孙之妇、曾孙和元孙、侄孙之妇、堂侄孙、已嫁侄孙女和未嫁堂侄孙女、曾侄孙和未嫁曾侄孙女，都做"缌麻亲"；又，外姻中的外祖父母、母之兄弟和姊妹都是"小功亲"，母舅之子、两姨之子、姑之子、妻之父母和女之子又都是"缌麻亲"。（参阅附录。）

② 明清法律中的"祖父母"包括高祖父母、曾祖父母、祖父母三代；"子孙"包括子女、孙、曾孙、元孙四代。

③ "凌迟处死"是一种执行死刑的特殊方法，一般叫作剐刑，就是零砍碎割。这是明清刑罚中最重的一种，极为残酷。

④ "决"或称"立决"。即不必等候秋审、朝审，就可以按照规定的手续立即执行死刑。

缌麻亲属、与卑幼故杀大功、小功、缌麻亲尊长一样，斩监候。① 雇工人殴死家长之大功、小功、缌麻亲，与卑幼殴死大功、小功、缌麻亲尊长一样，斩监候。而家长及其祖父母、父母、期亲、外祖父母殴伤雇工人，和祖父母、父母、期亲尊长以及外祖父母殴伤子孙、卑幼一样，无罪。家长之缌麻亲属殴雇工人至重伤，与缌麻亲尊长殴卑幼至重伤一样，判刑比凡人斗殴至重伤罪减一等。家长之缌麻亲殴死雇工人，与缌麻亲尊长殴死卑幼一样，绞监候。雇工人诬告家长，与子孙诬告祖父母、父母同罪，绞决。雇工人诬告家长之期亲、外祖父母、大功、小功、缌麻亲，与卑幼诬告期亲、外祖父母、大功、小功、缌麻亲尊长同罪，如果所诬告的罪行重于卑幼"干名犯义"的罪行，原告就其所捏造事实应得之罪加三等判刑。根据这些例子，我们可以看出，雇工人对雇主的侵犯，其科断同于子孙侵犯父母；对雇主亲属的侵犯，其科断同于卑幼侵犯尊长；反之亦然。这就是说雇工人是被置于子孙、卑幼的行列之中来权衡其处刑等级的。明清两代的法律一贯体现这个原则。

当然，雇工人与雇主毕竟不是血缘的亲族关系，主仆关系也不能完全等于伦理关系。因之，雇工人的处刑等级与子孙并非一般无二、毫无差异。法律对雇工人某些犯罪的判刑比子孙、卑幼较轻，另外一些，却又较重。我们可再举一些律文的规定来做比较。

1. 斗殴罪（未伤或轻伤）

卑幼殴大功亲尊长	杖八十，徒①二年。
雇工人殴家长之大功亲属	杖②一百。比卑幼殴大功杀尊长罪轻三等。
卑幼殴缌麻亲尊长	杖六十，徒一年。
雇工人殴家长之缌麻亲属	杖八十。比卑幼殴缌麻亲尊长罪轻三等。

2. 骂詈罪（挨骂人亲自告官乃坐罪）

子孙骂祖父母、父母	绞。
雇工人骂家长	杖八十，徒二年。比子孙骂父祖罪轻四等。
卑幼骂缌麻亲尊长	杖六十。

---

① "监候"，是监禁等候的意思。凡是斩、绞监候的罪犯，一律暂行监禁，等候秋审、朝审时按具体情况分别处理。虽然同为死刑，但"监候"比"立决"要轻，因为"监候"可以多活一些时日，并有得到赦免的机会。

雇工人骂家长之缌麻亲属	笞③四十。比卑幼骂缌麻尊长罪轻二等。
3. 谋杀罪（已死）	
祖父母、父母谋杀子孙	杖六十，徒一年。
家长谋杀雇工人	没有此项罪行律文。④
4. 盗窃罪	
盗窃自己的期亲亲属财物	比凡人盗窃罪轻五等。
盗窃自己的缌麻亲属财物	比凡人盗窃罪轻二等。
同居雇工人盗窃家长财物	比凡人盗窃罪轻一等，并免刺字。比子孙盗窃期亲财物罪重四等。相当于盗窃无服制远亲财物罪。

注：①徒，明清时代刑罚的一种。犯罪稍重，除受杖刑外，发本省驿递服劳役。自一年起加至三年止，为五等；每杖一十及徒半年为一等加减。期满还乡。

②杖，用大竹板打臀腿处，是明清刑罚中次轻的一种，自六十至一百，分五等，每一十为一等加减。

③笞，用竹板打臀部，是明清刑罚中最轻的一种，自一十至五十，分五等，每一十为一等加减。

④康熙年间沈之奇原注，洪弘绪重订《大清律辑注》："杀奴婢、雇工人有殴杀、故杀而无谋杀。盖尊长谋卑幼，已杀者亦止依故杀法，故于奴婢、雇工人不著谋杀罪，所以别上下之分也。"

  这些判刑等级的差异表明，雇工人在犯罪处刑时的法律地位与雇主家族内的子孙、卑幼相类，但比子孙、卑幼略高，唯有盗窃罪例外。雇工人盗家长财物比亲属盗窃罪加重至四等之多。这正好说明雇工人和子孙卑幼的差别，法律严防雇主的财物流入雇工人手中。①

  同时，我们还必须看到，在宗法家长制体系里，一个成员具有双重身份。一方面，对于父祖以及一切辈分较高的人（包括兄姊），他是子孙、卑幼；同时，对于子孙以及一切辈分较低的人（包括弟妹），他又是父祖、尊长。而被编制在雇主的家族体系内的雇工人，在法律上却没有这种双重的地位。陈说在其《读律管见》一书中写道："奴、雇于家长

---

① 嘉庆二十四年《说帖》中记载："查律载，同居奴婢、雇工人盗家长财物减凡盗罪一等，免刺等语……乾隆五年又改定雇工人盗家长财物亦照窃盗计赃治罪，均不准照律减等，现今遵行。是律文所载减等一条业已不用。例内虽未指明此等人犯应否刺字，但既称'照凡盗一体治罪'，自当照凡盗一体刺字，以盗窃门内已有刺字明文，不复赘言也。"（祝庆祺：《刑案汇览》卷18，光绪十四年刊本，第68—69页），这就更加强了对雇工人盗雇主财物的防范。

之亲皆卑幼也。主人缌麻之卑幼，皆奴、雇缌麻之尊长也"。① 这就是说，雇主的长辈是雇工人的长辈，雇主的晚辈也是雇工人的长辈。在雇主的家族体系内，雇工人比起任何人来，其法律地位都只能相当于子孙或卑幼，而不能相当于尊长，即使对雇主的初生堂房侄孙，也必须如此。上面列举的那些律条说明，雇工人对雇主亲属、子孙对父祖、卑幼对尊长犯同等罪行时，是同一科断。但"亲属"二字既包括长辈，也包括晚辈。举例说，某人被他的堂侄孙打死了。在服制中，堂侄孙是缌麻亲卑幼。按照卑幼殴死缌麻亲尊长律，凶手应判斩监候。如果某人打死了他的堂侄孙，按照缌麻亲尊长殴死卑幼律，凶手应判绞监候。前者砍头，身首异处；后者绞死，可得全尸；虽然都是死刑，但前者重于后者。如果雇工人殴死雇主堂侄孙的话，按照雇工人殴死雇主缌麻亲属律，和卑幼殴死缌麻亲尊长同罪，应判斩监候。这位雇工人并不能因为堂侄孙是雇主的晚辈而像尊长那样得到全尸的"优待"。明清法律中关于雇工人对家长亲族的一切规定都是这样的。所以，假设雇主家族的八十九种服制关系每种有一个人，那么，雇工人在这个家族体系内不是仅受四十名尊长的统治，而是受全家族八十九人，再加上雇主夫妻，即九十一人的统治。雇工人对雇主宗法家长制体系内的任何有服成员都具有不同程度的人身隶属关系，他隶属于雇主的整个家族。

三　雇工人与奴婢

从明清法典中可以发现，除去雇工人以外，被编制在宗法家长制体系之中的还有奴婢。奴婢是终生卖身的，不但其劳动力，而且其人身也不属于他自己，完全隶属于主人。在社会上，奴婢低凡人一等，被视为"贱民"。在主人的家族中，他（她）没有任何自由和权利。奴婢以及他们的子孙，可以被主人作为财产出卖或转让。有的奴婢甚至永远不能赎身，子孙世代为奴。现在再将雇工人在主人家族体系中的法律地位和奴婢做个比较，来进一步分析雇工人的地位。

---

① 转引自《大清律例通考》卷26，"刑律"，"人命"。

在明清法律上，对很多罪行的判处规定，雇工人和奴婢是同等判刑的。例如，谋杀雇主及其亲属罪，诬告雇主及其亲属罪，奸雇主妻女罪，雇主及其亲属被杀不报官而私和罪，造畜蛊毒杀害雇主罪，发掘雇主坟冢罪，毁弃雇主尸体罪，于雇主坟墓附近薰狐狸、烧棺、烧尸罪，盗窃雇主财物罪，杀死雇主图赖他人罪，等等，对雇工人和奴婢判刑都没有差别。雇主谋杀雇工人、殴雇工人不致重伤、过失杀死雇工人、奸雇工人妻女、骂雇工人等，也和主人对奴婢犯这些罪行一样判处。

此外，立法者规定，雇主和雇工人间的关系也具有"主仆名分"。这说明在当时的统治者心目中，在雇主心目中，雇工人和奴婢是有其共同之处的。

当然，雇工人的法律地位也不是在一切方面部表现得同奴婢一样。以斗殴罪为例：

奴婢殴家长，不论有伤无伤或者殴死	分主犯、从犯，一律斩决。
雇工人殴家长，未伤	主犯杖一百，徒三年。从犯减一等。比奴婢轻二等。
轻伤	主犯杖一百，流①三千里。从犯减一等。主犯比奴婢主犯轻一等。
重伤	主犯绞监候。从犯减一等。与奴婢罪同等，但全尸。
致死	主犯斩决。从犯减一等。主犯与奴婢同罪。
奴婢殴家长之缌麻亲属，未伤	杖六十，徒一年。
雇工人殴家长之缌麻亲属，未伤	杖八十。比奴婢罪轻三等。
家长殴死奴婢	杖六十，徒一年，放受害奴婢的夫、妻子女从良。
家长殴死雇工人	杖一百，徒三年。比殴死如婢罪重四等。
家长之缌麻亲属殴死奴婢	杖一百，徒三年。
殴死"雇工人"	绞监候。比殴死奴婢罪重二等。

注① "流"刑是将罪犯送到遥远的地区去居住，永远不许返回家乡。在明代，流刑重的叫作"充军"；到清代，一般流刑都叫作"充军"了。

一般说来，雇工人侵犯雇主比奴婢侵犯主人判刑较轻；雇主侵犯雇工人比主人侵犯奴婢判刑较重。

雇工人在受雇以前是一个凡人，一旦受雇，并符合雇工人条件，就与雇主有了主仆名分，就形成了依附关系、隶属关系。但主雇之间的"主仆名分"与主奴之间的"主仆名分"是有所差异的。前者因为雇佣关系一般不是终生的，其身份关系也就随雇约期满而解除。明清法典就根据这一点来区分雇工人和奴婢的法律地位。清初的法学家沈之奇写到，雇工人"不过受人雇值，为人执役耳，贱其事未贱其身。雇值满日，即〔与旧〕家长亦同凡人，与身为奴婢者不同"；又说，"雇工人雇钱已满，出外别居，即凡人矣"，"雇钱已满，即同凡论"。①张澧中写到：雇工人"一经辞出，即无恩义可言"。②《大清律例集解附例》认为，"奴婢系终身服役，雇工人止系限年服役，故坐罪稍异也"。③刑部说帖曾有这样的话："雇工与奴婢名分虽同而恩义有别。奴婢一经契买，则终身服役，饮食衣服皆仰之主人。其恩重，故其名分亦重。而雇工祗为生计受雇佣工，因其既受役使，不得不示以上下之分。若一经工满，去留得以自由，留之则为主仆，去之则无名分。……其工价既尽，即属凡人也。"④这就比较清楚地说明了清代关于奴婢与雇工人法律的立意所在。由于同样的道理，雇工人的子孙不继承雇工人身份。

明清法典中并未规定雇工人属于贱民范畴。⑤但在封建统治者的思想中，往往把雇工人看作是和凡人不一样的。例如，乾隆八年的一个案件中，司法者就认为雇主"诬雇为仆，与诬良不同"，他们明知自己的看法"律无正条"，即没有法律根据，但还是借词"事出有因"，对雇主的违法行为"应免深究"。⑥乾隆十二年发生的一起奴婢和雇工之间的纠纷案件中，刑部认为"奴仆之与雇工，一系终身服役，一系限年服役，乃均属听

---

① 《大清律辑注》卷20，"斗殴"，"奴婢殴家长"；卷25，"犯奸"。
② 张澧中：《大清律例根源》卷21，道光二十七年刊本，"斗殴"。
③ 转引自姚观等《大清律例全纂》卷22，嘉庆元年刊本，"奴婢殴家长"。
④ 阙名：《审办雇工殴旧家长议》，刑部说帖，转引自《皇朝经世文编》卷92。
⑤ 清代法学家薛允升说："究竟雇工人是良是贱，律内并未言及；其与平人相犯，是否以凡论，亦无明文规定。既定有此等名目，而又不详晰叙明，何也？"见《唐明律合编》卷22。
⑥ 马世璘：《成案所见集》卷26。

遣驱使，同为下役之人，未可以奴婢为贱而以雇工为良也"。① 这种情况，看来是司法者违反法典的行为，而不是法典的立意。

从法典的正式规定看来，在雇主宗法家长制体系以外的社会上，雇工人的法律地位是和奴婢不一样的。这一点，雇工人和奴婢有很大的区别。明清法律中有"良贱相殴"、"良贱相奸"、"良贱为婚"等条，都是为奴婢与主人家族成员以外的凡人间的相互关系而设的。一般说来，凡人侵犯别人的奴婢，比侵犯凡人减一等治罪。奴婢侵犯凡人，比凡人相互侵犯加一等治罪。② 有关"良贱"相犯的律文，对雇工人无效。例如，殴打别人的雇工人，其科罪与殴打凡人是一样的。法典中没有关于雇工人与雇主家族以外的凡人相犯的特殊规定，可见他们之间彼此具有同一的法律地位。

总之，在雇主的宗法家长制体系中，雇工人的法律地位近似奴婢，而比奴婢略高；但在社会上，它的地位同于凡人。

四　雇工人与雇主及其家族间的不同法律地位

上面已经说明了雇工人在雇主家族中居于类似子孙、卑幼的地位，因而，其法律地位在任何情况下都低于凡人。他们"现在工役之日，与家长之亲属亦有名分，虽异于奴婢，亦不得同于凡人"。③ 现在再来比较一下雇工人与雇主及其家族成员之间和凡人相互之间犯同样罪行的判处，看看雇工人和雇主及其家族成员，存在着何种不同的法律地位。

从上表可以看出，雇主及其有服亲属对雇工人和雇工人对雇主及其有服亲属间，法律地位的差别是何等悬殊。雇主可以任意殴打以致打伤雇工人都不犯罪；骂，自然更不在话下。雇主奸污雇工人妻女，统治者并不认为这值得大惊小怪，应列专条判罪；即使判罪也不过打几十下屁股就算了。这就是说，雇工人不仅自身要受雇主及其有服亲属的凌辱，连他的妻

---

① 同德：《成案续编》卷9。
② 《大清会典》载："凡定例……有良、贱之异。凡'良贱相殴'、'良贱相奸'，良人有犯，减凡人一等科罪；奴婢有犯，加凡人一等科罪。"万有文库版，第6册，第636页。
③ 《大法律辑注》卷20，"刑律"、"斗殴"，"良贱相殴"律注。

	1. 谋杀罪
凡人杀死凡人	为首为从分别治罪。主犯斩监候，为从绞监候；没有动手的同谋者杖一百，流三千里。
雇工人杀死家长或家长期亲	不分首从，一律凌迟处死。与凡人谋杀虽同为死罪，但这种处刑的方法是死刑中最为残酷的一种。
家长杀死雇工人	没有此项罪行律文。
	2. 斗殴罪（未伤）
凡人殴凡人	笞二十。
雇工人殴家长或家长期亲、外祖父母	杖一百，徒三年。比凡人殴罪重十三等。
家长或家长期亲、外祖父母殴雇工人	无罪。
雇工人殴家长的缌麻亲属	杖八十。比凡人殴罪重六等。
家长的缌麻亲属殴雇工人	无罪。
	3. 奸罪（和奸、男女同罪）
凡人和奸	杖八十。
雇工人与家长妻、女和奸	斩决。比凡人罪重九等。
家长与雇工人妻、女和奸	没有此项罪行律文。①
雇工人与家长缌麻亲属妻、女和奸	杖一百，流二千里。比凡人奸罪重八等。
家长缌麻亲属与雇工人妻、女和奸	没有此项罪行律文。②
	4. 骂詈罪（被骂人亲自告官乃坐罪）
凡人骂凡人	笞一十。
雇工人骂家长	杖八十，徒二年。比凡人骂罪重七等。
家长骂雇工人	没有此项罪行律文。
雇工人骂家长缌麻亲属	笞四十。比凡人骂罪重三等。
家长缌麻亲属骂雇工人	没有此项罪行律文。

注：①《大清律辑注》：家长"之于奴、雇本非天亲，特以名分相事。使若家长与奴、雇之妻通奸，自甘污下，应同坐轻笞"。以笞刑中最重的一种（笞五十）计算，也比凡人奸罪轻三等。

②《大清律辑注》：雇主"奸期亲以下之婢及奴〔工人〕之妻者，期亲尤可轻拟；其余'和'与'强'似当皆以凡论"。

子、女儿都应该忍受他们的凌辱。而雇工人侵犯了雇主以及雇主亲属，比凡人犯同类罪行至少加重三等科断，最高的（如斗殴）竟加重十三等之多！雇工人即使骂上雇主几句，也得挨八十棍，坐两年监牢！统观全部明清法律，和凡人相比，雇工人侵犯雇主除盗窃外没有一项罪行不加等判刑的；反之，雇主侵犯雇工人却又没有一项不减等的。不仅如此，就连雇主家族中有服制的每一个成员都不同程度地对雇工人享有如此特权。与雇主关系最远的缌麻亲属殴打雇工人都不犯法，其余较近的什么小功、大功、期亲之类则更不消说了。

从表面看，雇主侵犯雇工人的若干种罪行，虽然比他侵犯凡人惩处较轻，但总算有所裁制，好像法律并不放纵雇主对雇工人为所欲为。其实，事情并不这么简单。

雇工不准告主，早在元代就有禁律。① 明清律中更进一步明确规定了告主的雇工人应受何等罪罚。明清法典"诉讼"门有一条法律，叫作"干名犯义"（简称"干犯"）。按照"名例"规定，亲属之中有人犯罪可以相互代为隐瞒，不向官府检举（谋反、谋叛除外），法律术语称为"容隐"。如果父祖、尊长犯罪，子孙、卑幼去衙门告状或揭发，不论所告是否属实，原告都犯"干犯"之罪。雇工人也有为雇主"容隐"的义务，否则与子孙一样犯"干犯"之罪。而且，他不仅不能告雇主及其尊长，连雇主的卑幼亲属也告不得。总之，雇工人不得"干犯"雇主家族任何有服成员。请看对雇工人犯"干犯"罪的判处：

家长犯罪，雇工人告实	首告人杖九十，徒二年半；犯罪人同自首论，免罪。
家长期亲、外祖父母犯罪，雇工人告实	首告人杖九十；犯罪人同自首论，免罪。
家长大功亲属犯罪，雇工人告实	首告人杖八十；犯罪人同自首论，免罪。
家长小功亲属犯罪，雇工人告实	首告人杖七十；小功尊长犯罪人就其所犯的应得之罪减三等治罪。
家长缌麻亲属犯罪，雇工人告实	首告人杖六十；缌麻尊长犯罪人就其所犯的应得之罪减三等治罪。

如果雇工人犯罪，雇主或其亲属告实，被告按所犯罪行判处，不减

---

① 《元史》卷33，本纪第33，文宗2：天历二年二月戊戌："诸佣雇者，主家或犯恶逆及侵损己身，许诉官；余非干己，不许告讦。著为制。"

刑；首告人无罪；而特别值得重视的是：诬告也无罪。

按照"干犯"律，雇主与雇工人法律地位之悬殊竟可能达到如下惊人的程度：假设雇工人的两眼被雇主打瞎，或者两条腿被打断，按照法律，雇主应减凡人三等（凡人犯有此项罪行应判杖一百，流三千里，并将一半财产给付受害人养赡）治罪，即判杖九十，徒二年半。但是，实际上雇工人并没有告发雇主这种罪行的法律保障。因为如果雇工人去衙门告状，他就犯了"干犯"雇主之罪。按雇工人干犯家长律，原告应判杖九十，徒二年半，而被告却作自首论，免罪。于是凶手应得的惩罚反而落到受害人的头上了。受害人坐牢挨打，犯罪人却逍遥法外。再假设雇工人被雇主的曾侄孙打得内伤以致吐血。曾侄孙是雇主的缌麻亲属，按照法律，他应减凡人一等（凡人犯同样罪行，杖八十）治罪，即杖七十。雇工人如果告官，也犯干犯罪。结果被告依律减三等治罪，即打（笞）五十板屁股结案，而原告却要挨六十大棍。受害人比犯罪人罪高一级，刑加一等。

不仅如此，上述种种都是雇工人违犯"主仆名分"，因而便是违犯国法的意义上的法律待遇。要知道，雇工人除去必须遵守国法以外，他还必须遵守雇主的家法，雇主有权对他施行家长的权力。这种家长统治的权力是得到国家法典的承认和保护的。

明清法典"斗殴"门"奴婢殴家长"律内有这样一条规定：雇工人"若违犯教令而依法决罚，邂逅致死……各勿论"。违犯谁的"教令"呢？如何算"依法决罚"呢？律后注道："若奴婢、雇工人违犯家长及家长之期亲、若外祖父母教令而依法于臀腿受杖去处决罚，其有邂逅致死……者，各勿论。"这就是说，雇工人受雇于雇主，他就必须无条件地服从雇主的任何命令。法典给予雇主这样一种权力，他可以命令雇工人在任何时间、任何条件下干任何工作，而雇工人必须服从。从而，雇工人的劳动就成为一种强制的人身奴役性质的劳动。因为雇工人不干的话，是"违犯教令"，雇主就可以行使"家长"权力，在雇工人的"臀腿受杖去处""依法决罚"，打上一顿。雇主所依的这个"法"是什么样子，法典中没有讲，实际上就是雇主的意志，打多少是"合法"，那就凭雇主的高兴了。挨打以后的雇工人不死算是走运，死了活该倒霉，因为"邂逅致死"者

"各勿论"。

而且雇工人所必须遵守的不仅是雇主本人的"教令"。雇主的期亲，包括父母、祖父母、曾祖父母、高祖父母、伯叔父母、未嫁姑、兄弟、未嫁姊妹、长子夫妇、嫡孙、众子、侄和未嫁侄女以及外姻中的外祖父母，都有权役使雇工人。雇工人不从时，他们都可以施发家长制的淫威，对雇工人"依法决罚"。特别应该注意的是，这一条文中，雇工人和奴婢是并列的。换言之，就这一点而言，雇工人的地位和奴婢完全一样。①

由以上分析得知，明清法典给了雇主以任意处罚雇工人的权力。同时剥夺了雇工人向法庭控告雇主的权利。这样的规定，比起律例中其他一切有关雇工人的条文都具有更大的压迫作用。它时刻威胁着雇工人，使之不敢违犯雇主的任何"教令"，从而最有效地保证了雇主的家长特权。这种法律非常突出地反映了封建宗法制统治的特点。

由此可以肯定，雇工人和雇主及其家族之间的这样一种关系，和资本主义的雇佣关系显然没有什么相同之处。可以被雇主及其某些亲属"依法"打死的雇工人，决不可以看作是资本主义的"自由"雇佣劳动者。

当然，并非明清时代的一切雇佣劳动者都与雇主具有"主仆名分"，都是法典中所谓的雇工人。明清雇佣劳动者中只有具备特定条件的才属于雇工人等级。决不能由于雇工人的存在而否认产生资本主义萌芽关系的可能性。事实上，鸦片战争前中国封建社会内部已经孕育着资本主义萌芽，我们有必要从雇佣关系中去考察它的表现形式。但无论如何，如果说明清时代某种形式的雇佣关系带有资本主义性质，构成资本的历史前提的话，那么，那种形式下的雇佣劳动者必须不属于雇工人的范畴，必须是已经从雇工人的身份束缚中解放出来的雇佣劳动者。因此，雇佣劳动者身份解放过程的考察，对于研究中国资本主义萌芽问题就具有重要意义了。

---

① "违教令邂逅杀伤奴、雇，皆得勿论，所以别贵贱，正名分也。"（张楷：《律条疏议》卷20，天顺间刊，第26页，"奴婢殴家长"律后。）

最后，我们要提出关于明清封建社会的等级制度问题。

列宁说过："所谓阶级，就是这样一些集团，这些集团在历史上一定社会生产体系中所处的地位不同，对生产资料的关系（这种关系大部分是在法律中明文规定了的）不同，在社会劳动组织中所起的作用不同，因而领得自己所支配的那份社会财富的方式和多寡也不同。所谓阶级，就是这样一些集团，由于它们在一定社会经济结构中所处的地位不同，其中一个集团能够占有另一个集团的劳动。"① 在明清社会中，农业雇佣劳动者就属于当时社会生产体系中完全不占有，或者占有很少生产资料的生产劳动者阶级，属于被占有劳动的集团。他们是农民的一个组成部分，生产资料所有者和他们结成剥削和被剥削的雇佣关系，他们才借以领得很少的一份社会财富。

阶级，在奴隶社会及封建社会中，表现为等级；等级，是阶级在特定社会历史发展阶段中借以表现的形式。列宁说："在奴隶社会和封建社会中，阶级的差别也是用居民的等级划分而固定下来的，同时还为每个阶级确定了在国家中的特殊法律地位。所以，奴隶社会和封建社会（以及农奴制社会）的阶级同时也是一些特别的等级。"② 本文的分析证明，雇工人的法律身份既不同于凡人，也不同于奴婢，更没有缙绅等所具有的某些特权，从而成为明清时代一个特定的等级。明清法典对某些社会集团具有不同的特殊法律地位的规定，反映出当时存在着一个等级的阶梯，而雇工人只是这个阶梯中的一级，相当低下的一级。同时也看到，把雇工人这种特定的雇佣劳动者和奴婢一起编入雇主的家族体系论刑，这是中国明清社会家长制宗法统治的一个突出表现，也是明清封建等级制的一大特点。

通过这一研究，我们认识到，明清等级制度的结构、特点、意义及其向非等级的过渡等，都应成为我们今后研究的课题。

---

① 《伟大的创举》，见《列宁全集》第 29 卷，第 382—383 页。
② 《俄国社会民主党的土地纲领》，见《列宁全集》第 6 卷，第 93 页注。

附录：

明清两代丧礼本宗九族五服图（正服）

第一层（最上）：
- 高祖父母 齐衰三月

第二层：
- 曾祖姑：在室缌麻，出嫁无服
- 曾祖父母：齐衰五月
- 曾伯叔祖父母：缌麻

第三层：
- 族祖姑：在室缌麻，出嫁无服
- 祖姑：在室小功，出嫁缌麻
- 祖父母：齐衰不杖期
- 伯叔祖父母：小功
- 族伯叔祖父母：缌麻

第四层：
- 族姑：在室缌麻，出嫁无服
- 堂姑：在室小功，出嫁缌麻
- 姑：在室大功，出嫁期年
- 父母：斩衰三年
- 伯叔父母：期年
- 堂伯叔父母：小功
- 族伯叔父母：缌麻

第五层（本身所在之列）：
- 族姊妹：在室缌麻，出嫁无服
- 再从姊妹：在室小功，出嫁缌麻
- 堂姊妹：在室大功，出嫁小功
- 姊妹：在室期年，出嫁大功
- 己身
- 兄弟：期年
- 兄弟妻：小功
- 堂兄弟：大功
- 堂兄弟妻：缌麻
- 再从兄弟：小功
- 再从兄弟妻：无服
- 族兄弟：缌麻

第六层：
- 族侄女：在室缌麻，出嫁无服
- 再从侄女：在室小功，出嫁缌麻
- 堂侄女：在室大功，出嫁小功
- 侄女：在室期年，出嫁大功
- 众子、众子妇、长子、长子妇：众子期年，众子妇大功，长子期年，长子妇期年
- 侄：期年
- 侄妇：大功
- 堂侄：小功
- 堂侄妇：缌麻
- 再从侄：缌麻
- 再从侄妇：无服

第七层：
- 族侄孙女：在室缌麻，出嫁无服
- 堂侄孙女：在室小功，出嫁缌麻
- 侄孙女：在室大功，出嫁小功
- 众孙、众孙妇、嫡孙、嫡孙妇：众孙大功，众孙妇小功，嫡孙期年，嫡孙妇大功
- 侄孙：小功
- 侄孙妇：缌麻
- 堂侄孙：缌麻
- 堂侄孙妇：无服

第八层：
- 曾侄孙女：在室缌麻，出嫁无服
- 曾孙、曾孙妇：曾孙缌麻，曾孙妇无服
- 曾侄孙：缌麻
- 曾侄孙妇：无服

第九层（最下）：
- 元孙、元孙妇：元孙缌麻，元孙妇无服

明清两代丧礼本宗九族五服图（正服）

明清法典中列载此图，"所以明服制之轻重，使定罪者由此为应加应减之准也。"（《笺释》）我们通过其所列彼此间应服丧服之轻重，可以清楚地看出明清封建宗法关系的本宗九族结构和它们之间的亲疏、尊卑、长幼关系。所谓九族，本有广义、狭义之分。古制以父族四、母族三、妻族二为九族。明清两代法典规定的九族，系仅指本宗亲属而言，不包括外亲。即如图示：由己身上推至高祖父母，下推至元孙，左右推至三从兄弟姊妹。

所谓五服，即指期服、大功、小功、缌麻和袒免而言。

期服。着此服者为期亲，是关系最近的亲属。期服有两种：一为"斩衰"，用最粗的麻布，不缝下边，着三年，亲属中唯有父母之丧才着此服。二为"齐衰"，用稍粗的麻布，缝下边。齐衰的穿着分四种：杖期（持杖，服一年）、不杖期（不持杖，服一年）、五个月和三个月。为期亲尊长着此服。

大功。用粗熟布，穿九个月。

小功。用稍粗熟布，穿五个月。

缌麻。用稍细熟布，穿三个月。

袒免。尺布缠头。实际上已不成服，穿这种丧服的，仅仅包括同五世祖族属远于缌麻一级的亲属，而不包括缌麻以外的一切无服亲。

［原载《新建设》1961年第4期，署名"欧阳凡修"。1983年5月收入《明清时代的农业资本主义萌芽问题》（中国社会科学出版社）一书时曾作修改。］

明清两代农业雇工法律上人身隶属关系的解放

我们在《明清两代"雇工人"的法律地位问题》一文中,研究了明清法典上所谓雇工人的身份地位,用处刑条律证明了雇工人这类劳动者乃是明清封建社会中被编制在雇主的宗法家长制体系以内的一个特定的社会等级,不能视为资本主义的"自由"雇佣劳动者阶级。同时我们也曾说明,并非当时所有的雇佣劳动者都受雇工人法律约束,法律上的雇工人仅指明清雇佣劳动者中的一个特定范围而言。原不属于雇工人范畴,以及解除了雇工人身份成为"凡人"的雇佣劳动者和雇主是具有平等的法律地位的。这类同凡的雇佣劳动者,才可以说是法律形式上的"自由"雇佣劳动者。该文最后这样写道:如果说明清时代某种形式的雇佣关系带有资本主义性质,构成资本的历史前提的话,那么,那种形式下的雇佣劳动者必须不属于雇工人的范畴,必须是已经从雇工人的身份束缚中解放出来的雇佣劳动者。因此,雇佣劳动者身份解放过程的研究就具有重要意义了。哪些雇佣劳动者属于雇工人范畴?他们在什么时候以及怎样从雇工人身份束缚中解放出来?本文将要回答这些问题。

一 明清两代的"律"、"例"和农业雇佣劳动者的身份地位问题

20世纪50年代以来,关于明清农业雇佣劳动者法律身份的问题,在我国,许多学者均曾论及。如傅衣凌同志在《明清江南地主经济新发展的

初步研究》一文中，曾用万历十六年条例说明雇工的身份问题。① 李文治同志在其所编的《清代鸦片战争前的地租、商业资本、高利贷与农民生活》②和《中国近代农业史资料（第一辑）》③中，举出清代法典中有关雇工人的若干"条例"，证明他们和雇主之间不存在平等的法律地位。又，许大龄同志在《十六世纪、十七世纪初期中国封建社会内部资本主义的萌芽》④一文中也曾谈到这个问题。对这些同志提出的问题，我们在本文中试作进一步的探索。

在开始论述本问题之前，我们认为下列三点是需要事先说明的：

第一，本文所谓的关于雇佣劳动者获得的"解放"，系指雇佣劳动者脱离雇工人法律约束，在法律上摆脱对雇主的人身隶属关系，取得和雇主平等的法律地位这一特定含义而言的。

第二，我们研究的范围仅限于农业雇工（同时涉及从事非生产的所谓"服役"劳动者，但这不是我们的研究重点）。因为明清法典并没有指明雇工人是否包括手工业雇工；而我们曾经接触到的明清判案、批语和其他资料，有少数是涉及手工业雇佣劳动者，或者在谈到有关手工业雇佣劳动者时使用雇工人这一术语的。因此，可以认为，关于雇工人的这些条例是同样适用于手工业雇工的。但因本文主要讨论农业雇工的法律身份问题，所以凡使用"雇佣劳动者"或"雇工"概念时，主要指农业雇工，一般不包括手工业工人在内。

第三，判断雇佣劳动的性质是一个比较复杂的问题。要想全面深刻地研究这个问题，就必须从这一时期社会生产力的发展水平、生产资料所有制的性质、阶级斗争状况以及经济基础和上层建筑的相互作用等方面进行总体的考察。但这样做，并不是本文的任务。我们在这里只准备分析这个复杂问题的一个侧面——法律形式的变化这一侧面。大家都知道，在阶级社会中，法律作为一种上层建筑，它往往落后于经济基础的发展，而且往

---

① 《厦门大学学报》1956年第3期。该文载入《中国资本主义萌芽问题讨论集》（以下简称《讨论集》）上册。
② 《经济研究》1956年第1期。该文载入《讨论集》下册。
③ 三联书店1957年版，第112—113页。
④ 《北京大学学报》1956年第3期。该文载入《讨论集》下册。

往不能完全地反映基础的发展。因此，仅靠对法典的研究来分析生产关系，当然是有其局限性和片面性的。我们并不希望也不可能从这个研究中对明清农业雇佣劳动的性质下一个全面的断语。但是，我们认为，从这一个侧面来进行研究还是必要的和有益的，至少可以提供对雇佣劳动性质做全面论断所必需的一部分史料和提出一些值得注意的问题。

为了说明我们是从哪里着手研究雇佣劳动者在法律上的人身隶属关系的解放问题，现在先扼要说明一下明清两代的法典。

明代法典的基本原则创自朱元璋。朱元璋在开始建国的那一年（吴元年，公历1367年）就着手草拟法典，后来经过了三十年的漫长岁月，才把整套法典定型化，名之为《明律集解附例》（简称《大明律》）。这部明律构成了明代法典的基础，后来的清代法典则继承了它的基本原则和体制形式。①

明清法典的条文分作"律"、"例"两类。判处各种罪行服刑等级的根本规定叫作"律"，或称"条律。"② 事实上，诉讼案件的具体情节极其复杂，律文当然不可能把各种具体情况包罗无遗。因而，封建法庭在处理案件时，往往很难找到恰合案情的条律。遇到这种情况时，他们便把实际的案情和有关的条律加以比拟，根据封建统治阶级的立法精神，将犯罪者参照有关条律加等或减等判刑。一些具有代表性的案件则列为"成案"，著令"通行"，作为以后判处同类案件的典型先例。隔了若干年，刑部再把某些"成案"简化为条文，经奏请当时的皇帝批准后，便附载到有关的条律之后，作为判处同类案件的正式依据。这种律例条文就是"例"，或称"条例"。当然，另外还有很多条例并非成案的简化，而只是刑部等衙门或官员鉴于当时出现的某些情况，根据封建立法原则拟定后，经皇帝批准颁行的。不论其形成过程如何，条例总归是补条律之不足的具体规定，

---

① 清朝刚入关时，没有自己的法典，暂时沿用明律。顺治三年（1646年），由刑部尚书吴达海等修成《大清律集解附例》（简称《大清律》），次年公布实行。《大清律》是在《大明律》基础上，根据清代体制增删修改，加添注释而成的；其中很多"律"、"例"是一字不改地从《大明律》抄下来的。以后，历朝不断修纂，但即使到宣统二年四月颁行的清代最后一部法典——《大清现行刑律》为止，其基本精神和主要内容一直变动不大。

② 清代法典中有关雇工人的条律全部抄自明律，未加改动。所以，我们在这里就将明清两代法典并提了。参阅上一篇拙作。

或权宜规定。朱元璋说过："条例特一时权宜，定律不可改。"①他的子孙遵守了这一告诫，对法典中的条律轻易不敢改动，而条例却每经过一定时期便根据新的成案增删修订一次。清王朝也遵循了这个原则。到乾隆十一年（1746年），更具体规定每五年修订一次条例。②特别值得注意的是，明清两代法典中关于雇工人的规定，条律始终未变，所改变的只是条例；而条例的修改，除关于强劫雇工财物等个别条款外，其变动又都是关于雇工人这一术语的适用范围的规定。

我们研究明清两代雇佣劳动问题，注意法典中条律和条例这个差别很重要。有关雇工人的条律不变，意味着雇工人这个等级在法律上的身份地位始终不变；这一点，在上一篇拙作中已经分析过了。有关雇工人含义的条例的修改，意味着雇工人这个等级所包括的社会成员有所变动。这种变动，就是本文所要探讨的问题。

二 万历十六年"新题例"上的长、短工

在我们所看到的明代早期的法典中，只有关于雇工人的处刑条律，并没有明确规定所谓雇工人指的是些什么人。当时的问刑官员遇到有关雇工的案件时，常常产生疑问。因此，在有些解释法典的书籍中，作者曾就雇工人名称作出自己的解释。

浙江温处兵巡副使龚大器，在其万历五年（1577年）刊行的《招拟

---

① 洪武二十五年（1392年），刑部曾建议更订那些与条例不同或矛盾的条律，朱元璋不准。参阅《明史·刑法志》；《明会要》卷64"刑一"。
② 关于清代法典，主要请参阅：（1）吴达海等：《大清律集解附例》，顺治年间刊，康熙年间修补本；（2）沈之奇：《大清律辑注》，康熙五十四年刊；（3）李楠：《大清律集解附例笺释》，康熙年间刊；（4）朱轼：《大清律集解附例》，雍正年间刊；（5）吴坛：《大清律例通考》，乾隆年间成书，光绪十二年刊；（6）万枫江：《大清律集注》，乾隆三十四年刊；（7）唐绍祖等：《大清律例》，乾隆五十五年刊；（8）李观澜等：《大清律例全纂集成汇注》，嘉庆六年刊；（9）杨曰鲲：《大清律纂修条例（律例馆进呈按语册稿）》，嘉庆七年刊；（10）姚润：《大清律例增修统纂集成》，道光十八年刊；（11）张澧中：《大清律例根源》，道光二十七年刊；（12）黄恩彤：《大清律例按语》，道光二十七年刊；（13）章钺等：《大清律例增修统纂集成》，咸丰九年刊；（14）《大清律例汇辑便览》，同治十一年刊；（15）朱文熊：《大清律例增修纂大成》，光绪二十四年刊；（16）沈家本等：《大清现行刑律案语》，宣统元年刊；（17）沈家本等：《大清现行刑律》，宣统二年刊；（10）沈家本等：《大清刑律》，宣统三年刊，以及《清史稿·刑法志》、《大清会典》、《大清会典事例》等。

指南》中说：凡是"用钱雇募在家佣工者"，都算雇工人。他的根据是正德年间的两个判例。一个是正德十三年（1518年），以"每月工银一钱"的工价雇给"在官卖皮底人刘珍扛抬盛皮底木柜"的胡雄，刃伤雇主；另一个是正德十四年（1519年）"雇与在官献陵卫舍馀张胜"卖面的张泽骂雇主。在我们看到的文献中，这两个例案都没有记载法庭根据什么把胡雄和张泽确定为雇工人，但都是按雇工人侵犯"家长"的有关律文判处的。龚大器认为，"比部为法家宗主，凡有所拟，即当据以为法"；在他看来，判例就是解释法典最好的根据。至于"比部"当初是根据什么原则判拟的，他就不管了。①

此外，我们还发现有这样的解释："雇工人者，乃受雇长工之人，或雇出外随行者，不论年月久近皆是。若计日取钱，如今之裁缝、木匠、泥水匠之类，皆不得为雇工人。若前雇工人年限已满出外，有犯者亦不得为雇工人。"

这个解释包括如下内容：第一，一切长工均属雇工人范畴；第二，受"雇出外随行者"，不论其受雇时间长短，亦均属雇工人范畴；从工作性质上看，这种"出外随行者"，大抵是服役劳动者；第三，"计日取钱"的短工不是雇工人。从所举的例子看，都是手工业者；第四，已经辞出的雇工，不能算作雇工人。可以看出，受雇时间的长短，乃是区分是否雇工人的重要原则。虽然这一解释中没有提到农业雇佣劳动者，但可以确信，上述原则对他们也是适用的。关于雇工人的这一解释，见诸《大明刑书金鉴》。② 这部书是一个不记年月的钞本，我们暂时尚未考出其确切的写作年代。从它对雇工人的解释来看，似乎应该是在龚大器的《招拟指南》之后，而在雇工人"新题例"产生之前。换言之，这部书应该是万历五年至万历十六年之间的产物。如果这个推测不错的话，那么，我们可以这样说：万历五年以后的某一年，即《大明刑书金鉴》成书时起，至万历十六年之间的雇工人是受雇期内的长工和一切随行出外的佣工。

---

① 龚大器：《(新刊)招拟指南》卷首，第22—24页；《比部招拟》卷4，第50—55、57页。比部，是明初刑部下属四部之一。洪武二十九年改四部为十二清吏司，宣德间改为十三司。此处所谓比部，系刑部的代称。参见（万历）《大明会典》卷2"吏部"及卷159"刑部"。

② 《大明刑书金鉴》，上海图书馆藏钞本，"刑律"、"斗殴"、"奴婢殴家长"律，"辩议"。

应该看到的是，不论《招拟指南》还是《大明刑书金鉴》，其对雇工人的解释，尽管可能是一定时期中为司法界所公认的解释，但毕竟只能算作一家之言；它可能代表官方的看法，但总不是正式的法典规定。因此，为消除司法中的混乱现象，对雇工人的含义做一正式的文字规定，完全是必要的。

直到万历十六年（1588年）制定了"新题例"，法典才第一次对雇工人这个术语下了定义。① "新题例"是根据都察院左都御史吴时来于万历十五年（1587年）给皇帝上的一个奏折中有关"定'缙绅'家'奴婢'例"的部分制定的。② 按照明朝定制，一般所谓"庶民之家"是不准收养奴婢的，只有"功臣之家"才有这种权力。但是，在实际生活中，不管什么等级的人，只要他有钱，都在买人使唤。遇到"庶民之家"在主奴之间发生诉讼情事时，官府就把奴婢当作雇工人处理，③ 以明其主家有"庶民"与"功臣"之别。可见，所谓雇工人并不完全是雇佣劳动者，其中也包括那些由于主人是庶民而升格的奴婢。

当时还有所谓"缙绅"，国家没有规定他们是否有权蓄奴，而事实上他们是养有奴婢的。这个阶层"固不得上比功臣，亦不可下同黎庶"，如把他们的奴婢统称为奴婢，作为其家主的"缙绅"则和"功臣"便没有了差别；如统称为雇工人，则"缙绅"便又同于"黎庶"了。④ 在当时的

---

① 我们所看到的万历十六年以前刊行的明代法典主要有（1）洪武元年（1368年）颁行的《大明令》，见《皇明制书》；（2）[朝鲜]高士褧、尚友斋：《校订大明律直解》，李太祖四年（洪武二十八年，1395年）成书，1936年日本刊本；（3）何广：《律例辨疑》，洪武间刊本；（4）张楷（式之）：《条律疏议》据天顺三年（1459年）刻本；（5）《大明律》，日本享保本，据清代法学家沈家本考证，这是嘉靖（16世纪上半叶）刊本的翻印本；（6）《大明律疏附例》，隆庆年间陈省样本；（7）万历十三年（1585年）修《大明律附例》，《会典》本及《玄览堂丛书》本；（8）王樵、王肯堂：《大明律附例笺释》（即所谓《笺释本》），万历初年成书，钞本等。在所有这些明律中，都没有发现关于雇工人的"条例"。因此可以肯定，万历十六年的"新题例"是第一个关于雇工人含义的正式规定。

② 《明神宗万历实录》卷191，万历十五年十月丁卯。

③ "律中各条称'奴婢'者，乃'功臣'之家给赐者；其'庶民'之家，止称'义男'，比雇工人论。"见《三台明律正宗》，万历十三年（1585年）刊，"名例"卷1，第24页，"法家引用"。

④ 明律规定："若庶民之家存养奴婢者，杖一百，即放从良。"法家解释道："存养'奴婢'者，重在'庶民'二字。男曰'奴'，女曰'婢'；庶民之家当自服勤劳，安得存养？故以禁之。若有官而上者，皆所不禁也。故律言'奴婢'殴'家长'、'奴婢'为'家长'首，冒认他人'奴婢'等项，岂尽为'功臣之家'言哉！但'功臣之家'有给赐者，而有官者皆自存养耳。问刑者每于'奴婢'之罪遂引雇工人科，其差误甚矣。学者详之。"见《大明刑书金鉴》，钞本，"户律"、"户役"，"立嫡子违法"律，"辩议"。又嘉靖间曾任兵部尚书的苏祐则这样说："今祖制惟公（？功）臣家有给赏奴婢，其余有犯，男称雇工人，女称'使女'。在卿大夫家且不得有奴婢，况庶人乎？"见《逌旃璅言》，转自《古今图书集成》卷94，经济汇编，刑典，"律令部"；中华本第773册，第23页。可见，关于官宦之家是否准养奴婢，解释是有不同的。

封建立法者看来，既不能将"缙绅"升等，又不便将"缙绅"降级，他们所蓄奴婢的地位是颇难安排的。吴时来的建议的主要目的正是解决这个矛盾的；而在解决这个矛盾的同时，也给雇工人创立了一个定义。

吴时来的建议上奏后，万历帝命令刑部、都察院和大理寺会同酌议，订出条款。万历十六年正月议妥的条文被置于明律"斗殴"门"奴婢殴家长"律之后，名为"新题例"。"新题例"的全文是这样的："今后，官民之家凡倩工作之人，立有文券、议有年限者，以雇工人论；止是短雇月日、受值不多者，依凡〔人〕论；其财买义男，如恩养年久，配有家室者，照例同子孙论；如恩养未久、不曾配合者，士庶之家依雇工人论，缙绅之家比照奴婢律论。"①

根据"新题例"的规定，凡被倩"工作之人"是否属于雇工人范畴，其判辨的标志是：是否"立有文券、议有年限"。所谓"工作之人"既可以包括从事服役性劳动的雇工，也可以包括从事生产性劳动的雇工，这就是说，劳动性质不决定雇佣性质。同时，这个标志既适用于"民"家雇工，也适用于"官"户雇工，这就是说，雇佣劳动者的身份与雇主的身份无关。由此可见，在"新题例"生效期间内，从事农业劳动的雇佣劳动者，不管其受雇于何等人家（是缙绅地主、凡人地主也罢，是"农民佃户"也罢），只要"立有文券、议有年限"，他就在法律上和雇主处于不平等的地位上，属于雇工人范畴；至于"短雇月日、受值不多"者，即短工，② 就不具有雇工人身份，与雇主在法律上地位平等，从这个意义上说，他们在法律上和雇主不再具有人身隶属关系。

关于万历十六年以前短工的法律身份问题，吴时来给万历的"定缙绅家奴婢例"奏折透露了某些线索。其中有这样一句话："有受值微少、工

---

① 《明律集解附例》卷20，光绪三十四年清修订法律馆重刊本。参阅《明神宗万历实录》卷194，十六年正月庚戌；谈迁：《国榷》卷74，上海古籍出版社1958年刊本，第4571页。

② 我们这里所谓"短工"，是指"短雇月日、受值不多"的雇佣劳动者而言。严格说来，这种说法并不十分确切。因为，即使是"短雇月日"的雇工犯了罪，如果他曾经和雇主订立了文字契约，那么，官府就会以"立有文契"为充分条件，构成其雇工人身份。这种事例在下文中可以看到。但是，可以设想，在实际生活中，短工立约不会是普遍现象。因此，为了方便起见，我们就用"短工"这一名称和"长工"作一般的划分了。本文所指"短工"，包日工、月工、季工；"长工"指一年以上的雇工，但一次约定连续受雇在十个月以上的雇工，一般也算长工。

作止计月日者，仍以凡人论。"这个"仍"字十分重要，它透露：那些"受值微少、工作止计月日"的雇佣劳动者在万历十六年以前就已不属于雇工人范畴，对雇主并不具有法律上的人身隶属关系了。前引《大明刑书金鉴》对雇工人所做的解释，可以证明我们的这一推断。但万历五年以前就不是这样。正德十三年时，按月领取工银的胡雄不就被判为雇工人吗。即使万历十六年以前"受值微少、工作止计月日"的雇工已不属于雇工人范畴，这也并不意味着短工就不再需要法律的明文规定来肯定其地位了。因为从判例中可以发现，就是在有了这种明文规定以后，短工往往仍被当作雇工人来判刑。

在农业生产中，短工的出现和存在是具有重要意义的。"一批农村雇农、特别是短工的形成，是富裕农民存在的必要条件。"① 恩格斯曾经指出过，"最初的资本家就已经遇到了现成的雇佣劳动形式"。当时自己有着小块土地而"不时出去打短工的农业劳动者"，就是以这种形式被雇佣的。起初，这种雇佣劳动还"是一种例外，一种副业，一种救急办法，一种暂时措施"，只是到了小生产者已经破产分化，生产资料已经成了社会化的生产资料并集中于资本家手中的时候，例外的、副业的雇佣劳动才变成了整个生产的通例和基本形式，"暂时的雇佣劳动者变成了终身的雇佣劳动者"。② 这是历史发展的一个方面。

另外，"不仅在由实物地租转化为货币地租的同时，必然形成一个无产的、为货币而受人雇用的短工阶级，而且甚至在这种转化之前就形成这个阶级。在这个新阶级刚刚产生，还只是偶然出现的时期，在那些境况较佳的有交租义务的农民之间，必然有那种自己剥削农业雇佣工人的习惯发展起来……因此，他们积累一定的财产并且本人转化为未来资本家的可能性也就逐渐发展起来。从这些旧式的、亲自劳动的土地占有者中间，也就产生了培植资本主义租地农场主的温床，他们的发展，取决于农村以外的资本主义生产的一般发展，如果像在十六世纪的英国那样，由于发生了特别有利的情况，对他们起了促进作用……那么，租地农场主就会特别迅速

---

① 《俄国资本主义的发展》，见《列宁全集》第3卷，第146页。着重点是引者加的。
② 《反杜林论》，见《马克思恩格斯全集》第20卷，第296页。着重点是引者加的。

地发展起来"。① 所以列宁强调指出：在资本主义发展史上，"雇用短工在农业中是起着特别重大的作用的"。② 在本文中，我们不打算就农业短工在明清经济发展史上的作用问题进行分析，但经典作家的这些论断告诉我们必须认真对待短工的身份地位问题。从这一点上说，我们认为万历十六年的"新题例"是具有重要的历史意义的。

"新题例"规定"立有文券、议有年限"的长工属于雇工人等级，但文券和年限究竟是缺一不可的两个必要条件，还是有其一便成为雇工人的充足条件，例文说得含混不清。不过，根据"新题例"，那些既未立有文券又未议有年限的雇佣劳动者，显然总不能算是雇工人的。因此，我们可以说，这个规定毕竟又在法律形式上把这种雇佣劳动者划出雇工人范畴之外了。当然，实际断案时是否按照这个原则办事，那是另外一回事。

此外，"新题例"把短工、长工、雇工人、奴婢和义男扯在一块儿，而以特定条件来加以区别。例如，同是雇佣劳动者，如其是"短雇月日、受值不多"的短工，便和雇主有平等的法律地位；如其是"立有文券、议有年限"的长工，便对雇主处在雇工人的人身隶属地位。同是"恩养未久、不曾配合"的义男，在缙绅之家就比照奴婢论，在士庶之家却又"依雇工人论"。根据"新题例"，我们大致可以这样说：第一，雇佣劳动者，如其是"短雇月日、受值不多"的短工，就已经从法律上的人身隶属关系中解放出来；如其是"立有文券、议有年限"的长工，就具有雇工人身份，尚未摆脱人身隶属关系。第二，奴婢是包括缙绅之家的义男以及原来功臣之家的奴婢。③ 第三，义男则根据其主人身份及已出卖的年限和婚配情况，分别比作子孙、奴婢或雇工人，不具独立的法律地位。从这里，人们可以看到，奴婢、义男和雇佣劳动者之间的差异性和共同性。附带说，我们认为，这种差异性和共同性以及界限不清之处，可以说是明清封建社会等级结构的一个特点。

---

① 《资本论》第 3 卷，见《马克思恩格斯全集》第 25 卷，第 900 页。着重点是引者加的。
② 《俄国资本主义的发展》，见《列宁全集》第 3 卷，第 56 页。着重点是引者加的。
③ 根据前引《大明刑书金鉴》的"辩议"看，奴婢还应包括官员或缙绅自己存养的奴婢。

三 "新题例"制定后171年间
封建法庭上的雇佣劳动者

万历十六年以后，明朝一直没有修改过"新题例"。顺治四年（1647年）颁行的清朝第一部法典《大清律集解附例》把这个"新题例"全文照录，列于"律附"。① 以后刊行的清代律例又按明律那样，把它全文附于"奴婢殴家长"律之后，其中关于雇工人部分直到乾隆二十四年（1759年）才做第一次修改。② 所以说，万历十六年"新题例"成为明清两代封建政权对雇佣劳动者之统治工具者，前后历时达171年（1588—1759年）。

明清统治者制定的法典，从根本上说，是符合统治者及其所代表的阶级的利益的。因此，统治阶级的法庭在司法过程中，要以法典作为判案的根据，是理所当然、不说自明的。这种现象，可以说是明清封建统治正常秩序的表现。但同时，在"新题例"持续有效的171年间，关于雇工的成案中，我们也可以发现相当数量不按"新题例"办事的例案。产生这种现象的原因可以很多：可能由于司法人员未能正确地理解立法的原意，可能由于他们受贿营私而有意歪曲律意，也可能由于其他的什么原因。不管怎样，这种现象表明，至少在雇工这一类案件中，明清封建法典的贯彻是不彻底的。我们认为，如果这一类与法典不相一致的判例达到一定数量，而且其中某些又成为"成案"，著令通行的话，那么，它的意义就不是个别的例外，而是在实际上成为法典律例的补充了。因此，这种现象也就应该特别引起我们的注意。基于这种认识，我们在这篇文章中不打算罗列那些按照雇工人条例办事的判例；相反，我们要着重分析的是那些违反这一条例的案件。我们认为，只有这样，才能更全面地看到明清两代法庭在实际上把雇佣劳动者摆在什么样的法律地位上。

---

① 吴达海等：《大清律集解附例》，顺治年间刊，康熙年间修补本，"律附"，第16页。
② 乾隆五年，此例附于刑律"人命"门"谋杀祖父母、父母"律后，其中关于"义男"部分改为："其财买义男并同子孙论"；其余部分未作修改。参阅（光绪）《大清会典事例》卷800，"刑部"，"刑律"，"人命"，第4页。乾隆二十四年起将"义男"部分从雇工人条例中删去了。

如前所述,"新题例"的文字规定是有其含糊不清之处的。现在就让我们来看看封建法庭如何利用这些含糊不清之处,上下其手,对雇佣劳动者进行迫害的。

首先让我们从封建法庭的判例中来看看"立有文券"和"议有年限"究竟是具备其中之一就构成雇工人身份呢,还是两者缺一不可呢?

雍正十三年,直隶新城县的时毛儿给刘玉佣工,"议定每年工价钱七千文","未立文契,已经两载"。有一天,刘玉的儿子刘七达子和时毛儿同去"赶集,因值天冷,一齐赴店沽酒御寒"。回家的路上,刘七达子殴打时毛儿致死。直隶总督将刘七达子按殴死雇工人罪判决了。案子报到刑部,刑部认为"刘七达子雇时毛儿,并未立有文券、开明年限,该督照殴死雇工人定拟,与例未符"。可见刑部是把"立有文券"和"议有年限"看作是构成雇工人法律身份的两个并列的必要条件,缺一不可。但是直隶总督却说,"乡间风俗,雇外来之人恐其来历不明,必须写立文券为凭。今时毛儿系同村素识,彼此相信,其〔雇佣〕年限、工价即以口议为定",①"虽未立有文券,但雇工已经二载,初非短雇月日可比;每年给工价七千文,又与受值不多者有间","实系长年雇倩",所以力主维持原判。

我们从这里看到,法律条文上"立有文券"和"议有年限"的两个条件被直隶总督作如此解释,完全是根据实际生活中雇主的利益和要求办事的。为此,他用"乡间风俗"诠释法典,确认"口议"和"文券"有同等的法律作用。而刑部本来是主张把文券和年限当作并列的必要条件看待的,最后竟也同意了这样的解释,从而减轻了杀人犯——雇主的儿子

---

① 雇佣长工需要写立文契、工帖,是和保甲制度有一定关系的。15 世纪中叶,明代的地方政权有这样的规定:"查雇工、染、麦、糟、磨、丝、毡等店,类多各处雇工人,必取邻里保结,果系久雇,方准容留。如系新来及无保结者,竟行驱逐;如店主容留,鸣官凭坐。"(周鉴:《金汤借箸》卷 6,崇祯间刻本,第 18 页)在清代,则又和逃人法有关。官府命令:"凡开店,租房之家见有往来客人,只要房钱,听其居住。耕农、修盖之家遇有做工闲汉,只要便宜即为觅雇。不知系孤身,无多行李,又无相识荐引之人,即宜遣(?遣)发起身。佣人须要相识中保。如有荐引中保,虽系逃人,罪坐荐引中保,断作窝家。如无荐引中保,租房、雇工不得过十日。十日之内免罪,十日之外,即断作窝家。地方官照例治罪。此店房收取房钱赁房居住、雇觅佣工者不可不知。"(黄六鸿:《福惠全书》卷19,康熙五十三年成书,光绪十九年刊本,第 2—3 页)由此可见,雇主雇用长工因"同村素识"而不写文契是可能的。

（期亲）刘七达子的处刑等级。① 值得注意的是，此例一经列为成案，以后凡未立文券而仅议年限的长工都就有可能根据此案被纳入雇工人这个等级了。可见，至少从这时起，封建统治者，从中央到地方，都把"立有文券"和"议有年限"看成为并列的两个充足条件，具备其一，便构成雇工人身份。

乾隆二十四年十二月十一日奉旨批准执行的一个案件也是这样。河南王冯氏为从扎勒贾成保身死，"贾成保系王冯氏雇工，虽未立有文券，业经凭中议定长年雇用，按年给工价钱文"，这种情况，河南巡抚认为"与短工不同，应以雇工人论"，刑部与皇帝均同意，将凶手雇主王冯氏"照凡人为从加功绞候之律减一等，杖一百流三千里；系妇人，照律杖罪的决，余罪收赎"。② 这也是把"议有年限"作为单一的充足条件的例证。

我们再来看看既未"立有文券"又未"议有年限"但实际上是长工的雇佣劳动者，他的身份是如何划定的。

陕西魏俊自幼给翟邦直佣工，魏俊娶妻后，两姓同住在一起。乾隆二十二年，翟邦直的弟弟翟邦英，风闻魏俊和他的三嫂孙氏通奸，便持刀砍杀孙氏，并且砍死了扑上救母的侄女，然后自杀。如果严格地按照律例办事，魏俊受雇于翟邦直，既没有写下文券，又没有议定佣工年限，是不该按雇工人判刑的。但是，陕西巡抚认为"魏俊年甫十四即受雇翟邦直家，迄今三十九岁，复经帮娶妻室，相依附居，恩深义重，自不应拘泥例文仍以凡论。应将魏俊照〔雇工人〕奸'家长'期亲之妻律，拟绞监候。"刑部不仅同意陕抚"不应拘泥例文"的违法意见，而且认为这三条人命案是"由魏俊蒸淫所致，较之仅奸家长期亲之案，罪情尤为重大。若仍照例一体拟以绞候，不特轻重无所区别，更觉无以正名分而惩淫凶，应将魏俊拟绞立决"。③

应该强调指出的是，魏俊受雇虽已二十五年，事实上是一个长工，但既使是陕西巡抚也不能不承认：事实上的长工并不就等于法律上的雇工

---

① 洪弘绪等辑：《成案质疑》卷20，乾隆三十一年刊。
② 《成案续编二刻》卷5。
③ 同德：《成案续编》卷6，乾隆二十年刊。

人，所以他说明判处魏俊绞监候的理由并不是以这一点为根据的，而根据的是从统治阶级立场来看的所谓"恩深义重"。因此，他只得承认：判决没有"拘泥例文"，换句话说，就是违反例文的正式规定。至于刑部就更凶恶了。他们把翟邦英杀人和自杀的罪名一股脑儿推到魏俊身上，加重刑罚"以正名分"。此处所谓"名分"也就是指雇主对雇工人的"主仆名分"；虽然按照"新题例"关于雇工人范畴的文字规定，"名分"二字还是根本不存在的。根据这个判例来看，"新题例"中关于"短雇月日"者应同凡论的规定，也就意味着某些既未"立有文券"，又未"议有年限"的长工也可能被划入雇工人范畴，而不同凡。从而在实际上把所有长工都置于雇工人地位上了。

上述两个判例显然是对"新题例"的曲解，但因为它们都是在"新题例"规定得含糊的地方加以解释的，而判例既成"成案"，就变成了可援之例，所以事实上却又成了对"新题例"的补充。

大家都知道，法律不过是"奉为法律"的统治阶级意志，而这种意志的内容则是由统治阶级的物质生活条件所决定的。① 明清封建地主阶级用法律来巩固长工对他们的人身隶属关系，这是适合于他们的物质生活条件的需要的。雇工人条例体现了他们的这种意志。同时，当时法律把短工置于凡人地位，这也是适合他们的需要，体现了他们的意志的。因为，拥有大量土地、需要雇工经营的雇主所需要的除长工外，还有短工。短工流动性大，难和雇主形成某种比较固定的关系。而给予短工法律上人身隶属关系的解放，是势所必然的。这样做，更便于随时雇到所需的劳动力，也可以多少提高一些短工的劳动积极性，这对雇主说来，当然是有利的。关于封建法庭按例办事，给短工以同凡地位的事例很多，属于当时的"正常"现象，我们在这里就不需要一一列举了。

根据我们所接触到的判例来看，当雇佣劳动者对雇主犯有奸、杀、诬告等项所谓"重情"罪行时，封建法庭常常曲解，甚至违反律例条文，硬把不属于雇工人等级的雇佣劳动者说成是雇工人，借以加重其处刑等级；相反地，当雇主犯有重情罪行时，封建法庭却又利用同样的手法减轻雇主

---

① 马克思、恩格斯：《共产党宣言》，见《马克思恩格斯全集》第 4 卷，第 485 页。

的处刑等级。我们再用判例来说明这一点。

例如，按月计值的短工，因其"立有文券"，被当作雇工人处刑。雍正八年，广东英德县赖仲熊雇陈贱祥佣工，正月"写立工帖，议定每月工钱三两六钱"。同年八月，陈贱祥被赖某踢打致死。陈贱祥是按月计值的短工，他实际受雇的时间，从正月到八月，也还不到一年。但因立下了工帖（文券），就被当作雇工人了。这么一来，杀人犯雇主便减轻了服刑等级，不必抵命了。① 从"新题例"条文本身看，"立有文券"者为雇工人，"短雇月日"者同凡论。此案雇工陈贱祥既"写立工帖"（"立有文券"），又按月计酬（"短雇月日"），封建法庭不根据按月短雇把陈某同"凡"，却根据"写立工帖"将他划为雇工人，其维护雇主利益之用心是十分明显的。

如果说由于陈贱祥写立了工帖，封建法庭在"新题例"中还可以找到某些根据的话，下面这个案子就什么根据也没有了。

乾隆二十二年，直隶张狗儿给耿运圣佣工，既未写立文券，也没有议定年限。后来张狗儿被控犯了因奸威逼耿妻致死罪。直隶总督和刑部一致认为张狗儿雇给耿运圣家佣工，虽然没有订立文券，也没有议定年限，应按凡人案处理，但耿运圣"究系该犯雇主"，所以"未便轻纵"，于是便加重了对他的判刑等级，断为斩监候。② 封建法庭明明承认张狗儿具有凡人身份，所以也不问他是长工短工，也不能像处理魏俊案那样讲什么"思义"、"名分"，在这里，只凭"究系"与"未便"这类文字游戏便决定了一个劳动者的命运。

再如，对于那些明明是"短雇月日"、"受值不多"，同时也并未"立有文券"的雇佣劳动者，也不给他们以和"凡人"同等的法律地位。乾隆二十一年，甘肃王俊雇王大玉拉车贩灰，没有订立文券。后来在双方争斗中，王大玉打死了王俊。地方官认为王大玉"系短雇月日、受值不多"的短工，应按凡人殴人致死罪处绞。刑部同意这一判决。但当时正值清王朝颁布大赦令，地方官的意见是，把王大玉的绞刑"援赦减杖"。而刑部

---

① 《成案质疑》卷20。
② 《成案续编》卷6。

却认为王大玉"受雇工作虽未立有文券，究与寻常斗殴不同"，因而"虽事犯在恩诏以前，应不准其援减"，否定了地方官的意见，仍旧处绞。①

以前我们说过，雇工人只在受雇期间对雇主及其有服亲属处于从属地位，对于雇主及其有服亲属以外的社会成员而言，他仍然是具有凡人地位的；并且一经雇约期满，辞工离去，就是对旧日雇主也不复受雇工人法律的约束。②按此办理的例案很多，不需多费笔墨证明。值得特别注意的倒是，当实际判案时却又并不完全依此处理。

乾隆十年，直隶的一个镶黄旗小贵族桓德的家奴李天宝，打死了汉人暴龙章所雇长工王四海。王四海不是桓德的雇工，他即使是暴龙章的雇工人，对李天宝而言，他也应具有凡人的法律地位。根据"奴婢殴良人致死"的条律，李天宝便应该判处斩监候。但是直隶总督认为，"奴仆之与雇工，一系终身服役，一系限年服役，乃均属听遣驱使，同为下役之人，未可以奴婢为贱，而以雇工为良也。"所以他主张李天宝对王四海跟"奴仆与清白良民不同"，不便照"奴婢殴良人致死"律判处李天宝斩监候，而应该照奴婢自相殴杀罪判处绞监候。这个不合法典规定的判决得到了刑部的同意。③不管直隶总督和刑部减轻李天宝的处刑等级是不是为了取悦旗人贵族，总之，他们把一个长工在社会上的良人或凡人的地位给剥夺了。

又，乾隆七年，广东新宁县人伍允纪因细故和他旧日的佣工苏安从发

---

① 王玉如辑：《条例（附成案）》卷2，乾隆三十年刊，"斗殴"。

② 参阅本书《明清两代"雇工人"的法律地位问题》一文。这里需要补充的是，后来清道光年间，根据江西道御史金应麟的建议，给辞出雇工又加上一道枷锁。其奏折称：当雇工人"隶身服役之日，已怀肆无忌惮之心，甚至任意横行，百端挟制；而庸懦之'家长'抑或畏其报复于异日，转不能不迁就于目前，于'主仆名分'殊有关系。自当另列专条，以昭惩创。臣等公同酌议，应请嗣后雇工人等于犯旧家长之案，如系因求索不遂，辞出后复借端讹诈，或挟'家长'撑逐之嫌寻衅报复，并一切理由肇衅在辞工以前者，即照雇工人犯家长各本律例分别定拟。其辞出之后别因他故起衅者，仍以凡人论。如此严定科条，庶不致启雇工人等蔑视家长之渐矣"。此例定于道光十二年，通行于十三年。见《刑案汇览》卷58，光绪八年刊，"刑律"，"斗殴"；《定例汇编》卷80；（光绪）《大清会典事例》卷810，光绪二十五年修，光绪三十四年刊，第4页；金应麟：《鹰华堂文钞》卷2，第16—17页，"修改刑部律例折"。但违反例文加重已辞雇工处刑的情况也是存在的。如嘉庆二十五年安徽一个案件的处理就是："辞出雇工殴伤旧雇主，虽律应凡论，〔但〕未便仅拟笞责，照不应重律酌加枷号。"见章钺等增修《大清律例增修统纂集成》卷28，"刑律"，"斗殴"下，第9页，"奴婢殴家长"律附例案。

③ 《成案续编》卷9。

生争执。"伍允纪举手欲打，苏安从亦欲还打，伍允纪退避，不甘"，于是以"逆仆殴主具词赴典史衙门投控"。新宁县典史衙门的隶卒则乘机敲诈，逼死了苏妻曾氏。苏安从愤激之下，便捏词诬告伍允纪图奸他的儿媳，以图报复。刑部说，"苏安从合依'被诬之人反诬犯人者，亦抵所诬之罪不加等'律杖八十"，而伍允纪则"诬雇为仆，与诬良不同，律无正条，但事出有因，应免深求（？究）"。① 结果，已经辞工的雇工苏安从作为受害人遭受杖刑；而雇主伍允纪始则"举手欲打"，继则"捏词诬控"，并因而酿成人命，却不受任何惩处。

再如，乾隆二十四年九月河南周玉一案，"周玉系杨论雇工，未立文约"，曾窃雇主银两，但已自动承认，并允退还；杨论将他逐出。后，周玉将雇主杨论夫妇砍伤。河南巡抚认为，周玉"虽立有文约，但业已逐出。查奴仆转卖依良贱相殴，则雇工被逐，似应同凡论"。刑部驳道："周玉既系照雇工人，文券现在杨论收执。其逐出原为窃取赃银，并非工满辞出，与奴仆转卖者不同。该犯挟仇谋杀，实于名分攸关。该抚将周玉以凡人论拟以绞候，殊属轻纵。应令该抚另行按律妥拟。"② 我们没有看到河南巡抚再次上报的资料，但一般说来，驳案都是按刑部意见重新处理的，此案周玉大概不会逃脱按雇工人处理的命运。

作为封建的国家机器中最高司法机关的刑部怎样违反律例，硬把雇约期满的雇佣劳动者纳入雇工人等级以加重其处刑等级的事情，还有一例也很突出。江苏阜宁县的张廷鉴过去曾经"立契"受雇于曾元臣家，后因故被曾辞退。乾隆八年，张廷鉴伪称雇主曾元臣的女儿和他相爱，挽媒求娶曾女为妻。事情引起了曾家内部纠纷，致曾女自缢身死。这个命案本来是和张廷鉴不相干的。但地方官却把张廷鉴按"将奸赃情事污人名节报复私仇"例判处徒刑。而刑部还不满足，他们认为张廷鉴"以雇工人而捏造污蔑家长之女，以致家长之女羞忿自尽，名分攸关，法难宽贷。"硬把已经辞工的张廷鉴说成是曾元臣的雇工人，责令江苏巡抚再审重判。江苏巡抚明知张廷鉴"虽曾立契佣工，但已被主逐回，与现在供役者不同"的事

---

① 马世璘：《成案所见集》卷26。
② 李治运：《成案续编二刻》卷5。

实，难以把张廷鉴当作雇工人处刑。但他仰承刑部的意图，舞文弄墨地写到：张廷鉴央媒说合，"虽非有心污蔑，实欲强逼求婚"，所以便改按"用强求娶因而致死"例，发边卫充军。可是刑部迫害张廷鉴的意志十分顽固，硬说"张廷鉴乃曾元臣契雇工人"，他所犯的罪行"系雇工人于家长之女"的罪行，"名分攸关"，所以"未便轻纵"，再次发交苏抚"严审妥议"。而乾隆皇帝的批示则说，"部驳甚是，依议"。① 我们看到的史料没有说明江苏巡抚最后是怎样判处张廷鉴的，但事情已经很清楚了。江苏巡抚和刑部、乾隆的差别仅在于苏抚对条例还有所顾忌，而刑部和乾隆则公然违反条例，硬要把一个凡人纳入雇工人等级，从而加重了对他的处刑。②

我们从万历十六年到乾隆二十四年间的成案、判例中可以清楚地看出，那些根据"条例"的明文规定已经解除了人身隶属关系的雇佣劳动者，在封建法庭面前，其凡人的法权地位并不巩固，尤其是当他们犯有所谓"重情"罪行时，还会被各色各样不成理由的理由重新拉回到雇工人的地位上来，丧失其应有的凡人地位。长工的身份地位，在"新题例"的规定上是含混不清的，而在实际上既未"立有文券"，又未"议有年限"的长工也往往被当作雇工人看待；短工的身份地位，在"新题例"上虽然比较清楚，但在法庭上也往往不按条例办事。结果，长、短工之为雇工人和凡人的界限仍然是不清楚的。

这种既给短工以凡人地位，有时又剥夺其凡人地位的现象，反映着封建统治阶级所要维护的东西和现实生活之间的矛盾。如前所述，在现实生

---

① 《条例（附成案）》卷6。

② 我们这段文字把时间限在乾隆二十四年修例以前。在这以后，辞出雇工法律身份问题，在司法过程中仍有不同意见。如，乾隆二十五年黄恺仔案。"陈上华于乾隆十九年正月间雇在黄恺仔家帮工，每年议给工资银十两，未立文契。于乾隆二十四年二月间，陈上华因年老辞回。后仍叠向黄恺仔借钱。黄恺仔念其向来工作颇勤，近因年老贫苦，时加周济。至九月十六日"，因借钱，二人争执，黄恺仔殴陈上华致死。福建巡抚根据乾隆二十四年雇工人条例，认为陈上华"虽未立有文契，但计工受值已阅五年以上，辞归之后，又念其向日辛勤，常为周济，似未便以其甫经辞回即同凡论"。刑部则认为，乾隆二十四年条例，系专指雇工人有犯家长而言，"被殴身死之陈上华，虽在黄恺仔家计工受值阅历五年，但业经辞退半载有余，且未立有文券，自应仍同凡论"。指责福建巡抚"以陈上华虽经辞出，黄恺仔常为周济，即为移情迁就牵引酌减，殊违成例"，最后按刑部意见办理了。（《成案续编二刻》第5卷，第71—72页）

活中，从雇主的物质生活条件看，特别是在农忙季节，他们需要相当数量的短工从事农业劳动，在这种情况下，也并不一定需要短工在法律上的人身隶属关系；同时，由于短工受雇的短暂性也使统治者不易将其固定在雇工人的法律地位上。因此，在法典上可以规定给短工以凡人地位。但当短工有了某些在封建统治者看来是以"下"犯"上"，不顾"名分"的行动，从而被认作是严重地触犯了封建等级制度，这当然是封建统治者所不能容许的。因此，在这种情况下，封建统治者就不顾那些由他们自己制定的法律条文，干脆剥夺短工的凡人地位了。

当然，也有很多判例表明，在还没有严重地触犯统治者所要维护的那套封建制度时，短工在封建法庭上一般是处于和雇主平等的法律地位上的。因此，我们也不能把封建法庭违犯律例判案的现象当作一般情况，从而认为"新题例"的规定形同虚设，对短工在法律地位上的解放毫无意义。总之，我们认为，必须结合这些违反它的成案来考察，才能比较全面地理解"新题例"的意义。

附带提一下，有的同志根据清代刑部钞档中有关某些长工也"并无工契"或"同坐共食，并无主仆名分"的记载，认为清代法律上虽仍按明律定出雇工人的身份，但已渐成虚文。据本节所引判例资料，看来不能得出这样的结论。清代刑部钞档中有关雇工案件，特别注明"无主仆名分"，这件事本身就说明判案者正是根据雇工人条例在辨别当事人是否具有雇工人身份。何况在钞档中同样还有"有主仆名分"的雇工案件呢。[①] 再就我们所看到的成案汇编一类书籍中所载的，直到光绪年间的成案表明，关于雇工人的法律规定仍旧有效，并未成为虚文。

四　清王朝对雇工人条例的修订

乾隆二十四年（1759年），山西按察使永泰递上一个奏折，建议修改已经执行了171年的万历十六年"新题例"。永泰从雇工人"必以文券为凭"的前提出发，说是农村中往往有长期受雇，甚至终生受雇而没有订立

[①] 中国社会科学院经济研究所藏清代刑档抄卡。

文券的雇工，他们要是"干犯"雇主，只因未立文券而以凡人论处，"揆之情理，殊属未协"。① 因此他建议："凡工作之人，如受雇在五年以上者，并非短雇可比，虽未立有文券，亦应照雇工人论；如受雇在十年以上者，恩义并重，无论有无文券，均照红契奴婢定拟。"

大家都知道，清代的"红契奴婢"又称"印契奴婢"，属于当时社会中最低下的一个等级，他们终身不得赎身，并且子孙世世为奴；即使被主人放出，其法律地位也低于凡人。这种人向被视为"贱民"一类。永泰要把受雇十年以上的雇佣劳动者当作红契奴婢，无异于将他们打入十八层地狱，使之永世不得翻身。因此，连刑部也无法同意他这个建议。但是，刑部于乾隆二十四年十一月议覆中却将他关于五年以上无文券、年限的长工作雇工人论的建议原样接受下来，补充到原来的条例中去，这就形成了乾隆二十四年的条例。② 这是对万历十六年"新题例"的第一次修订。乾隆二十四年新条例的全文如下："除'典当家人'及'隶身长随'俱照定例治罪外，其雇倩工作之人，若立有文契、年限，及虽无文契而议有年限，或计工受值已阅五年以上者，于家长有犯，均依雇工人定拟；其随时短雇、受值无多者，仍同凡论。"③

由于这一"条例"仅适用于雇工侵犯雇主，并没有提到雇主侵犯雇工应如何判断，因而第二年乾隆二十五年（1760年）又补充了一个条例，其全文如下：

"家长杀雇工人，必立有文契、议有年限，方依雇工人定拟；如无，

---

① 这种加紧束缚雇佣劳动者的论调在当时是有代表性的。我们也曾看到这样的议论："查雇工人例以文契为凭。但此辈朝秦暮楚，久暂不拘；为家长者亦以偶发任使，类不责立文契。乃有服役数年之后，犯事到官，仍以'未立文契'论比平人者，适启若辈忽视家长之心。并请嗣后雇工人服役三月以内无文契者，准照平人论；三月以外，即无文契，均照雇工人问罪，法制既定，冒犯益少，抑亦可补律例之所未尽。"（陆耀：《切问斋集》卷13，乾隆五十七年刊，"条议"）这个意见虽未在法典的改订上起什么作用，但也可反映18世纪50—70年代统治阶层的看法。
② 佚名辑：《刑名条例》，乾隆年间刊本，"名例"，乾隆二十四年，"命盗"。
③ 刑部议覆永泰条奏得到皇帝正式批准的日期是乾隆二十四年十二月十二日（参见《成案续编二刻》卷5，第70—71页）。律例馆修成附律，是在乾隆二十六年（参见《大清律例通考》卷28，第15—16页）。其后，至乾隆五十三年间刊行的《大清律例》"斗殴"门"奴婢殴家长"律后均附此例。

同凡论。"① 乾隆二十四年和二十五年的两个条例把雇工侵犯雇主和雇主侵犯雇工分别对待。在雇工侵犯雇主的情况下，立有文契、议有年限，以及未订文契和年限而受雇于同一雇主连续五年以上的雇工统统具有雇工人身份。在雇主犯有杀害雇工罪行的情况下，必须是对那些立有文契、议有年限的长工，才具有家长身份，得以按律减刑；至于未立文契、年限者，不得作为"家长"减刑。换言之，只要未立文契、年限，或者连续受雇五年以下的雇工不去侵犯雇主，那么，即使他是长工，也不具雇工人身份。从法律形式上看，这是约束雇主的一项规定，比起万历十六年的"新题例"来，这次修改可说是一个进步。

值得着重指出的是，永泰修订这一条例的用心本在于对十年以上无文契、年限的长工加紧束缚。刑部反对，说："雇工则仅资力作，来去无常，民间经营耕获，动辄需人，亲属同侪相为雇佣，情形本难概论。定例立有文券、议有年限方作雇工〔人〕；若随时短雇、受值无多者即同凡论，法至平也。……若无文券而年份稍久者反与奴婢同论，殊与律义不符。"②所谓"经营耕获动辄需人"和"仅资力作，来去无常"这些说法，是和在农忙季节雇主急需农业劳动力的情况直接相关的。在雇期很短的情况下，要把"亲属同侪相为雇佣"的雇工当作雇工人是很困难的。这说明立法者这次修订条例时考虑了现实生活中的实际情况。但在万历十六年"新题例"上，"立有文券"和"议有年限"中的任何一条，都构成雇工人的充足条件，一个雇工只消受雇一年就具有雇工人的身份了。现在刑部以受雇于同一雇主连续五年为界，把超过这一界限的无文券年限的雇工列入雇工人行列，这是简单地接受永泰建议前一部分的结果，并没有更多的什么道理或根据。可是这么一来，在客观上产生了两个结果，第一，新条例就意味着解放了未立文契、年限而连续受雇于同一雇主不足五年的雇工，给他们以"凡人"的法律地位。第二，未立文契、年限，连续受雇于同一雇主

---

① 《大清律例全纂》卷22，嘉庆六年刊，"斗殴"。又，参阅《成案续编二刻》卷5，第72页："查乾隆二十四年十一月内，臣部议覆山西按察使永泰条奏，雇倩工作之人虽未立有文契，而受雇已越五年以上，于家长有犯，即照雇工人定拟，系专指雇工人有犯家长而言。至家长杀伤雇工人，定例又必立有文券、议有年限方依雇工人定拟。"

② 《刑名条例》，"名例"，乾隆二十四年，"命盗"。

五年以上的雇工，在不侵犯雇主的条件下，也得到凡人的法律地位。用这两点和"新题例"的"立有文券、议有年限者，以雇工人论"相比较，前一点是把"新题例"中已经包含了的内容形诸文字；后一点则是对"新题例"已经寓意解放了的某些雇工的解放，加上条件，即不侵犯雇主。

从法典划分雇工人的总的立法原则上看，新条例与万历十六年"新题例"基本上没有差别，二者都是以有无文契、时限长短和工价多少作为主要标志的。但乾隆二十四年条例在雇工人的标志上，提出了"雇请工作之人"这个说法和"典当家人"、"隶身长随"等服役性劳动者相对待。条例文字虽未明确"工作"二字究竟指的是什么工作，但刑部驳议中"经营耕获"的话充分说明它指的是生产性劳动。可见，乾隆二十四年条例是把从事生产性劳动的雇佣劳动者分作雇工人和非雇工人两大类，法典容许从人身隶属关系中解放出来的，只是部分从事生产劳动的雇佣劳动者。法典虽然还不是以劳动性质作为一个明确的立法原则，但事情已经这样开始了。

这一点，在司法过程中也有反映。例如乾隆二十五年段三元案。段三元于乾隆二十四年四月"雇与叶万程家赶车，每月工银八钱，并无文约年限"，二十五年正月，因故打死雇主之子叶尚智。若按乾隆二十四年条例，既无文契年限、受雇又不足五年的段三元，是够不上"雇工人"标准的。刑部也是知道这一点的："段三元受雇叶万程家赶车，与隶身门下长随相似，而律无明文。""若计其佣工月日来及一年，又未便即以雇工人定拟。"却又认为，"但该犯以雇请服役之人"，敢于故杀雇主之子，"情殊凶悖。如因其年限未符，仅同凡论，情法实未平允"。所以将段三元"比照长随雇工凌迟处死律减一等，故杀凡人斩监候律加一等，拟斩立决"。奉旨批准，段三元被立即斩首了。①封建法庭有意地把条例规定的文契问题、年限问题都抛在一边，着重考虑的是车夫这样一种"雇请服役之人"不得同凡。劳动性质这一因素在这个案子的判处中已实际上起了决定性作用。

这一点，在以后的条例中得到了发展。

---

① 《成案续编二刻》卷5，第68—69页。

在实际生活中，"雇工一项，民间多有不立文契、年限而实有'主仆名分'者"。① 而有"主仆名分"的雇工，在封建等级制的维护者看来，又当然应属雇工人范围。按照乾隆二十四年新订条例，这种实有主仆名分而未立有文契、年限的雇佣劳动者，必须受雇为期已在五年以上方纳入雇工人等级，因此，条例的规定和当时的实际生活就脱了节。所以，这个条例颁行仅八年，即到了乾隆三十二年（1767年），刑部律例馆便建议另加一个条例，其全文如下："官民之家，除'典当家人'、'隶身长随'及立有文契、年限之雇工仍照例定拟外，其余雇工，虽无文契而议有年限，或不立年限而有主仆名分者，如受雇在一年以内，有犯寻常干犯〔家长之罪〕，照良贱加等律再加一等治罪；若受雇在一年以上者，即依雇工人定拟；其犯奸、杀、诬告等项重情〔者〕，即一年以内，亦照雇工人治罪。若只是农民雇倩亲族耕作〔之人〕，店铺小郎，以及随时短雇，并非服役之人，应同凡论。"②

首先，我们应该注意的是，这个新的条例虽与乾隆二十四年条例并列于《大清律例》，但它实际上否定了乾隆二十四年条例中关于未立文券、年限而雇期须在五年以上才算雇工人的规定，提出了家长和雇工人之间的所谓"主仆名分"这个范畴。诸凡"虽无文契，而议有年限，或不立年限，而有主仆名分的雇佣劳动者"，尽管雇期不足一年，只要他侵犯雇主，哪怕是"寻常干犯"，也被剥夺了凡人的法律保障，加等治罪；至于犯奸、杀、诬告等所谓重情罪行时，他们干脆被纳入雇工人等级；而雇期已在一年以上者，则无论如何都当然属于雇工人等级了。这样，就把某些已经解放为凡人的雇佣劳动者又降到雇工人等级里去。对雇佣劳动者取得和雇主平等的法律地位的过程说来，这显然是一次倒退。

不过，主仆名分这个范畴的提出，却也有其另一方面的意义。明清两

---

① 吴坛：《大清律例通考》卷28。
② 《大清律例集注》卷22，"斗殴"，"奴婢殴家长"律后。此后直到乾隆五十三年间刊行的《大清律例》均附此例。例中所谓"典当家人"、"隶身长随"和"店铺小郎"的性质需另作研究，本文不讨论了。"例"中"有犯寻常干犯"一句，于光绪《大清会典事例》本中作"或有寻常'干犯'"（卷810，"刑部"、"刑律"、"斗殴"）。乾隆三十二条例制定的缘由和过程，详见《大清律例通考》卷28，第15—16页。

代法典规定雇工人的处刑等级的立法精神，本来就是根据家长和雇工人之间有所谓主仆名分来权衡轻重的。可是从前把主仆名分当作雇工人等级的当然属性看待，只要谁是雇工人，谁就当然和他的雇主——他的家长具有主仆名分，但这一原则在条文上并未写明。在条例的文字上明确提出主仆名分这个范畴，还以乾隆三十二年条例为第一次。从此，事情就开始从以主雇关系定主仆名分的原则转变到以主仆名分来定主雇关系的原则了。这一改变的意义，我们在后面还要谈到。

其次，还应该引起注意的是，乾隆三十二年条例以"只是农民雇倩亲族耕作……以及随时短雇，并非服役之人"代替了乾隆二十四年条例上的"随时短雇、受值无多"作为雇佣劳动者"同凡"的标准。旧例所谓"随时短雇"之"短"，和"受值不多"之"多"，都是十分含混的概念。新的条例虽然仍旧保留了"随时短雇"，但同时提出了"耕作"和"并非服役"，即表明劳动性质的这些概念。可见，乾隆二十四年条例第一次提出的根据劳动性质来确定雇佣性质的原则，在新的条例中得到了进一步的明确。在雇佣劳动者人身隶属关系的解放过程中，区别生产劳动和家庭服役或个人服役劳动的这一步骤，也是很值得重视的。

再次，这个条例所给予解放的从事生产劳动的雇工，仅限于"亲族"。我们知道，有亲属关系的雇工和雇主发生纠纷时，在法庭上，从来都是按服制关系处理的。从这个意义上讲，乾隆三十二年条例中，"农民雇倩亲族耕作……"一句，对雇佣劳动者的身份又是没有意义的。

最后，我们也看到这样的现象：按照乾隆三十二年条例，从事"耕作"的雇工只有受雇于"农民"时才得"同凡"。[①] 前面曾经说过，万历十六年"新题例"对雇佣劳动者的规定是适用于任何身份的雇主的；乾隆二十四年条例则完全没有提及雇主身份问题。现在，乾隆三十二年条例的这一规定，是很值得注意的。这表明雇主的身份开始对雇佣性质起影响作用。这个规定在此还仅仅是一个开端，但在该条例运用的过程中，雇主身份决定雇佣性质所起的作用被突出了，以致后来被作为最主要的原则之一列入条例。现在我们就从乾隆三十二年以后的判例中看看这一原则是怎样

---

① 这里，我们暂且不谈主雇间是否"亲族"。

被强调的。

乾隆四十九年，直隶宁津县发生一起雇工打死雇主的案件。情况是这样的：乾隆四十八年正月，陈夫亮雇高喜文佣工，没有写立文契，只商定雇到年底满期，工价大钱一千五百文。高喜文于二月里就已将工钱全部支用了。四月间，双方因口角以致相殴，雇主陈夫亮被高喜文打伤致死。直隶总督说，"高喜文雇与陈夫亮家佣工，虽未立有文契，但于正月间受雇时，既议定年底为满，即属议有年限，且将本年工价已全行支取，更与随时短雇者不同。……〔竟〕敢不顾名分……将陈夫亮殴伤毙命，殊属不法"。因而他的意见是，按照"虽无文契而议有年限，其犯奸、杀等项重情，即受雇在一年以内亦照雇工人治罪"例，将高喜文划为雇工人，拟斩决。①

此后，山东又发生两个案件：

乾隆五十年二月，王克仁雇王成子佣工，没有订立文契，商定十月满期，工钱七千文。九月，王成子用菜刀将王克仁之妻邢氏砍伤致死。山东巡抚将王成子依"雇工〔人〕杀家长期亲"律判处凌迟处死。

另一个案件也发生在乾隆五十年。正月，吕季常雇齐刚佣工，没有写下雇工文契，只议妥工价小钱六千五百文。十月，吕季常的老婆胡氏辱骂齐刚，并且不给他饭吃。齐刚气愤之下，砍死胡氏，并砍伤了吕季常。山东巡抚将齐刚依"雇工〔人〕谋杀家长"律判处凌迟处死。②

前面我们看到的许多判例都表明，在雇工犯有"重情"案件时，封建法庭从来都是尽一切可能找各种借口，剥夺那些本应同凡的雇工在法律上应有的地位，把他们划为雇工人，以加重处刑的。而按照乾隆三十二年条例，高喜文、王成子和齐刚，也都是可以找到借口，被划为雇工人的。比如说，乾隆三十二年条例规定"农民雇倩亲族耕作"才得同凡；这三个案件中的雇工都不是雇主的"亲族"，因此，把他们依例作雇工人处理也是有根据的。可是现在，刑部却认为直隶总督和山东巡抚对上述

---

① 全士潮：《驳案新编》卷21；见朱梅臣辑《驳案汇编》，光绪年间刊。
② 王成子、齐刚两案，详喀宁阿等："雇工致死家长请申明例义酌加增易"折。见中国第一历史档案馆藏《清代军机处录附档案》，乾隆五十一年四月；又见《定例汇编》卷33，乾隆，"雇工人分别有无主仆名分定断"。

三个案件的判决都错了。根据高喜文案的供词中，雇主陈夫亮的儿子陈文希有"小的在屋内盘坑〔？炕，下同〕"的话，证人雇工蔡明扬有"陈文希在屋内盘坑，小的在院内和泥，高喜文推坯"的话，刑部认为：雇主陈夫亮"不过寻常庶民之家，所以其子盘坑，其工人运坯、和泥，一同做工"，可见高喜文是"农民雇倩耕作之人"。其他两案也一样："王成子同王克仁在地工作，齐刚在吕季常家工作，均不过寻常庶民之家，一同力作，无分良贱，即属'农民雇倩耕作之人'"，主雇之间"既无主仆名分，即与服役不同"，所以高喜文、王成子和齐刚都不能算作雇工人，只能作凡人论处。

刑部强调划分雇工人的标志的重点改变了。在这里，雇主是否庶民，对决定雇工的身份起着重要作用。前后对比，这是一个很大的变化。但是，刑部并不承认改变了看法，却指责直隶总督和山东巡抚的错误是误解乾隆三十二年条例的结果。刑部说，乾隆三十二年条例"本系一气相承，原无歧误。但外省问刑衙门未能贯通例义，往往仅执'议有年限'一语为断，而不问有无主仆名分，俱以雇工〔人〕论"。① 因而提议修改条例，使之更加明确，以免误解。于是，乾隆五十一年四月，刑部尚书喀宁阿等向乾隆帝上"雇工人致死家长请申明例义酌加增易"折，提出修改方案。同年，军机大臣和珅等会同刑部讨论，对该方案稍作修改后，便征得了乾隆帝的批准，公布施行了。到乾隆五十三年（1788年）纂修律例时，新例便正式刊入法典代替了乾隆二十四年和三十二年的两个旧条例。刊入《大清律例》的新例全文如下："凡官民之家，除'典当家人'、'隶身长随'仍照定例治罪外；如系车夫、厨役、水〔夫〕、火夫、轿夫及一切打杂受雇服役人等，平日起居不敢与共，饮食不敢与同，并不敢尔我相称，素有主仆名分者，无论其有无文契、年限，均以雇工〔人〕论。若农民佃户雇倩耕种工作之人，并店铺小郎之类，平日共坐共食，彼此平等相称，

---

① 王成子、齐刚两案，详喀宁阿等："雇工致死家长请申明例义酌加增易"折。见中国第一历史档案馆藏《清代军机处录附档案》，乾隆五十一年四月。又见《定例汇编》卷33，乾隆，"雇工人分别有无主仆名分定断"。

不为使唤服役，素无主仆名分者，亦无论其有无文契年限，俱依凡人科断。"①

乾隆五十三年条例比较明确地提出了划分雇工人界限的新的原则，它对明清雇佣劳动者人身隶属地位的解放而言，具有相当重要的意义。分析这一条例需要较长的篇幅，因此我们留待下一节中详加专论。

乾隆五十三年以后，清王朝又曾多次修纂律例，但对雇工人条例则仅于嘉庆六年（1801年）和宣统二年（1910年）各作一次调整。

嘉庆六年，刑部将《大清律例》中有关雇工人、奴婢、家人的条例合并成一条。原有关于奴婢、家人的条例中，有的将奴婢等级中某些成员升格为雇工人，这可以看作是奴婢等级解放过程中的一个步骤。关于奴婢问题，本文仅仅提出这一点而不加讨论了。这里应该指出的是乾隆五十三年条例中有关雇佣劳动者的部分，除个别字句有少许修改外，全文录入嘉庆六年条例。②

鸦片战争以后，中国社会的性质起了变化，到清朝末年，由于政治形

---

① 《军机大臣、刑部会同详议复奏》折，见中国第一历史档案馆藏《清代军机处录附档案》，乾隆五十一年四月。《大清律例》卷28，乾隆五十五年刊，"刑律"，"斗殴"，附"大清律纂修条例"。此后，直至嘉庆六年前刊行的《大清律例》于"奴婢殴家长"律后均附比例。例中"均以雇工人论"一句，（光绪）《大清会典事例》本中作"俱以雇工〔人〕论"。

② 嘉庆六年修例时，将清代法典中已有的关于"家生奴仆"、"契买奴仆"、"典当家人"及"雇工人"等五个条例合并为两条。有关雇工的一条全文如下："白契所买奴婢，如有杀伤家长及杀伤家长缌麻以上亲者，无论年限及已未配有室家，均照奴婢杀伤家长一体治罪。其家长杀伤白契所买、恩养年久、配有室家者，以杀伤奴婢论；若甫经契买、未配室家者，以杀伤雇工人论。至典当家人、隶身长随，若恩养在三年以上，或未及三年、配有妻室者，如有杀伤，各依奴婢本律论。倘甫经典买，或典买、隶身未及三年，并未配有妻室，及一切车夫、厨役、水火夫、轿夫、打杂受雇服役人等，平日起居不敢与共，饮食不敢与同，并不敢尔我相称，素有主仆名分，并无典卖字据者，如有杀伤，各依雇工人本律论。若农民佃户雇倩耕种工作之人，并店铺小郎之类，平日共坐共食，彼此平等相称，不为使唤服役，素无主仆名分者，如有杀伤，各依凡人科断。至典当雇工人等，议有年限，如限内逃匿者，责三十板，仍交本主服役。"〔杨曰鲲：《大清律纂修条例（律例馆进呈按语册稿）》，嘉庆七年刊，"刑律"，"斗殴"下；以及此后嘉庆、道光、咸丰、同治、光绪等朝刊行的《大清律例》中，均附此例〕其中关于雇工人部分，"并无典卖字据者"一句，与隆乾五十三年条例相应的"无论其有无文契年限"一句是有差别的。原例中"无论其有无文契、年限"的意思，是不以文契、年限为条件，如前文分析，这一点针对过去条例中以文契、年限为条件而言，是有重要意义的。但在这个问题解决以后，删去这几个字并不影响文意。嘉庆修例并非针对前例规定有或没有文契、年限者为雇工人，而是改为"素有主仆名分并无典卖字据"者为雇工人。但有卖字据者，则属卖身为奴婢，自然不属雇工人范畴了。因此，相对乾隆五十三年条例而言并不矛盾，也不能算是原则性的修改。

势的演变，统治阶级内部也有人主张按照欧美法制修改法典了。光绪三十三年（1907年），修订法律大臣、法部右侍郎沈家本，雇用日本人冈田朝太郎等，参照当时的日本法律，草成《大清刑律》。这部《大清刑律》与过去的《大清律例》不同，其中根本没有提到奴婢、雇工人这些名称。草案一出，立即遭到张之洞、劳乃宣之流的极力反对，① 因而它未得颁布施行。

新刑法一时制定不出，旧法又需改革，于是沈家本等就将《大清律例》稍加删订，以便向新型的法律过渡。宣统二年（1910年）颁行的《大清现行刑律》就是应"过渡"之需的产物。《现行刑律》对从明代就沿袭下来的一套刑制作了修改，因之，有关雇工人的犯罪处刑也作了相应的变动。但雇工人的法律地位并不因此而受影响。其中关于雇工人的条例和嘉庆六年条例基本上相同。②

《现行刑律》颁行仅仅一年，清王朝的统治就被辛亥革命推翻了。从民国元年（1912年）颁行的《暂行新刑律》起，雇工人这个等级就不再在法典中出现了。从此，雇佣劳动者在法律形式上的人身隶属关系才得到完全的解放。

五　乾隆五十三年条例的历史意义

作为封建社会的上层建筑，明清法典有关雇工人的一切律例都是为封建统治阶级服务的，都是维护雇主对雇工的封建主义等级统治关系的。这种封建的等级统治关系，在乾隆三十二年以后的条例上明确表现为雇主对雇工的主仆名分关系。不过，所谓主仆名分关系当然并不创始于乾隆三十二年的雇工人条例。

---

① 参阅《清朝续文献通考》卷244，刑3，《万有文库》版，第9887—9888页。
② 《大清现行刑律》将嘉庆六年雇工人条例改写如下："从前契买奴婢，如有干犯家长，及被家长杀伤，不论红契白契，俱照雇工人本律治罪。其一切车夫、厨役、水火夫、轿夫、打杂受雇服役人等，平日起居不敢与共，饮食不敢与同，并不敢尔我相称，素有主仆名分者，仍依雇工人论；若农民佃户雇倩耕作之人，并店铺小郎之类，平日共坐共食，彼此平等相称，素无主仆名分者，各依凡人科断。至未经赎、放之家人不遵约束，傲慢顽梗，酗酒生事者，仍流二千里。"（《大清现行刑律》卷25，宣统二年刊，"斗殴"下。）

大家知道，在中国封建社会里，所谓"名分"就是职分、本分的意思；以其"名"定其"分"；根据名分之不同，人与人之间构成各种不同形式的统治隶属关系。汉代高诱云："名，虚实爵号之名也；分，杀生与夺之分也。"① 不仅爵号有"名分"，诸凡"三纲"（君臣、父子、夫妇），"五伦"（或称"五常"：父子、君臣、夫妇、长幼、朋友），"六纪"（诸父、兄弟、族人、诸舅、师长、朋友）无不有名分。名分关系构成中国封建等级制的统治体制和思想基础，它所表示的正是等级的统治关系和人身的隶属关系。而等级的统治关系和人身隶属关系，无非是阶级剥削关系的表现形式。

正因为这样，所以中国封建统治阶级向来就是极端重视定名分的。例如，吕不韦就告诫"人君不可以不审名分"（《吕氏春秋》），商鞅则认为"夫名分定，势治之道也；名分不定，势乱之道也"。（《商君书》）在清代判牍中，"名分攸关"四字简直成了封建法庭迫害被统治阶级的口头禅。

明清社会中雇工人是和雇主具有所谓主仆名分的。在立法原则上，这种关系是被比作封建家族体系中尊卑、长幼的伦理关系而定的。如前所述，在过去，主仆名分被法典认作是雇工人的当然属性；乾隆三十二年条例才开始提出以主仆名分来定主雇关系的原则，但在这一条例中，何谓主仆名分，以及有无主仆名分和是否服役之人的联系都还是不明确的。而乾隆五十三年条例不仅进一步强调了这一原则，并且对主仆名分的具体内容及其和劳动性质的联系作了进一步的解说。

喀宁阿在前引"雇工致死家长请申明例义酌加增易"折中强调指出，"办理雇工之案固以文契、年限为凭，尤当询其有无主仆名分及是否服役之人"。② 这里所谓"服役"就是侍候的意思。条例具体列举的"服役之人"乃"车夫、厨役、水火夫、轿夫及一切打杂受雇服役人等"。在当时社会生活中，这些劳动者被视为"下人"，他们对雇主是要称"老爷"的。因此，条例便以"平日起居不敢与共，饮食不敢与同，并不敢尔我相称"作为雇主与雇工人之间的主仆名分的具体内容；这些内容概括起来，

---

① 许维遹：《吕氏春秋集释》卷17，"审分览"。
② 见前引乾隆五十一年四月喀宁阿等所上奏折，下文所引喀宁阿语均据此。

决定了该雇工"系听其使唤之人"。① 从而以劳动性质定雇佣性质的原则和以名分关系定雇佣性质的原则便相一致了。但条例一经这样规定，则在立法上便进一步确立了以劳动性质确定雇佣性质的原则了。这是对乾隆三十二年"条例"的一个重要发展。

以劳动性质定雇佣性质的原则，对从事服役性劳动的劳动者来说，在立法上是彻底贯彻了的。条例规定，诸凡受雇服役之人，不论长工、短工，都当然属于雇工人范围，当然和雇主具有人身隶属关系。我们从判例中可以很清楚地看出这一点。

乾隆五十一年，刘洪亮因年岁荒歉，逃荒到江苏铜山县，立契受雇于郑楷家佣工，每年工钱四千文，"素与郑楷主仆称呼，乎日饮食起居不敢与共"。乾隆五十四年十月，刘洪亮因故打伤郑楷。江苏巡抚判道："刘洪亮雇与郑楷服役有年，且立有文契，饮食起居不敢与共，是有主仆名分，应照雇工人论"，所以将刘洪亮依"雇工人殴家长伤者杖一百流三千里"律判处了。② 此案江苏巡抚断定刘洪亮的身份应属雇工人范畴，虽见有文契、年限之说，但他的着眼点并不在比，而主要在于"服役有年"、"主仆称呼"和"饮食起居不敢与共"上。这就是根据劳动性质和主仆名分把一个长工定为雇工人的判例。

嘉庆二十四年，山东赵某雇小郭张氏"在家佣工"，照顾小孩。赵某之子赵祥企图强奸小郭张氏，以致她羞忿自杀身死。案子报到官里，封建法庭根本不去查问小郭张氏是长工还是短工，也不问她和赵氏父子之间是否"不敢尔我相称"，就肯定其具有主仆名分，而把赵祥按雇主期亲"强奸雇工人妻女未成致令羞忿自尽"例治罪，仅发近边充军。③ 很显然，他们把小郭张氏归入雇工人等级的唯一根据就在于她所从事的劳动的性质。这是单纯根据劳动性质以确定有无主仆名分，从而把雇佣劳动者置于人身隶属关系之中的一个非常突出的判例。

乾隆五十三年以后所编的判例、成案，记录日益简略，有关雇工案件

---

① 《大清律例按语》卷59，第21页。
② 沈沾霖辑：《江苏成案》卷13，乾隆五十九年刊本。
③ 许琏等辑：《刑部比照加减成案》卷29，道光十四年刊。

一般都不述明雇工的受雇年限，仅以有无"主仆名分"一句话定案。因此，我们从判例中就很难分辨被划为雇工人的服役劳动者是长工还是短工。但是按诸条例，从事服役劳动的短工并不例外。对于这一点，我们必须给予足够的重视。要知道，除去以出卖劳动力为副业的农民外，社会上实际存在着一类劳动者，他们的职业就是从事服役劳动，所谓"轿夫、车夫"等便是。这类劳动者并不一定长期固定地受雇于某一雇主。根据乾隆五十三年条例，其逻辑结果必然形成这样一种状况：当他们受雇时，就和坐轿乘车的任何一个雇主临时结成具有所谓主仆名分的关系，他们若和雇主发生诉讼案件，就会被当作雇工人看待。因此，根据乾隆五十三年条例，使这类劳动者长期从事服役性职业，长期地对任何雇主都丧失了凡人的法律地位，被划入雇工人等级，这种服役性的职业也便成为低人一等的职业。因此我们说，乾隆五十三年条例把从事服役劳动的短工也划入雇工人等级，这乃是明清雇佣劳动立法史上又一次反动，它把万历十六年就已解放了的一部分短工重新划入了雇工人等级。

从另一方面看，以劳动性质确定雇佣性质的原则，对从事生产劳动的雇佣劳动者而言，却没有遵守。在这里，我们必须分析封建统治者立法的阶级目的性。

乾隆五十三年"条例"，关于从事生产劳动的"耕种工作之人"的规定，辟头就指出"若农民佃户雇倩耕种工作之人……"这就是说，若雇主为勋戚、贵族、缙绅、绅衿、大地主之类，而非"农民佃户"，则当别论。从这里，透露出喀宁阿等立意维护什么等级对雇佣劳动者的人身占有地位的用心来了。

明清法典上雇工人条律所巩固的是封建主义的等级统治关系。所谓主仆名分，对受统治的雇佣劳动者而言，是可以不分长工短工，都给他加上"仆"的"名分"的。但是对于居于统治地位的雇主而言，这个"主"的"名分"却不是可以不论其身份地位而无条件地任意适用的。这是几千年来中国封建统治者所一直强调的一条原则。用明代学者管志道的话说就是唯"勋贵可臣庶人，庶人不相臣"。[①] 吴时来也认为"庶民

---

① 管志道：《从先维俗议》卷2，见《太崑先哲遗书》。

当自服勤劳"①，不配存养奴婢。所以他在万历十六年所上奏折中有关"定缙绅家奴婢例"一段，就是为了明确什么人有权蓄奴。到了喀宁阿的时代，法律则又要明确什么人才有权利役使雇工人了。作为封建统治工具的法律，从明确"奴主"身份发展到明确"雇主"身份的过程，反映了明清社会封建等级关系发生了变化。在这里，我们不可能对这一变化过程作具体的描述，但概括地提出以下的问题还是必要的。

在中国历史上，等级形式和阶级内容统一于名分关系。但是，到了生产资料所有者阶级不必就是等级关系上的统治者的时候，所谓名分关系所包含的形式和内容之间便产生了距离。原则上，庶民是不得"相臣"的，但实际上，庶民间之"相臣"者却大有人在。现实生活迫使封建统治者不得不正视这种"相臣"的现象，不得不承认其必要性。在吴时来的时代，"缙绅之家"和"士庶之家"都在蓄养义男的现实生活迫使他们定出新条例以明确义男的法律地位。吴时来的结论是，义男的法律地位因家长之为缙绅或士庶而异，这说明当时的封建统治者既不甘于轻易放弃"庶民不相臣"的根本原则，又迫于现实，不得不修订这个原则。其结果就是对家长做了分别对待，把蓄奴定为缙绅以上等级的特权，而士庶只有役使雇工人的权利②。到了喀宁阿的时代，法典终于进一步否定了庶民役使雇工人的特权。庶民只能雇用与他自己具有平等法律身份的凡人了。不过在条例上这一否定却是以肯定的形式表现出来的。

喀宁阿为什么在奏折中强调办理雇工案件不仅"尤当询其有无主仆名分"，而且尤当询其"是否服役之人"呢？他认为，如果像直隶总督判处高喜文、山东巡抚判处王成子、齐刚那样，不去询问这些问题，只根据"议有年限"一点便把高、王、齐当作雇工人判罪，那么以后"凡农民雇用长工，但有言明一二年为满者，皆得同于服役之人，设被雇主殴杀，即依殴杀雇工〔人〕律止拟徒杖，不同凡人问拟绞抵"，则其结果"不惟倖

---

① 见前引吴时来奏折。
② 至于身份低下的娼妓、优伶等人，就更加等而下之了。这种人，在以后的日子里，更被明确规定，与雇工不能具有主仆名分："查'家长之妾殴故杀奴婢'例，定于道光十三年。例内附载：倡优贱役所用雇工之人，无主仆名分可言，遇有杀伤，自应即依凡人定拟。"（见道光十八年刊《大清律例增修统纂集成》卷28，"刑律""斗殴"下，附墨批。）

宽雇主之罪，且长凌虐工人之风，更恐食力良民不甘为服役之人，①致绝其谋生之路。揆之情理，均未允协。"封建政府的立法者权衡雇工案件的处刑等级，一向都是从雇主成为受害人时应如何惩处雇工才算是"正名分"的角度去考虑问题，如今，身为刑部尚书的喀宁阿却从雇工"被雇主殴杀"出发，考虑到对雇主处分过轻，深恐"悻[？幸]宽雇主之罪"，"长凌虐工人之风"，这不是很奇怪的事情么？我们注意到，喀宁阿否决直隶总督和山东巡抚对高喜文等三个雇佣劳动者的判刑等级的理由，如上节所述，是在高喜文审讯记录上有雇主的儿子陈文希和高喜文等雇工一个盘炕、一个和泥、一个推坯的话，换言之，雇主期亲和雇工是一同参加劳动的；在王成子、齐刚二案中也有主雇"一同力作"的记载。喀宁阿所强调的正是这一点。他据此断定雇主陈夫亮、王克仁和吕季常"均不过寻常庶民之家"。雇主既为"庶民"，即使雇工"议有年限"，主雇之间也"无分良贱"，从而他就断定他们之间并无"主仆名分"，推翻了直隶总督和山东巡抚根据乾隆三十二年"条例"做出的判决，将高喜文、王成子、齐刚三人按"凡人"处理。171年前的吴时来认为"庶民当自服勤劳"，现在的喀宁阿则认为"自服勤劳"的一定是"庶民"，两个人的主张是完全一致的。在这里，丝毫没有什么恐"长凌虐工人之风"一类的伪善词句，所有的只是赤裸裸的等级观念："庶民不相臣"，陈夫亮、王克仁和吕季常这类雇主既属"庶民"，他们就根本不配做雇工人的家长。

不过，和欧洲领主封建制度不同，在中国明清时代的地主封建制社会中，等级身份具有很大的不稳定性。除"勋戚"、"功臣"这些世袭的高贵等级之外，一部分原来是"庶民"的人，通过科举或其他道路爬上政治上的统治地位后，也可以拥有种种特权（当然这些特权又是随时可以被最高封建统治者剥夺的）。那些拥有大量生产资料，从而在实际上居于社会的上层或较上层的阶级、阶层，虽不一定带有封爵头衔或官阶头衔，但封建统治者也必须给予一定的特权，赋予统治地位。在这里，个人的等级是随其政治、经济、社会地位之高下而升降的。因此，在封建立法者看来，特权和统治地位当然不可给予任何一个普通庶民，具体到主仆名分问题

---

① 我们认为此处之"服役"二字，意指生产劳动而非"服役"劳动。

上，家长的身份也就不可以随便给予任何人。因此封建立法者必须既有所维护，又有所排斥；喀宁阿在其所维护与所排斥的人中间划了一条界线，这就是雇主是否从事生产劳动。

如果雇主从事生产劳动，那么，这种现象就证明了这些雇主仅仅占有较多的土地，非其家庭劳力所能全部经营，以致需要雇倩帮工。他们自己既然参加生产劳动，当然便和雇工"一同力作"，也就很自然地和雇工"共坐共食"，"尔我相称"了。劳动，决定了他们"不过寻常庶民之家"，决定了他们根本不成其为"老爷"。对于这个阶层，喀宁阿所代表的政权是不能授之以奴役雇工人的特权，容其置身于封建统治者的等级之中的。雇主身份决定雇佣性质的原则，在万历十六年"新题例"中并未提出。除去当时统治阶级所强调的重点在于"功臣"、"缙绅"和"庶民"的区别外，我们推测，更重要的原因可能是：当时使用雇佣劳动的"民"，绝大多数是政治、经济、社会地位居于上层或较上层的地主。"农民佃户"雇工经营农业的现象还不普遍，还不足以使统治阶级给予如此程度的重视。

在立法原则上，乾隆五十三年条例的这一部分规定表现为用劳动性质确定雇佣性质。但是，按照条文规定，唯有"农民佃户"雇倩的生产劳动者才不属于雇工人范畴。从这一点上说，条例正是运用肯定"农民佃户"雇佣的生产劳动者应同凡的办法否定了农民佃户可以进入封建统治等级。所以清代法学家薛允升说，根据这个条例，则"有力者有雇工人，而无力者即无雇工人矣"。薛允升所说的"有力者"，便是我们所说的在政治、经济、社会地位方面居于上层或较上层的人物。他所说的"无力者"，即条例中的"农民佃户"，或比"农民佃户"更低的社会阶层。我们完全可以说，乾隆五十三年条例充分显示了封建政权所维护的等级制度的阶级目的性。

为了进一步证明乾隆五十三年条例的上述目的性，我们再来分析一个实际判例。嘉庆年间山东处理过这样一个案件：乾隆五十九年六月，山东潘濬亭雇邵兴佣工，"议定每年工价京钱四千八百文，立有文约，素有主仆名分"。嘉庆元年五月，雇主潘濬亭因修理内室，暂时搬到宅院二门外"客房"居住。这间"客房"原是他的雇工们居住的。在潘暂时住在"客房"期间，因故被雇工邵兴踢伤致死。法庭肯定邵兴是"雇工人"，潘濬亭是他的"家长";而"雇工〔人〕踢死雇主,名分攸关",因此把他判成"斩决"。① 此案审讯记录并未明确雇主是否是"农民佃户",也未明确邵兴是否是"耕种工作之人"。但记有邵兴和潘濬亭"内外隔绝"的话,可以证明邵兴并不是侍候潘濬亭的"服役之人"。同时,从邵兴和其他农业雇工同居"客房"的情况推测,他很可能是"耕种工作之人"。根据资料记载,雇主潘濬亭的住宅既有"内室"和二门外的"客房"之别,足见其住所是深宅大院而非普通茅舍;在日常生活中,他和雇工"内外隔绝",不相往来,而且雇用"众工人"代为耕作,可见他绝不是和雇工"一同力作"的"农民佃户",而是一个雇有相当数量长、短工的经营地主,是一个所谓"有力者"。从条例的立法精神来说,潘濬亭这种"有力者"正是封建政权要给以特权,置之于统治者行列的人物。这就是邵兴为什么被当作雇工人加重处刑的真正原因。

我们还应该看到,根据乾隆五十三年条例,勋贵、缙绅、绅衿、大地主等得以"臣"之的雇佣劳动者,是不论其受雇年限的,短工也包括在内。这就意味着从万历十六年起已经获得法律上人身隶属关系解放的一部分从事生产劳动的短工也被重新纳入雇工人等级。这当然也是乾隆五十三年条例比以前历次条例反动之处,而其反动性较诸在本节开始时谈到的把从事服役劳动的短工重新划入雇工人等级尤为严重。

但是,我们还必须看到另一方面,根据乾隆五十三年条例,只要是"农民佃户"所雇的"耕种工作之人",不论有无文契,即使是长工,也都已被当作凡人了。换言之,"农民佃户"使用长、短工进行农业经营,雇主与雇工之间的法律身份是平等的。这种雇工,更接近于具有双重"自由"的雇佣劳动者。因此,这一条例的制定,对资本主义性质农业经营的发展无疑是有利的。从这个意义上讲,这个条例不论对中国农业雇佣劳动者法律上人身隶属关系的解放,还是对中国农业资本主义的发展,都是具

---

① 全士潮:《驳案续编》卷3,嘉庆刊本。本文首次发表时说法庭"根本不举任何理由,就一口咬定邵兴是潘濬亭的雇工人。"当时是根据《刑案汇览》一书所载资料做出的判断。《刑案汇览》中这段资料是节录《驳案新编》,而《驳案新编》中讲到了判断邵兴为雇工人的理由。刘永成同志在其《论清代雇佣劳动》(见《历史研究》1962年第4期)一文中曾指出这一点,他的意见是对的,因此这里作了修改。

有重要历史意义的。

对于乾隆五十三年条例在实际生活中的作用,是不应该低估的。我们举出以下判例来说明这一条例的具体执行情况。

光绪十三年,吉林的刘菪雇张仁、张六子兄弟佣工,雇主雇工同炕睡觉,"平日尔我相称,并无主仆名分"。某夜,刘菪捉贼时,用鸟枪误伤张六子致死。刑部除将雇主刘菪按误杀凡人罪定拟外,并且命令吉林将军调查刘菪有没有花钱买通尸亲,企图避重就轻情事。① 前面我们曾谈到过雍正十三年刘七达子打死时毛儿的案子。时毛儿受雇时并没有订立文契,而且和雇主期亲刘七达子一同去酒店喝酒,看来他们之间显然"共坐共食",其主仆名分未必森严。但是,当时刑部却用"乡间风俗"来诠释条例,宽宥了雇主期亲的杀人罪。前后两案对比,可以清楚地看出雇工法律地位的变化。

又,乾隆五十二年三月,江苏邳州县的王檠"因田内工作忙",倩王黑纲帮同耕作,"议明八月内歇工,谢钱三两,平日共同饮食,仍系兄弟称呼"。王黑纲住在王檠家里,因和王檠的女儿相爱,二人偕同逃至睢宁居住。后来,王檠认为女儿的行为"败坏门风",竟把她弄回来杀死了。江苏巡抚按照乾隆五十三年条例,认为王黑纲犯有奸罪,但他"和王檠同姓不宗、系暂邀〔?邀〕帮助耕作,并非雇工〔人〕,应同凡〔人〕论"。② 我们知道,从中国封建道德观念和法律观点看,奸和杀是并列的重情之罪。雇工人奸家长妻女,按明清法律规定是要杀头的。但根据乾隆五十三年条例,王黑纲没有被当作雇工人,因此,只服充军之刑;刑部也没有借口别的什么理由加重他的服刑等级。这同本文第三节所举乾隆二十二年魏俊的案子比起来,也有很大的不同。魏俊受雇既无文券又未议定年限,可是当时的封建统治者竟不"拘泥于例文",把一名雇工当作雇工人,并且把别人的杀人罪也加在他的身上,最后处以斩决。两案对比,也可以看出从事生产劳动的雇工在法律地位上的变化。

现在,我们对明清两代雇工人条例的演变作一个简单的回顾。

---

① 沈家本辑:《刑案汇览三编》卷27,原稿本,下册。
② 《江苏成案》卷9。

根据万历十六年（1588年）的"新题例"，明代法律是承认短工和雇主的平等地位的。至于长工，不论是生产劳动者还是服役劳动者，都还遭受雇工人这种人身隶属关系的束缚。乾隆二十四年（1759年）条例上，开始出现了将生产劳动者和服役劳动者分别对待的立法原则，并把连续受雇于同一雇主在五年以下的长工解放为"凡人"，这自然是一个进步。不久，乾隆三十二年（1768年）"条例"却又出现了剥夺一年以下雇工的凡人身份的倒退。与此同时，乾隆三十二年条例虽把"耕作"〔之人〕和"并非服役之人"并举，在立法原则上进一步提出了劳动性质的问题，但条例所指的"耕作"〔之人〕仅限于雇主的"亲族"，而有服亲族之间相互侵犯时，本来就是按伦理关系判处的。所以，实际上，该例对于雇佣劳动者身份地位的解放并不产生作用。此外，万历十六年"新题例"所提出的"立有文券、议有年限"的含糊观念，一直都还在历次改订的条例上纠缠不清。据此，我们认为无论就以劳动性质区别雇佣性质这一立法原则方面说，或者就从事生产劳动的长工身份解放方面说，自万历十六年以后的二百年间，一直无大变化，只是到了乾隆五十三年的条例上，这些方面才有了比较明显的进展。

六 对于若干论点的不同意见

在中国资本主义萌芽问题的讨论中，很多同志涉及明清两代农业雇佣劳动的性质问题。我们根据前面研究的结果，就下列几种看法提出商榷意见。

第一，有个别同志认为，明清时代的农业雇佣劳动者对雇主没有，或者一般没有人身隶属关系。

且不说明清时代农业雇佣劳动者在现实生活中所处的实际地位如何，单从法律上所规定的隶属关系而言，我们认为就不能得出上述的结论。我们的研究证明了，农业雇佣劳动者法律形式上的人身隶属关系的解放是一个缓慢的、曲折的历时过程，从短工的解放到部分长工的解放，前后历史长达两个世纪（1588—1788年）之久，而在清王朝灭亡以前，这个法律上的解放过程始终没有完成。因此，在探讨明清时期雇佣劳动的性质问题时，就应该对这一过程进行历史的考察，根据不同的历史阶段，具体地分析不同类型的雇佣劳动性质，不能笼统地说雇佣劳动者对雇主具有或不具有人身隶属关系。

第二，有个别同志认为，只有完全脱离了生产资料的雇佣劳动者方才能够是"自由"雇佣劳动者。

不错，马克思在讲到资本主义雇佣劳动者的双重自由时确曾指出，他们既可以自由地处置自己的人身，又"没有别的商品可以出卖，自由得一无所有，没有任何实现自己的劳动力所必需的东西"。① 可是，我们对这个论断的理解不应该绝对化。因为，资本主义之渗入农业，"其形式是非常繁多的"。列宁在《俄国资本主义的发展》②、《农业中的资本主义》③以及《对欧洲和俄国的土地问题的马克思主义观点》④等著作中再三指出，很多国家的雇佣劳动者可以，而且的确和土地之间保有这种或那种形式的联系。

中国明清时代的短工往往就是自己占有少量土地，而将临时出外做工当作和打柴、捕鱼、纺织等一样的副业来进行的农民。而长工则往往是与生产资料完全脱离，不得不靠出卖劳动力来维持其全部生活的劳动者。根据万历十六年关于雇工人的新题例的规定，正是与生产资料可能还保有一定联系的短工较早摆脱法律上的人身隶属地位，他们和雇主的关系首先有可能是资本主义性的雇佣关系；而与生产资料完全脱离的长工却有更多的可能与雇主构成人身隶属关系，具有雇工人身份。这同某些同志主张劳动者已经脱离生产资料则共受雇性质便属于资本主义范畴的见解是恰恰相反的。

第三，有个别同志认为，明代中叶以后，农业雇佣关系中订立契约的现象表明当时的雇佣关系已经是资本主义性质。

经典著作中经常提到，在资本主义制度之下，劳动力买卖的关系乃是在双方平等地位上的契约关系。但订立契约的雇佣关系是否必然就是资本

---

① 《资本论》第1卷，见《马克思恩格斯全集》第23卷，第192页。
② 《列宁全集》第3卷，第148页。
③ 《列宁全集》第4卷，第118页。
④ 《列宁全集》第6卷，第307页。

主义的关系呢？我们在分析中国的这一问题时，必须对这种契约所加于雇佣劳动者的身份地位进行考察，不能简单地见有契约就肯定其为资本主义的雇佣关系。根据万历十六年的"新题例"，契约（文券）正是雇工人的重要标志。直到乾隆五十三年，契约才不再作为雇工人的标志。那就是说，1588—1788年这二百年间，正是雇工和雇主所订的契约标志着雇工对雇主法律上的人身隶属关系，没有订立契约的雇佣劳动者反倒有可能是身份自由的。所以，我们的结论又和主张契约表明雇佣关系的资本主义性质的意见恰恰相反。

第四，在关于中国资本主义萌芽问题的讨论中，个别同志的意见表现出这样一种倾向，好像凡是地主利用了雇佣劳动进行农业经营，那就必定是资本主义经济；并且地主所集中的土地越多，经营越大，其资本主义的性质也就越浓厚，甚至根本就是资本主义的生产关系了。

根据我们研究明清两代法典的结果，发现乾隆五十三年条例把雇倩生产劳动者的雇主分为两个集团，一个是在政治、经济、社会地位方面居于上层或较上层的贵族、缙绅、绅衿、大地主等人物，一个是下层或较下层的所谓"农民佃户"。但条例文字并没有列举出缙绅、绅衿、大地主等等人物和"农民佃户"相对立，只是在例义原则上用雇主是否参加生产劳动作为划分这两个集团的分界线。当雇主只是拥有较多的土地，自己必须与雇工"一同力作"，从而也就很自然地和雇工"共坐共食"、"尔我相称"时，他们和雇工的关系就是平等地位上的经济剥削关系。唯有这种关系才有可能适合于资本主义"自由"雇佣劳动的意义。但是这个时候，雇主既然本身也同雇工一起劳动，是称不上资本家的，因为资本家是以资本购买劳动力进行剩余价值剥削，而他自己是不参加生产劳动的。到了"农民佃户"发展成拥有更多的土地，足以使自己不再与雇工"一同力作"时，他们对雇工的关系却又变成了家长和雇工人这种封建主义的人身隶属关系了。

从这里，我们得到这样一个认识：从法律形式上看，越是大地主，他越有可能和雇工间形成等级关系，因而他的农业经营也就越具有封建性，而不是越具有资本主义的性质。这又是一个与前述倾向性意见恰恰相反的结论。

上述这个结论也就是说，乾隆五十三年"条例"虽然把从事生产劳动的许多长工从人身隶属关系中解放出来，使他们和"农民佃户"这类雇主获得平等的法律地位，但与此同时，这个条例却又阻碍着这种平等的雇佣关系向资本主义"自由"雇佣劳动发展，阻碍着农业中资本主义生产关系的发展。

还应看到，上述结论所表明的是在乾隆五十三年以后的事情。从万历十六年（1588 年）到乾隆五十三年（1788 年）这二百年间情况并不如此。在这个历史阶段里，文契、年限曾是雇工人最重要的标志，雇主的身份并不影响雇佣关系的性质。这就是说，当时，生产资料占有者有依靠雇佣无文契短工进行资本主义农业经营的可能。可是我们也必须注意到，较大规模的农场经营，全靠短工而没有一定数量的长工是不可能的。但当生产资料占有者一旦雇佣并非"短雇月日、受值不多"的长工时，雇主与雇工之间却往往又变成等级统治关系了。因此，从法律形式上看，16 世纪 80 年代以后的两个世纪，资本主义在农业中的发展虽有可能，但这种可能性又受到一定限制。

必须指明，上面几点都是分析法律条文及其立法精神所得到的逻辑结论。法律作为一种上层建筑，反映着经济基础的需要，这种反映通常是落后于现实生活的。新的生产关系（社会主义生产关系除外）总是在旧社会内部生长起来的。因此，从法典的变化来分析生产关系的变化，只是触及历史发展过程的一个方面，而且仅仅是事情的表象方面。

列宁曾经强调指出，"请记住，任何表现或肯定这些残余〔指农奴制残余——引者注〕的统一的司法机关都是不存在的……被俄国所有的经济研究无数次证明了的明显的徭役经济残余，并不是靠某种专门保护它们的法律来维持，而是靠实际存在的土地关系的力量来维持的"。① 明清封建社会中"实际存在的土地关系的力量"，是否以及如何把雇佣劳动者"维持"在封建性人身隶属关系之中的问题，就不是单纯从法典的分析中所能看到的。这是事情的一方面。

同时，我们提出的理论原则以及分析法典所得到的逻辑结论也并不排

---

① 《俄国社会民主党的土地纲领》，见《列宁全集》第 6 卷，第 106 页。着重点是原有的。

斥现实生活中另一方面的状况。譬如，资本家以资本购买劳动力进行剩余价值的剥削，而他自己并不参加劳动，这就是资本主义生产关系的本质，是就资本家之所以成其为资本家的质的规定性而言的。这一原则并不排斥某些资本主义性质的农业经营主也参加生产劳动。我们说，从立法精神上看，凡平日不和雇工"一同力作"的大地主就和雇工具有"主仆名分"，这并不意味着在实际生活中，一切资本主义性质的经营地主平日都必须和雇工"一同力作"；当然也不意味着不和雇工"一同力作"的经营地主就必须要雇工称他为"老爷"，而且具有"主仆名分"。特别是那些所谓"农民佃户"的雇主，他们之中可能有一部分人已逐步发展成为富农或租地农业家，但他们自己或其家庭成员仍旧参加生产劳动，我们当然不能因此就否定其经营性质应属于资本主义范畴。而且，"农民佃户"中发展起来的农业经营，很可能就是中国农业资本主义关系产生的主要类型。

所以，我们说法典阻碍着资本主义在农业中的发展，这是历史事实。但也并不等于说，由于这种法典的存在，资本主义在农业中就完全不可能发展。至于明清社会中，尤其是鸦片战争以后，农业资本主义因素是否已经发展，如何发展以及发展到了什么程度，那是历史事实的另一个方面，并不是单纯从法律条文和立法精神的分析中所能断然肯定或否定的事情。

总之，我们并不想把分析法典的立法精神所得的逻辑结论绝对化。在这里，我们必须遵循马克思主义的一条根本原则：具体地分析具体问题。

第五，我们从法律形式的研究中，愿就资本主义关系可能在何种类型的雇主与雇工间产生的问题，作一些初步的推测。

前面说过，万历十六年的"新题例"肯定了万历十六年以前（从《大明刑书金鉴》成书时起）已经存在的事实，即短工是被当作和雇主具有平等的法律地位看待的。据此，人们很难否定在万历十六年以前在实际生活中便已存在着资本主义性质的雇佣关系的可能性。自从万历十六年以后，这种可能性就因雇工对雇主的平等地位得到法律形式的保障而更加增大了。不过长工仍属于雇工人，这仍是资本主义关系发展的阻碍。到了乾隆五十三年以后，部分长工也得到了法律上人身隶属关系的解放，但与此同时，雇工得以与之具有平等法律地位的雇主却又被限为"农民佃户"。从此"农民佃户"雇佣长、短工发展资本主义性质的农业经营的可能性也就更大些。因为封建地主本来就是不和雇工"一同力作"、需要"侍候"的"老爷",立法的变化并未改变他们作为雇工人的家长的特权地位。因此,我们认为,在分析明清农业雇佣关系的性质时,或者更确切些说,在研究明清社会农业资本主义因素的发生、发展问题时,万历前期至乾隆五十三年(1788年)间在雇主雇佣短工经营这个范围内,以及乾隆五十三年以后"农民佃户"使用雇佣劳动(包括长工、短工)的这种经营形式,不失为一个重要的研究线索。

第六,关于明清封建社会等级制度的发展及其某些特点问题。

列宁说,"等级属于农奴社会,阶级则属于资本主义社会",① 并且指出,在资本主义社会中,"所有公民在法律上一律平等,等级划分已被消灭(至少在原则上已被消灭),所以阶级已经不再是等级。社会划分为阶级,这是奴隶社会、封建社会和资产阶级社会共同的现象,但是在前两种社会中存在的是等级的阶级,在后一种社会中则是非等级的阶级"。② 因此,封建社会向资本主义社会的过渡,必然伴随着"等级的阶级"向"非等级的阶级"的发展过程。

在本书《明清两代"雇工人"的法律地位问题》一文中,我们曾提出了关于明清社会的等级制度问题。我们在那里肯定了明清时代的雇工人是一个特定的社会等级。而这一特定等级随着社会的发展,必然地发生了许多变化;当社会历史发展到一定程度时,这种变化也逐渐地带有"等级的阶级"向"非等级的阶级"过渡的某些迹象。从本文对明清法典中关于雇工人条例演变的分析中可以看出,雇工人这个"等级的阶级"确是在发生着重大的变化。当然,雇工人等级的变化并不是这个等级的消灭,更不是整个封建等级社会变为资本主义的非等级社会。但是,这一变化毕竟表明有相当数量的农业雇佣劳动者逐渐在法律上摆脱了人身隶属关系。法典上的这些更动,正反映着明清封建社会经济上、生产关系上在发生着内在的、深刻的变化。

这种变化表现得如此之不明确,以及变化的渐进性,甚至在这一过程

---

① 《民粹主义空想计划的典型》,见《列宁全集》第2卷,第404页。
② 《俄国社会民主党的土地纲领》,见《列宁全集》第6卷,第93页注。着重点是引者加的。

中也包含某些反复，都可以看作是中国的"等级的阶级"向"非等级的阶级"过渡的特点之一。此外，我们所论证的法典把某些雇佣劳动者编入雇主的宗法家长制体系以内来判刑的问题，奴婢、义男和雇佣劳动者这三类劳动者身份地位的差异性和共同性问题，长、短工之为雇工人或凡人的界限不清问题，以及等级身份的不稳定性问题等，也都可以称为明清社会封建等级制度的一些特点。

附录

（一）万历五年龚大器：《招拟指南》对雇工人的解释（附例案）

或问：义子过房在十六以上，及未分有田产、配有妻室者，凡有所犯，俱以雇工人论，是矣。若用钱雇募在家佣工者，如有所犯，当作何项人论断？

《指南》曰：此真雇工人也。查《比部招拟》内，有胡雄雇与卖皮底人刘珍扛抬盛皮底木柜，每月工银一钱，因事持刀将刘珍戮伤，事发，问拟"雇工人殴家长伤者"律。又有张泽雇与卖面人张胜卖面生理，因事叫骂，张胜告发，问拟"雇工人骂家长"律。二项俱佣工人，比部俱引雇工人律论罪，是为真雇工人无疑。大凡律称"以"者，盖有所指，所谓"与真犯同罪"是已。如无真雇工人，则所谓"以"者无着落矣。如"以窃盗"、"以监守"、"以枉法"等，盖有"真"然后有"以"也。议者率以雇募用工者作凡人论，则所谓雇工人者是何等人也？比部为法家宗主，凡有所拟，即当据以为法矣。

又，律中诸条称奴婢，指功臣之家给赐者言；若庶民之家，止称义男，凡有所犯，比雇工人论。

〔龚大器：《（新刊）招拟指南》卷首，第24—25页。〕

附：例案 1.

一名胡雄云云。军匠状招有：雄平日雇与在官卖皮底人刘珍扛抬盛皮底木柜，每月工银一钱。正德十三年九月初十日，刘珍为因失去皮底二双，疑雄偷盗，将雄逐赶，不容与伊抬柜。雄怀恨在心，至本月十四日未时分，雄不合故违"凶徒执凶器伤人，问发边卫充军"事例，手执尖刀一把，将刘珍左胳膊并左肋戳伤倒地流血。雄自知有罪，又不合自将项下抹伤血出。彼有在官何达叫报地方火甲，将雄并刘珍捉送巡城王御史处，批发中兵马司审供。由连雄原行凶刀一把开送到司。复审明白，验得刘珍伤疤〔？已〕平复，并何达俱省令随市外，将雄取问，罪犯：

一、议得胡雄所犯除"故自伤残"罪名外，合依"雇工人殴家长伤者"律，杖一百流三千里；有《大诰》减等，杖一百徒三年；①系军匠，照例送兵部定边发边卫充军。

二、照出胡雄行凶尖刀一把合收入官。

〔龚大器：《（新刊）比部招拟》卷4，第50—51页，"雇工人殴家长"。又见李天麟《谳问汇编》卷4，万历刊本。这里所引资料中"云云"二字，在李著中为"年三十七岁，山东济南府商河县人，系武成中卫右所百户刘玉小旗俱缺下"等。〕

例案 2.

一名张泽云云。余丁状招：正德十四年二月内，泽帮送不在官扬武营操备军人张孟儿来京。三月内，泽雇与在官献陵卫舍余张胜家，与在官一般雇工人江旺俱替张家卖面生理。本年八月初四日，泽令江旺将面觔私下掌些卖钱分用，江旺不从，泽就不合寻事向伊攘〔？嚷〕闹。张胜前来理阻，又不合将张胜叫骂"老狗骨头"等语。张胜不甘，将情具状赴通政使司造送到司。蒙提泽等前来责审前情明白，将泽取问，罪犯：

一、议得张泽所犯除"不应"罪名外，合依"雇工人骂家长者"律杖八十徒二年；有《大诰》减等，杖七十徒一年半；系军余，审无力，照例送工部照徒年限做工，满日与供明张胜、江旺各随住。

〔龚大器：《（新刊）比部招拟》卷4，第57页。〕

---

① "查《大诰》末章云：一切军民人等，户户有此一本，若犯笞杖徒流罪，每减一等。法家至今遵用。"（《招拟指南》卷首，第13页）此案胡雄家有《大诰》一册，犯流罪，故得照例减等。下同。

(二) 万历十六年制定雇工人"新题例"的有关奏折

1. 都察院左都御史吴时来奏折（摘录）

〔万历十五年十月丁卯〕都察院左都御史吴时来等申明律例未明未尽条件：一、律称庶人之家不许存养奴婢，盖谓功臣家方给赏奴婢，庶民当自服勤劳，故不得存养。有犯者，皆称雇工人。初未言及缙绅之家也。且雇工人多有不同，拟罪自当有间。至若缙绅之家，固不得上比功臣，亦不可下同黎庶，存养家人势所不免。合令法司酌议，无论官民之家，有立券用值、工作有年限者，皆以雇工人论；有受值微少，工作止计月日者，仍以凡人论。若财买十五以下、恩养已久，十六以上，配有室家者，照例同子孙论。或恩养未久、不曾配合者，在庶人之家仍以雇工人论，在缙绅之家，比照奴婢律论。……得旨：律例未尽条件，还会同部、寺酌议来看。

（《明神宗实录》卷191。）

2. 刑部、都察院、大理寺会议奏折（摘录）

〔万历十六年正月庚戌〕刑部尚书李世达、都察院左都御史吴时来、大理寺卿孙鑨等题，申明律例未尽条款凡六事：一、奴婢。官民之家，凡倩工作之人，立有文券、议有年限者，以雇工论。只是短雇、受值不多者，以凡人论。其财买义男，恩养年久、配有室家者，同子孙论，恩养未久、不曾配合者，士庶家以雇工论，缙绅家以奴婢论。……上允行。

（《明神宗实录》卷194。）

(三) 乾隆二十四年永泰议改雇工人条例奏折

刑部为敬陈等事，据山西按察使永〔泰〕奏称："……又查例载：凡倩工作之人，立有文券、议有年限者，依雇工人论；只是短雇月日、受值不多者，依凡〔人〕论。诚以雇工〔人〕、凡人问罪悬殊，故必以文券为凭，以杜枉纵。但乡民工作多系随便雇觅。其始也，原止暂时短雇，未经立有文券；其既也，情意交孚，历久相安，不暇他计，往往有终身受雇而未立有文券者。此等之人遇有干犯〔家长〕，顾以未立文券遽同凡〔人〕论，揆之情理，殊属未协。并请嗣后：凡工作之人，如受雇在五年以上者，并非短雇可比，虽未立有文券，亦应照雇工人论。如受雇在十年以上者，恩义并重，无论有无文券，均照红契奴婢定拟"等语。

查……雇工之人与奴婢不同。奴婢或系立契卖身，或系家生灶养，衣食婚配，恩义并隆。雇工则仅资力作，来去无常，民间经营耕获，动辄需人，亲属同侪相为佣雇，情形本难概论。定例立有文券，议有年限方作雇工〔人〕若随时短雇、受值无多者即同凡〔人〕论，法至平也。且查律文，于家长有犯，奴婢治奴婢之罪，雇工〔人〕治雇工〔人〕之罪，各有专条。今该按察使奏称："雇工人虽无文券而受雇在五年以上者，于家长有犯，作雇工〔人〕；十年以上作奴婢定拟"等语。查雇工人立有文券，年限者，止依雇工〔人〕本条；若无文券而年份稍久者、反与奴婢同论，殊与律义不符。应请嗣后："除'典当家人'及'隶身长随'具照定例治罪外；其雇倩工作之人，立有文契、年限，及虽无文契、而议有年限，或计工受值已阅五年以上者，于家长有犯，均依雇工人定拟。其随时短雇、受值无多者，仍同凡〔人〕论。"如此则情法胥得其平矣。

〔《刑名条例》，"名例"，乾隆二十四年，第6—9页，"命盗"。〕

（四）乾隆二十五年来朝奏请定短雇工人干犯家长治罪由

乾隆二十五年十一月十九日，广东按察使来朝奏请定短雇工人干犯家长分别议罪之例事。广东按察使奴才来朝跪奏，为请雇工人干犯家长分别议罪之例以昭平允事。

查例载："官民之家凡倩工作之人，立有文券、议有年限者，依雇工人论。只是短雇月日、受值不多者依凡论"等语。查雇工人谋、故杀家长及家长之期亲、外祖父母者，凌迟处死；谋、故杀家长之缌、功亲属者，斩决；殴家长至死者，斩决；殴家长之期亲、外祖父母及缌、功亲至死者，斩候。较之凡人轻重悬殊，所以重名分而惩凶悖也。

然民间雇倩工人，大都计月受值者居多，其立契议限者甚少；而同一雇工之人亦有区别。如铺户乏人力作，乡民时值家忙，均须雇倩帮工，但非受制服役，并无上下之分。此等工人有犯家长，至若计工受值使唤服役者，既有家长之称，则有上下之别，若有干犯，似未便因其与主仆稍异，竟与凡人并论，如谋故杀家长及家长之期亲，照凡一体斩候；殴杀家长及家长之期亲照凡一体绞候，毫无区别，似未平允。

应请嗣后如暂雇工作，并非受制服役，及虽系受制服役而仅止计日受值者，均以凡论外，其按月受值服役者，如有谋故杀家长及家长之期亲者，应拟斩立决；殴家长及家长之期亲至死者，拟予绞决；至家长之外祖父母与缌、功服亲，究与家长及家长之期亲嫡属有间，谋故杀者，仍俱依律斩、绞监候。如有为从者，各照凡人律议拟。其余干犯罪不至死者，悉照凡人罪加三等，加不入死。其家长及家长之期亲有犯，照凡人罪减三等；至死者依凡论。如此稍加分别，庶情罪平允而无枉纵，可杜以下凌上之渐矣。奴才蒭荛之见是否有当，伏祈皇上睿鉴，敕部议复施行。谨奏。

乾隆二十五年十二月二十三日奉朱批：该部议奏，钦此。

（中央档案馆藏录副奏折，档案号：03—1197—050，乾隆二十五年十一月十九日广东按察使来朝奏请定短雇工人干犯家长分别议罪之例事。）

（五）乾隆三十二年律例馆修改雇工人条例缘由

乾隆三十二年律例馆以原例"雇倩工作之人若立有文契年限及虽无文契而议有年限，或计工受值已阅五年以上者，依雇工人论"等语。查良贱相犯，按律尚加凡人一等。雇工一项，民间多有不立文契年限，而实有主仆名分者，如于家长有犯，必以受雇五年为断；其在五年以内，悉照凡人科罪，并无良贱之分。查受雇在一年以外至二三四年，恩养已不为不久，若有干犯，不便竟同凡人问拟。因将原例量为酌改："如受雇在一年以内，有犯寻常干犯，照良贱加等律再加一等治罪；如受雇在一年以外，即依雇工人定拟。若犯奸、杀、诬告等项重情，虽在一年以内，亦照雇工人治罪"，增入前例。

（《大清律例通考》卷28，第15—16页。）

（六）乾隆五十一年议改雇工人条例奏折及上谕

1. 乾隆五十一年四月十六日刑部尚书喀宁阿议改雇工人条例的奏折（摘录）

窃查，例载"雇倩工作之人，若立有文契年限及虽无文契而议有年限，或计工受值已在五年以上者，于家长有犯，均依雇工人定拟。其随时短雇、受值无多者，仍同凡论"。又"雇工虽无文契而议有年限，或不立年限而有主仆名分者，如受雇在一年以内，有犯寻常干犯，照良贱加等律再加一等治罪；若受雇在一年以上者，即依雇工人定拟。其犯奸、杀、诬告等项重情，即一年以内，亦照雇工人治罪。若只是农民雇倩亲族耕作、店铺小郎以及随时短雇，并非服役之人，应同凡论"各等语。

是办理雇工之案固以文契年限为凭，尤当询其有无主仆名分及是否服役之人。如有主仆名分，虽无文契年限，而一经受雇，即为服役之人，故在一年以内有犯寻常干犯，照"良贱加等"律再加一等；若犯奸、杀等项重情，即以雇工人治罪。严雇工者，所以重名分也。若无主仆名分，则是雇倩工作之平民，虽议有年限、工价，并非服役，彼此无良贱之分，故例同凡论。宽平人者，所以慎庶狱也。例文互载分明，引断不容牵混。

兹据山东巡抚明兴题"王成子强奸雇主王克仁之妻邢氏不从将邢氏砍死"一案。缘王成子与王克仁同姓不宗，乾隆五十年二月初二日，王成子雇与王克仁家佣工，言明十月为满，工价制钱七千文，未立文契。九月初一日，王成子同王克仁自地回家，王克仁外出，王成子见邢氏坐地扬簸芝麻，顿萌淫念，拉（邢）氏求奸。邢氏不从，喊骂。该犯恐人闻喊往捕，顿起杀机，即取菜刀砍伤邢氏顶心殒命。将王成子依"雇工〔人〕杀家长期亲"律凌迟处死。

又题"齐刚谋杀雇主吕季常之妻胡氏身死并砍伤吕季常"一案。缘齐刚于乾隆五十年正月雇与吕季常家工作，言定工价小钱六千五百文，未立文契。胡氏因其懒惰，时加村斥。十月间，胡氏将一年工价付清，令其他往，齐刚延挨未去。十月十三日，胡氏更加辱詈，不与饭食。齐刚怀恨，蓄意谋害。即于是夜三更，携带枪头，越墙进院。胡氏闻声出视，齐刚即用枪头向戳，未中，胡氏喊救躲避。吕季常持棍赶出，击落齐刚所执枪头。齐刚闪进草屋，携出铡刀，砍伤吕季常胳膊，〔吕季常〕倒地。〔齐刚〕赶人屋内，用刀砍伤胡氏顶心殒命。将齐刚依"雇工〔人〕谋杀家长"律凌迟处死，各等因，先后具题到部。

臣等详核二案，王成子同王克仁在地工作，齐刚在吕季常家工作，均不过寻常庶民之家一同力作，无分良贱，即属农民雇倩耕作之人。且王成子自二月至九月，齐刚自正月至十月，受雇均在一年以内，并非日久，工价均止数千文，受值亦属无多。既无主仆名分，即与服役不同。按之律例，王成子"强奸杀死本妇"例，应斩决；齐刚"谋杀人命"律，应斩候。今该抚因其有"十月为满"及"每年工价若干"之语，谓之"议有年限"，而不论其有无主仆名分，治以"因奸故杀家长期亲"及"谋杀家长"之罪，拟以凌迟处死。查凌迟处死系属极刑，唯谋反、逆伦等案，罪大恶极，始定此无可复加之罪。今以农民雇倩耕作之人，并无主仆名分，因其谋、故情重，即与谋反，逆伦等案同一科断，殊觉轻重不伦。且如该抚所题，不问其有无主仆名分，即以雇工〔人〕定拟，是凡农民雇用长工，但有言明一二年为满者，皆得同于服役之人，设被雇主殴杀，即依"殴杀雇工〔人〕"律，止拟杖徒，不同凡人问拟绞抵。不惟悻宽雇主之罪，且长凌虐工人之风；更恐食力良民不甘为服役之人，致绝其谋生之路。揆之情理，均未允协。

惟是例文内载："雇工虽无文契而议有年限，或不立年限而有主仆名分"者，本系一气相承，原无歧误。但外省问刑衙门未能贯通例义，往往仅执"议有年限"一语为断，而不问有无主仆名分，俱以雇工〔人〕论。以致办理雇倩平民之案拟入重刑，已属失当；设遇雇主殴死此等无主仆名分之雇工，转得从轻拟徒，尤非所以惩凶徒而重人命。虽近年来臣部随案驳正，尚无错误，但与其逐案改驳，不如申明例文，共知遵守。臣等公同酌议，应请：嗣后官民之家，除典当家人、隶身长随，以及立有文契之雇工仍照例定拟外；其余雇工之人，如无文契，不论议有年限与否，总以有无主仆名分、是否服役之人为断。如有主仆名分，为之服役者，即照例以雇工〔人〕论；若并非服役之人，只是农民雇倩耕作、店铺小郎，既无主仆名分，不论是否亲族，俱依"凡人"科断。如此明立界限，庶援引既无牵混，平民不致轻入极刑，雇主亦不得悻邀宽纵，于刑名益昭慎重矣。

如蒙俞允，臣部将例意修纂明晰，并通行直省问刑衙门一体遵办。所有山东省王成子、齐刚二案，即照本犯谋、故杀例改拟具题。……为此谨奏请旨。

2. 乾隆五十一年四月十六日乾隆帝对喀宁阿奏折的批谕

刑部奏"酌改雇工〔人〕致死家长条例"一折，立意虽觉近是，但向来雇工〔人〕谋、故杀家长者，例应问疑凌迟，原所以重主仆名分。若仅雇倩佃户及店铺雇觅佣作之类，并无主仆名分，亦未服役者，俱照雇工〔人〕例概拟极刑，则雇主殴死雇倩平民皆得援例问拟杖徒轻罪，殊未允协，自应分别科断。但雇工（人）与雇倩平民如何区别主仆名分及是否服役之处，必须明立界限，庶问拟两不相混。刑部所奏尚未详尽，着交军机大臣会同该部详晰酌议具奏。钦此。

3. 乾隆五十一年四月十九日军机大臣、刑部奉旨议改雇工人条例复折（摘录）

查服役雇工与雇倩平民名分本自判然，但不明立界限细为区别，援引终多牵混。刑部议奏仅以"有无主仆名分、是否服役之人"为断，尚属笼统定议，未能条分缕析。诚如圣谕："所奏尚未详尽。"臣等公同酌议，应请：嗣后除典当家人、隶身长随，以及立有文契服役之雇工仍照旧例定议外；凡官民之家，如车夫、厨役、水火夫、轿夫及一切打杂受雇服役者，平日起居不敢与共，饮食不敢与同，并不敢尔我相称，系听其使唤之人，是有主仆名分。无论其有无文契、年限，均照例以雇工〔人〕论。若农民佃户雇倩耕种工作之人，并店铺小郎之类，平日共坐同食，彼此平等相称，不为使唤服役者，此等人并无主仆名分，亦无论其有无文契、年限，及是否亲族，俱依"凡人"科断。

如此详细分析，庶"服役雇工"与"雇倩平民"各有明条，而主仆名分及是否服役之处亦有界限。内外问刑衙门遇有雇工干犯家长及杀伤之案，并家长杀伤雇工，与雇倩平民互有杀伤等案，援引得有依据，拟罪亦昭允协矣。如蒙俞允，刑部即将此例纂入例册，并将旧例删除，通行直省问刑衙门一体遵办。所有山东省王成子、齐刚二案，该抚因其奸杀情凶，拟以凌迟，于原例内"若犯奸、杀、诬告等项重情，即一年以内亦照雇工人治罪"一条符合。今既分别界限，立定科条，应将此二案即照新例改拟具题。

乾隆五十一年四月十九日奉旨："依议钦此。"

（以上奏折及上谕均摘自中国第一历史档案馆藏《清代军机处录附档案》，军字第437①、437②号，乾隆五十一年四月。）

（七）明清两代雇工文契示例

（编者按：在明清时代刊行的《通考杂字》、《士商必要》一类的日用百科全书中，多载有各种文契的通用格式，即所谓"活套"，备人采用。其中也有雇工文契的活套。这种日用百科全书中把雇工文契做成活套，有力地说明当时雇工已经相当普遍。这里，我们选辑了三条，作为示例。）

一

某境某里某人，为无生活，情愿将身出雇，愿与某里某境某人家耕田一年，议定工资银若干。言约朝夕勤谨照管田园，不敢懒惰。主家杂色器皿不敢疏失。其银约季支取不缺。如有风水不虞，此系天命，不干银主之事。今欲有凭，立契存照。

〔（明）佚名：《释义经书士民便用通考杂字》卷20，"雇长工契式"；又，明刊《学海群玉》所载基本相同。〕

二

立工约人某，今因家无生理，将身出雇与某名下一年杂工。议定每月工银若干，其银陆续支用，如或抽拨工夫，照日除算。恐有不测祸患，皆系天命，与主家无干。今欲有凭，立此文约为照。

〔（明）吕希绍：《新刻徽郡补释士民便读通考》，天启七年刊，"雇工约"。〕

三

立雇约人某都某人，今因生意无活，情自托中雇到某都某名下替身农工一年。议定工银若干。言约朝夕勤谨照管田园，不敢懒惰。主家杂色器皿不敢疏失。其银按月支取，不致欠少；如有荒失，照数扣算。风水不虞，此系天命。存照。

（徐三省编，黄惟质增订：《世事通考全书》，康熙刊本，外卷，"文约类"；徐三省编，戴启达增订：《新编万宝元龙通考杂字》，乾隆刊本及同治刊本之外卷；戴惺菴：《重订增补释义经书四民便用杂字通考全书》外卷，"文约类"中均载此"活套"，大同小异。）

（原载《经济研究》1961年第6期，署名"欧阳凡修"。收入《明清时代的农业资本主义萌芽问题》，中国社会科学出版社1983年5月时有修改。）

论清代社会的等级结构

在阶级社会中，一切社会成员无例外地属于特定的阶级。按照列宁的说法，所谓阶级，"就是这样一些集团，这些集团在历史上一定社会生产体系中所处的地位不同，对生产资料的关系（这种关系大部分是在法律上明文规定了的）不同，在社会劳动组织中所起的作用不同，因而领得自己所支配的那份社会财富的方式和多寡也不同。所谓阶级，就是这样一些集团，由于它们在一定社会经济结构中所处的地位不同，其中一个集团能够占有另一个集团的劳动"。①可见，阶级是由经济地位所决定的，生产资料的占有与否和占有多寡决定着经济上的剥削与被剥削的关系。阶级之间的差别不在于法律上的特权，而在于实际条件。

但是，赤裸裸的阶级对立乃是资本主义的产物。在奴隶社会和封建社会中，阶级的差别，"是用居民的等级划分而固定下来的，同时还为每个阶级确定了在国家中的特殊法律地位"。②阶级表现为等级，列宁称之为"等级的阶级"。③

所谓等级，是指奴隶制国家和封建制国家中一定的社会集团，这些集团由国家的成文法或不成文法④规定其成员享有某种权利，承担某种义务以及加入或排除于该集团的条件。由于被规定的权利与义务不同，各等级间形成不平等的高下阶梯，彼此间形成统治和被统治的关系。法权身份基本相同的同一等级成员，因其经济、政治等各方面情况仍有某种差别，又

---

① 《列宁全集》第29卷，382—383页。
② 《列宁全集》第6卷，第93页。着重点是原有的。
③ 《列宁全集》第6卷，第93页。
④ 这里所谓的不成文法，是指虽然未经通常的立法程序甚至没有文字的规定，但是得到国家承认的具有法律效力的行动规范，而不是指任何实际存在的非法行为。

分为不同的等第。这不同的等级和等第组成的系列，就是该社会的等级制度。人与人之间法律地位、社会地位的不平等，乃是等级制度的实质。一般地说，剥削阶级总是属于较高贵的等级，被剥削阶级总是属于低下的等级，高贵的等级总是拥有许多超越于他人的特权，处于统治者的地位。等级把剥削阶级与被剥削阶级之间的统治关系法律化了。法权的不平等规定也形成了社会习俗、礼仪、传统等许多方面的不平等。这种不平等公开地表现在政治生活和经济生活的各个方面。

封建剥削关系不是像资本主义剥削关系那样以等价交换的经济形式实现的，而是以不平等为前提的超经济强制的手段实现的。等级制度就是超经济强制的一种最一般的、最明确的形式。

可见，笔者在本文中所要研究的是社会等级，而不是贵族、功臣的封爵等级或者文武官僚的品秩等级。

各个封建国家的经济制度、政治传统、道德规范、宗教势力以及民族关系等多种因素决定着这些国家等级制度的特点。例如我国封建社会中就没有欧洲各国中世纪的僧侣、贵族和骑士，也没有日本封建社会的旗本、大名、町人、秽多，或者朝鲜的两班、中人层。一个封建国家的不同发展阶段，随经济的变革、民族的征服等各种因素变迁的影响，其等级制度也要发生变化。例如我国唐代的部曲、杂户，元代以种族统治为特色的蒙古、色目、汉人、南人，以及明代的勋贵等级，都具有时代特色，随着王朝的更迭而消失，代之以新的等级。

清代是我国封建社会的最后一个王朝，①它也有一套特有的等级制度。本文拟就清代的等级制度的状况和特点作初步的探讨。

一　清代的等级结构

满族以一个尚带有许多奴隶制残余的甫经进入封建制的民族，征服朱

---

① 需要说明的是，1840 年以前的清王朝是封建社会，1840 年开始进入半殖民地半封建社会；但直至清亡以前，其典章制度没有根本性的改变，封建的上层建筑仍旧保留。因此，为了方便起见，笔者在这里对整个清王朝的等级制度进行探讨，这样处理问题，不涉及对历史分期问题的看法。

明政权以后，结合汉人原有的封建法制，建立了一套具有民族特点的封建制度，开始了一个新的王朝。清王朝的典章为社会成员规定了七种不同的法律身份即分为七个等级。这七个等级是：皇帝、宗室贵族、官僚缙绅、绅衿、凡人、雇工人和贱民。在有的等级中，又可划分为若干等第。下文具体分析这些等级、等第的状况。为了叙述的方便，笔者把凡人这个等级放在最后谈。

（一）皇帝等级和宗室贵族等级

皇帝和宗室贵族是清代两个最高的等级。后者的主要组成部分是由与前者具有血缘关系的成员构成的。这两个等级的共同特点是等级的世袭性。

让我们先看看清代的皇帝。

恩格斯在描写欧洲君主时说，"在每一个中世纪国家里，国王是整个封建等级制的最上级"，[①] 这话也适用于清代的中国皇帝。

清代的皇帝是地主阶级的总代表，他作为国家的最高统治者，继承了我国历朝封建专制制度的传统，自称上天之子。以为万民之父。"君，父也；民，子也"，[②] 天下之民都是皇帝的"赤子"。[③] 既然是天之子，"处于至尊"当然是不易之理了。[④]

封建专制制度就是独裁统治。中国历代皇帝从来都有至高无上的权力。"朕为天下主"的话，也是清朝历代皇帝的口头禅。"国家唯有一主"，"唯有一人治天下"，或者叫作"乾纲独揽"，这种权力是绝对不能与人共享，更不得旁落的。一切有碍于独裁的人物、机构，必须统统除掉。

清王朝整个国家机构都作为皇帝一人的办事机构而存在。《大清会典》规定，内阁、军机处以及吏、户、礼、兵、刑、工六部各有职掌，它们都

---

① 《马克思恩格斯全集》第 21 卷，第 452 页。
② 《顺治实录》第 42 卷，顺治六年正月戊亥，谕兵部，第 4 页。
③ 参阅《顺治实录》第 21 卷，第 18 页；第 42 卷，第 7 页；第 43 卷，第 2 页；《乾隆实录》第 704 卷，第 4 页等。
④ 《顺治实录》第 53 卷，第 15 页。

是"赞上"以治理万民的,①换言之,都是帮助皇上一人进行统治的。至于臣工,"内而部院卿寺,外而总督抚镇,皆佐皇上经理天下之大臣也"。②

皇帝有权夺取人民的土地归他自己或赐给别人（如圈地）,有权把人民束缚在土地上（如钦赐孔府庙户）,有权动用国库以供享乐（如修建园庭陵墓、巡幸狩猎）,有权决定战和（如镇压农民起义、向帝国主义投降）。总之,大臣的任命,财政的管理,法典的制定,死刑的批准,考试的录取,政、军、财、文方面立法司法行政大权,最后都集中在一人身上。乾隆说:"一切庆赏刑威皆自朕出,即臣工有所建白而采而用之,仍在于朕,即朕之恩泽也。"③ 可见清朝皇帝和历代皇帝一样,对于独裁专制是作为一种当然的制度,而从不忌讳的。清朝十代皇帝的实际作用虽各不相同,但皇帝之作为最高统治者的地位则是一样的。

为了显示地位的至高无上,皇帝的一切都是特殊的。例如,皇帝的命令是最高指示,称为"纶音"、"制"、"诏"、"诰"、"敕"和"圣旨"。他使用专门设计的皇宫、轿舆、服饰。一切黄色的物件,唯皇帝有权使用,等等。甚至他喝的水都是别人不能饮用的,"京北玉泉之水,止备上用,其禁甚严"。④

清朝也和历代封建王朝一样,实行家天下世袭制,帝位由父传子,无子传近亲。母妻垂帘,叔伯摄政,皆视为当然。凡反对这一套制度的皆为逆。

清代的法律,有很多条文是专为惩治触犯皇帝的统治和尊严而设的。例如遇赦不赦的"十恶"之中,"谋反"、"谋大逆"、"大不敬"等都是维护皇帝的统治地位的。又如,诈为制书。律规定:"凡诈为制书及增减者,皆斩；未施行者绞。传写失错者杖一百"。"诈传诏旨"律规定:"凡诈传诏旨者,斩。""对制上书诈不以实"律规定:"凡对制及奏事上书诈

---

① 光绪《大清会典》第 2、3、4、13、26、43、53、58 等卷。
② 《顺治实录》第 71 卷,顺治十年正月丙戌,范文程等奏,第 17—18 页。
③ 《乾隆实录》第 71 卷,第 10 页。
④ 《顺治实录》第 137 卷,第 22 页。

不以实者，杖一百徒三年。"①"制书有违"律规定："凡奉制书有所施行而违者杖一百"；"失错旨意者减三等。其稽缓制书……者，一日笞五十，每一日加一等，罪止杖一百。"②总之，皇帝的意旨是最高指示，不可丝毫违反、更改或领会错误。御医合药有误、御膳房为皇帝所备饮食之物不洁不精、御用乘舆及穿用的服饰修整不如法，等等，有关人员都要受到杖刑。③此外还有一系列繁文缛节统统定入律例。例如，上书、奏事时误犯皇帝及其父祖的名字，也要杖八十。④

乾隆十三年三月，弘历之妻"孝贤纯皇后"死，规定的仪制中有一条："王公百官百日后薙发。"臣工之中，锦州知府金文淳百日内薙发，被拟斩决，改缓。官阶高达二品、三品的江南总河周学健、湖广总督塞楞额、湖北巡抚彭树葵、湖南巡抚杨锡绂等封疆大吏皆因限内薙发治罪：周学健从宽革职，发往直隶修理城工效力赎罪；塞楞额交刑部治罪；彭、杨革职留任，承修直隶二处城工赎罪。⑤

嘉庆五年，乾隆皇帝弘历死，百日内薙发的蒙古德沁被判斩监候，沙拉布被判杖一百徒三年。⑥

嘉庆四年，内务府折中将皇后尊号抄错，结果律以"大不敬"之条将"承办之主事德宁、写底之笔帖式积善均着加恩免死，各枷号一个月，满日鞭责八十发落。笔帖式兴保年仅十七，系照本誊缮，或竟不识清字，业经革职，著从宽，鞭责五十，即行发落"。⑦

马克思说，"专制制度的唯一原则就是轻视人类，使人不成其为人"，"它不单是一个原则，而且还是事实。专制君主总把人看得很下贱"。"事实上，在普鲁士，国王就是整个制度；在那里，国王是唯一的政治人物。总之一切制度都由他一个人决定。他所做的或者人家要他做的，他所想的

---

① 《大清律例》刑律、诈伪。
② 《大清律例》吏律、公式。
③ 《大清律例》礼律、仪制。
④ 《大清律例》吏律、公式。
⑤ 光绪《大清会典》第37卷，礼部，第6页；《乾隆实录》第321卷，第1、19页；吴振棫：《养吉斋余录》第4卷，第10页等。
⑥ 《仁宗圣训》第2卷，第1页。
⑦ 《仁宗圣训》第1卷，第14页。

或者人家要他讲的，就是普鲁士国家所做的和所想的"。① 如果把这段话中的"普鲁士"换成"清代"，把"国王"换成"皇帝"，那么也是完全符合事实的。帝王具有最高的权威，这是中国封建制度的传统，也是一切封建制度的特征。

因此，皇帝是清代的一个等级，一个最高的等级，居于整个等级结构的顶端。

现在再来分析清代的宗室贵族等级。

在封建社会中，既然皇帝是至高无上的，皇帝的父母妻党、皇亲国戚则当然成为拥有特权的贵族，中外莫不如是。在清代，所谓"宗室"、"觉罗"就是这样一个特权阶层。

努尔哈赤之父塔克世被封为"显祖宣皇帝"，凡其本支均称宗室，其伯叔兄弟之支均称觉罗，是为皇族。凡皇族，都系带子一条作为标志。宗室系金黄色带，觉罗系红色带。宗室、觉罗中的近支及有功者，得封爵；爵位按照一定的制度世袭。其余为"闲散"。宗室、觉罗设长以治族务，成一独立体系。②宗族血缘关系决定了宗室、觉罗的高贵，所以这种身份是无条件世袭的，除本支繁衍外，他人无法取得这种资格。

系有带子的宗室、觉罗受到法律的特殊保护。清律规定，一般斗殴不成伤者，罪仅笞二十；成伤笞三十。而殴系着黄、红带子的宗室、觉罗，虽不成伤也判杖六十徒一年，比一般斗殴重九等；伤者杖八十徒二年，比一般斗殴重十等。按照清代的制度，宗族关系远近以服丧时期的长短和服制的重轻分为期亲、大功、小功、缌麻等。缌麻以外，是已出服。距缌麻最近者称袒免。清律中亲属相犯的处刑依服制远近而轻重不同，至袒免、同姓，则与一般人没有区别，不列特殊规定了。即使像主仆那样严格的关系，奴婢对主人的袒免亲发生刑事纠纷时也只按良贱律处理，没有另定条文。宗室、觉罗作为皇帝的亲族，法律身份特殊。他们中虽然绝大部分是皇帝的袒免亲，但其全体始终处于受法律保护的地位上。律注解释说：

---

① 《马克思恩格斯全集》第1卷，第411—412页。
② 光绪《大清会典》第1卷，宗人府，第1页。

"裔出天潢,均是皇家之派,岂可轻犯!"①早年更为严格,"有詈其祖父者,罪至死"。②

宗室觉罗犯罪,"或夺所属人丁,或罚金,不加鞭责。虽叛逆重罪不拟死刑,不监禁刑部"。③罪该杖一百者,罚养赡银一年,徒流以上板责圈禁;罪应发极边烟瘴充军者,也仅责四十板,圈禁二年半而已。宗室觉罗有过犯,可被革退。革退宗室者改系红带,革退觉罗者改系紫带。④革退者,皇族修谱(玉牒)时仍列名册后,生女不选秀女。⑤革退宗室觉罗犯罪时,治罪与一般旗人同,交刑部照旗人例枷号锁禁完结。⑥

正因为有所依恃,他们之中的许多人经常胡作非为,酒肆茶坊寻衅闹事,"越礼逾闲,干犯宪章者,亦层见迭出。所为之事,竟同市井无赖"。⑦光绪九年仍有宗室载泰开设赌局殴死旗民某,暴尸城隅"二十余日无人为收殓,官亦不敢过问"之事。⑧

在经济上,宗室觉罗分有大量旗地,为宗室庄田。⑨特别是王公将军们有庄头为之监督大量的奴仆壮丁进行强制性劳动,带地投充人为之纳银纳物。他们没有向朝廷缴纳田赋的义务,相反还要从宗人府领取俸禄和养赡银。因此,宗室中的上层利用其爵衔身份压榨剥削所得,骄淫奢侈,坐吃京师。至于那些闲散宗室觉罗当然没有王公将军们那样的势力;他们既不从事生产,又无力拥有较多壮丁供其剥削,人口繁衍,仅靠养赡银挥霍,其中许多人逐渐贫困,旗地、壮丁均被私自卖出,成为具有特权的但贫困潦倒的封建贵族。他们和西欧中世纪后期的骑士颇有某些相似之处。

具有特殊地位的汉族贵族,那只有曲阜孔家了。清代继承明代的办法,仍封孔丘的后代为衍圣公,钦赐大量土地作为祭田、孔林地、庙基

---

① 《大清律例》第27卷,斗殴,宗室觉罗以上亲被殴。
② 天聪九年(1635年)春诏。见《清史稿·太宗本纪》,中华书局标点本,第49页。
③ 《大清会典事例》第10卷,宗人府,职制,第1页。《顺治实录》第72卷,第4页,顺治十年二月刘余谟奏。
④ 光绪《大清会典》第1卷,宗人府,第4页。
⑤ 同上书,第1页。
⑥ 《大清律例通考》第4卷,名例上,第2页。
⑦ 嘉庆十三年宗室训;光绪朝《大清会典》第1卷,宗人府,第3页。
⑧ 《清史纪事本末》第56卷。
⑨ 光绪《大清会典事例》第159卷,户部,第1页。

地、学田等。①"圣裔"公爵世袭罔替，土地也累世相传。此外，孔家还大量购置民田。所有孔氏地亩，不纳赋税，例免差徭。

衍圣公所属各户，独立于官府之外，自编保甲，其佃户需向孔府领取户帖。

清初曲阜县令一缺，由衍圣公保举孔氏族人充任；从而县令力衍圣公服务是自然的事了。衍圣公在实际上行使地方行政权与司法权，他可以对不服差唤的佃户施行拘捕法办。乾隆二十一年以后，曲阜县令由朝廷拣选补调，但孔府大堂上一直陈设着刑杖签筒。佃户不及时听候差遣，衍圣公可开信票通知有关县令拘押，解到孔府堂讯，判处枷号等刑后送县执行。不仅对佃户如此，衍圣公对孔氏宗人和当地一般农民也同样具有这种权力。②

衍圣公的这种行为，不载清代典章或特颁诏旨，但是清廷对此从未加以干涉。历来参劾不法绅衿私置板棍擅责佃户、富豪劣绅肆虐乡里的奏章，包括雍正间以此著称的河南山东总督田文镜，对孔府的所作所为都未尝置一词。可见孔府这种权力至少是朝廷默许的，也是被视为当然的特权，成为一种不成文法。虽然衍圣公的势力所及相对全国而言其范围是不大的，但它的性质不容忽视。在清代，这样的司法特权乃是一种特例，即使宗室觉罗中的王公将军也不具有。因此，从等级序列上说，衍圣公居于很高的位置。

据此，宗室觉罗及特封贵族属于一个等级，其中分为衍圣公、王公贵族和闲散宗室觉罗三个等第。

（二）官僚缙绅等级

前节讲到，清代的皇帝和历代皇帝一样，是专制独裁的君主，朝廷大小官僚只是奉旨行事。但对百姓而言，官僚缙绅却又代表"朝廷之体"，③乃是国家机器的象征，是皇帝意旨的实行者。根据"大人理所当畏，国家

---

① 光绪《大清会典事例》第164卷，户部，田赋，免科田地。
② 这里有关衍圣公情况，以及下文涉及孔府佃户情况，均据杨向奎《中国古代社会与古代思想研究》第562—668页及王毓铨《明代勋贵地主的佃户》，见《文史》第5辑。
③ 《大清律笺释》，转见《大清律例汇辑便览》第29卷，刑部，骂詈。

有上下贵贱之体"的理论,①官民之间,贵贱之间有着一条重要的界限。所谓上下之分,在名分关系中占有重要地位。定尊卑名分以"励臣节","励臣节以维国体"。②就是说,给官僚缙绅以特权地位,是为了维护封建国家的统治。

所谓官僚缙绅,或简称缙绅。他们之中,首先是现任的内外大小官员,这是当时政权的具体体现者。其次是"以理去官"的非现任官员,所谓"以理去官",即以正当道理解任而去,但其职衔仍在的意思。包括职任已满,停止支给俸饷已不管事的官员;有新官接任,交代而去的官员;沙汰冗员裁革衙门而多余的官员;起送赴部候补的官员;已补而尚未到任的官员以及因老、因病退官乡居的官员,等等,均在此内。第三是"封赠官",即本人并未担任朝廷官职,只因子孙当官而得封诰者。此外,还包括上述各类人员的诰命妻子。③所有这些人,构成一个国家法典承认的特权集团。他们拥有的特权主要表现在法律和赋税两大方面。

法律方面的特权。为了使官僚缙绅便于为皇帝进行统治,朝廷给缙绅以特殊的法律保护,置之高于百姓的地位,借以维护官僚的尊严,并从而使百姓不敢轻于犯上作乱。顺治二年题准:"部民陵厉本官……事发,治以重罪。"④法律严禁殴打、辱骂官僚缙绅,犯者从重处分。刑律斗殴门规定,凡人斗殴不成伤笞二十,伤者笞三十,折伤杖六十徒一年。而部民殴本属知府、知州、知县,杖一百徒三年,伤者杖一百流二千里,折伤者绞监候;不伤及伤分别比凡人罪重十三等,折伤的处刑则有生死之差。凡人骂詈罪笞一十。部民骂本属知府、知州、知县杖一百,军民吏卒骂本属佐贰官杖六十;比凡人骂詈罪分别重九等和五等。凡毁骂公、侯、驸马、伯,以及京、省文职三品以上、武职二品以上者,除杖一百外还要枷号一个月发落。不但打骂本属长官罪重,殴打任何官员均加重处刑:军民"殴非本管三品以上官者杖八十徒二年,伤者杖一百徒三年,折伤者杖一百流二千里;殴伤(非本管)五品以上官者减(三品以上罪)二等;若减罪

---

① 《朱子·畏大人》注。转见《康熙实录》第 256 卷,第 18 页。
② 《乾隆实录》第 7 卷,雍正十三年十一月甲子,乾隆诏,第 40 页。
③ 《大清律例》第 4 卷,名例律上,以理去官。
④ 光绪《大清会典事例》第 156 卷,户部,户口,第 4 页。

轻（于凡斗伤）及殴伤九品以上（至六品）官者，各加凡斗伤二等"。①总之，抬高官吏的法律地位以"重名器"。

在司法过程中，缙绅作为诉讼的当事人时，也享有各种优待。古者刑不上大夫，"优臣工所以尊朝廷也"。②清制，一、官员有犯，不许擅自勾问。"凡内外文武大小官有犯公私罪名，所司开具事由，实封奏请，不许擅自勾问。若许推问，依律拟奏闻区处，仍候复准方许判决。"③二、诉讼时不必亲自出庭。"凡官吏有争论婚姻、钱债、田土等事，听令家人告官对理，不许公文行移。违者笞四十。"④三、审讯过程中，对三品以上官员不得用刑。"三品以上大员身罹罪谴，即奉旨革职拿问者，法司亦不得遽加三木。如有不得不夹讯者，亦必请旨。将此永著为例。"⑤四、轻罪不服刑。"凡内外大小文武官犯公罪该笞者，一十罚俸一个月，二十、三十各递加一月，四十、五十各递加三月；该杖者，六十罚俸一年，七十降一级，八十降二级，九十降三级，俱留任；一百降四级调用。"⑥"凡内外大小文武官犯私罪该笞者，一十罚俸两个月，二十罚俸三个月，三十、四十、五十各递加三月；该杖者，六十降一级，七十降二级，八十降三级，九十降四级，俱调用，一百革职离任。（犯赃者不在此限）"⑦条例还规定，"一切有顶戴官有犯笞杖轻罪，照律纳赎。罪止杖一百者，分别咨参除名，所得杖罪免其发落。徒流以上照例发配"。⑧

这些规定简单概括起来就是：凡人对缙绅有所侵犯，要加重处刑；缙绅与凡人发生诉讼案件，无须出庭，只派家人告理即可；即使受到审讯，也不受刑讯；即使讼败，也可不必服刑，罚俸或缴纳极为有限的赎金了事。可见，缙绅的法律地位明显地高于凡人。

在赋税徭役方面，缙绅有优免特权。清制，百姓有承担官差徭役的义

---

① 《大清律例》第27卷，刑律，斗殴。
② 《顺治实录》第11卷，顺治元年十一月癸卯，龚鼎孳等奏，第10页。
③ 《清朝通志》第76卷，刑法略2，第7205页。
④ 《大清律例通考》第30卷，刑律，诉讼。
⑤ 《乾隆实录》第7卷，雍正十三年十一月甲子，第40页。
⑥ 《大清律例》第4卷，名例律上，文武官犯公罪。
⑦ 同上。
⑧ 《大清律例》第4卷，名例律上，赎刑。

务。各种官差称为"力差",后改"力差银",又摊征于地粮,为"均徭银"。① 不论征夫还是摊银,对百姓都是沉重的负担。除皇帝出巡时沿途所需各种支应称所谓"大差"外,杂差名目更是繁多。例如,有人列举直隶杂差有:米车、煤车、酒车、委员过境车、递解人犯车、草料、麸、炭、天棚、挑夫、壕墙、栅栏、井盖、井栏、劈柴、枝子、秋稭、船支、纤夫等等。这些差役,"既无一定额数,又无一准时期,可少可多,无早无暮",随时呼叫征敛。其摊派方式也各不相同,有按牛、驴派者,有按村庄派者,有按牌甲户口派者,杂乱无章。再加上除应派额外,差役上下其手,敲诈勒索,百姓苦不堪言。"穷民昼夜伺候,不免饥寒倒毙。"②

如此沉重的差徭,并非平均负担的。顺治五年定绅衿优免例,规定内官一品免粮三十石、丁三十,二品免粮二十四石、丁二十四,其下以次递减,至九品免粮一石、丁一;以礼致仕者免十之七,闲仕者免半。举人、贡生、监生、生员免粮二石、免丁二。③可见,凡有官职、曾有官职的缙绅和考取功名的举监生员都在优免之列。这一套办法,是完全继承了明代嘉靖二十四年所定的优免条例。④顺治八年开始,止免杂办差徭,不免正赋。⑤十四年,又进一步限制,自一品以下直至生员吏丞"止免本身丁徭,将优免丁粮悉应停免"。⑥康熙二十九年,山东巡抚佛伦奏疏力陈绅衿贡监户下均免杂差"偏累小民",建议"凡绅衿等田地与民人一例当差",经九卿讨论后,"悉如所奏,一体通行"⑦;似乎从此以后缙绅和绅衿的优免特权都已取消了。但事实上,一切仍旧,而且仍然得到官府承认。⑧

---

① 光绪《大清会典》第18卷,户部。
② 参阅张杰《论差徭书》,见《皇朝经世文编》第33卷,户政8;彭启丰《陈浙省事宜疏》,见《皇清奏议》第42卷;《清朝文献通考》第27卷,职役一,第7791页等。
③ 《清朝文献通考》第25卷,职役5,第5072页。
④ 万历《明会典》第20卷,户部7,第19页,赋役。
⑤ 户科给事中柯耸:《编审厘弊疏》,见《皇朝经世文编》第30卷,户政5。
⑥ 户部覆奏。见《定例成案合镌》第4卷,参阅《清朝文献通考》第25卷,职役5,第5072页。
⑦ 《康熙实录》第146卷,康熙二十九年五月乙亥,第14页。
⑧ 直至道光二年仍有关于这一规定"未能奉行"的记载;直隶布政使屠之申:《筹直隶减差均徭疏》,见《清朝文献通考》第27卷,职役1,第7791页。

雍正四年，再次明确"绅衿祇许优免本身一丁"。① 雍正五年规定绅衿免保甲役。②乾隆元年重申绅衿免一切杂役。③以后就没有大的变化了。以上过程说明，在清代，缙绅和绅衿的优免数额虽经几度缩小和限制，但始终存在，他们从来都拥有这种一般百姓所享受不到的特权。

尽管优免的数量按级分等，有多有少，在实际生活中，只要有这一特权，他们就可以利用其本身的势力以及与地方现任官吏勾结，加以扩大和滥用。有的原属寒素，才登仕籍，"一切大姓富室尽寄其门，出平日力役之费，以供本宦薪水之资，里下差役终身不及"；有的"今日服官，明日便称官户"，全家享受优免；优免数额远远超出规定，"会典内官一品者免田千亩，今且过万矣"。④ 这虽然是描写明末情况，但这种情况清初未见改善。"有田连阡陌坐享膏腴而全不应差者"，"进士举贡生员犹有各立的名，或书职衔，名曰官户、儒户，凡杂项差徭量行蠲免"，"杂差繁苦，未免有亲族人等冒借名户，希图幸免，以致绅衿名下之田半皆影冒"。⑤康熙间，"绅衿公然包揽，大获其利"。⑥ 道光以来直至光绪，一切仍旧。所有有钱的人都想挤进缙绅、绅衿的队伍；财富不多的人"甚至同族比邻共捐一职衔、监生，藉为护符，抗差不出"。⑦ 所谓"包揽"和"诡寄"的问题，有清一代未能解决。

其结果，百姓负担大大加重，"免差之地愈多，则应差之地愈少，地愈少则出钱愈增。以致力作之农民每地一亩出钱至二、三、四百文不等，较是正赋，每亩征银一钱上下者，多逾倍蓰"。⑧ "有的地方贫者。既无立锥以自存，又鬻妻子、为乞丐，以偿丁负"。⑨ 种种弊端，不胜枚举，百姓苦不堪言。

---

① 《清朝文献通考》第25卷，职役5，第5073页。
② 同上；又光绪《大清会典事例》第753卷，刑部，户律，户役。
③ 《乾隆实录》第12卷，乾隆元年二月戊辰，第2—3页。
④ 顺治二年，赵宏文：《清均赋役以收民心疏》，见《皇朝经世文编》第29卷，户政4。
⑤ 顺治十八年，柯耸：《编审厘弊疏》，见《皇朝经世文编》第30卷，户政5。
⑥ 黄六鸿：《论编审》，见《皇朝经世文编》第30卷，户政5。
⑦ 光绪十三年九月，直隶布政使、按察使告示。见《字林沪报》光绪十三年九月二十四日(1887年11月9日)。
⑧ 屠之申：《敬筹直隶减差均徭疏》，见《皇朝经世文编》，第33卷，户政8。
⑨ 盛枫：《江北均丁说》，见《皇朝经世文编》第30卷，户政5。

这种优免特权，使得缙绅和绅衿有更多的方便条件去兼并土地。富贵相连，贵为富提供了条件和保证。

法典还肯定了缙绅对所属民人有役使权。户律户役门"私役部民夫匠"律规定，"凡有司官私役使部民""出百里之外及久占在家使唤者，一名笞四十，每五名加一等，罪止杖八十，每名计一日追给雇工银八分五厘五毫。若有吉凶及在家借使杂役者勿论。其所使人数不得过五十名，每名不得使过三日，违者以私役论"。规定中禁止的是，一、出百里之外，二、久占在家使唤；这两种情况，要受笞刑和追给雇工银。但允许在家借使杂役五十名，三日，在此范围之内不受限制，不给雇银。沈之奇在《大清律辑注》中写道："部民于有司原有应役之义"，"远遣久占则废民业"，所以"有司于部民当存体恤之心"①。可见该律的立意是，凡人有受官员役使的义务，官员有役使凡人的权利，为了稍示体恤，所以才略加限制。这一规定突出地表现了官民之间的不平等。

法律上的特权使得缙绅具有特殊的法律地位，赋役的优免权、役使部民权使得缙绅有优越的经济地位。

日常生活和仪制方面的许多规定，缙绅也不同于常人。例如，"军民人等，于街市遇见官员引导经过，即须下马躲避，不许冲突。违者笞五十"②。慢侮缙绅者治以重罪。③此外，诸如婚丧礼仪、车轿服饰以及房舍屋宇等，都有缙绅殊于凡人的具体规定，④借以显示缙绅的尊严和不可侵犯性。所有这些，在官民之间划上深深的一条界线。

官僚缙绅之中，文官三品、武官二品以上又有更为特殊的权利。百姓如骂或殴他们，获罪更重。他们有罪不受刑讯。此外更有一种特权，即准送一子入监读书，称为"荫监"，以使他们至少有一子可以做官，从而保证其下一代仍在缙绅行列之中。

由以上述情况可见，官僚缙绅总起来是一个等级。根据他们享有特权的大小，又可细分为高官和一般官僚这两个等第。

---

① 转见《大清律例增修统纂集成》第8卷，户律，户役，私役部民夫匠律。
② 《大清律例》第17卷，礼律，仪制。
③ 顺治二年题。光绪《大清会典事例》第156卷，户部，户口。
④ 参阅光绪《大清会典》礼部；叶梦珠：《阅世编》第8卷等。

（三）绅衿等级

所谓绅衿，是指有功名（学衔）而未仕的人物。在清代，童生经县试、府试或院试成为生员，①再应岁科两试，可为廪生、增生或监生。生员，俗称秀才，着蓝袍，故称青衿。读书人取得生员资格，即得到人们尊重，出入可乘肩舆。②但够得上与缙绅交往的，要经过乡试取得举人以上资格，最少也得荫监，因为读书人中只有他们才能直接得到朝廷的任命成为现任官员。生员中举以后，称呼皆改"老爷"。③乾隆元年，福建发生一起吏卒骂举人的案件，在判处中，官府把举人比照为六品以下长官，可见举人的地位不同于一般读书人。

举监生员在法律上具有不同于一般人的地位。如，有诉讼时，一般不受拘押。④一般诉讼向衙门进呈，不必亲自出面，准用家丁、工人及弟侄子孙报告。⑤轻罪得予纳赎，罪至杖一百者，也仅"咨参除名"而已，⑥流罪发遣，地区予以照顾，只往云、贵、两广等"烟瘴少轻"地方管束，而且"不得加以'为奴'字样"，⑦即在服刑方式上予以宽待。他们的法律地位和缙绅相比，差异较大之处是，在与凡人发生刑事案件时，没有明文规定他们具有较高的法律地位。因此，从官民这条界限来看，绅衿属于民的范畴。

在赋役方面，绅衿具有的特权在上节已经论及，这里不再赘述。

根据以上情况，可见绅衿是仅次于缙绅的一个特权等级，也是缙绅等级的预备队伍。绅衿等级中又可分为举人和生监两个等第。

绅衿虽然不像缙绅那样拥有较多的特权，但是他们在地方的实际势力是不容忽视的。"向来同年故旧联络声援，及地方官与在籍缙绅结纳徇情，

---

① 参阅商衍鎏《清代科举制度》。
② 参阅叶梦珠《阅世编》第4卷，士风。
③ 钱裹：《厚语》，转见张履祥《杨园先生全集》第44卷，近古录二，第25页。
④ 参阅裕谦《勉益斋存稿》第5卷，《州县当务二十四条》。
⑤ 张联桂：《学治续录》第4卷。
⑥ 光绪《大清会典》第56卷，刑部，赎刑之制。
⑦ 《乾隆实录》第26卷，乾隆元年九月甲辰，第21页。

最为恶习。"①他们彼此间有许多矛盾，但共同的利益使得需要彼此依靠，相互利用。绅衿削尖脑袋争取能够出入衙门，获得许多非法特权，以便包揽钱粮，起灭词讼，武断乡曲。地方官则需要靠绅衿以及地方乡居缙绅协助统治。他们"上迫于长官之考成，下迫于豪横之把持，英气销铄，专意结合士绅，保其一日之利"。②"官长行好事，还要乡绅出来方得圆满。"③皇帝"依靠地主绅士作为全部封建统治的基础"。④缙绅和绅衿两个等级共同形成了清代统治阶级的基础，直接压在百姓头上。

新官下车伊始，就与当地绅衿勾结。"府州县官新任尚未入境，而该地绅衿即先差家人远迎接风。"⑤对待这种迎接，有人教导那些做官的人说："若在本分之地相接者，除属下乡民不必下轿，但以温语劳归外，凡同僚、儒学、绅衿，皆宜下轿叙谢远劳。"⑥"及到任后，各相认识，夤缘结交。或祝寿馈节，厚仪络绎；或拜为门下，或联为宗谊。"⑦当地绅衿则"屡至官厅，口口公祖，声声父母，刊贴德政，竖立碑文。只鸡樽酒而庆生辰，即是说情之渐；排难解纷而效奔走，便为请托之媒"。⑧"以致情面请托，徇庇作奸，不系通同，即受挟制。"⑨袁守定引《孟子》语曰："为政不难，不得罪于巨室。"同治间丁日昌评道："今日之官但能掊击无势之富室，岂敢掊击有势之富室哉！"⑩得罪地方缙绅、绅衿，这位地方官也就帽顶难保，官运不长了。

作为绅衿虽不具有那么多的法定特权，但与缙绅，特别是与现任地方官勾结之后，也可以"田连阡陌，坐享膏腴而全不应差"，"里下差役终身不及"。⑪"完粮必短封减耗，保甲必抗不当差，出借仓谷则捏造鬼名而

---

① 《乾隆实录》第 578 卷，乾隆二十四年正月乙未谕，第 17 页。
② 金蓉镜：《复抚军密查地方吏治文》，光绪间，湖南。见《痰气集》第 7 页。
③ 石天基：《官绅约》，见《切问斋文钞》第 13 卷。
④ 《毛泽东选集》第 587 页。
⑤ 雍正七年，监察御史杨士鉴疏。见《定例续编》第 3 卷，吏部，职制下 3。
⑥ 胡衍虞：《居官寡过录》，见徐栋《牧令书辑要》。
⑦ 雍正七年，监察御史杨士鉴疏。见《定例续编》第 3 卷，吏部，职制下 3。
⑧ 雍正五年，田文镜告示。见《抚豫宣化录》第 4 卷，第 119 页。
⑨ 雍正七年，监察御史杨士鉴疏。见《定例续编》第 3 卷，吏部，职制下 3。
⑩ 《图民录》，见徐栋《牧令书辑要》二，屏恶，第 43 页。
⑪ 《皇朝经世文编》第 29 卷。

负欠，包揽钱粮则诡寄田地而侵收。"①不但经济上有此利益，政治上也可为所欲为。因为地方官如系来自外地，没有当地地方实力派的支持，就不可能对几十万百姓进行有效的统治。如果他是"庸儒之员"，则只好"听其指使，同恶相济"；如果他是"清廉正直之吏"，地方势力则对他"多方把持。把持不遂，因而媒孽其短，纠众挟制"。地方官"一受其挟制，狐群狗党，肆无忌惮。或包揽唆讼，出入衙门，或借事生风，武断乡曲，或重利盘算人妻女，或假契霸占人产业。他为贩私养盗，局赌窝娼，无所不为，甚至贴抬聚众，垒署关城，无所不至"。②"乡人惧其声威，任从指使；家奴半充吏役，遇事风生。百姓撄其锋，只需一张名帖；衙门奉其令，便如一道灵符。"③所以有人说，"绅士视官不足重轻，是以地方公事之权均在绅士之手，官不过为绅监印而已！"④

　　缙绅和绅衿这两个等级，在法典中并没有固定的制度保障其地位，官职也不是世袭的，他们仍有降为凡人乃至更低下等级的可能。凡人在通过考试、保举、捐纳、军功等途径，也有可能进入绅衿等级和缙绅等级。通过这些途径，缙绅和绅衿等级在不断扩大。

　　不可否认，清朝之初，为了巩固新的统治体制，曾经对汉人缙绅和绅衿加以限制和打击。⑤例如，顺、康间多次制定禁止豪强霸占，禁止劣衿土豪借开垦侵人田地，禁绅衿诡寄田亩、拖欠和包揽钱粮等条例。特别是顺治末年著名的哭庙案、江南奏销案以及三次闹案，都曾给缙绅和绅衿势力以沉重的打击。但当清王朝统治体制稳定以后，就整个清代而言，缙绅和绅衿都是高于凡人的具有特权的等级，则是没有问题的。

（四）雇工人等级

　　在清代，雇工人是一个特定的等级。法典中一系列律文确定了雇工人的法律地位。

---

① 雍正五年田文镜告示，见《抚豫宣化录》第 4 卷，第 119—120 页。
② 同上书，第 12 页。
③ 同上书，第 119—120 页。
④ 李鞃：《牧冯纪略》卷下，第 96 页。
⑤ 参阅李文治《论清代前期的土地占有关系》，见《历史研究》1963 年第 5 期。

雇工人称其雇主为"家长"。雇工人和他的家长以及家长的有服亲属间具有主仆名分，法律上不是平等关系。例如，凡人相殴不成伤，罪笞二十；雇工人殴家长不成伤杖一百徒三年，比凡人罪重十三等之多。反之，家长殴雇工人即使折伤也减凡人罪三等，折伤以下"勿论"，即不构成犯罪。在法律中，关于雇工人及其家长间相犯的处刑规定，没有一项是平等处刑的。特别值得注意的是这样一条规定：雇工人"若违犯教令而依法决罚，邂逅致死"，"各勿论"。所谓"教令"就是家长的指示，所谓"决罚"就是体罚。换言之，朝廷给雇工人规定的义务是，他必须服从雇主及其期亲的任何指示；给雇主的权利是，如果雇工人不服从这种指令，雇主可以对他进行拷打，碰巧打死，不构成犯罪。清律的这一规定，将雇工人和奴婢并列，这就意味着，立法者把雇工人的劳动看成和奴婢的一样，属于奴役性的强制劳动。

雇工人不仅对家长是这样，他对雇主宗法家长制体系内的任何有服成员都具有不同程度的不平等关系。雇工人和雇主及其家族有服成员间发生刑事案件，比照家族中子孙卑幼对父母尊长的关系来权衡处刑。例如，雇工人谋杀家长致死，与子孙谋杀父母致死或卑幼谋杀期亲尊长致死同罪，凡参与共谋者，不分主从一律凌迟处死。家长殴伤雇工人和父母殴伤子孙、期亲尊长殴伤卑幼一样，无罪。清代法学家称，"雇工人虽不在伦常中，而名分之重则与子孙不异"。① 但从另一些罪行看，对雇工人处刑比对子孙处刑略轻，如骂詈罪中，子孙骂父母者绞，雇工人骂家长杖八十徒二年。法典当然不会把雇工人真的当作家长的子孙，畀以诸如财产继承等子孙应有的权利。而且在法律上雇工人对家长的卑幼亲属并不能像家族成员那样视为卑幼，相反，这些卑幼亲属对雇工人也处在和他们的尊长同样优越的法律地位上。这是因为雇工人对家长"实属分严情疏，非卑幼亲属可比"。②家长及其家族有服成员之于雇工人名分确是很严，至于"情"，则不只是"疏"，而是无情的压迫和剥削。所以说，他隶属于雇主的整个家族。

---

① 李柟：《大清律笺释》第19卷，第6页。参阅万枫江《大清律集注》第20卷，第7页。
② 乾隆十九年十二月刑部奏折，见《定例续增》第21卷，第74页。

以雇工人和奴婢的法律地位相比较，雇工人和家长及其家族有服成员间相互犯罪处刑的规定比奴婢对家长及其家族有服成员相犯处刑规定有许多条完全相同，同时又有一些罪行的判刑和奴婢不同。凡是不同的，雇工人犯家长比奴婢犯家长处刑轻，家长犯雇工人比犯奴婢罪重。

此外，雇工人与奴婢不同之处突出的还有两点：一、雇工人与家长的主仆关系，随雇约解除而中止，雇工人"不过受人雇值为人执役耳，贱其事未贱其身，雇值满日，即家长亦同凡人，与身为奴婢者不同"。①"雇工〔人〕只为生计受雇佣工，因其既受役使，不得不示以上下之分。若一经工满，去留得以自由，留之则为主仆，去之则无名分"，"其工价既尽，即属凡人也"。② 二、虽然雇工人与凡人不等，但法典并没有规定雇工人属贱民范畴，有关良贱的法律条文对雇工人均无效。雇工人仅与雇主及其有服亲属间具有主仆名分，而对雇主家属以外的社会成员仍是平等的凡人关系。因此，清代的雇工人是高于奴婢的一个特定等级。属于雇工人等级的雇佣劳动者，肯定不能称作自由雇佣劳动者。

并非所有的雇佣劳动者都具有雇工人身份。什么人属于雇工人范畴，不同时期有不同规定。

清初一百一十五年间，沿袭明万历十六年制定的"新题例"的规定："官民之家，凡倩工作之人，立有文券议有年限者，以雇工人论；止是短雇月日受值不多者，依凡论。其财买义男，如恩养年久配有室家者，照例同子孙论；如恩养未久不曾配合者，士庶之家依雇工人论，缙绅之家比照奴婢律论。"按照这一条例，所谓雇工人包括：一、立有文券议有年限的雇佣劳动者；二、士庶之家恩养未久不曾配合的财买义男。

乾隆二十四年定例："其雇倩工作之人，若立有文契年限，及虽无文契而议有年限，或计工受值已阅五年以上者，于家长有犯，均依雇工人定拟。其随时短雇受值无多者，仍同凡论。"二十五年补充，"家长杀雇工人，必有文契年限方依雇工人定拟；如无，同凡论"。据此，乾隆二十四年以后的八年间所谓雇工人包括：一、有文契年限的雇佣劳动者；二、侵

---

① 《大清律辑注》第20卷，"刑律"，"斗殴"。
② 《审办雇工殴旧家长议》，见《皇朝经世文编》第92卷。

犯家长的无文契而议有年限的雇佣劳动者；三、受雇在五年以上侵犯家长的雇佣劳动者。

乾隆三十二年定例："官民之家，除典当家人、隶身长随，及立有文契年限之雇工仍照例定拟外，其余雇工虽无文契而议有年限，或不立年限而有主仆名分者，如受雇在一年以内，有犯寻常干犯，照良贱加等律再加一等；若受雇在一年以上者，即依雇工人定拟。其犯奸、杀、诬告等项重情，即一年以内，亦照雇工人治罪。若只是农民雇倩亲族耕作，店铺小郎，以及随时短雇，并非服役之人，应同凡论。"按照这一条例，乾隆三十二年以后的二十一年间，所谓雇工人包括：一、无文契而议有年限受雇一年以上的雇工；二、不立年限而有主仆名分、受雇在一年以上的雇佣劳动者；三、犯奸、杀、诬告重情的雇佣劳动者。

乾隆五十三年定例："凡官民之家，除典当家人、隶身长随仍照定例治罪外，如系车夫、厨役、水火夫、轿夫及一切打杂受雇服役人等，平日起居不敢与共，饮食不敢与同，并不敢尔我相称，素有主仆名分者，无论其有无文契、年限、均以雇工论。若农民佃户雇倩耕种工作之人，并店铺小郎之类，平日共坐共食，彼此平等相称，不为使唤服役，素无主仆名分者，亦无论其有无文契年限，俱依凡人科断。"按照这一条例，乾隆五十三年直至清亡的一百二十三年间，所谓雇工人包括：一、车夫、厨役、水火夫、轿夫及一切打杂受雇服役人等；二、素有主仆名分的雇佣劳动者。

此外，处在雇工人法律地位上的人还有：一、白契所买之人并典当家人、隶身长随中甫经典买或典买未及三年，并未配有妻室者；二、干犯家长并家长期服以下亲的赎身奴婢；三、干犯家长及家长期亲、外祖父母的赎身奴婢之子女；四、放出奴婢之子女；五、发遣黑龙江等处为奴人犯之妻；六、奸职宫妻之弓兵、门皂等。

根据以上规定，作为一种法律身份的雇工人，包括一部分雇佣劳动者，一部分贱民、奴婢和一部分奴婢的家属。

就雇佣劳动者而言，脱离雇工人范畴就意味着脱离对雇主及其家族的人身隶属关系。根据原有的"新题例"，短工是和雇主有平等的法律地位的，至于长工，一般地说，不论是生产劳动者还是服役劳动者，其法律地位仍然低下。乾隆二十四年条例把连续受雇于同一雇主在五年以下的长工解放为凡人，这是一个进步。乾隆三十二年条例开始将生产性雇佣劳动者和服役性雇佣劳动者分别对待，这也是个进步；但同时又将受雇一年以内的部分雇工又划为雇工人。乾隆五十三年条例将农民佃户所雇的生产性劳动者统统划作凡人；但是凡有主仆名分者，不论其他条件又全部划为雇工人。可见，清代关于雇工人条例的历次修改虽然总的趋势是逐渐将一部分雇佣劳动者划出雇工人范围，但是雇佣劳动者法律形式上的人身隶属关系的解放，是一个相当缓慢的、甚为曲折的历史过程，短工的身份解放从明代万历十六年就已开始，自那以后到乾隆五十三年部分长工的身份解放，前后长达两个世纪（1588—1788 年）之久。而在清王朝灭亡以前，这个法律上的解放过程始终没有完成。①

雇工人条例的多次修改，都集中在乾隆二十四年至五十三年这三十年间。法律的变化，有司法、立法本身的原因和条件，但是，更深刻的原因还是经济关系的发展的需要。因此，乾隆年间雇工人条例的多次修改，给我们提供一个线索，即 18 世纪 60—80 年代及其稍前一段时间内，农村中雇佣关系的发展情况值得注意研究。

（五）贱民等级

清《会典》规定，对居民要分良贱。良贱界限乃是清代另一条重要的界限。民、军、商、灶。四民②为良，奴仆及倡优隶卒为贱。其山西、陕西之乐户、江南之丐户、浙江之惰民，皆于雍正元年、七年。八年先后豁除贱籍。如报官改业后已越四世，亲支无习贱业者，即准其应考出仕。其广东之蛋户、浙江之九姓渔户皆照此例。凡衙门应役之人，除库丁、斗级、民壮仍列于齐民，其皂隶，马快、步快、小马、禁卒、门子、弓兵、件作、粮差及巡捕营番役，皆为贱役。长随亦与奴仆同。其奴仆经本主放

---

① 有关雇工人问题，参阅欧阳凡修《明清两代"雇工人"的法律地位问题》（见《新建设》1961 年第 4 期）及《明清两代农业雇工法律上人身隶属关系的解放》（见《经济研究》1961 年第 6 期）二文。又见本书第一、二两篇。

② 清制，民人分别就其所在府州县著于籍。籍分军、民、商、灶四种。土著居民在本地入籍；寄居本地，置有坟庐已超过二十年的居民，准在当地入籍。（光绪《大清会典》第 17 卷，户部。）以后，民籍之外，准灶丁为世业。（《清朝文献通考》第 21 卷，职役一，第 5044 页。）

出为民者，令报明地方官咨部覆准入籍。其入籍后所生之子孙，准与平民应考出仕，京官不得至京堂，外官不得至三品。[①]可见贱民等级的组成是相当复杂的。下面分别介绍其简况。

1. 奴婢

贱民等级最主要的部分是奴仆。奴仆中，男为奴，女为婢，故清律沿明律称之为"奴婢"。满族入关以前有一套严格的奴仆制度；入关后，把这套制度和明代的奴婢制度相结合，成为清代的奴婢制度。清承明律，把奴婢规定在最低下的法律地位上。

清初，奴婢主要由下列六部分人组成：满洲原有的世仆家奴，即包衣，与汉人作战所得的俘虏，汉人原有的奴婢，汉人投充奴仆，汉人卖身当身奴婢，以及发遣为奴的罪犯。以后，逐渐为卖身、当身奴婢为主。

在明代，从法典的规定上讲，庶民在名义上是不准存养奴婢的。到清代，则准许庶民收养奴婢，并且准许奴婢交易。清初并设有"人市"。朝廷为贫民出卖子女规定了手续；卖身时契纸经官用印的称为"印契奴婢"或"红契奴婢"。印契奴婢所生子女称为"家生子"。卖身时没有到官府登记，契纸未尝盖有官印的奴婢称"白契奴婢"。清代在规定一系列禁止压良为贱条例的同时，使买良为贱合法化。

清代正式准许庶民使用奴婢和准许买良为贱，较诸明代，特别是明代前期，是一次反动。这是生产关系落后的民族征服汉族的结果之一。

清代，奴婢附籍主家，不单独立户。奴婢称主人为"家长"。奴婢与家长之间具有严格的主仆名分。这样主仆名分决定了家长及其家族对奴婢的绝对统治地位。这种统治关系，得到法律的保护。

奴婢和家长见其家族的关系，在法律上，地位相差悬殊。例如，凡人斗殴不成伤，笞二十；奴婢殴家长不成伤，"皆斩"，即凡参加殴打者不分首从全体斩首。处置之严，无以复加。反之，家长殴奴婢，殴至折伤也不构成犯罪。可见奴婢的法律地位比其主人低到何等程度。更有甚者，"若奴婢违犯教令而依法决罚，邂逅致死"，"勿论"。这就是说，国家给予主人以任意役使奴婢的权利，剥夺奴婢反抗的权利。

[①] 光绪《大清会典》第17卷，户部。

奴婢侵犯家长，其处刑是以子孙侵犯父祖的罪行比拟的。例如干名犯义、谋杀家长、家长为人杀私和等罪，处刑均与子孙同。

奴婢法律地位之低下，不仅相对家长本人，而且相对家长宗族中所有有服成员莫不如是。仍以斗殴不成伤罪为例，奴婢殴家长期亲，处绞候，比凡人罪重十七等，而且是死刑；奴婢殴家长大功亲，杖八十徒二年，比凡人罪重十一等；奴婢殴家长之小功亲，杖七十徒一年半，比凡人罪重十等；奴婢殴家长之缌麻亲，杖六十徒一年，比凡人罪重九等。反之，殴期亲、大功，小功及缌麻亲属的奴婢，成伤也无罪，不成伤更毋庸论了。

所以说，奴婢和雇工人一样，也是被编在主人的封建宗法家长制体系内论刑的。

和雇工人相比，清律中奴婢和雇工人对家长犯罪时，有许多罪行的拟处相同，已如前述，其他罪行则无例外地奴婢重于雇工人。如雇工人骂家长，杖八十徒二年；奴婢骂家长则绞候。雇工人殴家长不成伤，杖一百徒三年；奴婢殴家长则皆斩。雇工人故杀家长，凌迟；奴婢故杀家长则不分首从皆凌迟，等等。可见，奴婢处在比雇工人更低的法律地位上。

主奴关系一旦形成，奴仆的妻子儿女的身份均受影响。契买家奴及"户下陈人"的女儿不得私聘。①儿子为"家生子"，需为主人披甲，②实际是归主人所有。凡人相奸，男女各杖八十，而家长奸仆妇仅笞四十。③家仆亡故，其妇听原主给还财礼领回。④可见，奴仆的妻子儿女在一定意义上也是属于主人的。

奴婢不仅在主人家族中地位低下，他们在社会上的身份和法律地位也是低下的。作为贱民的奴婢和良民有着明确的界限。清律中的良贱关系的条文主要指的是四民和他人奴婢的关系。例如，"凡奴婢殴良人者加凡人一等"，"其良人殴伤他人奴婢者减凡人一等"。⑤"凡奴奸良人妇女者加凡

---

① 《大清律例》刑律，奴婢殴家长律附例。
② 《古今图书集成》第81卷，祥刑典，律令部。
③ 《大清律例》，刑律，犯奸。
④ 《古今图书集成》第56卷，祥刑典，律令部。
⑤ 《大清律例》第27卷，刑律，斗殴，良贱相殴律。

奸罪一等，良人奸他人婢者（男妇各）减凡人一等。"①更重要的规定是良贱不得通婚媾。"凡家长与奴娶良人女为妻者杖八十，女家（主婚人）减一等，不知者不坐。其奴自娶者罪亦如之；家长知情者减二等，因而入籍（指家长言）为婢者杖一百。若妄以奴婢为良人，而与良人为夫妻者杖九十，（妄冒由家长坐家长，由奴婢坐奴婢）各离异改正（谓入籍为婢之女改正复良）。"②律文立意是防止将良家女子变为贱民。但这条规定结合前面谈到的奴婢身份来看，奴只能配婢为妻，所生子女又为"家生子"，仍为主人的奴婢，其结果是将奴婢身份世袭化，从血缘上将良贱分开了。奴婢以一次身价将人身卖给主人后，就成为主人的财产，并且由主人为之配以其他奴婢，为主人进行奴婢的再生产。就这一点来看，奴婢几乎成了和牲畜一样的财产，和奴隶相类似。

主奴关系是终生关系。主人有权将奴婢转让、赠送、陪嫁给他人。但主奴关系可以通过如下途径解除，即开户、赎身和放出。

所谓开户，是旗民放弃对某一奴仆的役使权利，该奴仆从主人户籍中除名，单独立户的意思。"八旗氏族载在册籍者曰正户，僮仆而本主听出户者曰开户。"③开户有两种情况，一种是在本佐领下开户，与原来主人的户口并列。另一种是在原主名下另户，作为原主户门附属的单独户口，不由佐领直接管辖；这种开户奴仆显然与原主仍保留明显的依附关系。开户者，仍属旗下。开户奴仆的身份，法典中没有明确规定。从司法中有将开户人作为雇工人等级处理的判例来看，④统治者是不把开户人和他原来的主人置于同一法律地位上的。乾隆六年时明确规定，开户人"本身及子孙考试之处应永行禁止"，⑤更加证明，甚至连开户人的子孙也不得与齐民等。

所谓赎身，是指奴婢向主人交付一定的身价银，脱离主家，不再给主人服役。一般情况下，清代的红契奴仆和家生子是不准赎身的。除非由于主人赡养不起或奴婢不堪驱使等原因，主人情愿奴仆赎身。至于白契卖身

---

① 《大清律例》第33卷，刑律，犯奸，良贱相奸律。
② 《大清律例》第14卷，户律，婚姻，良贱为婚姻律。
③ 钟琦：《皇朝琐屑录》第1卷，第10页。
④ 《古今图书集成》第73卷，祥刑典，律令部。
⑤ 《定例续编》第5卷，兵部，户役；《乾隆实录》第150卷。

之人，开始是有条件地准许赎身，如契买时间不长，主家没有为之婚配等。乾隆二十六年规定，"本主不愿概不准赎"，① 这样，白契卖身之人的赎身条件和印契奴仆几乎没有差别了。即使获得主人允许，并办理了一切手续之后，赎身奴婢的身份也和旧主人及其家族有服成员仍不能平等。直至宣统二年改定的《核定现行刑律》还规定赎身奴婢干犯旧家长依雇工人本律减一等治罪，②而不得同凡。这种不平等关系，甚至延及子女。所有这些，是因为统治者认为，准许赎身这件事乃是主人赐予奴仆的一种恩惠；由于这种恩惠，赎身后主仆之间"恩义犹存"，所以彼此间不能平等。只有主人将奴仆卖给别人，得到身价，主仆之间才算"恩义已绝"，奴仆得与旧主处在同凡的法律地位。但这种情况下该奴仆并未获得解放，因为他又成为另一个主人的奴仆了。

所谓放出，是指主人自动放弃对某一奴婢人身占有的权利。③和赎身不同之处在于，奴婢赎身必须向主人缴纳身价，放出则不以此为条件。放出奴仆和旧家长间主仆名分尚存，双方关系基本不变。放出奴仆比赎身奴仆的法律地位更低，其子女也不得与主人平等。④在司法中，甚至有将放出奴仆的孙辈也不得和主人同凡的判例。⑤

总之，不论通过哪条途径，奴婢即使脱离了主家，他和他的子女，甚至他的孙辈也不能和旧主人取得平等地位。

以上就是清代奴婢法律身份地位的基本状况。

满人奴仆之中，除使用服役者外，大量的是奴仆壮丁和投充人。

2. 庄头和奴仆壮丁

满族家内役使的奴仆称包衣，从事生产耕作者为奴仆壮丁。庄田旗地

---

① 光绪《大清会典事例》第1116卷，八旗都统，户口，第3页。
② 斗殴下，奴婢殴家长律。
③ "放出"的另一含义是，八旗原来奴仆及投充人缴价赎身，或主人不收回身价而放弃对他的人身占有权利，同时准其出旗加入民籍。
④ "殴、故杀放出奴婢之子女，或放出奴婢之子女干犯家长及家长期服以下亲者，各依雇工人律科断。"见光绪《大清会典事例》第810卷，刑律，斗殴，奴婢殴家长；《读例存疑》第36卷，刑律，斗殴下，奴婢殴家长，第16页。
⑤ 如道光六年张春全砍伤葛兆宇案。见《刑案汇览》第58卷，刑律，斗殴，奴婢殴家长，第31页。

中，奴仆壮丁由庄头进行管理。庄头身份不一。内务府承领官地庄头及王公户下由内务府拨出的庄头，身份与一般旗民同，可以参加考试。八旗户下带地投充庄头，则为奴仆，不准应试出仕。庄头所生女儿，须报宗人府备案，宗室王公等纳妾，于该管包衣庄头家挑选。①

在生产中，庄头实际是旗人地主的代理人，他们和壮丁是压迫和被压迫的关系；但在身份上则决定于他们的上述具体情况。壮丁一般由内务府拨发。"大粮庄头名下，有该管之伯叔兄弟为壮丁者，有异姓之另户为壮丁者"，与庄头均为一主家奴，身份平等。但庄头亦可购买壮丁；这种契买壮丁，则与庄头为主仆关系。②

奴仆壮丁是用于皇庄旗地的劳动力。清初，满人大量使用壮丁"以供种地牧马诸役"，赖以驱使、养生。③奴仆壮丁也称东来壮丁或东人。他们不是正身旗人，不得应试，也不得食饷披甲，④并可被主人在旗内买卖。⑤奴仆壮丁就是奴仆，清律中有关奴婢的律例全部适用于他们。

主人及管家庄头对奴仆壮丁极为苛虐，⑥甚至有逼迫殉葬者，⑦因之逃亡甚众。顺治三年，数月之间逃已数万，⑧但捕获甚少，严重影响旗人的剥削收入，所以统治者严立逃人法，给窝家以极为严重的惩罚。顺治四年，正红旗古色纳家人王木匠同后娶妻史氏逃回老家山东平度州邢邵庄，匿于亲子王大成家，被别庄人杨应春首报。结果，王木匠和史氏各被鞭一百，仍给原主为奴；王大成作为窝家拟斩；王大成之母施氏、弟王二成给主为奴，家资照例籍没分给；王大成之邻佑九家并百家长因不行举首，流徙。有关官员因是本州之人首报，所以才得免议。⑨逃人法之严酷，一例可见。

---

① 钟琦：《皇朝琐屑录》第6卷，第16页。
② 《刑案汇览》第39卷，刑律，斗殴，第37—39页。
③ 《顺治实录》第90卷，第4页。
④ 《刑案汇览》第7卷，户律，户役，第40页。
⑤ 光绪《大清会典事例》第1116卷，八旗都统，户口。
⑥ 雍正二年六月十二日谕。见《上谕八旗》雍正二年，第16页；乾隆十五年三月谕，见《定例续编》增补，刑部，打死家人，第31页。
⑦ 《康熙实录》第109卷，第12页。
⑧ 《顺治实录》第26卷，第4页，顺治三年五月谕。
⑨ 中国第一历史档案馆藏，题本，刑部，隐匿类00001。

顺治十一年，将过去已有关于捕逃的条文修订系统化，其中规定，"奴仆壮丁。第二次逃者仍鞭一百，归主。第三次逃者，本犯正法"；对窝家的惩治是："隐匿逃人者正法，家产入官。其两邻各责四十，流徙，十家长责四十。"缙绅、绅衿窝逃，"将本官兼妻子流徙，家产入官"，"生员隐匿逃人，与平人一例正法"。①

总之，逃人法立意原则是，严惩窝家，使人们不敢隐匿逃人；严惩有关地方官吏，使他们必须严查，以使奴仆壮丁逃出后将无处安身而便于抓获。对抓回的逃亡奴仆本人则只鞭责，仍回原主处服役，并不轻易杀害，因为壮丁是主人的财产，杀掉他们也就不能达到保证旗人地主的劳动人手这一主要目的了。立法虽严，但制止逃亡的效果并不显著。另外，逃人法本身以及以此敲诈勒索给汉人百姓带来的骚扰，却成为当时社会的严重问题，百姓苦不堪言。

康熙中叶以后，使用奴仆壮丁耕种旗地的办法逐渐为租佃制所代替，逃人法也逐步有所放宽。②但惩治逃人的立法迄未取消。

汉人地主使用奴仆进行农业生产，在明代中叶以后是存在的。明末清初多次奴仆斗争，对这种制度有相当大的打击。因此，清代生产奴仆问题主要不是汉人的问题。但购买家内奴仆役使的事则不仅是满人的问题了。整个说来，最迟自乾隆开始，奴婢买卖主要是买婢而不是买奴，买人的目的主要是服役使唤而不是进行耕作生产了。当时人们的想法是，"婢宜买用，仆宜雇用"。③至清代后期，"买婢女者多而买奴仆者较少"。④司法中的反映是，"从前八旗奴仆最多，或系世仆，或系契买，呈控奴仆之案亦复不少。近则绝无仅有，而世族大家亦无契买奴仆之事"。⑤ 这话说得可能过于绝对化了，但趋势是符合事实的。自然抽样的统计数字也说明了这一点。嘉庆朝刑部档案中京师及直隶等十二省涉及奴婢的121件卖身案中，买婢69人次，买幼女33人次，买男仆4人次，买幼男

---

① 《顺治实录》第86卷，第5—7页。
② 参阅杨学琛《关于清初的逃人法》，见《历史研究》1979年第10期。
③ 《庸行编》第4卷，第44页。
④ 《读例存疑》第36卷，刑律，斗殴下，第4页。
⑤ 《读例存疑》，第9卷，户律，户役，第18页。

15人次。其中婢和幼女共102人次，占84.3%；奴和幼男共19人次，占15.7%。①男性奴仆买卖比例显著地小，而且其中尚不排除属于买来从事服役或学戏等非生产性劳动的情况。这种现象说明，到18世纪末，用奴仆壮丁进行农业生产的农奴制经济已经基本上消灭了。

3. 投充人

投充人也是奴仆。满族入关前就有投充人。②入关后圈地时，"近畿百姓带地来投，愿充纳银庄头者，各按其地亩为纳银庄头后有愿领入官地亩设庄纳银者，亦为纳银庄头。带地来充者为投充人。单身投充，愿领地纳银者，每人给一绳地，四十二亩为一绳，为绳地人。纳蜜、纳苇、纳棉、纳靛者为蜜户、苇户、棉户、靛户。坐落顺天、永平、天津、保定、宣化所属州县及喜峰口、古北口外等处"③。"汉人之投靠养育招配婢女者，大率孤苦无依之人，饥寒既迫，身命难全，因而甘心投靠。"④可见带地投充人在经济上有一定的独立性，只需向主人缴纳一定的货币或实物即可。他们有的只是投靠旗人以得到荫庇，和主人关系比较松弛，甚至依恃旗人主子的势力去欺压汉族百姓。单身投靠则多为贫困无依的人，只能充当奴仆壮丁了。

不论带地还是单身，作为投充人其身份则都同于奴婢。顺治五年规定："投充人即系奴仆，愿卖者听。"⑤雍正四年议准，汉人"投靠养育年久"，"男属世仆，永远服役，其女婚配悉由家主，仍造清册呈明地方官存案"。投靠之人需"书明文契，呈地方官钤印。如有事犯，验明报官册及印契，照例治罪"。⑥ 投充者本人及其子女都没有资格参加考试。⑦

---

① 据中国社会科学院经济研究所藏刑部抄档卡片统计。
② 《清朝文献通考》第20卷，户口二，第5037页。
③ 《八旗通志》第68卷，土田制七；参阅乾隆《大清会典则例》第164卷，内务府都虞司，第38—49页。
④ 《刑案汇览》第39卷，刑律，斗殴，第38页。
⑤ 光绪《大清会典事例》，第156卷，户部，户口，旗人买卖奴仆。
⑥ 光绪《大清会典事例》第158卷，户部，户口。
⑦ 《乾隆实录》第150卷，第15页。

4. 佃仆

佃仆，也称庄仆或世仆。①清代许多地方都存在这种具有人身隶属关系的制度，如河南、江西、江苏、湖北、广东等，而以皖南徽州、宁国、池州三府为最多。佃仆必须安守奴仆和贱民的身份，不得稍有僭越。佃仆没有迁徙自由，他们有自己的独立经济，但其财产权也受到种种限制。关于这种主仆关系的形成，笔者同意章有义同志的意见，即大都不是以租佃关系为前提的，虽有佃仆之称，实际可能是由仆而佃，并非由佃而仆。②主仆关系成立以后，世代相沿，世族之仆脱奴籍而自立门户之后，仍为小姓，别于大姓。大姓为齐民，小姓则为大姓看坟、执役，并准葬山、住屋。③这种关系，有的年代久远，契券无存；也有的根本没有任何凭据而指称良民为佃仆的。

佃仆及其子孙无权应考出仕。雍正五年，皇帝下令将皖南徽州、宁国二府世仆"开豁为良"，"年代久远，文契无存，不受主家豢养者，概不得以世仆名之，永行严禁"。④雍正六年谕："小户附居大户之村，佃种大户之田者，本系良民，名为世仆，自属相沿恶习，应行禁止，毋许大户欺凌，违者照冒认良民为奴仆例治罪。"⑤雍正十年依安徽泾县一案定例："嗣后，佃田住屋之小户除不愿充当为佃户，听其退还原主外，其有贫无恒产，及田屋成熟，加修山地，已经营葬者，概照佃户之例，原主不得压为世仆，小户毋得据为己有。仍照例给还户主租价。"⑥皖南三府主仆相控之案从来不断。乾隆三十四年安徽按察使旸善说，这类案件"究其实在有无契券确凭，则呈出远年别项字据，内或有'恩主'及'佃仆'字样，即执以为评讼张本。或毫无字据，惟称'伊等累世以来如非世仆，何肯服役'等语"。而且雍正前谕只开豁徽、宁二府世仆，未及他属，所以他建议：一、池州世仆也应开豁；二、主仆名分定以卖身文契为断，"其有并

---

① 清代文献中，有时称东人或家生子为世仆，也有时称所有旗人为世仆，和这里所称世仆，均非同一含义。
② 见章有义《从吴葆和堂庄仆条规看徽州庄仆制度》，见《文物》1977年11月号。
③ 《清稗类钞》第14册，第14页。光绪《婺源乡土志》，风俗举要。《刑案汇览》第39卷。
④ 光绪《大清会典事例》第158卷，第8页。
⑤ 《定例续编》第5卷，户部，户役，第56页。
⑥ 《成案质疑》第4卷，人户以籍为定，第4页。

无文契、惟执别项单辞只字，内有'佃仆'等类语句者，此即当时之佃户受豪强凌压所致，应诸悉准其开豁为良。其有先世实系殡葬田主之山，子孙现在耕种田主之田者，饬令地方官查讯明确，或令其给价退佃，以杜日后葛藤，庶讼端永息，而豪强之家不致复有欺凌之事矣"。①

四十年后，即嘉庆十四年，又定例："安徽省徽州、宁国、池州三府民间世仆，如现在主家服役者，应俟放出三代后所生子孙方准报捐考试。若早经放出，并非现在服役豢养，及现在不与奴仆为婚者，虽曾葬田主之山，佃田主之田，均一体开豁为良。已历三代者，即准其报捐考试。"②总之，"统以现在是否服役为断"。③此例一定，据说"一时开豁数万人"。④

道光五年，因皖南祁门周容法案再定例："嗣后，该细民等除有典身卖身文契可凭，并在主家常川服役，受其豢养，实有主仆名分者，如与家长及家长之亲属有犯，悉照奴仆例分别问拟外；若无卖身文契，又非朝夕服役、受其豢养，虽佃大户之田，葬大户之山，住大户之屋，非实有主仆名分者，应请除其贱籍，一体开豁为良，彼此有犯，并同凡论。如有土豪地棍仍前逼勒凌辱，及自甘污贱者，依律治罪。"⑤

即使一再申禁，佃仆制仍旧顽固地存在着。直至光绪年间，皖南的某些大户还在整顿庄仆条规。⑥

宣统年间，"有人奏，广东乡族有积世奴仆陋俗，请饬查明开放等语。着张人骏照所陈妥筹办理"。⑦未见结果，清已将亡了。

从上述定例可见，从雍正五年开始至宣统元年（1727—1909年）的182年间，佃仆身份解放问题虽一再重申，但一直没有得到解决。每次宣布开豁为良，均以需三代之后才有资格应试出仕为条件，换言之，三代以内不能和凡人等同。只要有这一条件存在，要求习俗上承认佃仆身份与齐民等，显然总是空话。甚至到1925年，梁启超还记述了当时广东新会世

---

① 中国第一历史档案馆藏《军机处档》，乾隆三十四年，卷号1—5（27）。
② 《读例存疑》第9卷，户律，户役。
③ 光绪《大清会典事例》第158卷，户部，户口。
④ 高廷瑶：《宦游纪略》。
⑤ 《刑案汇览》第39卷，刑律、斗殴，第15、16页。
⑥ 参阅章有义前引文。
⑦ 《宣统政纪》第7卷，第5页。

仆的情况：在他的家乡，龚姓是梁姓的公仆，"其身份特异之点则，（一）不得与梁姓通婚姻（邻乡良家亦无与通婚者，其婚姻皆限于各乡之世仆）；（二）不得应试出仕；（三）不得穿白袜。其职务则（一）梁家祠堂祭祀必须执役；（二）凡梁家各户有喜事、凶事，必须执役"。①看来情况仍与清代无大差别。

5. 隶卒和长随

贱民中包括服役于内外衙门的公差隶卒、长随，家人等。

所谓隶卒，指皂隶、马快、步快，小马、禁卒、门子、弓兵、仵作、粮差及巡捕营番役。

马快、步快和小马均属捕快，或称捕役，专门承担缉捕盗贼的差使。番役属步军统领衙门，也是专门捉拿盗犯的。弓兵属巡检司，任务是巡缉地方。禁卒即牢子、狱卒，专于狱中看管犯人。这些人虽然都是在衙门服公差，但被认为是供官长驱使的人，"为贱役"，故"不得与士人齿"。②

皂隶，门子都是衙役，供官役使，升堂站班，内外联络，随主官左右以执役。笞杖刑罚也由皂隶执行。他们也和捕快一样，均属"奴隶下贱"，不齿于齐民，见主官无座位，主官直呼其名。

仵作是衙门中专司验尸、验伤，填写尸格的差役人员。他们本人及其子孙都不准考试。③收生婆中曾被官传验奸情者，也作仵作看待，"下逮四世方准捐考"。④

这些人虽被列入贱民等级，但法典中并没有条文规定关于奴婢的律文对他们是否适用。"刑律""犯奸"门中"奴及雇工人奸家长妻"律文后，顺治初年加入小注："军泮、弓兵、门皂在官役使之人，俱作雇工人。"⑤在比引律条中，有"弓兵奸职官妻比依奴及雇工人奸家长期亲之妻律，绞"。⑥可见，至少在犯奸罪上，隶卒中的某些人是作为雇工人等级看待，

---

① 《中国文化史》，见《饮冰室专集》之86。
② 《清朝文献通考》第21卷，职役一，第5045、5046页。光绪《大清会典》第17卷，户部。
③ 《大清律例》第8卷，户律，户役，人户以籍为定。
④ 《大清律例》第6卷，吏律，职制。
⑤ 《大清律例通考》第33卷。
⑥ 《大清律例增修统纂集成》第40卷，总类，比引律条。

而不是与奴婢相等。但是，《会典》中又把他们明确地算作贱民，他们本人及子孙也都"不齿于士类"而不准捐考出仕，登公堂不得"入正门"，不得"驰当道"，①和奴婢是没有差别的。

隶卒人等的这种不清楚的身份地位，大概就是嘉庆帝所说的"贱其役非贱其人"②的缘故。这些人本来都是由良民招募而来，一旦充当衙门服役、缉捕看监、验尸验伤等被视为下贱的差使后，就降低了身份，"入此便贱"③就是这个意思。在这里，职业决定等级身份。

长随，是投身官员随任服役的仆人，他们定限服役，"忽来忽去，事无长主"。④据《大清会典》，其身份与奴仆同。雍正五年定例，"隶身门下为长随者有犯，亦照典当雇工人治罪"，而"典当雇工限内逃匿者，照满洲白契所买家人逃走例责三十板，亦交与本主"。⑤乾隆四十七年，统治者认为，"虽长随非契买家奴可比，但平时倚托衣食所资，即与奴仆无异"，将逃匿罪改为"长随如有无故潜投他处者，即照旗下逃奴之例一律办理"。⑥就禁止潜逃而言，治罪越趋严格。但到嘉庆六年修并条例时，规定有所改变。这时将长随分为两类："若恩养在三年以上，或未及三年配有妻室者，如有杀伤，各依奴婢本律论"，"隶身未及三年，并未配有妻室"，"如有杀伤，各依雇工人本律论"。⑦可见，此时长随的法律身份一部分同奴婢，一部分同雇工人。

长随之子也不得报捐，考试。⑧

家人，乃是契买男性奴仆，是奴婢的组成部分。

以上这类人等，在法律身份上虽属贱民，不齿于良民，但是在实际生活中的地位与奴婢大不相同。他们服役于内外衙门，听命于大小官僚，直

---

① 《大清律例增修统纂集成》第 8 卷，户律，户役；第 17 卷，礼律仪制。
② 《清朝文献通考》第 21 卷，职役一，第 7788 页。
③ 尹某语。见张履祥《杨园先生全集》第 31 卷，《言行见闻录》一，第 25 页。
④ 汪辉祖：《用人》，见徐栋《牧令书辑要》。
⑤ 光绪《大清会典事例》第 752 卷，刑部，户律，户役，人户以籍为定律附例。
⑥ 光绪《大清会典事例》第 1116 卷，八旗都统，户口，第 3 页，旗人买卖奴仆。定例见第 752 卷，刑部，户律，户役，人户以籍为定，第 4 页。
⑦ 《大清律例》第 28 卷，刑律，斗殴，奴婢殴家长律附例。
⑧ 参阅《刑案汇览》第 7 卷，户律，户役，人户以籍为定律有关判例。

接为官府对百姓的统治服务，因此他们实际是封建国家机器的组成部分。他们为虎作伥的同时，利用官家旗号敲诈勒索，坑人肥己。所以其中有的长随、家人，经济上相当富有。又由于他们时时跟随本官左右，下级官员对他们也不敢得罪。这些人实是直接压在百姓头上的一大祸害。

6. 堕民、疍民和九姓渔户

《大清会典》称堕民，疍户和九姓渔户为贱民，考试制度规定不准他们的子孙应试出仕，人们的习俗也把他们当作贱民看待。但是，在刑律中并没有有关条例把他们置于低下的法律地位上。

堕民，即惰民，亦称丐户，布于浙东各县及金华；江苏之常昭二县也有。他们以小商贩、迷信、服役，抬轿等为职业。自明代以来，他们就被禁充吏员、粮长、里长、禁读书应考、禁与良民通婚、禁缠足、禁服常人服，禁为四民之业。他们为人服役常有固定对象，称"脚埭"。"脚埭有定，恃为产业，传之子孙。或因他故而让诸他人者，则互相买卖，其价以脚埭之贫富为率。"① 脚埭 "买卖皆有契券"。② 雍正元年"令削除其籍，俾改业与编氓同列"。③

疍民，又书蜑民，旦民，或称蜑户，福建、广西都有，广东最多。疍民以船为家，以渔和运输为业。陆地人不许他们上岸居住生理。这也是习俗相沿，并无法律根据，雍正说，"疍民本属良民，无可轻贱摈弃之义"。④ 雍正七年下令解放，准其上岸居住，"与齐民一同编列甲户"，"一视同仁"。⑤

浙东各县的九姓渔户的情况也与疍户相似。

以上堕民等，雍正七年虽称解除贱籍，但事实上仍受歧视如故。在那以后，仍需"以报官改业之人为始，下逮四世，本族亲支皆系清白自守，方准报捐应试。若系本身脱籍，或仅一、二世，及亲伯叔姑姊尚习猥业

---

① 《鄞县通志》第 2368 页，文献志，已编，礼俗。
② 袁枚：《续子不语》第 7 卷。
③ 《清朝文献通考》第 19 卷，户口 1，第 5027 页。
④ 《雍正实录》第 81 卷，第 38 页。
⑤ 同上。

者，一概不准滥厕士类，侥幸出身"。① 在这种规定生效的时候，企图改变社会上对堕民等改变看法，承认他们与齐民等，那是不可能的。可见，这几种人在该法令公布后至少八十年内是难以出现得到凡人身份的成员的。因此我们说，雍正的所谓解放贱民只是形式，如果认为从那以后这个问题就不再存在了，则不是事实。

7. 乐户、娼妓和优伶

乐户，实际是官妓。清朝没有教坊之类机构，不设官妓。清初，礼部承政祝世昌曾因要求将籍入乐户的俘获汉人妇女予以释放，被劾为"心护敌人，与奸细无异，应论配籍没"。皇太极说，"祝世昌岂不知乐户一事朕已禁革？"将祝世昌从宽，徙西北边境。至顺治二年始召还。② 可见，至少从这时起，清朝就不承认，至少不公开承认有乐户。所以从全国范围说，是没有乐户的。

清律户律部分"人户以籍为定"，"逃避差役"条中有"乐户"名称，"娶乐人为妻妾"条中有"乐人"。这些条文乃是沿袭了明律而来的。律中没有规定乐户、乐人的身份。③

山西、陕西某些地方存在乐户，这是事实。这也是继承了明代的习惯。山、陕乐户被"另编籍贯，世世子孙娶妇生女，逼勒为娼"，④ "世世子孙不得自拔为良民"。⑤ 雍正元年，御史年熙请饬山、陕各属严行禁革，尽行削除。他省有类似者也一律禁止。⑥ 但这种所谓解放也是极不彻底的，因为他们和前述堕民等一样，必须四世亲族清白方能与齐民等。⑦

乐户以外的娼妓和优伶则被明确为贱民。"娼优子孙概不准冒入仕籍。"⑧ 乾隆五十三年定例，娼优子孙"如有变易姓名蒙混应试报捐者，除

---

① 《大清律例》第 8 卷，户律，户役，人户以籍为定。
② 孙甄陶：《清史述闻》第 70 页。
③ 参阅《读例存疑》第 3 卷，名例律上，第 32 页。
④ 《定例续编》第 5 卷，户部，户役，削除乐籍，第 4 页。
⑤ 《晋政辑要》第 8 卷，户制，户口五。
⑥ 《定例续编》第 5 卷，户部，户役，削除乐籍，第 4—5 页。
⑦ 《晋政辑要》第 8 卷，户制，户口五。
⑧ 《大清会典》第 10 卷，吏部，第 1 页。

斥革外，照违制律杖一百"。① 如官吏将娼优子孙收考者，降一级调用，②将责任加在官吏身上，使之严查。

清代没有为娼优解除贱民身份。

以上就是清代的贱民等级。良贱界限在清代是一个重要的界限。这个界限和官民界限具有某种共同的意义，或者说二者有着密切的关系。各类贱民身份低下，除表现在法律地位外，特别表现在被剥夺考试权上；而良民是有这种权利的。其所以有此差别，是因为准许参加考试就意味着给予进入统治者等级的机会，即有可能成为绅衿并从而成为缙绅。缙绅等级和绅衿等级的成员，往往就是这些贱民的主人，贱民如果进入这个等级，就和原来的主人平起平坐，那就破坏了主仆名分的原则，有损"名器"的尊严，这是封建统治者所不能容忍的。又因为做官就得到封赠父、祖、曾祖三代的荣誉，三代以内有人曾为贱民，则该贱民也要受到封赠，这也是为统治者所不可容忍的。因此，贱民即使出籍，三代以内也不准应试出仕，以避免上述情况出现。这就是说，剥夺考试权，是为了保证贱民即使超过良贱界限，也不得再越官民界限。由此可见划分官民之别和划分良贱之别的目的的一致性。

据根社会地位特点，贱民大体可分为四个等第：一是隶卒，包括前述各种衙门服役人等和长随；二是佃仆；三是乐户，包括娼妓、优伶、惰民、九姓渔户、疍民等，而最低的等第则是奴婢，包括奴仆壮丁、投充人、家人。

下面我们专门讨论凡人等级。

（六）凡人等级和佃户的法律身份

最后，分析一下凡人等级。前述皇帝、宗室贵族、缙绅、绅衿、雇工人和贱民，都是在法典中被规定了特殊地位的等级。除去这些等级的成员外，清代社会的广大编氓都属于凡人等级。清制，民、军、商、灶

---

① 光绪《大清会典事例》第752卷，刑部，户律，第4页。
② 《大清律例》第8卷、户律，户役。

"四民为良"。① "良民"也就是"平人","庶民",在法律上称为"凡人"。清律中为凡人犯罪规定的条文,是其他等级量刑的标准。同一罪行,对其他等级成员的处刑都在此基础上量为加减,以区别该人等级身份的高低。

凡人是一个复杂的等级,它包括了不同阶级的成员。如非缙绅和绅衿的凡人地主、富裕农民,自耕农,佃户,不具雇工人身份的雇佣劳动者,手工业作坊主,手工业工人,其他个体劳动者,灶户,店铺老板,店伙,城镇居民,兵丁,民壮,直至乞丐以及僧尼等,统统在内。凡人也是人数最多的一个等级,通常所谓百姓,包括一般的旗人在内,都在凡人范围之内。

凡人必须缴纳规定的税额。缙绅、绅衿等级优免的税额,以及他们滥用特权包揽,诡寄而偷漏的税额,全部转嫁到凡人土地所有者,即凡人地主、富裕农民、自耕农等的身上;一切应派差徭任务,也当然地都要由凡人来完成了。商业和手工业方面的税收也有类似情况。从这个意义上讲,凡人乃是清代主要的纳税和应差的等级。

凡人作为良民,有应试出仕的权利。如前所述,这是和贱民相区别的很重要的特征。但这种权利受到经济条件的制约,在凡人中不会是机会均等的。他们之中,只有"有力者"才有更多的机会。因此,凡人等级中的地主、富商及其子弟乃是缙绅、绅衿的预备队伍。自从捐纳制度盛行后,这种不均等就表现得更加明显。凡人中的另一部分,即自耕农、佃户、雇工、小商贩、小手工业者以及其他贫困者,因天灾人祸而破产,则是普遍的、大量的、经常的现象。他们之中的许多人,为了能够活下去而通过立契或接受其他条件受雇落入雇工人等级,也有的应募为隶卒,沦为娼妓或典当卖身成为贱民。因此,凡人等级中的"无力者",乃是低下等级的预备队伍。

所以说,凡人是清代社会中人数最多的等级,是包括不同阶级成员的复杂等级,是主要的承担赋役的等级,也是不断分化的等级。清代的所谓"民",就是由绅衿和凡人这两个等级构成的,其基本部分是凡人。

---

① 光绪《大清会典》第17卷,户部。

凡人等级的成员如拥有奴婢，或者和雇工间的关系符合家长和雇工人的条件，那么他就具有家长的法律地位。因此，相对奴婢和雇工人等级来说，凡人也可以说是拥有特权的等级。他们拥有这种特权，不是由于血统的高贵，也不是由于拥有"名器"，仅是由于他们具有家长身份。主仆名分决定了家长即使是凡人也可以具有特权身份。凡人和贱民之间的界限在清代是十分重要的界限。当然，能够拥有奴婢的，能够和雇佣劳动者形成具有主仆名分的家长、雇工人关系的，不是任何凡人都可做到，而是凡人中高等第的成员才有可能。

凡人等级内部的各个成员之间，在社会上彼此没有法律规定的统治和依附的关系，从这个意义上讲，凡人地主、手工业主、大商人和佃户以及不具雇工人身份的雇佣劳动者间的法律身份是平等的。但在实际生活中，凡人等级的各类成员的实际状况有着很大的差别，甚至彼此间表现出许多不平等关系。这是由于习俗、传统、等第之间关系的影响，特别是经济地位的差别等多种因素造成的。凡人中的大地主、大商人等相对其他人有优越地位，其中以大地主为代表；中小地主、富裕农民、自耕农、商人、小手工业作坊主、一般城镇居民、兵丁等则处于相对独立状态，其中以自耕农为代表；佃户、农业手工业及商业中的雇佣劳动者、小商贩、灶户以及乞丐等地位相对低下，其中以佃户为代表。因此凡人等级可以分为地主、自耕农和佃户三个等第。在实际生活中这些等第间的身份是不平等的，但是这种不平等乃是等级内的差别。

地主经济制中，佃户是最基本的、最主要的，也是人数最多的直接生产者；在封建主义生产关系中，它是受地主阶级剥削的阶级。在经济关系上，地主和佃农是处在剥削与被剥削的尖锐对立之中。现在把佃农与地主列在同一等级之中，那么从理论上是否抹杀了阶级界限呢？史料所记载的地主压迫佃农的事实怎样解释呢？为了解决这些问题，需要对佃户的等级身份地位做进一步的分析。

西欧领主制经济下，土地由国王向下层层分封，除他自己领有的以外，土地分属于某个僧侣、贵族或骑士。"没有土地没有领主"，生产者则附属于土地，分别属于某个伯爵、男爵或国王自身。领主拥有土地，拥有向生产者征收徭役或实物地租的权利，同时也拥有在领地内的审判权。领地上的直接生产者就是农奴。所以马克思称"农奴是土地底附录"①。在那里，土地分封和主人的等级身份直接相联系，土地也带上了等级的属性。土地占有的等级结构以及与之有关的武装扈从制度使贵族掌握了支配农奴的权力。被束缚在一定地块上的农奴和领主自然形成世袭的依附关系，没有领主的农奴。各级领主拥有的农奴并不直属于国王，他们没有向国王缴纳贡赋的义务，国王也对这些农奴没有直接的司法权。可见，等级的统治是和领主经济制密切地联系在一起的。

清代的中国则全然不同。民田土地可以自由买卖，实行的是地主经济制。人们只要拥有足够的银两就有买得土地的可能。但他买得的只是土地所有权，并不附带其他政治权利。等级关系和土地间没有直接的联系。清代实行中央集权制度，行政权、立法权和司法权属于朝廷，最后由皇帝掌握。等级的统治权和土地相游离。佃户在经济上虽然必须与地主发生关系，但在政治上则仍是国家的臣民。土地所有权可以买卖，因此佃户不属于某一固定的地主。朝廷没有授予地主以对佃户的司法权利。就规定而言，地主和佃户间的诉讼也应在代表朝廷的衙门大堂上解决。

清律和明律一样，没有将佃户置于低下的法律地位上，甚至某些条文还在一定程度上保护佃户的利益"如兵律邮驿门。私役民夫抬轿"律规定，"若豪富（庶民）之家（不给雇钱，以势）役使佃客抬轿者"，杖六十，并"每名计一日追给雇工银八分五厘五毫"。律注解释这样规定的理由是，"佃客不过为富家耕种田地，非雇工人之比，若豪富之家役使抬轿者，非分役人"②。这说明，法律上佃户没有为地主从事生产以外的服役的分内义务。

清律也继承了洪武五年"佃户见田主，不论齿叙，并行以少事长之礼；若亲属，不拘主佃，止行亲属礼"的命令。这个条例含有将主佃关系看作不平等关系的意思，但还不宜把它作为凡主佃关系均有等级差别的根据。因为应该注意到，这只是在仪礼方面的规定，立法者的意图似乎并非

---

① 马克思：《1848年经济学—哲学手稿》，人民出版社1956年版，第46页。
② 《大清律例》第22卷。

用以确定佃户的法律身份,从而把佃户置于低于地主的法律地位上。①并且,这个规定究竟是否实行了,在多大范围内实行了,实行过多久,都还存在问题。清代法学家薛允升说过,这一礼仪"乃古法也,今不行矣"。②

清代佃户是有移动自由的。清廷从来没有关于佃户离开地主土地的禁令,没有给地主以缉拿逋逃佃户的权利,也没有将流民押交地主的规定。肯定包括许多佃农在内的流民、客民的大量存在也可说明清代没有把佃户束缚在地主土地上。"佃户不过穷民,与奴仆不同,岂可欺压不容他适!"③由于经济上的贫困,佃户是否可以自由退佃,自由地离开地主的土地外出谋生,那是另外的问题。不禁止离开土地,说明佃户和地主在法律上没有严格的人身隶属关系。

如前所述,缙绅和绅衿是两个特权等级,和凡人相比,他们当然是有势者,有力者。因此,佃户与缙绅地主、绅衿地主相对,法律虽未规定佃户身份低于凡人,但在实际生活中由于等级差别而呈现出另外一种情况。例如,顺治间,安徽"凤、颖大家"将佃户称为"庄奴","随田转卖","不容他适","勒令服役"。这种情况,"不独凤、颖为然","不只徽属婺源一邑"。④康熙二十一年时仍有压佃为奴的现象。⑤雍正间,山东"绅衿之家类多私制刑具,如铁绳竹板等项。不论佃户、家人、小民百姓,一有所犯,并不送官惩治,即便锁拿刑责。且有锁禁内室,经年累月不行释放者。更可异者,或庄头与佃户互争,或家人与良民互殴,亦不告官审剖,具呈伊主,伊主亦即批'准查'、'准究'字样,竟用殊标红票,差虎仆拘拿到宅,不论是非,概行板责。似此势焰熏炙,一邑之中被其害者不知

---

① 清代地方法庭有据此判罪的案例:乾隆十七年,河南通许县的员卓与佃户张林斗殴,将张林伤成废疾,员卓应按凡斗伤人肢体律判杖一百徒三年。河南按察使司认为,"查定例内载,佃户见田主,不论齿长,并行以少事长之理〔?礼〕等语,细绎例意,主佃虽与良贱不同,实有长幼名分,如有相殴之处,若与凡殴一概拟罪,则主佃与平人毫无区别。查员卓系张林田主,应请将员卓比照同姓服尽亲属相殴,尊长犯卑幼,减凡斗一等律,应减一等,杖九十徒二年半"。这一判决,竟也得到巡抚最后批准,(吴光华:《谋邑备考》第8卷,外结案。)但据此判案,到目前为止,我们只发现这一例,暂时只能称作孤证,不能据此认为该条例在司法中具有确定佃户法律身份的效力。
② 《读例存疑》第19卷,礼律,仪制,乡饮酒礼律附例。
③ 顺治十七年《部复江宁巡按卫贞元条议疏》,见康熙《江南通志》第65卷,艺文,第44页。
④ 同上。
⑤ 同上。

凡几。是以任意鱼肉，无求不得。或强占人妻女而不敢与较，或强夺人田房而不敢言喘，或放私债而重利盘算，或索逋租而加倍取偿。作恶多端，指不胜屈"。① 康熙末年，浙江天台县有的绅衿则趁地方官"岁暮封印"不理政事时，"差遣悍仆豪奴，分头四出，如虎如狼，逼取租债，举其家中所有搜攫一空。甚而掀瓦掇门，栓妻缚子。又甚将本人锁押私家，百般吊打"。② 或者"混加扑责"、"强用大斗"索派，"擅骑佃户骡驴马匹"；"佃户嫁女、寡妇改适"、"田主索取出村礼"；佃户家丧事，"田主索取断气钱"；"佃户身死无后者"、"田头收其牲畜什物"。③ 或者"淫占佃户妇女"，④"呼其妇女至家服役，佃户不敢不从"。⑤ 江西"吉赣俗以佃为仆，子孙无得与童子试"，⑥ 如此等等。这种主佃关系，完全是超经济强制的突出形式。

　　缙绅、绅衿等级对待佃户的这些行为，是实际生活中的事实，但这不是缙绅、绅衿等级应有的特权，也不是佃户应有的法律地位。因此，这些行为在当时也是非法的。史料中也不断记载了禁止上述行为的事。如顺治十年江宁巡按卫贞元要求对"欺压佃户霸其妻子"的绅衿大户"指名参处"，"题奉谕旨钦遵在案"。⑦ 康熙初年，邵延龄任江西按察使司佥事提调学政时，"勒石永禁""以佃为仆，子孙无得与童子试"的习俗。⑧ 康熙二十年，安徽巡抚徐国相特参势豪勒诈，称"若以承种之佃户尽为宦门之奴仆，无论小民脂膏尽归富室，即见在输赋之地土，必致抛荒"，饬令"嗣后业主买卖田地，应听佃户自便，不许随田转卖，勒令服役"，⑨ "奉

---

① 雍正六年十月，田文镜：《严禁绅衿积习锢弊以肃功令示》，见《河东宣化录》第 3 卷，第 67 页。
② 戴兆佳：《天台治略》第 6 卷，第 28 页。清代衙门，例于每年腊月十九至二十一日三天中，由钦天监择日封印，至次年正月十九至二十一日三天中，择吉开印。封印期间，地方官停办一切不重要之公事。
③ 陈宏谋：《培远堂偶存稿》文檄，第 2 卷，第 14—15 页。云南。
④ 《雍正定例成案合钞》第二册。
⑤ 同治《长沙县志》第 20 卷，转见李文治《中国近代农业史资料（第一辑）》，第 81 页。
⑥ 康熙《江南通志》第 65 卷，第 44 页。
⑦ 《提调江西学政按察使司佥事加一级邵公延龄碑》，见《碑传集》第 80 卷，第 12 页。
⑧ 《邵延龄墓碑》，见《碑传集》第 80 卷，第 12 页。
⑨ 康熙《江南通志》第 65 卷，第 44 页。

旨：依议"，通行在案。① 至雍正初年，则制定了一项正式的有关主佃关系的条例。

雍正五年，河南总督田文镜上疏称，"豫省绅衿置有地亩即招贫民耕种。一为伊等佃户，本系平民，视同奴隶，不但诸凡供其役使，稍有拂意，并不呈禀地方官究治，私治板棍，扑责自由。甚至淫其妇女，霸为婢妾。佃民势不与敌，饮恨吞声，不敢告究。地方官不能查察，徇纵肆虐者，亦干严谴"。他认为应"严加定例""永远禁革"才能"势恶土豪知有国法，而贫民穷佃亦得共游于熙皞之天"。② 田文镜要求承认佃户的"平民"即凡人身份，他的矛头是指向"绅衿"的。吏部会议后的题本表示同意田的观点，认为"佃户本系贫民赁地耕种，原非奴隶，纵拖欠租课，亦宜呈禀地方官追究，何得倚恃绅衿，私置板棍，任意扑责。至于淫占妇女霸为婢妾，使佃户饮恨吞声不敢告究，此等倚势肆恶，目无法纪，若不严加定例，令地方官不时严查，详请参究，乡农受其荼毒，为害匪小"。具体拟定例文如下："嗣后，如有不法绅衿仍前私置板棍，擅责佃户，经地方官详报题参，乡绅照违制例③议处；衿监吏员革去衣顶职衔，照威力制缚人及于私家拷打者不问有伤无伤并杖八十律治罪。地方官失于觉察，经上司访出题参，照徇庇例议处。如将佃户妇女淫占为婢妾者，俱革去职衔衣顶，照豪势之人强夺良家妻女占为妻妾者绞监候律治罪。地方官不能查察，徇庇肆虐者，照溺职例革职。该官上司不行揭参，照不揭劣员例议处。"④ 可见，拟例的立意有三：一是肯定佃户及其妻女的凡人身份；二是否定缙绅和绅衿对佃户及其妻女有司法权和人身占有权；三是地方官有监督和保证这种主佃关系的责任。这里并没有提到佃户对绅衿有什么义务的问题。

雍正帝对拟例的三点立意也不反对。但他提出问题的另外一面，毋宁说是封建主佃关系中更带有实质性的一面，即地租问题。他批道："这本

---

① 《定例成案合镌》第12卷，第52页。
② 转引自中国第一历史档案馆藏《吏垣史书》，雍正五年九月十九日署吏部左侍郎查郎阿题本。
③ 《大清律例》吏律、公式，制书有违律："交奉制书有所施行而（故）违（不行）者，杖一百。"
④ 《吏垣史书》，雍正五年九月十九日查郎阿题本。

内,但议田主苛虐佃户之罪,倘有奸顽佃户拖欠租课、欺慢田主者,亦当议及",他认为,只有两方面都谈到,"立法方得其平",下令再议。①雍正作为地主阶级的最高代表,没有忘记这个阶级的最大利益所在。刑部、吏部奉命会议后题:"查绅衿私置板棍擅责佃户、奸淫佃户妇女占为婢妾者固宜惩治,而奸顽佃户拖欠租课、欺慢田主者,应照不应重律杖责;②所欠之租照数追给田主。如此则田主不致苛虐,而奸佃亦知惩儆,于法得平矣。"③雍正五年十二月初五日奉旨:"依议。"④定例全文如下:"凡不法绅衿私置板棍擅责佃户者,乡绅照违制律议处,衿监吏员革去衣顶职衔,杖八十。地方官失察,交部议处。如将妇女占为婢妾者,绞监候。地方官失察徇纵及该管上司不行揭参者,俱交部分别议处。至有奸顽佃户拖欠租课,欺慢田主者,杖八十;所欠之租照数追给田主",⑤"命下之日通行直隶各省一体遵行"。⑥

欠租"杖八十,所欠之租照数追给田主"的规定说明,清廷对欠租的惩治比对欠债的惩治要严厉得多。清律,"其负欠私债违约不还者,五两以上,违三月笞一十,每月加一等,罪止笞四十;五十两以上,违三月笞二十,每月加一等,罪止笞五十;百两以上,违三月笞三十,每一月加一等,罪止杖六十。并追本利给主"。⑦二者相较,欠租不论多么少,处刑比欠银百两逾期半年以上者还要重二等。可见这一条例的立意绝非把租佃关系等同一般债务关系来处理的。通过这个条例,以法律保证地主及时取得地租,并且给封建统治机器规定了保证地主这种权利得以实现的责任,乃

---

① 中国第一历史档案馆藏《起居注》,雍正五年九月二十二日。参阅《雍正实录》第61卷,雍正五年九月二十五日戊寅,第27页。
② 上海图书馆藏《雍正定例成案合钞》第二册,此句为"应照不应重律杖八十,折责三十板"。《大清律例》刑律、杂犯,不应为律:"凡不应得为而为之者,笞四十;事理重者,杖八十。(律无罪名,所犯事有轻重,各量情而坐之)。"
③ 雍正五年十一月二十七日刑部尚书德明等题本。见中国第一历史档案馆藏《刑科史书》,雍正五年十二月(一)。
④ 同上。
⑤ 《大清律例通考》第27卷,第44页,参阅光绪《大清会典事例》第100卷。乾隆五年和乾隆四十二年两次修改这一条例,将绅衿处分和地方官责任均有所减轻,但总的精神未变。
⑥ 雍正五年十一月二十七日刑部尚书德明等题本。见中国第一历史档案馆藏《刑科史书》,雍正五年十二月(一)。
⑦ 《大清律例》第14卷,户律,钱债,违禁取利律。

从根本上保护了封建土地私有制。从等级关系上讲，条例给予缙绅、绅衿以身份上的尊严，禁止慢侮；但同时明确地否定了缙绅、绅衿有越出范围去侵犯佃户及其妻子人身的权利。所以说，清王朝是没有授予地主以对农民随意打骂甚至处死之权的。

这个条例的基本精神，直至清末都仍有效。① 几乎无须证明就可理解的事实是，由于缙绅和绅衿具有特权地位及其与地方官的密切勾结，条例对他们的限制作用是很有限的；相反，他们却有了要求地方政权为他们追索地租的条文依据。此前，地方官发出告示促佃输租，是需要经过绅衿要求的，例如顺治二年苏州绅衿要求巡抚土国宝所做的那样。② 条例制定以后，地方官警告佃户必须及时纳租的告示迭出，县衙门代地主锁拿佃户敲扑比租的记载越来越多了。

在实际的比租行动中，且不说凶差恶役的敲诈勒索，就在公堂上对佃户的惩治也远远超过条例规定的杖八十，佃户无法忍受，以致有"脱枷自尽之案"，使得有的省份不得不规定。"嗣后比责佃户不得过满杖，再重亦仅准枷示而止，不得滥用木笼"，③ 而这所谓的限制，比原规定的杖八十要高出许多！比租惨况的记载也有不少，不一一列举了。

不论定例以前私置板棍吊打佃户、淫占佃户妻女也好，定例以后通过官府代为追逼地租也好，都需既有钱又有势，因此主要是缙绅、绅衿等级分子干的。至于凡人地主，则应分别看待。

在缙绅、绅衿地主作恶影响之下，凡人中的大地主也会起而效尤。法典中关于"倾陷富室"要"治以重罪"，④禁止。"欺慢田主"以及"佃户见田主，不论齿叙，并行以少事长之礼"等规定中所谓"富室"、"田主"是包括了凡人地主的。尤其是富而不贵的大地主仅凭财力往往和官府、缙绅有着勾结关系，他们对佃户的关系绝非平等。因此，佃户和凡人大地主虽然在法律上处同一等级，但不属一等第。

---

① 参阅宣统二年沈家本等修《大清现行刑律》第24卷，斗殴上，威力制缚人律附例。
② 叶绍袁：《启祯纪闻录》第6卷，第4页。
③ 《江苏省例》臬政，同治七年二月；《江苏省例续编》藩例，同治十年。清代刑制，满杖为杖一百。
④ 光绪《大清会典事例》第156卷，户部，户口。

凡人等级中的中小地主则有所不同。他们在经济上占有较多土地，靠剥削地租为生，但他们与缙绅、绅衿等级巴结不上，没有行使"富室"、"田主"权利的力量。因此他们和佃户之间的关系也大不相同。在资料中常有这样的记载。如清初，"佃户减租单"使得地主年都不好过。①乾隆间，中小地主"其势本弱，一遇强佃抗欠，有吞声饮泣无可如何者。地方官率漠然不顾。曰：'吾但能催赋，岂能复催租?！'"②光绪时，佃户逾期尚不交租，大户靠官追比，"巨绅显宦自不虑为顽佃所欺"，③可以"循常例在县请得差牌，向各佃追租"，将欠租佃户"械击而去"，甚至逼死人命。④"若夫小户，则往往无此力量"，他们收租时，"佃户漠然"，"即十日九催，而其冥顽如故。一佃户如故，众佃莫不如故"，"特明知业户无力能如大户之办人，使受缧绁鞭笞之苦耳"。⑤江苏松太沿海诸邑"置田百亩已称富室；一乡有此数富室已称大镇。而有财者未必有势"，"业主一忍耐而顽户愈恃欠租为得计矣"。"良户闻之，转觉自己完租之无谓，由是展转效尤，良者亦多变为顽，而业主因之重困。"⑥地方官"各存一势力之见，非遇巨绅显宦之嘱托，则不肯出一票、发一差、拘一人、比一次"。⑦这些记载显然是在为地主叫苦，但反映出缙绅、绅衿等级和凡人等级的差别则是事实。

雍正五年条例是要限制缙绅、绅衿等级苛虐佃户，但是它并不是要限制他们法律上的特权，而这种特权的某些方面，在条例产生后，反以更加合法的形式出现了。"奸顽佃户拖欠租课、欺慢田主者杖八十，所欠之租照数追给田主"的规定，从文意上理解是适用于所有主佃关系的，但在实际生活中真正能够得到好处的，却主要是属于缙绅和绅衿等级的地主，虽然这并不排除凡人等级的大地主也能以财得利。

---

① 吕留良：《岁除杂诗》，见《东庄诗存·怅怅集》，转引自陈伯瀛《中国田制丛考》，第267页。
② 秦蕙田：《经筵讲义·龙德而正中者也》，见贺长龄《皇朝经世文编》第10卷，体治4。
③ 《字林沪报》，光绪十六年闰二月二十三日（1980年4月12日）。
④ 同上。
⑤ 《字林沪报》，光绪十三年十一月十四日（1887年12月28日）。
⑥ 《字林沪报》，光绪十五年十月十一日（1889年11月3日）。
⑦ 《字林沪报》，光绪十六年闰二月二十三日（1890年4月12日）。

以上讲的是民田佃户的情况，需要指出的特例是山东曲阜衍圣公孔家的佃户。孔府户下，有钦拨佃户、一般佃户、投充户和寄庄户。其中投充户是带地投充到孔家挂名为佃户，实则是为了免应官府差徭而来的自耕农或小地主。诡寄户也属类似情况，或者原是孔家佃户，后来经济上升，自置土地，成为自耕农或地主，仍挂孔家佃户的招牌以期免除粮差赋役。这两种以外，还有：（1）钦拨佃户，又称实在户或屯户，耕种钦赐祭田，他们是世袭佃户，世代束缚在土地上，向孔府缴纳实物地租。他们之中，有庙户服洒扫庙廷及看守庙宇之役，有屠户、条帚户、猪户、羊户、牛户等专门屠宰或供应上述各类物资，还有号丧户，专为在举行丧礼时服号丧之役。（2）一般佃户，他们将自己的土地卖给孔家后仍领种原地，成为孔家佃户，向孔家缴租，但免去承担国家差徭。（3）寄庄户，是佃种孔家土地的外来户。他们地租较重，但不为孔家服役，和孔府没有很深的依附关系。可见清代曲阜孔家佃户情况是复杂的，从一般租佃关系到世袭的依附关系都有。前面已经讲到，衍圣公对不听差唤的佃户具有某种实际的司法权；佃户之间的纠纷，孔府大堂也可票传签讯，这使得主佃关系带有官民性质。特别是实在户，还无法更换主人，也不能脱离孔府土地。由皇帝分封土地、赐给佃户，同时带有司法权（虽然这种司法权不是朝廷明确规定的），使得孔家土地和领主庄园制经济有着某种共同之处。孔府的佃户中，实在户可以相当于贱民等级中的佃仆。孔府的一般佃户和寄庄户则属于凡人等级中的佃户等第，他们的地位和一般民田佃户相比略低，是因为田主的等级身份特殊的缘故，而他们本身还不能列入贱民等级。

总的来说，清代的佃户是凡人等级的一个地位较低的部分，所谓较低，是相对他的田主而言，而不是贱民的一部分。佃户和特封贵族、缙绅、绅衿、凡人等级中的大地主等第的关系和他们同自耕农等第中的中小地主之间的关系不同，就因为田主们的等级地位不同。在主佃关系中，佃户作为凡人，他和地主的所属等级、等第的距离越远，其地位越是低下。这是由于地主等级地位的高下（从而其法定的和实际拥有的权利有大小）所形成的相对差别，而不是由于佃户的等级身份像奴婢属于贱民等级那样绝对低下。佃户具有凡人等级的一般权利，而不属于贱民等级。他对奴婢等贱民的关系也是良贱关系。因此，即使和缙绅、绅衿间形成的主佃关系也不能说是主仆关系。

当时人也往往把主佃关系和主仆关系相类比。有的认为佃户受业主役使"皆其分内之事"，①或者直称主佃之间"有主仆名分"。② 这些只能说是缙绅、绅衿等级以至凡人大地主等第的地主与他们的佃户之间实际生活中的关系的反映，不能据以得出一般的主佃关系与主仆关系等同的结论。

清代涉及主佃关系案件中，也有提到"并无主仆名分"的判例。如乾隆四十年，山东沂水县佃户刘玘山将田主马进朝殴死一案，题本中有"查刘玘山虽系马进朝佃户，并无主仆名分，应以凡斗论"的话。乾隆五十九年，湖南佃户曹成昌殴死田主尹申开一案的判决中，也提到"曹成昌佃种尹申开田亩，每年还租谷四石五斗，并无主仆名分"的话。③ 但那是一般性的比拟语句，不能由此推论清代有的佃户与地主具有主仆名分。因为在《大清律例》中从来没有关于佃户对地主具有主仆名分从而对他的处刑不同于凡人的任何律文或条例。

佃户作为一个统一的名称和处于不同等级的地主分别相对待，这样一种复杂状况形成了人们对佃户认识的矛盾。清代法学家薛允升就曾提出这样的问题：清律中"究竟佃户和田主是否以平人论，何以并不叙明耶？"④ 他们普遍地没有把佃户看得低于凡人，承认主佃间"无贵贱之分"，⑤ "与奴仆不同"，⑥ 或"与良贱不同"。⑦ 但又必须解释实际生活中那么多不平等状况的存在，所以说主佃间"亦有主宾之谊"，⑧"实有长幼之分"⑨，

---

① 《陈确集》第15卷，揭。
② 嘉庆《太平县志》第18卷。转见仁井田陞《中国法制史研究·奴隶农奴法》，第183页。
③ 二案均见《刑科题本》，转见刘永成《清代前期佃农抗租斗争的新发展》，《清史论丛》（第1辑）。
④ 《读例存疑》第35卷，第52页。
⑤ 《湖南省例成案》，转见仁井田陞《中国法制史研究·奴隶法农奴法》，第115页。
⑥ 《大清律例通考》第27卷，刑律，斗殴。
⑦ 《谋邑备考》第8卷。
⑧ 《湖南省例成案》，转见仁井田陞《中国法制史研究·奴隶法农奴法》，第115页。
⑨ 《谋邑备考》第8卷。

"究与平民不同"①，或者"与平人有间"②，等等。不提田主的差异而试图对主佃关系做出统一的提法，毕竟不甚确切。

根据以上分析，笔者认为，清代佃户在法律上属于凡人等级中的低下等第，佃户在实际生活中的状况受他的田主身份的直接影响。田主的等级和等第越高，佃户的地位则越低。佃户和凡人等级中的地主具有同等法律地位。当然，我们这样讲毫不意味着凡人地主和佃户间关系不是封建关系；因为这种关系本来就是封建等级、等第关系的一个组成部分。封建地租本身就代表着封建关系最本质的内容。封建地租的实现，必须通过超经济强制，而这种超经济强制不论来自地主还是来自国家机器，其根源都在于封建土地所有制，因此即使超经济强制的程度可以比较轻微，主佃关系仍只能是封建关系。我们必须看到清代社会中佃户和缙绅、绅衿以及凡人等级中的大地主等第的地主相对时所处的极不平等的状况，不然就不能理解为什么广大农民经常揭竿而起进行英勇的反封建斗争。同时也必须看到，佃户和中小地主相对时形成比较一般的主佃关系。由于前一种状况的存在，我们就不能笼统地讲清代的主佃关系是单纯的契约关系或金钱关系；由于后一种状况的存在，就不能笼统地讲清代的主佃关系具有主仆名分。事物既然本来是复杂的，就不应简单地对待。

以上就是清代社会等级的简况。由此可以肯定的是，虽然在清代的典章制度中不存在一部独立的、系统的身份法或等级法，但这不等于说清代不存在身份等级制度。清代法典对社会各种成员的权利和义务，他们的身份和法律地位，均以不同形式分别有所规定。这些规定的主意，有着传统的封建经济关系、伦理道德以及当时的社会传统习俗作为根据和背景，在当时是得到社会承认的。

清代有关身份制度的规定，散见于法典的吏、户、礼、刑各部的有关律、例中。这些规定并非在同一时期由同一立法机构统一拟定的，因此它们间也有矛盾或不一致之处，有些也是比较含混的。但是从整体看，这个

---

① 《读例存疑》第35卷，第52页。
② 《大清律例通考》第27卷，刑律，斗殴。

等级制度是完整的、明确的。把各部有关条文归纳起来，就清楚地呈现出一幅极不平等的等级系列的图像，确凿地说明清代也和一切封建国家一样，是一个等级社会。而且确定无疑的是，清代整个一套等级制度也和任何封建国家的等级制度一样，是为维护封建君主专制制度服务的。

清代的等级结构可以由下面的简单图表显示出来。

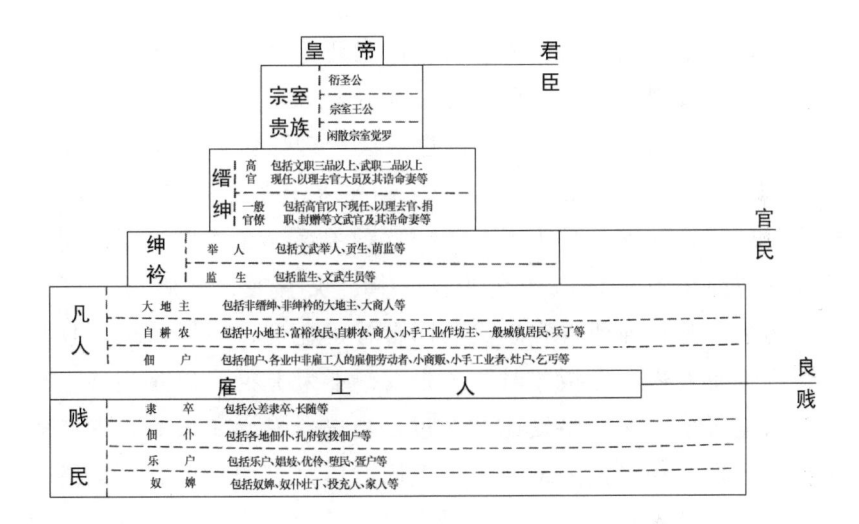

```
                皇  帝                    君
         ┌─────────────┐                  臣
         │宗室  衍圣公   │
         │贵族  宗室王公  │
         │     闲散宗室觉罗│
    ┌────┴─────────────┴────┐
    │缙  高  包括文职三品以上、武职二品以上 │
    │    官  现任、以理去官大员及其诰命妻等│
    │绅  ───────────────────│
    │    一般 包括高官以下现任、以理去官、捐│   官
    │    官僚 职、封赠等文武官及其诰命妻等  │   民
  ┌─┴──────────────────────┴─┐
  │绅  举人  包括文武举人、贡生、荫监等     │
  │衿  ────────────────────│
  │    监生  包括监生、文武生员等         │
┌─┴──────────────────────────┴─┐
│凡  大地主 包括非缙绅、非绅衿的大地主、大商人等    │
│    ──────────────────────│
│人  自耕农 包括中小地主、富裕农民、自耕农、商人、小手工业作坊主、一般城镇居民、兵丁等│
│    ──────────────────────│
│    佃户  包括佃户、各业中非雇工人的雇佣劳动者、小商贩、小手工业者、灶户、乞丐等│
├──────────雇  工  人──────────┤   良
│    隶卒  包括公差隶卒、长随等                │   贱
│    ──────────────────────│
│贱  佃仆  包括各地佃仆、孔府钦拨佃户等           │
│    ──────────────────────│
│民  乐户  包括乐户、娼妓、优伶、堕民、蛋户等       │
│    ──────────────────────│
│    奴婢  包括奴婢、奴仆壮丁、投充人、家人等      │
└──────────────────────────┘
```

本文分析的等级以及这个图表，都只是轮廓的描述和概括的示意，不可能遍列无遗。但清代各种身份、行业的社会成员大体上都可以分别归入这些等级中去。同一种职业的人，因其法定的权利和义务不同，所处的地位不同，可能分别列入不同的等级。举例说，皇宫及宗室王公府中的太监、宫女，就不属于同一等级，其中的总管大太监属于缙绅等级，而一般的太监、宫女则和某些地区富家买来使用的阉割者一样，应列入贱民等级的奴婢等第了。

二　清代等级制度的特点及其意义

相对明代等级制而言，结合满族特有的内容而建立起来的清代等级制度是有所不同的。例如清代的宗室贵族等级与明代的勋贵等级就大不一样；贱民等级中的奴婢等第也与明代的有很大差别。但清代等级制毕竟是继承明代而来，二者的基础是相同的，即都建立在地主经济制上，因而两朝等级制有许多共同之处。若以清代等级制和西欧封建社会的等级制相比，则有许多显著的差别。

前面讲凡人等级中的佃户身份问题时已经谈到清代等级制度和西欧领主制下的等级制的根本差别在于没有土地占有的等级结构。从这个根本差别出发，可以看到清代等级制有其与西欧封建等级制度迥然不同之处。

现就清代等级制的四个主要特点略加分析。

（一）清代的等级制度贯彻着封建宗法伦理原则。君臣、父子、夫妇三纲之中，君臣之纲乃是根本，父子之纲要求子孝，夫妇之纲要求妇顺。孝和顺为了齐家，齐家又是为了治国。这种关系，在法典中反映得相当明确。比如，清律中有所谓"干名犯义"律。父有罪，子应为之"容隐"，如告官，是为干犯，即使告实，父罪同自首可免刑，而子却被判杖一百徒三年。但当父犯大逆、谋叛罪时，子告发，不为干犯。[①]就是说，一般情况下子对父只能讲孝，无权揭发他的罪过；当忠孝发生矛盾时，孝必须服从忠。可见父子之纲和夫妇之纲是为了巩固君臣之纲服务的，其最终目的是巩固封建统治，巩固君权。因此，围绕父为子纲而建立的封建宗法家长制在封建法制和等级制度之中也被突出地强调了。宗族关系被当作政治关系来处理，反过来政治关系中到处渗透着家族关系。笔者同意王亚南同志的说法："一方面把家族政治化，另一方面又使政治家族化，把国与家打成一片，这是伦理的神髓"，"一旦官僚政治出现了，王者或天子高高在上，对于领内广土众民，单依靠郡守县令的管制，实在是难期周密。最妥当的莫如通过家族宗族来管制，即把防止'犯上作乱'的责任，通过家庭，通过族姓关系，叫为人父的，为人夫的，为人族长家长的，去分别承担，以建立起家族政治的联带责任"。[②] 这是朝廷直接通过家族进行统治的方面。封建宗法家长制还有另一方面的作用。

清代法典中，礼制丧仪部分以九族五服形式把血缘关系按亲疏尊卑组

---

① 《大清律例》第30卷，刑律诉讼，干名犯义律。
② 《中国地主经济封建制度论纲》，华东人民出版社1954年版，第20页。

织起来，规定血缘关系具有尊卑长幼名分，刑律则根据这种名分决定亲族间法律地位的不平等关系。在社会上，凡人之间的法律地位是平等的，法典规定了统一的处刑标准。同一凡人在家族关系中则具有双重身份：身为尊长，对卑幼处于较高的法律地位，身为卑幼则相反。丈夫法律地位高于妻子，妻子低于丈夫。父为子纲，夫为妻纲的天定秩序以法律形式固定下来了。其中最严格的关系莫过于子孙对父母、祖父母。以斗殴（未成伤）罪为例。凡人斗殴处刑仅笞二十，而子孙殴父母、祖父母"皆斩"。① 计算起来，处刑相差十七等之多。其实十七这个数字还不足以反映刑等差别之大。因为第一，清律刑制规定，如加等，一般不加至死；②这里的差别却是进入死刑。第二，刑制规定的死刑中，斩重于绞；③ 这里是从重处斩。第三，法律规定一般罪行首犯从犯分别轻重判处；这里不分首从一律从重处斩。④再以最远的亲族关系为例，卑幼殴缌麻亲尊长杖六十徒一年，比凡斗重九等；尊长殴缌麻亲卑幼，"勿论"。甚至卑幼殴"五服已尽同姓尊长"也要加凡斗一等；尊长殴五服已尽同姓卑幼则减凡斗一等。家族内尊卑不平等的程度至于此极。

如果以法律地位的不平等作为等级的实质和特征的话，家族内部具有不平等法律地位的按服制亲疏排列的尊长和卑幼，似乎也可以称作是一种等级制。当然这和前面讨论的社会等级不属同一系列。这种特殊的等级是族权的一种表现形式。家族成员的这种不平等关系只限于家族内部。同一家族成员，他的地位对其晚辈是尊长，对其长辈又是卑幼，同时又和家族别的成员形成期亲、大功、小功和缌麻等各种不同的关系，个人身份具有相对性；因而不论是哪一种地位都具有范围不定的特点。家族内部这样的不平等的法律地位是否可以称为等级，也还是可以进一步讨论的。不过，不论是否称之为等级，这种家族内部法律身份的不平等都是值得注意的现

---

① 《大清律例》第 28 卷，刑律，斗殴下。
② "本条无人死者，不得加入于死罪，只流三千里之类。"《大清律例》第 1 卷，附刑名十六字义。
③ "死刑有二：曰斩，曰绞。斩者身首异处，血溅泉壤也。……若绞则止于毕其命，犹为保乎全体，非若身首异处之备具惨烈耳。其刑较斩为差善。"（《大清律辑注》，转引自《大清律例统纂集成》第 4 卷，名例律上。）
④ "'皆'者，不分首从一等科罪。"（《大清律例》第 1 卷，例分八字之义。）

象，它对经济上诸如土地买卖手续、财产继承制度等习惯的形成和影响，都应该做进一步的研究。

我们指出家族内部法律身份的不平等，是为了说明更重要的一点，即等级间的法律地位以家族中尊卑关系相比拟，使等级制度的某些部分披上家族关系的外衣。例如雇工人等级。清代刑法许多罪行的处刑规定，是把雇工人类比为子孙，而把雇主类比为父母、祖父母的。其理由是，"雇工人虽不在伦常中，而名分之重则与子孙不异"。[①] 另一些罪行的处刑规定，雇工人所处法律地位又略高于子孙，其理由是雇工人对家长"实属分严情疏，非卑幼亲属可比"。[②] 此外，雇工人的法律地位不但低于雇主本人，而且低于雇主所有有服亲属，包括雇主的卑幼亲属在内。通过这种办法，确定了雇工人和雇主及其家族的关系，确定了雇工人的等级地位。贱民等级中的奴婢也与此类似，只是奴婢的法律地位比雇工人更低罢了。

处理这种关系的根据是家长和雇工人、奴婢间具有主仆名分。这里虽然不是由于血缘上的亲疏而是由于身份上的差异决定了法律上的不平等关系，但是主仆名分和尊卑名分相联系，相比拟，这种身份上的差异也具有了封建宗法家长制的意义。

既然父子之间是天定的尊卑关系，父祖对子孙则处于当然的、无条件的优越地位，他们之间只能是统治与服从的关系；那么，比作父子的家长与奴婢、雇工人也只能是统治与服从的关系。这种比拟，使得人们必须承认这种等级关系是天经地义的、无可怀疑的，从而君权统治下的封建秩序也是天然合理的。这就是立法者的逻辑和所要达到的目的。

将封建宗法家长制的原则扩大运用于某些社会等级关系，从而使等级制度贯彻着宗法家长制的精神，这实际上是以父权家族统治的模式来建立君权政治统治体系的某些部分，这一点是我国的，也是清代的等级制度的一个特点。

此外，皇位的嫡长世袭制度、宗室觉罗等皇室贵族之列为特权等级，以及皇帝以臣民为赤子，臣民以皇帝为君父等等级观念，都说明清代等级

---

① 李柟：《大清律笺释》第19卷，第6页。
② 《定例续增》第21卷，第74页。

制到处体现着封建宗法家长制的原则。族权渗透在政权之中，起着支持政权的作用。血缘家族的亲亲观念掩盖着森严的等级制度的残酷性。清代统治者就是用这样的等级制度来排列社会成员的法律地位，维持封建国家的秩序，以保证封建统治机器正常运转。

（二）清代等级制度的变化和解体异常缓慢。曾经有人认为，雍正初年解除堕民、疍民、佃仆等贱民身份的命令就是贱民的解放，似乎从那以后清代就不存在等级问题了。这是不对的。因为那些命令并未触及等级制度，即使是对贱民等级，也只涉及其中的一部分，而对以奴婢为主体的贱民等级没有实质性的影响；何况在实际生活中疍民、佃仆等人的社会地位直至清末变化也不甚显著。等级制度的总体结构，有清一代没有发生过根本性的改变，清代的任何社会成员都属于某一特定的等级。从这个意义上讲，清代等级制可称为一个僵化的制度。但是不能由此认为清代等级制没有变化。它也在解体之中，只不过落后于经济基础、生产关系的某些发展，其变化速度特别缓慢罢了。

清代初年，满人入关后在圈地上建立起来的属于农奴制类型的强制性奴仆壮丁生产制度，经奴仆壮丁大量逃亡斗争，无法继续维持，在不到一个世纪的时期内，已逐渐为租佃制所代替，旗地民田化的趋势也加速进展了。随着生产关系的这种变化，严格的逃人法已无必要，因而有所放松。明代末年汉人曾流行一时的奴仆生产，在清初经多次奴变之后，也趋向衰微，代之以租佃制以至雇工经营。因此，贱民等级中的主体——奴婢——的内容在发生着明显的变化，从以男性生产奴仆为主转为以女性家内服役奴婢为主。"人市"已消灭，人口买卖"买婢女者多而买奴仆者少"。[①] 尽管在实际生活中早已发生了这样大的变化，在关于奴婢的条例上却直至光绪末年、宣统年间才考虑从法律上禁革买卖人口问题，至于有关奴婢的法律地位，作为贱民的身份，更是没有修改。

清初民田中经营地主及富裕农民土地经营方式逐渐增多，雇佣劳动，特别是短工的使用逐渐普遍。把大量雇佣劳动者束缚在雇工人等级中，已不能适应经营制度变革的要求。因此统治者于乾隆二十四年、三十二年及

---

① 《读例存疑》第36卷，刑律，斗殴下，奴婢殴家长，第4页。

五十三年将有关确定雇工人身份的条例一再修改。修改的总的趋势是逐渐将更多的雇佣劳动者划出雇工人等级，使之脱离对雇主的人身依附关系，进入凡人等级，和雇主处于平等的法律地位。条例这一变化，用去了将近一个半世纪，而且其中还颇有曲折。清代等级制度变化之缓慢由此可见。

此外，宗室贵族等级中，除少数高级的王公贵族仍旧居于高贵地位外，大量闲散宗室觉罗也和一般旗民一样，经济上日趋败落，穷困潦倒者大有人在。他们除去由于身上系着那条彩带，人们一般不敢去招惹他们以外，远不像他们的祖先甫入中原时那么神气活现了。即使如此，关于宗室觉罗的特权规定依然如旧。

所有上述实际生活中出现的现象，自乾隆中叶以后就表现相当明显了。各个等级所代表的内容已然变化，而等级制作为一种上层建筑却远远不能及时地做出相应的反应。清代等级制一方面在继续发挥着巩固封建统治的作用，同时也在渐渐地溃圮中。不过直到清王朝被一群帝国主义入侵而变为半殖民地半封建社会的时候，这个等级制度也还没有完全陷入诸如18世纪初时法国的等级制或者明治维新时日本的等级制面临的境地。解体的内在性和缓慢性也是清代等级制的特点之一。之所以有此特点，和它本身的弹性特点有关。关于这一点，下文还将论及。

（三）清代封建等级制度中存在着产生资本主义关系的可能性。资本主义雇佣关系是"自由劳动"的雇佣关系。"自由劳动和这种自由劳动对货币的交换"，"是雇佣劳动的前提与资本的历史条件之一"。① 所谓"自由劳动"包含双重意义：第一，劳动者已从前资本主义的人身隶属关系中解放出来，成为一个有出卖自己劳动力的自由的人；第二，劳动者已被夺去生产资料，"自由"得一无所有。前者使劳动者出卖劳动力成为可能，后者使劳动者出卖劳动力成为必要。当这种"自由"的劳动者在劳动力市场上和资本家进行交易时，双方"彼此作为身份平等的商品所有者发生关系，所不同的只是一个是买者，一个是卖者，因此双方是在法律上平等的人"。②

---

① 马克思：《资本主义生产以前各形态》，人民出版社1956年版，第3页。
② 马克思：《资本论》第1卷，见《马克思恩格斯全集》第23卷，第190页。

清代的凡人等级是一个十分庞杂的等级。除去属于具有特殊地位的人以外,绝大多数社会成员都在这个等级之内。它既包括不具缙绅、绅衿身份的城乡地主、富裕农民、自耕农、手工业作坊主和大小商人,也包括佃农、店伙以及农业、手工业和商业中不具雇工人身份的雇佣劳动者。他们虽然分属于不同的阶级,但从法律地位上看却同属一个等级,彼此是"在法律上平等的人"。其中的剥削者并不具有国家赋予的政治特权,他们和被剥削者之间没有法定的隶属关系或依附关系。因此,他们之间也就有经济上等价交换的可能性。处在凡人地位的劳动者的生产资料丧失到一定程度,需要出卖劳动力来维持生活,出雇给拥有生产资料的凡人进行农业生产时,他们之间就是平等的雇佣关系。这就给资本主义雇佣创造了前提。因此,在清代,农业资本主义关系能在不触动等级制度的条件下产生,而且有一定的发展余地。在手工业和商业方面也有类似的条件存在。当然,这是仅就法律身份而言的。考虑到封建行会以及其他条件的影响时,又需另作综合分析。此外,也还要看到等级制度本身对这种关系的发展的遏制作用。

(四)清代社会成员个人等级身份的可变性起着阻碍资本主义生产关系发展,巩固封建制度的作用。

清代每个社会成员都处在一定的等级之中。但是除去皇帝这一特殊人物和以皇族血统为标志的宗室觉罗以及特封的衍圣公外,其他人的等级身份大都是可以改变的。处于特定等级的个人可以由于政治、经济、文化等各方面条件的改变而进入另一等级。譬如,犯罪可以使缙绅等级的成员革职为凡人;经济上的破落可以使凡人降为雇工人或贱民,文化上的科举得中,可以使凡人上升为绅衿甚至缙绅;雇工人可因雇约解除而回到凡人等级;一名奴仆也可经由某种途径脱离贱民法律地位。和其他国家,如西欧或日本的封建等级制度相比,这是清代等级制度的特点之一。之所以如此,也是由于地主经济制和领主经济制的差异造成的。等级权利和土地所有权相游离,而土地又可自由买卖,才使得等级制度有可能具有这样的灵活性。如果把这一特点作为清代不存在等级制度或不存在严格的等级制度的证明,那显然是一种误解。

社会成员的等级身份可以升降这一特点具有特殊意义。它使得清代的等级制度成为一种具有弹性的制度，在封建末期起着阻碍资本主义发展、巩固封建制度的缓冲作用。这可以从下述三个方面来看：

第一，金钱的力量不能破坏清代等级制度。马克思写道："国王们在与别国人民进行战争时，特别在与封建主进行斗争时需要钱。商业和工业越发展，他们就越需要钱。但是，这样一来，第三等级，即市民等级也就跟着发展起来，他们所拥有的货币资金也就跟着增长起来，并且也就借助于赋税渐渐从国王那里把自己的自由赎买过来。为了保障自己的这些自由，他们保存了经过一定期限重新确定税款的权利——同意纳税的权利和拒绝纳税的权利。在英国历史中，可以特别详细地探求出这一过程。"[①]清代统治者为了挥霍和军备等，也同样需要货币，也要从凡人等级手中弄到钱。但是，凡人中的富裕分子积累了财富不是用来赎买自己的自由，而是通过捐纳从朝廷换取"名器"，即进入拥有特权的等级。赎买自由的结果是导致等级制度的瓦解，而换取名器的结果却是缙绅、绅衿等级扩大，从而使得等级制度加强。同样是金钱的力量，却有着完全不同的结果。在这里，等级制度本身具有的灵活性使得等级制度具有更强的顽固性。

第二，已形成的资本主义关系也还可能变质。在土地自由买卖的经济制度下，地权能够自由转移，它就不可能像西欧领主制下的土地那样带有政治属性。清王朝的行政权、司法权集中于中央，不随土地下移。实行官僚政治，就必须有一套选择和任命官僚的具体办法。在清代，科举和捐纳是两种重要的措施。科举的目的是按照封建的德才标准定期从知识分子中考评一批官僚的候选人。捐纳制度则出于朝廷财政的需要而将官爵职位标价出售，谁出得起钱，谁就可以进入缙绅等级，不仅能得官衔，而且可以真个掌印临民。进入缙绅、绅衿等级的这两座大门，始终是对凡人敞开的。当然，不论是直接用现金买官也好，还是供养一个读书人也好，均需投入一定的财富，从而不是凡人等级中的任何人都能跨入那两道门槛的。可见，统治者补充官僚的办法本身已经大体上进行了以经济实力为标准的筛选。

如前所述，凡人等级中人与人具有平等的法律地位，这决定了在凡人

---

① 《马克思恩格斯全集》第 6 卷，第 303 页。

等级中最有可能产生资本主义关系。但是，清代凡人中具有优越经济条件的人，由于受到特权可以带来经济上、政治上的利益的诱惑，往往通过科举、捐纳等途径，改变自己的等级身份。那些财富不多的人也争取跻身缙绅等级，"甚至同族比邻共捐一职衔监生，借为护符"。① 这样一来，本已形成的平等的雇佣关系，因雇主一方身份的改变而转化为等级的雇佣关系，失去了资本主义性质。凡人中的农民雇工因天灾人祸而经济上无法维持生存，以致典卖人身，从而进入贱民等级为人奴役，也使得资本主义性质的雇佣关系瓦解。因此，如果说清代等级制度中凡人这个等级的存在给资本主义产生以极大的可能性，那么社会成员个人等级可以升降这一特点，又严重地阻碍着资本主义的发展。

第三，和土地自由买卖制度相结合的等级制度，阻碍着资产阶级的产生。西欧的领主经济决定了国王、僧侣以及贵族的收入来源依靠土地和贡赋，骑士在败落以后还可以靠战争和掳掠。这些都得到政治特权的保证或统治者的认可。特权等级不会自愿放弃这种特权地位。另一方面，新兴的第三等级既无土地贡赋，又不能掳掠，他们主要依靠工商业和贸易来积累财富。他们需要摆脱贡赋负担和取得经济上自由竞争的条件。第三等级具有的低下等级地位却使得他们在经济上的发展受到极大限制。自由竞争的愿望和不平等的等级强制间的矛盾不可调和。消灭等级乃成为西方早期资产阶级的迫切要求，等级之间的斗争因而不可避免。资产阶级和封建领主之间的阶级斗争以等级间斗争的形式表现出来。在封建等级制度中产生的第三等级，只有突破等级制度的外壳才能进一步成长。所以，资本主义制度战胜封建制度的过程中必然伴随着等级的阶级向非等级的阶级的过渡。

清代的中国却是另一种情况。在这里，人们向往的财富积累方式是地租剥削。土地自由买卖制度允许人们购买土地，不受身份的限制，凡人可以自由地购进地产。这对资本主义的发展本来是很有利的。但是，缙绅和绅衿拥有免除部分赋役负担等权利使得他们的土地更为有利，并可利用其优越的等级地位更为方便地购买土地。这一点有力地诱使人们进入缙绅和

---

① 光绪十三年九月直隶布政使、按察使告示。见《字林沪报》，光绪十三年九月二十四日（1887年11月9日）。

绅衿等级，以便扩大自己的财富。同时，凡人通过商业、高利贷所获赢利，主要也投向地产。大商人也和地主一样希望进入缙绅等级。个人等级身份的可变性又给予凡人中的地主、商人以这种可能性。和欧洲第三等级的处境全然不同，清代的工商业者可以和地主、高利贷者以及官僚融合一体。有着积累财富欲望的凡人可以利用等级制度的这个特点得到更大的满足而不必触动这个等级制度。在这样的条件下，清代的中国虽处封建末期，也就很难形成一个代表新兴生产方式的、与封建等级制度势不两立的"第三等级"了。

所以说，清代等级制度的个人身份的可变性特点，使得这个制度在封建社会末期仍能顽固地起着巩固封建土地制度、阻碍资本主义产生的作用。等级制度的弹性增强了封建制度的韧性，使之难以破坏。

附带应该提到一个与难以产生强大的资产阶级相联系的问题，即反封建的不彻底性。西方新兴资产阶级为了突破等级制度的束缚，提出"民主"、"自由"、"平等"的口号，对封建的君主专制和等级制进行有力的批判。这是资本主义自由竞争的需要。因此，资本主义社会中封建等级观念消灭得相对彻底。清代的状况全然不同。新产生的资产阶级既不需要打破等级制度才能获得雇佣劳动者，又不妨戴着红顶花翎，在收取地租、放高利贷的同时办一点新式企业。"民主"、"自由"、"平等"的口号也曾作为舶来品而时兴，但不平等的等级制度从未受过强大的资产阶级的认真和彻底的批判。许多重要的等级观念，诸如皇帝的家天下制，皇帝意旨的不可违犯，皇亲国戚的高贵和尊严，缙绅、绅衿理应拥有法外特权和权威地位，奉旨行事的官僚主义作风以及服役被视为贱业等，都公开地或潜在地作为当然信念以原来的或变态的形式在人们的头脑中深深地扎下了根，一遇适当条件，就支配人们的行动。

清代处于我国封建社会的最后阶段，它距离今天的社会最近，因此，未曾经过资本主义的半殖民地半封建社会，乃至今天我们的社会主义社会，在意识形态方面许多地方残留着清代封建等级制的印记，看来是不足为怪的。

附记：本文对清代的等级结构及其特点作了初步分析，提出一些粗浅的看法。但还有许多问题，在这里或者分析不够，或者尚未涉及，诸如有关等级制的理论，清代等级制与前代等级制的继承和发展关系，清代各个等级的发展状况，亲族关系和师徒关系的等级性以及若干社会成员如异姓王、幕友、太监等的等级地位等问题均是。这些，将在另外的机会中予以探讨。

［原载《中国社会科学院经济研究所集刊》第 3 集，中国社会科学出版社 1981 年版。本文简本提交"明清史国际学术讨论会"（天津·南开大学·1980 年 8 月），题为《试论清代等级制度》，载于《中国社会科学》1980 年第 6 期。］

关于中日学者对明清两代雇工人身份地位问题研究的评介

"雇工人"是明清时代特有的社会等级。明清两朝的律例中有为雇工人规定的专门律文。同犯一种罪行，对雇工人的处刑不同于对凡人及其他身份社会成员的处刑，从而确定了这个等级的法律地位。雇工人作为一个社会等级，和雇佣劳动者不是同一概念。明清律中订有专条例文以划定这个等级所包括的成员范围。

对于这个问题，早在20世纪40年代就已引起中、日两国学者的注意。中国经济史学者在研究明清两代雇佣劳动的阶级性质和雇佣劳动者身份地位的解放等问题时，不少同志涉及明清法典中雇工人的法律地位问题；中国法制史和社会史学者也从不同的角度对雇工人问题进行研究。现拟就中、日两国学者对这个问题的研究做一简单的回顾。[①]

一

在我国，最早注意雇工人身份问题的是瞿同祖先生。他在《中国法律与中国社会》一书的第四章中，对明清两代法典中关于"雇工人"的法律和立法原则进行了介绍和分析。书中指出，"包括轿夫、车夫、厨役、水夫、打杂、受雇服役人等"的雇工人"虽有主仆名分，平日起居饮食不敢共同，亦不敢与主人尔我相称，但身份究与奴婢不同，法律上的地位与待遇亦与奴婢不同"，他们"接受定额工资为主家服役，权利义务完全基

---

① 本文涉及的所有专著和论文，内容都是多方面的、很丰富的，各有其不同的贡献。这里只就其中关于明清雇工人律例方面的研究加以介绍或提出质疑，不是企图对这些著作做全面评价。

于奴〔？双〕方所同意的契约关系，并未典卖于人，仍保留其自由及人格，契约终了时便停止其服务之义务，同时解除主仆的关系，所以社会上视为独立自主的人，身不系于人，法律不以贱民及私属视之，与良民发生法律纠纷时互以凡人论，与家长之间则既不按奴婢本律论，亦不按凡人论，别有雇工人专条。立法原则是：雇工人殴杀家长较常人相殴为重，而较奴婢殴杀主人罪为轻。反之，家长殴杀雇工〔人〕的处分则较殴杀奴婢为重，而较常人互相殴杀为轻"。"雇工人虽与奴婢有间，但在佣工期间，究有主仆之名分，应受家长管教，如有过失，家长自得加以责罚，所以非折伤得勿论，且因违犯教令而依法决罚，邂逅致死者，及过失杀死者，亦得勿论。"作者讲到"在家族主义之下，奴婢雇工〔人〕与家长亲属的关系是极可注意的"，"家长虽只一人，但奴婢雇工〔人〕实不只一主人，与其说是属于家长一人，毋宁说是属于这个共同团体的，对全体皆应服役而有主仆的名分"，"法律上注意到这一点"，并有所反映。他还注意到明清法律上"良贱为姻但指奴婢而言，与齐民身份同等的雇工人是不在内的"现象。瞿氏认为"雇工人的地位是介于奴婢与常人之间的，在法律上，一方面既不否认雇工人独立自由的身份，另一方面又斤斤不忘主仆名分的结果"。①

总之，瞿同祖先生最早揭示了明清时代雇工人法律地位的主要特征，他的贡献是很显著的。

如果说有缺点的话，那就是作者关于"奴婢与雇工人在各方面的待遇都有显著的差异"，"**只有**"因违犯教令而依法决罚邂逅致死者及过失杀者亦得勿论"**这一点**是相同的"这一观点，②立论欠妥。因为明清律中还有诸如谋杀家长、诬告家长、奸家长妻女以及其他不少罪行的判刑规定，均奴婢、雇工人并提，同一科断，并非**只有**违犯教令依法决罚邂逅致死勿论这一条相同。

50 年代，我国史学界关于资本主义萌芽问题的讨论中，在讲到明清农业雇佣劳动问题时，好几位同志都曾注意到明清律中的雇工人，并用有关

---

① 瞿同祖：《中国法律与中国社会》，商务印书馆 1947 年版，第 134、183—186 页。
② 《中国法律与中国社会》，第 184 页。重点是引者加的。

的律例说明自己的观点。如傅衣凌同志谈到明代雇佣劳动者的性质问题时说,"明代的雇佣劳动者有很多地方尚保留着半家长制半奴役制的雇佣工作形式。然无论如何他们又是在商品货币经济已有一定程度的发达,并出现着新的资本主义生产方式的萌芽之后才存在的,因此,其中也就出现有一部分的短工,身份是较为自由的,并且这般雇工皆向雇主领取货币工资"。他引用万历十六年雇工人条例说明"明代雇工的身份尚不是很自由的","当时短工受雇之人,已是接近于自由的雇佣劳动者"。①

李文治同志题为《清代鸦片战争前的地租、商业资本、高利贷与农民生活》的资料汇编中,列举了清代律例中若干关于雇工人的处刑律文以说明清代部分雇佣劳动者的身份;并揭示了刑部抄档中若干运用雇工人律的资料。②

许大龄同志认为"长工在明代称为'雇工人',(雇工人不仅包括农业劳动的工人)又称'佣工'"。"这种'长工'即所谓'雇工人'的身份,在法律上、在实际的人身隶属关系上都是不自由的。"他引用明律说明"奴婢与雇工人往往并提,雇工人的身份则介于凡人与奴婢之间,在法律上受到很大的限制","是极端不自由的"。许大龄同志认为"主人对长工的束缚,在万历以后已逐渐松弛,这一转变,应该是在明末清初之际","所以《沈氏农书》所记载的'长年'似乎是比较自由的,清代法律上虽仍按明律定出雇工人的身份,但已渐成虚文,故刑部抄档中才有长工'言定每年辛力银八两二钱并无工契'(乾隆时),'指定一年工钱六千文,同坐共食,并无主仆名分'(嘉庆时)的记载"。他还认为,万历十六年雇工人条例"反映了十六世纪以来在中国计日受值的短工(包括手工业的劳动者,农业劳动者以及非生产劳动者,甚至商业上的日佣),已经大量存在的这一事实。这些人实际上已经是自由的劳动者了,于是政府不得不在法律上加以承认,故说'只是短雇'或'工作只计月日者以凡人论'"。③

从前人的研究中可以看出,为了深入掌握明清封建社会特点及资本主

---

① 见《中国资本主义萌芽问题讨论集》,第63页。原载《厦门大学学报》1954年第5期。
② 《中国资本主义萌芽问题讨论集》,第651—652、654—656页。原载《经济研究》1956年第1期。
③ 《中国资本主义萌芽问题讨论集》,第940—945页。原载《北京大学学报》1956年第3期。

义萌芽产生问题，应该对雇工人律例作进一步的探讨；因为在这方面还有不少需要深入的问题。比如说，雇工人法律身份的特征及其意义若何？哪些雇佣劳动者具有雇工人身份？构成雇工人身份的条件有无改变？何时改变？如何改变？以及这些修改具有什么意义？等等。在前人研究的基础上，欧阳凡修同志对这些问题提出了他的看法。

欧阳的《明清两代"雇工人"的法律地位问题》[①]一文从横断面探讨了明清两代雇工人的法律地位。文章用明清法典中雇工人和家长（雇主）及其有服亲属间相犯处刑的律文去和奴婢家长间、子孙父祖间、卑幼尊长间以及凡人之间、良贱之间相犯的律文做多方面的比较，认为雇工人和家长的法律身份极不平等，近似家族关系中子孙对父祖的地位；雇工人和家长所有有服亲属的法律身份均不平等，近似家族关系中卑幼对尊长；雇工人在家长宗法家长制体系中的法律地位近似奴婢而比奴婢略高。雇工人在社会上其法律地位虽与凡人等，不是贱民，但雇工人是被编制在雇主宗法家长制体系内来确定其论刑等级的，雇工人隶属于包括雇主所有有服成员的雇主整个家族。这是明清封建主义生产关系中的一种特殊现象。具有雇工人身份的雇佣劳动者不可以看作是资本主义自由雇佣劳动者。如果说明清时代某种形式的雇佣关系带有资本主义性质，构成资本的历史前提的话，那么那种形式的雇佣劳动者必须不属于雇工人范畴，必须是已经从雇工人的身份束缚中解放出来的雇佣劳动者；不能凡看到明清文献资料中出现"雇"、"佣"字样就不加区别地一概认作是资本主义的雇佣关系。

明清法典中用以规定雇工人含义的条例，从明万历十六年第一次制定起，至清王朝灭亡止，前后有过五次（清乾隆二十四年、乾隆三十二年、乾隆五十三年、嘉庆六年及宣统二年）不同程度的修改。欧阳凡修同志的《明清两代农业雇工法律上人身隶属关系的解放》[②]一文通过对条例的修改以及封建法庭运用这些条例的判例成案的分析，从纵断面研究了明清两代农业雇佣劳动者脱离雇工人等级，取得和雇主平等的法律地位的历史过程。通过上述研究，该文得出如下结论：第一，农业雇工法律形式上的人

---

① 载《新建设》1961年第4期。
② 《经济研究》1961年第6期。

身隶属关系的解放是一个缓慢的、曲折的历史过程，从短工的解放到部分长工的解放，前后历时达两个世纪（1588—1788年）；而在清王朝灭亡以前，这个法律上的解放过程始终没有完成。第二，不能认为只有完全脱离了生产资料的雇佣劳动者才能够是"自由"雇佣劳动者；在特定的条件下，正是与生产资料可能还保有一定联系的短工最早摆脱法律上的人身隶属关系；而与生产资料完全脱离的长工，却有更多的可能与雇主构成人身隶属关系。第三，雇主雇工之间订立契约并不一定表明这种关系就是资本主义关系。在一定条件之下，没有订立契约的雇佣劳动者反倒有可能是身份自由的。第四，纯从法律形式上看，越是大地主，他对雇工的等级关系就越是显著，因而他的农业经营也就越具有封建性，而不是地主集中土地越多，利用雇佣劳动进行的农业经营越大，其资本主义性质越浓厚。第五，乾隆五十三年以前，在雇主雇佣短工经营这个范围内有可能产生"自由"雇佣关系；在乾隆五十三年以后，"农民佃户"使用雇佣劳动（包括长工、短工）的这种经营形式有可能具有资本主义性质。这些可以作为研究明清社会资本主义因素的发生、发展问题的线索。此外，欧阳同志根据以上两项专题研究认为明清社会存在着森严的等级制度，雇工人乃是这个等级系列中的一个低下等级。

  刘永成同志发表了《论清代雇佣劳动》，①其对欧阳凡修的观点和分析提出不同意见。他们之间当时的根本分歧在于对明清农业中资本主义萌芽的看法不同。欧阳同志认为，明清农业中摆脱了雇工人身份约束的雇佣劳动者，和雇主具有平等的法律地位，他们之间有可能构成资本主义雇佣关系。从明清法典中关于雇工人条例的修改情况看，从法律身份的角度观察，如前述欧阳文第五点结论，可能产生资本主义性质的农业雇佣关系。而且认为，乾隆五十三年以后，"农民、佃户"雇佣的长、短工全从雇工人身份中解放出来，因而"农民、佃户"中发展起来的农业经营很可能就是中国农业资本主义产生的主要类型。刘永成同志认为，"在清代农业生产中，在劳动力方面，虽然出现了一定数量的、在人身上初步获得了'自由'的雇佣劳动者，但是，就农业经营方式而言，由于当时农村尚缺乏资

---

① 《历史研究》1962年第4期。

本主义关系萌芽的必要条件，由于农业生产力水平的低下、商品市场的有限和劳动力市场的狭窄，农业经营主还没有、也不可能积累起相当数量的货币生产资料和生活资料，而变成农业资本家。所以，农业雇佣劳动者与雇主之间的关系，很难认为就是资本主义的关系"。"农产品商品化的增加和部分地使用'自由'的雇佣劳动，就实质说还不是资本主义关系萌芽的标志。就是乾隆以后，'农民佃户'使用雇佣劳动的经营形式，也很难说就是属于资本主义性质的。"初步摆脱了人身束缚的雇佣劳动者，"遭受的剥削往往更加沉重"，"生活也是很悲惨的"，"迫使他们对雇主的依赖性加强"。总之"在1840年以前的清代农业生产中，资本主义关系还没有露出头角"。①

在研究明清律中雇工人条例的方法方面，刘永成同志也提出商榷。欧阳同志认为，封建法律从根本上说是维护封建统治者的利益的，法庭运用这些法律判案，乃是通例，是常规，是正常现象，所以他在文章中不去列举这类判例。相反他却着重分析一些违背法律规定的判例，用以补充说明雇佣劳动者在法律上的实际地位，从而深入分析雇佣劳动者身份的真正解放程度。在分析长工、短工、辞出雇工的身份地位时，都是运用这种方法。对此，刘永成同志认为这是把个别现象当作一般情况，"不以大量的丰富的史实作根据来论证自己的主要观点，相反却企图列举出几件封建法庭违反律例而又个别的案件以此说明：'当实际判案时却又并不完全依此处理'的次要观点"。所以他在文章中列举了若干按律判处的例案。

就关于雇工人条例的具体分析方面，刘永成同志对欧阳同志的文章也提出一些商榷意见。

例如，欧阳文章中在分析万历十六年雇工人"新题例"条文本身时

---

① 1979年刘永成同志发表的新著《论中国资本主义萌芽的历史前提》（载《中国史研究》第2期）一文中，在分析货币地租的发展时说，"清代前期，随着地租形态的发展变化，佃农个体经济的成长和人身依附关系的进一步削弱，农村中带有资本主义萌芽色彩的佃富农经济也就应运而生"，"乾隆时代，农业经济领域也产生了资本主义的幼芽"，正确地看到"根本否定明清时代资本主义萌芽的存在"的主张"是与历史实际不符的"。关于1840年以前清代农业资本主义萌芽问题，两位同志的看法趋于一致了。

说，"雇佣劳动者，如其是短工，就已经从法律上的人身隶属关系中解放出来；如其是长工，就具有雇工人身份，尚未摆脱人身隶属关系"；在分析了乾隆二十二年陕西既未立有文券又未议有年限的长工魏俊被定为雇工人的案件后又说，"按照这个判例来说，'新题例'中关于'短雇月日'者应伺'凡'论的规定，也就意味着凡长工皆属于'雇工人'范畴，而不得同'凡'了"。刘永成同志认为欧阳同志的凡长工皆属雇工人的说法和他的"根据'新题例'，那些既未立有文券，又未议有年限的雇佣劳动者，显然总不能算是'雇工人'的"的说法是相矛盾的。刘永成同志的这一意见是有一定道理的。因为根据魏俊案的分析也只能说意味着某些既未立有文券又未议有年限的长工也可能被列入雇工人范畴。但是，欧阳说"根据'新题例'，那些既未立有文券、又未议有年限的雇佣劳动者，显然总不能算是'雇工人'的"，那是在分析例文本身。他在分析了立有文券或议有年限两个条件只具备其一的长工便被划为雇工人的案例和两个条件全不具备的长工也被划为雇工人的案例后，认为在实际司法过程中凡长工皆可能属于雇工人了。这和明代人解例时所说，"雇工人者，乃受雇长工之人"，① 或"立有文券、议有年限，谚云长工也"②是一致的。如果说有矛盾的话，那是例文本身和司法中的案例的历史事实原有的矛盾。

刘永成同志为了证明既未立有文契又未议有年限的长工在法庭上也不是一律以雇工人出现，举了江苏丘玉旺和直隶刘金花两个案例；并且认为，既未立有文券又未议有年限的长工如不是犯有奸、杀等项重情，在法庭上是不被当作雇工人的，如果犯有重情，那么即使他是短工，也被重新纳入雇工人等级。刘永成同志的这一论证，略有问题。第一，他所举的两个案例，一件发生在乾隆二十四年雇工人条例生效以后，③另一件发生在乾

---

① 《大明刑书金鉴》，刑律、斗殴。
② 苏茂湘：《明刑律例临民宝镜》第2卷，第11页。
③ 乾隆二十三年，江苏孀妇鲍阳氏雇丘玉旺佣工，"未立年限、文券"，鲍阳氏与丘通奸，嫌亲子鲍耀子碍眼，乾隆二十四年，令丘玉旺将其子杀死。该案将丘玉旺照平人因奸罪逼人致死律拟斩候。乾隆二十四年永泰条奏改订的雇工人条例，批准施行于乾隆二十四年十二月十二日；丘玉旺案判于乾隆二十五年五月。因此，此案与"新题例"无关。

隆三十二年雇工人条例生效以后，①都不足以解释万历十六年至乾隆二十四年间"新题例"的运用情况。第二，所谓由于犯有奸杀重情故将雇佣劳动者划入雇工人范畴问题，乃是乾隆三十二年条例的重点内容之一，②用以解释"新题例"同样并不妥当。刘永成同志对这两条资料的时间性的选择是不够严格的。

  李文治同志在《论清代前期的土地占有关系》③一文中分析了清代前期地主身份及农村阶级关系的变化，指出商人地主逐渐增多，非绅非商的庶民地主有所发展。庶民地主中"力农致富"地主以及富裕农民的发展，促成农业经营形式的变化，农村阶级关系的某些变化，同时也影响于雇佣关系的变化，认为"清代前期庶民地主的发展，以及因直接经营的发展而促成的雇工队伍的扩大，影响了雇佣关系性质的变化。其新从农民上升起来的中小地主（尤其是富裕农民），有的和雇工一起工作一起饮食，在实际生活中形成比较自由的雇佣关系，突破了尊卑等级界限。这样，和原有的身份等级法律遂不相适应。到这个时候，统治者不能不考虑这部分雇工的法律地位了"。因此，乾隆五十一年对雇工人条例进行了修订。作者认为，乾隆五十一年修订的雇工人条例中所称的与雇工无主仆名分的雇主"农民"，"显然包括部分庶民地主"。作者指出，雇工律例的这一变革，"促成'无主仆名分'的雇佣关系的进一步发展"。"无主仆名分"雇工比例的增大，"表明由封建雇佣关系向自由雇佣关系的过渡"。作者写道，"如果没有'力农致富'类型的中小地主以及富庶农民的发展，雇佣劳动者的法律身份地位能否发生这种变化是值得怀疑的"。"律例本身就表明了由地主所处地位决定生产劳动者身份地位的原则。这种关系，正是当时农业雇佣实际生活的反映。"如乾隆五十三年对雇工人条例进行修改找出实

---

① 乾隆三十九年，直隶蠡县刘金花雇刘常在佣工，每岁工钱四千文，并未议立文契、年限。乾隆四十四年，刘金花因故砍死刘常在，依凡人故杀案定拟。此案发生时，正在生效的雇工人条例是乾隆三十二年例，更与"新题例"无关了。

② 乾隆三十二年条例规定，除立有文契、年限之雇工仍照例定拟外，"其余雇工，虽无文契而没有年限或不立年限而有主仆名分者，如受雇在一年以内，有犯寻常干犯，照良贱加等律再加一等治罪；若受雇在一年以上者，即依雇工人定拟；其犯奸、杀、诬告等项重情，即一年以内，亦照雇工人治罪"。

③ 《历史研究》1963年第5期。

际经济生活中的依据,这是李文治同志的贡献。

1979年,《清史论丛》(第一辑)①以显著地位刊载了《清代乾隆时期农业经济关系的演变和发展》一文。作者吴量恺同志引用了大量刑科档案,对乾隆时期农业经济的变化作了分析,论证了在这一时期已经蕴藏着资本主义经济关系原始形态的萌芽。文章的第一部分"农业经济中雇佣关系的发展"中提出,在某些地区农业经济领域中的雇佣关系具有三大特点,当作者分析第一个特点"较为'自由'的主雇关系"时,写了下面一段话,分析了清律中的雇工人条例。这段话全录如下:

> 从当时的法典上也反映出雇工和雇主之间,人身依附关系是较为松弛的。乾隆二十五年浙江富阳县沈庆祚雇柴加禄耕种田地,当时议定"每年工银四两,不立工票,亦不议定年限,是同桌同吃,没有主仆名分"。(档案,乾隆三十二年三月二十四日舒赫德题)在二十六年以后,乾隆五十一年修订《雇工法》,把这一内容规定在法律条文中,作为划分雇工性质的标志。嘉庆时又进一步规定,"查例载:农民雇请耕种工作之人,素无主仆名分者。无论有无文契、年限,俱依凡人科断"。(档案,嘉庆五年九月初六日穆克登额题)其中最重要的是把有无主仆名分,作为区分雇工或雇工人的标志。而有无主仆名分的关键,就在于有主仆名分的是有着严格的人身依附关系,没有主仆名分的一般说来是人身依附关系较松弛,雇工可以和雇主同坐共食,你我相称了。当时没有主仆名分的雇工和仆人是有着严格的界限,乾隆四十年湖北恩施张加亨曾雇张喜帮工,要张喜给他打盆热水洗脚,张喜拒绝说:"我非奴仆,何犯着替你送脚水。"(档案,乾隆四十一年三月十四日陈辉祖题)显然雇工不同于奴仆,雇工是有权处理自己的人身,奴仆是人身属于别人。因而在法律上的地位也有不同(雇工人在法律上的地位与奴仆是相同的),从这里也可以看出雇工的人身依附关系是较为松弛的。

吴量恺同志这段话里所提出的若干论点是有问题的。

---

① 中国社会科学院历史研究所清史研究室编,中华书局1979年版。

第一，所谓乾隆二十五年浙江富阳沈庆祚案中议定雇工柴加禄"每年工银四两，不立工票，亦不议定年限，是同桌同吃，没有主仆名分"，在二十六年以后，乾隆五十一年修订《雇工法》，把这一内容规定在法律条文中，作为划分雇工性质的标志问题。如果是乾隆二十五年判决的案件，不引用乾隆二十四年雇工人条例，而提出"主仆名分"的概念，或者是乾隆五十一年修订雇工人条例乃是根据乾隆二十五年沈庆祚案例的内容，那么沈案对我们所要研究的问题则是非常重要的资料。前引欧阳同志文章曾揭示与乾隆五十一年修订雇工人条例有关的奏折、上谕，所有那些文件均未提及沈案。目前还不能肯定此案与乾隆五十一年修订条例事宜有关。吴量恺同志在引用该案时注明资料来源是"乾隆三十二年三月二十四日舒赫德题"本，说明沈案的判决是在乾隆三十二年。如果所注来源无误，那么当时判案运用乾隆二十二年新订的雇工人条例则是完全可能的。（其所以说"可能"，是因为还不知道乾隆三十二年条例批准生效的时间是否在三月二十四日以前。）如前所述，该条例已经提出了"主仆名分"概念，这时判案用有无"主仆名分"来确定柴加禄应按雇工人身份处理，还是"照良贱加等律再加一等"处理，或者以凡人身份处理，就是当然的了。可惜作者没有引证和分析，甚至也没有提到乾隆三十二年雇工人条例中已开始出现主仆名分概念的问题。

第二，文中从《档案，嘉庆五年九月初六日穆克登额题》本中引出的"查例载：农民雇请耕种工作之人，素无主仆名分者。无论有无文契、年限，俱依凡人科断"这个"嘉庆时又进一步规定"，是不存在的。因为，第一，嘉庆元年至五年间没有关于对雇工人条例进行修订的记载。第二，穆克登额于嘉庆五年时官任"盛京兵部侍郎兼管奉天府尹事务管理威远堡等六边"，身不在刑部或中央其他机构，因而无权制定条例，只可能依例判案呈报中央批准。事实上，从引文中"查例载"这清代刑案公文惯语即可判断，穆克登额是在引用乾隆五十三年旧例而不是改例。第三，嘉庆年间律例馆修例时，确曾将法典中已有的关于"家生奴仆"、"契买奴仆"、"典当家人"及"雇工人"等五个条例合并为两条，但那是嘉庆六年的事；嘉庆五年的题本中是不可能引用嘉庆六年修并例的。第四，穆克登额所引仍是乾隆五十三年雇工人例，因为所引例文中有"无论有无文契年限"八字，这八个字在乾隆三十二年条例中尚未出现，在嘉庆六年修并例中又已被省去了。根据以上理由，可见作者用"其中最重要的是把有无主仆名分，作为区分雇工或雇工人的标志"来评价嘉庆"进一步规定"的条例，是不恰当的。

第三，文中所说"有无主仆名分的关键，就在于有主仆名分的是有着严格的人身依附关系，没有主仆名分的一般说来是人身依附关系较松弛，雇工可以和雇主同坐共食，你我相称了"，这恐怕是把主仆名分的确立和实际生活状况二者的关系颠倒了。因为在乾隆五十三年条例制定时，刑部讲得很清楚，"官民之家，如车夫、厨役、水火夫、轿夫及一切打杂受雇服役者，平日起居不敢与共，饮食不敢与同，并不敢尔我相称，系听其使唤之人，是有主仆名分，无论其有无文契、年限，均照例以雇工〔人〕论。若农民佃户雇倩耕种工作之人，并店铺小郎之类，平日共坐同食，彼此平等相称，不为使唤服役者，此等人并无主仆名分，亦无论共有无文契、年限，及是否亲族，俱依凡人科断"。①可见当时立法者的逻辑是很清楚的：主雇间平日的关系（表现在起居、饮食、称呼等方面）决定有无主仆名分，有无主仆名分决定该雇工是雇工人还是凡人。并非由于主雇间"没有主仆名分"，雇工才可以和雇主"同坐共食，你我相称"。

第四，作者认为"雇工人在法律上的地位与奴仆是相同的"。这是错误的。关于明清律中雇工人和奴婢法律地位的差异和共同之处，中外学者早在五六十年代的著作中就已论述清楚，这里不必多讲了。

需要说明一下，吴量恺同志所引乾隆三十二年三月二十四日舒赫德和嘉庆五年九月初六日穆克登额两个题本，笔者没有看到，所以上述意见未必正确，只是提出请教。如果乾隆二十五年的判例确曾出现"同桌同吃、没有主仆名分"并从而定雇工为凡人的话，或者嘉庆五年穆克登额确曾奏请定例，笔者将改正自己的意见。吴量恺同志如有机会揭示这两个题本的全貌，将大有助于关于清代雇工人条例修订过程的研究进一步发展。

此外，近期出版的著作中有的对明清雇工人作了一些不准确的描述。例如，"雇工人"本是明清法律中的专有名词，是指明清一个特定的社会

---

① 乾隆五十一年四月十九日军机大臣、刑部议改雇工人条例复折。

等级，其中包括一部分雇佣劳动者，同时还包括一部分其他特定的社会成员。它和"雇工"不是同一概念。有的同志把雇工人当作中国古代雇工的通称了。又如，雇工人作为一个法律术语，包括部分农业雇工，也包括一部分从事手工业和服役的雇佣劳动者甚至其他特定的人，有的同志把它误解为明清农业雇工的称呼了。再如，明清文献中，有无"主仆名分"、是否"共坐共食"、"平等相称"等，都是雇工人条例的例文以及官府遵照例文参酌有关案件的判词中的文字，有的同志误解为是清代雇工契约中的普遍用语了。这些论述，均有待商酌。

至于有同志认为"……到乾隆时期，很多雇工（长工）和他们的雇主'共坐同展[？食]，平等相称'"，而且"并未立契"，"亦无主仆名分"。"这说明主佃关系有些改善"，① 这种看法恐怕更难以成立了。

二

在日本，对雇工人问题研究最著名的学者是仁井田陞先生。他在《支那身份法史》一书中曾提到明清两代法律中出现关于雇工人的法律，就明清律中的雇工人和唐律中的部曲的关系问题提出自己的看法。他认为，雇工人通常称主人为"家长"，并且被登记在家长的户籍上，可作为雇工人属于家长，即雇工人是雇主家族中的一员的证明。② 50年代中叶，仁井田氏发表了《中国农奴和雇佣人的法律身份的形成及其变化》一文，③通过对"主仆名分"的研究，分析了明清时期雇佣劳动者法律身份的变化。他将雇佣劳动者和佃户加以对照，系统地触及了明清律中的雇工人法。文章比较了宋、元、明、清关于雇佣劳动者的法律，指出明清的雇工人是处在家长统治之下的劳动者。他列举了清代对雇工人条例的多次修订，并注意到乾隆五十三年条例中关于雇工人的确定"完全取决于雇主与雇工之间是

---

① 重点是引者加的。
② 《支那身份法史》，东方文化学院1942年版，第85、423、873、879—880页等。
③ 1955年定稿。原载《封建制和资本制——野村博士花甲纪念论文集》，有斐阁1956年版；收入仁井田陞《中国法制史研究·奴隶农奴法、家族村落法》。（以下简称《法制史·农奴法》，东京大学出版会1962年版，第5章。

否存在'主仆名分'"。① 仁井田氏掌握的关于明清雇工人法律身份问题的资料是相当丰富的；而且对这个问题作系统的研究也是日本学者中最早的一位。他的成果是值得称道的。

但仁井田氏的这篇论文在史料运用上存在着两个缺点。

第一是对乾隆五十三年雇工人条例的理解问题。乾隆五十三年，清廷对雇工人条例重新作了修订，其修订后的全文如下："凡官民之家，除'典当家人'、'隶身长随'仍照定例治罪外；如系车夫、厨役、水火夫、轿夫及一切打杂受雇服役人等，平日起居不敢与共，饮食不敢与同，并不敢尔我相称，素有'主仆名分'者，无论其有无文契、年限，均以'雇工〔人〕'论。若农民佃户雇倩耕种工作之人，并店铺小郎之类，平日共坐共食，彼此平等相称，不为使唤服役，素无'主仆名分'者，亦无论其有无文契、年限，俱依'凡人'科断。"仁井田氏认为，农民和佃户在这个条例中被确认为无主仆名分而依凡科了；因此，该条例在法律上确认了农民同凡的地位，从此，生产部门的担当者农民、佃户和雇倩工作之人都得到了身份解放。

在明清两代的律例中，并没有为农民、佃户规定不同于凡人科罪的条文。因此，应该认为，就这两个朝代国家规定的法律地位而言，农民、佃户的身份从来就是"凡人"。明清律和宋元律在这一点上的显著差别，仁井田氏早就看到了。那么为什么他又认为乾隆五十三年条例规定了农民、佃户同凡呢？因为他对条例的文句理解有问题。他在解释例中"农民佃户雇倩耕种工作之人，并店铺小郎之类""同凡"一句时，把农民、佃户（农奴）、雇倩耕种工作之人（雇农、佣工）和店铺小郎误解为并列的四种依凡人科断的人，②其实"农民佃户雇倩耕种工作之人"一语中，农民和佃户并列为"雇倩耕种工作之人"的主格，整个的意思是"被农民或佃户所雇，用来进行耕种工作的人"，不能将农民，佃户和雇倩耕种工作之人并列。根据条例原文，根据该例与前例的继承关系，都可以肯定，乾隆五十三年条例只讲了雇工人身份的确定问题，并没有为农民或佃户作什

---

① 见《封建制和资本制》，第562页；《法制史·农奴法》，第180页。
② 《封建制和资本制》，第561—562页；《法制史·农奴法》，第179—180页。

么新的规定。

基于同一误解，仁井田陞认为根据乾隆五十三年条例的规定，"农民、佃户（农奴）、雇倩耕种工作之人（雇农、佣工）以及店铺小郎之类（多为生产部门的直接担当者）平素与地主、雇主等同坐同食并平等称呼、原无主仆名分者，则不问文契或年限之有无，并不适用雇工人法律而适用凡人的法律。在那里，雇主在法律上的优越地位早已没有了"。他从而认为"在明代，特别是明末清初，不论农奴或雇农和佣工，尤其是生产部门的直接担当者，在社会上或法律上都成功地以自己的力量使其身份提高了"。① 他看不到按照乾隆五十三年条例的规定，具有缙绅、绅衿身份和凡人中大地主所雇佣的劳动者，即使是从事生产劳动的，也必然跟他们的雇主间具有主仆名分，从而构成家长—雇工人关系。因此，他据以得出的生产的直接担当者"都"成功地提高了身份的结论，显然是夸大了这个条例的作用。

第二是"主仆名分"的提法在明清一系列关于雇工人的条例中何时第一次出现的问题。明清时代对确定一个雇佣劳动者是否具有雇工人身份的原则曾多次修改；最初以受雇时是否立有文契、定有年限为标志，最后改为以受雇后和雇主间是否具有主仆名分为标志。雇工人等级所包括的成员由于原则的改变而大不相同。以具有主仆名分确定雇佣劳动者的雇工人身份，使得许多等级身份较低的雇主所雇的长短工不再属于雇工人范围之内。这种雇佣关系中雇主和雇工处于同等法律地位，他们双方是在法律上平等的人。这一点，跟研究中国资本主义性质的雇佣关系出现是有密切关系的。因此，"主仆名分"的提法从什么时候开始在雇工人条例中出现，是值得注意的。

用"主仆名分"作为判定雇工人的标志之一，第一次是出现在下述条例中："官民之家，除典当家人、隶身长随及立有文契年限之雇工仍照例定拟外，其余雇工虽无文契而议有年限，或不立年限而有主仆名分者，如受雇在一年以内，有犯寻常干犯，照良贱加等律再加一等治罪。若受雇在一年以上者，即依雇工人定拟。其犯奸、杀、诬告等项重情，即一年以

---

① 《封建制和资本制》，第561—562页；《法制史·农奴法》，第179—180页。

内，亦照雇工人治罪。若只是农民雇倩亲族耕作、店铺小郎以及随时短雇，并非服役之人，应同凡论。"这一条例制定的年代，就是开始以主仆名分作为确定雇佣劳动者雇工人身份的原则之一的时间。

仁井田陞先生根据《大清律例按语》一书确定上述条例制定于乾隆二十六年。①他错了。该条例的制定时间是乾隆三十二年。仁井田氏的错误，大概是由于没有注意《按语》一书印刷上的特点而被该书书口标示年代所迷惑的缘故。②当然，除了仁井田氏引用的《按语》外，还可以找到资料支持他的判断，那就是著名的《读例存疑》一书。薛允升在该书中写到：乾隆二十四年刑部议覆山西按察使永泰条奏关于雇工人定例，于乾隆"二十六年，五十一年修改，嘉庆六年修并"。③但是薛氏的说法并不可靠。因为他既没有叙述修改过程，也没有对此做进一步说明。《按语》刊于道光二十七年，《存疑》成书于光绪庚子前夕，说薛允升同样是受《按语》书口的迷惑，也不是不可能的。

确定这个条例制定的时间，除尚待发现的清代档案原件以外，现有最可靠的史料恐怕莫过于《大清律例通考》了。第一，该书刊于乾隆四十五年，相距我们讨论的这一条例的修订时间最近；第二，编者吴坛在刑部任职多年，④对律例有深入研究，所编《通考》一书，清代著名法学家沈家本认为"于例文之增删修改，甄核精详"，⑤带有相当的权威性。

---

① 《封建制和资本制》，第569页注（31）；《法制史·农奴法》，第187页注（31）。
② 《大清律例按语》第59卷全载这一例文。该书在正文中并未说明此例修于何年。这部书在印刷方面的特点是，每页的书口都刻有一个年代，表明该页所载内容发生的时间。当一个条例及其修改过程的文字超过一页时，次页书口仍标同一年代；当一页之中包括两个以上条例时，书口则只标前面一个条例的修订年代。因此，书口所标年代和该页所载条例的修订时间不能完全相符。《按语》第59卷，第8页先记乾隆二十四年永泰条奏雇工人条例，该例系乾隆二十六年经律例馆修订正式入律，故《按语》第8页书口刻"乾隆二十六年"；该例跨至第9页，第9页书口仍注同一年代。而第9页上同时又刻有上述引人"主仆名分"概念的雇工人条例。仁井田氏可能就是根据第9页书口所刻，把永泰条奏最后入律的时间当作我们现在讨论的这一条例的制定时间了。事实上，《按语》的编者和刻者都没有认为该条例订于乾隆二十六年，因为该例正文跨人下页即第10页时，那一页的书口所标年代就改为"乾隆三十二年"了。
③ 《读例存疑》第36卷，刑律，斗殴下，第6页。
④ 吴坛于乾隆二十六年中进士，授刑部主事，再迁郎中；三十七年任刑部侍郎。其间，三十二年开始任江苏按察使、布政使。我们不知道我们注意的这一条例的修订和吴坛离开刑部赴外任的确切月、日，如果修订在前离任在后的话，那么吴坛甚至就可能是该条例的修订参与者之一。
⑤ 《〈读例存疑〉序言》。

《通考》卷 28 第 15—16 页"奴婢殴家长"律第十一条例文后，吴坛按道：乾隆二十四年山西按察使永泰建议制定的雇工人条例，于"乾隆二十六年馆修附律。乾隆三十二年，律例馆以原例'雇倩工作之人若立有文契年限，及虽无文契而议有年限，或计工受值已阅五年以上者，依雇工人论'等语，查良贱相犯，按律尚加凡人一等。雇工一项，民间多有不立文契、年限而实有主仆名分者，如于家长有犯，必以受雇五年为断，其在五年以内悉照凡人科罪，并无良贱之分。查受雇在一年以外，至二、三、四年，恩养已不为不久，若有干犯，不便竟同凡人问拟。因将原例量为酌改，如受雇在一年以内，有犯寻常干犯，照良贱加等律再加一等治罪。如受雇在一年以外，即依雇工人定拟。若犯奸、杀、诬告等项重情，虽在一年以内，亦照雇工人治罪，增入前例"。又，同书同卷第 20—21 页，"奴婢殴家长条已删例文"载乾隆二十四年雇工人条例后编者按道："此条系乾隆二十四年山西按察使永泰条奏原例。乾隆三十二年馆修已将此例修改，另刊入律。所有此条原例应行删除"，也是讲得很清楚的。①

此外，光绪《大清会典事例》刊载该例时案明"此条乾隆三十二年定"，②也应是可靠的佐证。

可见，第一次导入"主仆名分"概念的雇工人条例的制定时间是乾隆三十二年，而不是二十六年。其所以在这里多说几句，一则是因为这一年代对研究雇佣劳动者身份解放过程问题有一定意义；再则是因为乾隆二十六年说，经仁井田氏于 1955 年确立后，在日本似乎没有人怀疑过。

1971 年，日本重田德先生发表了《清律中的雇工和佃户——关于"主仆名分"的探讨》一文，③重就"雇工人"律例进行了研讨。作者注意到乾隆二十四年雇工人条例是继承万历十六年条例而来，前者对后者仅作补充、调整和具体化，但二者的立意原则没有实质性的变化。他认为，"乾隆二十六年条例"④中出现"主仆名分"概念，还不是用作确定"雇工人"的普遍原则，只是在不能以年限确定的场合下的一个条件。作者只是

---

① 以上引文重点，均为引者所加。
② 商务印书馆石印本，第 810 卷，第 3 页。
③ 载《清代社会经济史研究》，岩波书店 1975 年版。
④ 应作"乾隆三十二年条例"。重田氏继承了仁井田氏的错误。

大体上同意仁井田氏的如下观点：由于雇工人律较之一般法律乃是一种有区别的规定，凡是不适于用这一律例的雇佣人，毫无例外地都是地位提高的表现。但重田氏认为，"乾隆二十六年"条例明显地表现出对雇佣人的处境是不利的，因此，这一条例的制定未必是按照雇工人的地位提高的方针来进行的。重田的文章特别注意了清律规定赎身奴婢、赎身奴婢子女、放出奴婢之子、白契典买未及三年尚未配有妻室者，以及十五以下恩养未久或十六以上不曾分财配妻的义男等人均依雇工人律科断的现象，认为这些情况并非据以给雇工人范围确定界限的准规，就其实质而论，毋宁说是围绕奴婢本律所产生的一些派生性问题。重田氏的上述论点都是有意义的。同时该文也有值得商榷之处。

　　重田德认为，明清律中的"雇工人律与作为现实社会中一种存在物的雇工人原来并不是密切相关的"，因此"它并不是用于确定身份"，"它只具有相对的性格；就其与奴婢本律的关系而论，它又是补充前者不足的一种居于次要地位的律例"①。引文中"作为现实社会中一种存在物的雇工人"所指的如果是雇佣劳动者，这话是可以理解的，但用"雇工人"一词是不确的。如果指的是法律意义上的"雇工人"，那么，我认为他的这个观点未必妥当。清律中有关雇工人的法律条文的表现形式确是大部分与奴婢律放在同条之中，但它们是与奴婢本律并存的。有关条文的内容的特殊性表明雇工人不同于其他社会等级，也不同于奴婢，从而给雇工人规定了一种特定的法律地位。这些法律条文乃是社会上存在的、身份属于雇工人的那种劳动者的法律地位的具体表现。一个劳动者，只要他符合规定的雇工人条件，就要受雇工人律的约束，怎么能说雇工人律与作为现实社会中存在的雇工人不是密切相关的呢？重田氏之所以称雇工人律只具有相对性格，是因为雇工人只在受雇期内与雇主及其家族构成雇工人身份。其实，雇工人仅在受雇期内与雇主及其家族构成雇工人身份正是雇工人等级法律身份的特点，不能由此得出结论说雇工人"具有相对性格"，雇工人律只是奴婢本律的"补充"，或是"居于次要地位"的法律。奴婢律规定了奴婢的法律地位，雇工人律规定了雇工人的法律地位，两者各自确定一

---

① 《清代社会经济史研究》，第93页。重点是引者加的。

个等级的身份,无所谓主要、次要。

在解释乾隆五十三年雇工人条例时,重田氏这样标点着:"农民、佃户、雇倩耕种工作之人,并店铺小郎之类",从而认为该条例"对于佃户也规定了相应的条文","在条例修订之际,主要是以雇工的待遇为中心问题进行修订的,在最后阶段,有关佃户的问题可以说是已经自然明确了";并据以判断说,"佃户,作为适用凡人律的中间性人物第一次出现了"。①这里,他犯了和仁井田氏同样的毛病。他们的错误,在日本,直至1978年才由高桥氏指出。

高桥芳郎先生的文章题为《关于宋元时代的奴婢、雇佣人和佃仆——法律身份的形成和特点》。②他研究的重点在宋元,但其中有一小节探讨了清律中的雇佣人和佃户。他指出,如果把乾隆五十三年条例中的农民、佃户和雇佣人、店铺小郎并列,那么,被重田氏称作自耕农的"农民"竟也发生有无文契、年限和有无主仆名分的问题,就是不可理解的了。高桥引用《大清律例按语》中关于乾隆五十三年雇工人条例修纂时的按语中的一句话:"所有奏准服役雇工与雇倩平民分别平素有无主仆名分案例定拟之处,应请纂辑,以资应用",③用以说明例中需要区别平素有无主仆名分的是有雇佣关系的人,而不是农民或佃户。高桥氏的意见是对的。

小山正明先生受前引重田德文章的启发,写了《关于明清时代的雇工人律》一文,④再次讨论了关于"雇工人"的问题。在这篇文章中,小山氏列举和分析了明律中一系列有关奴婢和雇工人的处刑律文,得出结论说,"(1)雇工人与家长之关系拟于亲属关系,以恩义为标准;(2)奴婢终身服役,雇工人定期服役,反映在与家长的关系上,恩养深浅不同,故法律对待不同"。文章又叙述了明清法律中关于雇工人条例的历次修订,

---

① 《清代社会经济史研究》,第90、95页。
② 《北海道大学文学部纪要》,1978年。
③ 《大清律例按语》第59卷,刑律,斗殴,第21页。
④ 载《星博士退官纪念中国史论集》,山形大学,1978年。

得出结论说,从万历"新题例"到"乾隆二十六年"①条例,都以年限长短、恩养深浅为确定雇工人的原则;"到乾隆五十三年才转移到主仆名分的原则,同时,将家内劳动形态判为主仆关系,而把农民、佃户之雇工②一律作为凡人论"。

小山氏文章中有两点似可质疑:

一是他在研究了明律中关于雇工人律后得出结论说,雇工人劳动力形态"视与奴婢同质",乾隆二十四年条例否定了雇工与奴婢为同质劳动力的概念。作者没有解释所谓劳动力形态"同质"概念指的是什么。如果所谓同质是指身份,那是不对的。因为奴婢和雇工人二者的身份,就法律处刑规定而言,从来都有差异而不"同质"。如果是指劳动力服役的项目或内容,则奴婢和雇工人一样,都是既有从事生产劳动的,也有从事服役劳动的。从这个意义上讲,又前后都是"同质",看不出乾隆二十四年条例对此有什么改变。条例的修改,只不过是对哪些雇佣劳动者构成雇工人身份这一问题订出新的划分标准而已,对雇工人所具有的性质并不产生影响。

二是小山氏认为明代"投顾"(即"投雇")与奴婢之"投献"、"投靠"同义,含有把人身投到主人家里附入主人的户籍内的意思。投雇的长工劳动形态与奴婢、佣奴相同,没有独立的户籍;明律,雇工人与奴婢都包含在家长的亲属关系之内,以亲恩为准,即是此种劳动形态的反映。小山氏的这个看法是有问题的。因为"投靠"者不论带地与否、只身抑或全家,被迫或者自愿,其身份均为奴婢,从形式上说,是投靠者自身的行为;而"投献"则是将他人土地投献,求得荫庇,这种行为是由第三者进行的。故不能说"投靠"与"投献"同义。无产小民"投雇"富家,即使立有文契、议有年限,并附籍主家,他的身份最多是雇工人,与投靠为

---

① "乾隆二十六年"应作"乾隆三十二年"。小山氏继仁井田陞和重田德二氏之后,仍将乾隆三十二年条例误为乾隆二十六年修订的。

② 在这里用"之"字,表明小山氏也是不同意仁井田陞和重田德二氏把农民、佃户和雇工并列的解释。但是,他在解释乾隆三十二年条例时,把"若只是农民雇请亲族耕作、店铺小郎、以及随时短雇并非服役之人应同凡论"一句时,在"农民雇倩"后加一顿点(、),称"农民雇农民、地主雇亲属、店铺雇小郎。以及随时短雇,按凡人论",则是与仁井田陞和重田德二氏类似的误解。

奴婢者不同。所以更不能说"投雇"与"投献"、"投靠"同义。至于长工附籍主家的现象，明清两代都是存在的。一方面，长工多寄住雇主之家是客观存在，同时政府出于治安方面的考虑而采取的一种户口管理措施，要求雇主对雇工的来历和行为负责，这和奴婢的不具独立户籍在性质上是有很大差别的，不能由此得出结论说投雇的长工劳动形态与奴婢相同。雇工人和奴婢一样与主人同居而不具独立户籍这一点，仁井田陞先生早在《支那身份法史》一书中就已注意到了。他以此证明奴婢和雇工人是属于家长的家族中的一员。①仁井田和小山两位恐怕都把附籍主家这一现象的意义估计过重了。笔者认为，说奴婢和雇工人是被编制在家长的宗法家长制体系之内论刑，比说他是"家长家族中的一员"，或"包含在家长的亲属关系之内"要恰当些。因为奴婢和雇工人在家长家族中只有受役使的义务和论刑时处于子孙卑幼的低下地位，绝对不具有家长家族成员应有的任何权利，"家族中的一员"的提法，未免给残酷的剥削和压迫行为笼罩上一张温情脉脉的帷幕。但仁井田氏不认为雇工人是贱民；换言之，他不把雇工人和奴婢等同为贱民，还是正确的。②

※　　　※　　　※

以上就是关于明清雇工人身份地位问题研究的情况。

国内方面，40年代主要是从法制史的角度进行研究的。相应的法律是在有关的经济现象产生之后产生，往往又在该经济现象消失之后还顽固地存在。它作为一种相对僵化的制度，反映经济现象的变化是迟钝的。社会形态越落后、官僚主义制度越严重，这种反映就越迟钝。不管怎样，法律作为一种指令性的制度一旦成立，它就必然地要对经济发展产生或者推动或者阻碍的重要作用。因此，分析法典对经济史研究也是不可少的。关于雇工人立法发展过程及其作用、意义的探讨，对明清经济史的研究无疑是有益的。所以，50年代以后国内关于我国资本主义萌芽问题的讨论中，学

---

① 仁井田陞：《支那身份法史》，第423页。
② 同上书，第880页。

者们对这个问题给予了更多的注意。从以上评介中可以看出，对这个问题的看法还存在许多不同意见。分歧意见将会存在下去，这是正常现象。但其中有些属于史实考订性的问题，在前人已经解决的情况下，似可不必再费笔墨了。

近四十年来，中日两国学者对这个问题的研究是各沿着自己的轨道前进，希望今后加强相互的交流，以期在共同的努力下将研究引向深入。十分遗憾的是，仁井田陞和重田德两位先生已先后作古，我们不能再看到他们新的高见了。

（1980年9月）

（原载《中国社会科学院经济研究所集刊》第 3 集，中国社会科学出版社 1981 年版。）

关于清代奴婢制度的几个问题

在清代社会等级结构中,奴婢属于贱民等级中最低下的一个等第。[①] 清代有关户籍编审、考试、选军、婚姻等各方面的定例,以及《大清律》通过犯罪处刑的差等,都表明了奴婢的这种法律身份地位。清律中有关奴婢的律文大抵承袭明律;所以,明清两代奴婢的法律身份有其共同之处。但这不是说清代的奴婢制度和明代的完全相同。保留浓厚奴隶制残余的满族入关统治中国后,给明代留下的奴婢制度带来了某些变化,也产生了许多新的问题。这些变化和问题,明显地反映在自顺治朝以来陆续制定的有关奴婢的繁多条例之中。本文主要通过对清代有关奴婢的各种律、例的分析,从制度方面对清代奴婢的等级地位、各类奴婢身份上的差异,人口买卖方式、赎身制度,庄头的等级地位,以及从事生产的奴仆壮丁的身份特点等几个问题进行初步研究。

一 清代准许庶民拥有奴婢

(一) 明代庶民无权拥有奴婢

我们知道,明代存在着大量官、私奴婢。明中叶以后,用奴仆、僮奴、家奴耕种、纺织、经商、服役的现象相当普遍,这在明代文献记载中屡见不鲜。但是,按照当时的法律,并非任何人都有蓄奴的权利。庶民之家是不准存养奴婢的。明律户律中"立嫡子违法"律的最后部分规定,如果庶民之家存养奴婢,不但把他拥有的奴婢放出从良,而且还要刑杖一

[①] 关于清代社会等级结构,请参阅拙作《试论清代等级制度》(见《中国社会科学》1980 年第 6 期) 一文。

百，① 这是相当严厉的惩罚。其所以如此，《琐言》一书的作者雷梦麟注释说："庶民之家当自服勤劳力作，故不准存养奴婢。"②《大明刑书金鉴》上写着："存养奴婢者，重在'庶民'二字"，"庶民之家当自服勤劳，安得存养？故以禁之"。③ 在这里，"庶民"是被作为一个等级处理的，属于这个等级的人，不论其财产状况如何，都应自食其力，自我服务，没有价买和役使奴婢的资格。

明代建国初期，朱元璋就曾赏赐给功臣许多奴婢。因之，相对于庶民之家不准蓄奴的规定而言，功臣之家得以蓄奴，又是不言而喻的。嘉靖间曾任兵部尚书的苏祐说："今祖制，惟公〔功〕臣家有给赏奴婢"，④ 万历间的左都御史吴时来说："功臣家方给赏奴婢。"⑤ 可见，当时得到国家正式认可的私奴婢只有赏给功臣之家的奴婢。这部分奴婢和官奴婢的来源，主要是战俘、罪臣、犯人及其妻孥家属。

至于功臣、庶民以外的官僚缙绅之家是否有权蓄奴呢？这个问题，法典既未规定，又没有赐奴的事例说明，因此是含糊不清的。《大明刑书金鉴》说，"若有官而上者，皆所不禁也"。该书作者认为，法律中诸如奴婢殴家长、奴婢为家长首、冒认他人奴婢等有关规定，"岂尽为功臣之家言哉！""但功臣之家有给赐者，而有官者皆自存养耳。问刑者每于奴婢之罪，遂引雇工人科之，其差误甚矣。"⑥ 但这也只是一家之言，在法典上对此做出明确的规定还是必要的。

在蓄奴盛行的情况下，吴时来认为，不许存养奴婢的条文是针对庶民之家而言，"初未言及缙绅之家也"。他看到了官僚缙绅实际上大量蓄奴，但又不具有法律根据的情况，指出，"缙绅之家固不得上比功臣，亦不可下同黎庶，存养家人，势所不免"。同时，他显然也注意到那些既非功臣又非官僚缙绅的庶民有力之家也在"财买"奴婢役使。这些现象应该得到

---

① 薛允升：《唐明律合编》卷12，万有文库版（下同），第238页。
② 转见《唐明律合编》卷12，第240页。
③ 上海图书馆藏钞本，户律，户役，立嫡子违法，辩设。
④ 《逌旃璅言》，转自《古今图书集成》经济汇编，祥刑典，卷94，律令部。影印本（下同）第773册，第23页。
⑤ 转见沈家本《沈寄簃先生遗书》历代刑法考，分考15，影印本（下同），第16页。
⑥ 户律，户役，立嫡子违法律，辩议。

法律的承认，但又不能把功臣、官僚缙绅和庶民放在具有同等的役使奴婢特权的地位上。于是，这位左都御史想出了一条办法来解决这个矛盾。他提出如下条例草案："无论官民之家……若财买十五以下恩养已久、十六以上配有室家者，照例同子孙论；或恩养未久不曾配合者，庶人之家以雇工人论，在缙绅之家比照奴婢论。"① 这一提案得到明万历朱翊钧的批准，定为"新题例"入律。但正式入律的条文对草案有所修改："今后，官民之家……财买义男，如恩养年久配有室家者，照例同子孙论；如恩养未久不曾配合者，士庶之家依雇工人论，缙绅之家比照奴婢论。"②

用吴时来的建议草案和正式通过的"新题例"相比较，可以发现一些值得注意的地方：

第一，"新题例"中的"义男"一词，是原建议中所没有的。原建议中只称官民之家"财买""十五以下"、"十六以上"的人，根据不同情况，"照例同子孙论"、"以雇工人论"或"比照奴婢论"。"比照"是比附的意思，"比照奴婢论"的人并非就是奴婢。至于财买而来的这种人叫什么名称，原建议并未明确指出。"新题例"把这种人称为"义男"。由此可见，"义男"乃是非功臣之家用价买进的人口，是为了区别庶民和功臣、缙绅的差别而给价买人口所起的另一名称。

第二，原建议中"恩养未久不曾配合的义男"，在"庶人之家"依雇工人论，在"新题例"中改为在"士庶之家"依雇工人论。这说明"新题例"的制定者考虑到除功臣、缙绅和庶民之外，还有"士"，即"衿"，那些有功名（学衔）而未仕的人物，他们的地位问题在原建议中也未加以确定。"士庶之家"的提法，把"衿"和"缙绅"区别开来，放在和"庶民"同等的地位上了。

第三，原建议中把财买对象"十五以下恩养已久、十六以上配有室家"作为"同子孙论"的界限，这是以年龄大小、在主家服役时间长短，以及主人为之婚配的情况等三个条件作为标志的。"新题例"改为不论年

---

① 转自《沈寄簃先生遗书》，历代刑法考，分考15，第16页。参阅谈迁《国榷》卷74，古籍出版社，第4571页。

② 《明律集解附例》卷20。

龄，只以后二者为标志。这可能是考虑到年龄因素在这里并无意义的缘故吧。

根据"新题例"，一个被价买的人如与主人发生诉讼案件，在大堂上，根据他在主家服役（"恩养"）时间的长短不同，主人为之婚配与否，特别是其所属主人的身份差别，而被置于不同的法律地位上。事情的另一面是，法律正是用同为财买义男而各具不同法律身份的办法，强调了士、庶之不同于缙绅，士、庶、缙绅之不同于功臣。这样，在形式上既保留了过去的只有功臣之家才有权蓄奴的原则，又在实质上承认了士、庶、缙绅实际上大量蓄奴的客观事实，并给以保障其主仆关系的法律依据。

这一条例的制定，是在万历十六年正月，即在洪武建国后二百二十年、《大明律》正式颁发后一百九十一年。"新题例"的产生说明，当时庶民拥有奴婢的事实已大量存在，以致需要在法律上有所反映。虽然庶民的奴婢还只能被称为"义男"，或者在某些条件下他对奴婢的统治关系只相当于对雇工人的那种较弱的统治权；但是，"新题例"毕竟使得庶民财买人口和在实际上拥有奴婢一事不再非法，"若庶民之家存养奴婢者杖一百，即放从良"的法律从此成为具文。这可能是明代后期奴仆劳动有所发展的原因之一。

（二）清律中关于庶民有权存养奴婢的规定

清代的法律，基本上继承明律，许多条文照搬照抄。户律"立嫡子违法"条的正文部分也和明律中该条相同。明律这条律文的最后一句话是："若庶民之家存养奴婢者杖一百，即放从良。"清律因之，仅做了一点小小的但相当重要的修改，即于顺治三年颁布时，在"存养"二字后加上"良家男女为"五字小注，使这句话成为："若庶民之家存养（良家男女为）奴婢者，杖一百，即放从良。"[①]

如前所述，明律这一条文规定的原意是要强调功臣的特殊地位，行文的重点是"庶民"二字。也就是说，要用禁止庶民存养奴婢的办法突出功臣领受钦赐奴婢的特权。清律加上五字小注后，意义完全不同了。行文的

[①]《大清律例》卷8，户律，户役，立嫡子违法律。

重点由"庶民"转为"良家"二字，条文所要突出的不再是禁止庶民拥有奴婢，而是不准变良民为奴婢。该律律注中写道："庶民之家存养良家男女为奴婢，压良为贱，杖一百，即放从良；若非压良为贱，不在禁限。"① 关于这一点，清代著名法学家沈之奇在他的权威性著作《大清律辑注》中解释了这一规定的理由："谓其身等齐民，压良为贱，越分实甚也。"② 根据这一解释，本来具有奴婢身份的人，并非"身等齐民"，庶民买卖他们不算压良为贱，不为"越分"，当然是可以容许的。换言之，只要不压良为贱，则庶民有权拥有奴婢，朝廷承认庶民主仆之间关系的合法性。③ 庶民所有的奴婢不必再称什么义男或类比雇工人。他和主人间的诉讼判决，不必再作任何比附，所有关于奴婢的法律对他们统统适用了。这就把庶民拥有的"义男"，至少是"恩养未久不曾配合"的义男的身份大大降低，把有力蓄奴的庶民的地位相对提高了。庶民如此，士及缙绅当然更加不在话下，"但言庶民，则士夫之家在所不禁矣"④ 说的就是这个意思。

其后，雍正六年二月间，一份得到皇帝批准的礼部议奏也清楚地讲过这一点："嗣后庶民之家照例不许存养良家男女为奴仆，其印契典卖奴仆，应其自便。"⑤ 不仅此也，后来发展到连富有资财的奴仆家人也可拥有奴

---

① 《大清律例》卷8，户律，户役，立嫡子违法律。
② 转自《唐明律合编》卷12，第240页。
③ 关于这个问题，清代著名法学家薛允升的理解也是不正确的。乾隆七年刑部侍郎张照、周学健等建议定例说："契买婢女，历来旗民不用红契，应请将乾隆七年定例以前旗民白契所买婢女俱准为红契。至乾隆七年定例以后，凡旗民立契价买婢女，俱照雇买家人之例，将原立文契送官钤印。倘旗民情愿有白契价买者，仍从其便，但遇有殴杀、故杀之案，问刑衙门务须验讯红契、白契，分别科断。"(《定例续编》卷11，刑部，诉讼，第19—20页。)仍根据他二人的建议，又定例："民人于雍正十三年以前白契所买家人，照八旗之例，准作家奴，永远服役。倘其主殴杀、故杀，俱照红契一例拟断。其乾隆元年以后，除婢女招配者亦照旗人配有妻室不准赎身之例，作为家奴外，其余白契所买之人，俱以白契定拟。"[吴坛《大清律例通考》卷28，刑律，斗殴下，第13页；参阅《清朝通典》卷85，刑6，杂议，商务十通本（下同），第2660页。] 从这两段话中可以看出，契买男女奴婢一事，不论旗民，乃是历来都有的，当时不禁，其后照旧准买的。薛允升在评论这些条例时说，"庶民之家不准存养奴婢，律有明文，此例标出'民人'二字，是庶民亦准存养奴婢矣，与律意不符"。(《读例存疑》卷36，刑律，斗殴下，第6页。) 薛氏只按照大字律文解释律意，不考虑加入的小注，更不管清代庶民蓄奴的现实，发此议论，未免迂腐过甚了。
④ 转自《唐明律合编》卷12，第240页。
⑤ 梁懋修：《定例续编》卷5，第6页。

婢，法律在所不禁。① 例如《红楼梦》中著名的晴雯就是贾府家人赖大买来的。②

总之，明清时代就存养奴婢而言，法律规定并非日益严格，相反，却逐步地使更多的人具有了蓄奴的合法权利，从而也给了他们以役使和残害奴婢的法律保障。这显然是历史发展的反动趋向。清代初期，皇庄、官庄、旗地是以奴仆壮丁为主要剥削对象的，八旗兵丁和一般旗民也拥有奴婢。法典正式承认庶民蓄奴的合法性，正是修改法典使之适应落后生产关系的结果。

二　清代奴婢的法律地位

《大清律例》所列关于奴婢的律文凡十七条，分属于名例、户、刑各律。刑律中，除以公罪为主的"受赃"、"诈伪"、"杂犯"、"捕亡"、"断狱"外，诸凡"贼盗"、"人命"、"斗殴"、"骂詈"、"诉讼"、"犯奸"等门中均有涉及主奴关系的专门律文。

有关奴婢的这些条律，可以分为三类：一类是处理主奴之间刑事案件的；一类是处理良贱之间刑事案件的；一类是禁止改良为贱的。通过对前两类条文的分析、比较，我们就可大致确定清代奴婢所处的法律地位。

（一）不平等的主奴法律地位

关于奴婢的第一类律文包括"发冢"、"谋杀祖父母父母"、"谋杀故夫父母"、"杀子孙及奴婢图赖人"、"尊长为人杀私和"、"奴婢殴家长"、"奴婢骂家长"、"奴及雇工人奸家长妻"等。这些律文所规定的奴婢作为犯罪人和作为受害人时完全不同的处刑，以及这些处刑和凡人所犯同一罪行应得处刑的悬殊差别，确定了奴婢相对家长而言的极为低下的法律地位。奴婢的这种地位，从下表即可看出：

---

① 乾隆七年修《八旗则例》，（下简称《八旗则例》）卷3，户口，家奴设法赎身，第5页。
② 《红楼梦》第77回。

罪行	犯罪者	受害者	处刑
谋杀（已死）	凡人	凡人	分首从：造意者斩候；加功者绞候；不加功者杖一百流三千里
	奴婢	家长	不分首从，皆凌迟
	家长	奴婢	—
故杀（已死）	凡人	凡人	斩候
	奴婢	家长	皆凌迟
	家长	奴婢	杖六十徒一年，当房人口悉放从良
斗殴（不成伤）	凡人	凡人	笞二十
	奴婢	家长	皆斩
	家长	奴婢	—
（和）奸	凡人	凡人	各杖八十。有夫者杖九十
	奴	家长妻	各斩决
	家长	奴仆妻	—
骂詈	凡人	凡人	笞一十
	奴婢	家长	绞候
	家长	奴婢	—
发冢（见棺）	凡人	凡人家	杖一百流三千里
	奴婢	家长家	为首绞决、枭首；为从绞候
	家长	奴婢家	—

清律中谋杀罪是处刑较重的罪行之一；但对谋杀案各犯分别对待，出谋造意者、加功者和不加功者[①]所受处刑是不同的。即使对出谋造意者也仅处斩候，而斩候在死刑中并不是最重的。诸奴婢谋杀家长，则不论为首为从或加功与否，凡参与者一律处以凌迟。这是和谋反大逆犯一样的处置，其刑之重，无以复加。

故杀罪的处刑也相类似。所谓故杀，"临时有意欲杀，非人所知"。（律注）即使在这种情况下，奴婢杀死家长仍是绝对不能容许，须处以最严厉的惩罚。

---

① "加功"，是主犯杀人犯罪时，从犯助力下手的意思。"不加功"是当主犯罪时，从犯虽在现场，但未助力下手的意思。

奴婢殴家长不成伤，凡参与者不分首从全体斩首，较凡人斗殴罪重十九等。① 奴婢骂家长也比凡人骂詈罪重十八等，处以死刑；这就迫使奴婢对家长打不敢还手，骂不敢还口。凡人犯发冢见棺罪，刑不至死；奴婢发家长冢见棺，不但绞决，而且枭首。死而枭首，乃是清代对付"强盗"的一种刑外之刑，这里却用在奴婢身上。

在奴婢是受害人的情况下，斗殴致死或故杀死，家长均不必命抵，只处杖六十徒一年，将奴婢的夫妇子女放出从良；奴婢受损在折伤以下，家长无罪。可见，殴打奴婢致残，只要不死，是不受法律制裁的。

男奴为奴，女奴为婢：清代所有关于奴婢的律文几均兼及奴、婢。奴奸家长妻女罪至斩决，比凡奸罪重至十一等之多。相反，婢女若被主人奸污，在《大清律例》中是找不到应处罪条的。因为"在婢又服役家长之人，势有所制，情非得已，故律不着罪"。②

仅从以上几条法律规定就可以肯定，家长和奴婢的关系是可以随意打骂的统治关系。可见奴婢的人身安全得不到法律保护；相反，家长不受奴婢侵犯的权利得到残酷刑罚的充分保障。

上面所讲的只是从奴婢不得侵犯家长和家长对奴婢犯罪不受法律制裁这个意义上来看家长的法律权利。清律对主奴关系的安排并非仅仅消极保护家长而已；它更赋予家长以特殊的直接权利。规定，如果奴婢违犯家长的"教令"，家长有权对之进行体罚。体罚的唯一限制是施于"臀腿受杖去处"。在这种"依法"而罚的情况下，如若奴婢"邂逅致死"，家长无罪。③ 所谓"教令"是什么内容，律文未作规定，当然可以理解为家长所发的任何命令。所谓"邂逅"是什么条件，也无说明，从而家长总是可以把致死奴婢说成是事出偶然。既然有了这项法律，我们看到文献中关于拷打惩罚奴婢的血淋淋的记载也就不足为奇了。因为这种行径是完全合法的。这条法律给家

---

① 按照清律规定处刑加等计算方法，三流、二死各作一等计算。判刑如需加等时，一般最多加至杖一百流三千里，非特殊规定，一般不加至死刑。我们在这里计算刑等的等差数字把死刑计算在内了。可见"十九等"这个数字还不足以表明处刑之重，必须注意其死罪与非死罪的差别。下文计算中，也有类似值得注意的地方。

② 《读例存疑》卷43，刑律，犯奸，奴及雇工人奸家长妻，第25页。

③ 《大清律例》卷28，刑律，斗殴下，奴婢殴家长。

长以对奴婢的人身处分权利，从而保证了家长役使奴婢的绝对权利。

法律只容许家长于奴婢的"臀腿受杖去处"施行体罚，丝毫也不妨碍主人们滥施酷刑。因为清律中"干名犯义"的条文完全剥夺了奴婢上告申诉的权利。该律规定，奴婢赴衙门告家长，这一行动本身就构成犯罪，与子孙告父母罪同，处刑杖一百徒三年；即使所告皆实，被告也因奴婢"干犯"而免罪。① 在这样的法律面前，难道有哪个奴婢敢去要求申冤吗？"满洲往往轻毙其家人"，② 乃势所必然的事。

由此可以得出的结论是，从一定意义上讲，清政府承认家长对奴婢的占有权，承认奴婢是家长的所有物，而不是朝廷的子民；在家长面前，奴婢不具独立的人格。

(二) 奴婢的法律地位低于主人的整个家族

清代奴婢的法律身份不仅低于家长本人，而且低于家长的全体有服亲属。前节列举的某些犯罪处刑的不平等，在奴婢对家长不同服属间也不同程度地存在着。这在清律中可以找到很多证明。譬如斗殴不成伤罪，奴婢殴家长坐"皆斩"，奴婢与家长的有服亲属相殴，处刑如下表所示。

犯罪者	受害者	处刑	比凡人罪轻（-）、重（+）刑等
凡人	凡人	笞二十	
奴婢	家长期亲	绞候，为从减一等	+18
家长期亲	奴婢	勿论	-
奴婢	家长大功亲	杖八十徒二年	+11
凡人	大功亲之奴婢	勿论	-
奴婢	家长小功亲	杖七十徒一年半	+10
凡人	小功亲之奴婢	勿论	-
奴婢	家长之缌麻亲	杖六十徒一年	+9
凡人	缌麻亲之奴婢	勿论	-

---

① 《大清律例》卷30，刑律，诉讼，干名犯义。
② 康熙三十七年十一月甲申谕。见《大清圣祖仁皇帝实录》(以下简称《康熙实录》)卷191，第3页。

奴或婢在名义上只属于一个主人所有，但主人的有服亲属中的任何一人殴打他，在法律上均不构成犯罪。相反，他若殴打其中的任何一个，均构成犯罪，按照被打者与主人的血缘亲疏（期亲、大功亲，小功亲、缌麻亲）受到不同程度的、比凡人相殴重得多的刑罚。殴打与主人血缘关系最远的缌麻亲属，比如说堂侄女或堂侄孙，坐奴婢以重于凡人相殴罪九等的处罚，即杖六十徒一年。至于殴打主人的期亲，则是死罪了。

再以骂詈罪为例。奴婢骂家长期亲坐杖八十徒二年，比凡人骂詈罪重十二等，骂家长大功亲坐杖八十，比凡人骂詈罪重七等；骂家长小功亲坐杖七十，比凡人骂詈罪重六等；骂家长缌麻亲坐杖六十，比凡人骂詈罪重五等。

"干名犯义"罪的处理也是一样。奴婢若去衙门首告家长期亲，虽所告是实，也要被杖一百；告家长大功亲，被杖九十；告家长小功亲，被杖八十；告家长缌麻亲，被杖七十。被告之人如是家长的期亲或大功亲尊长，则所犯罪同自首全免；被告如是家长小功或缌麻亲尊长，则所犯罪减应得之罚三等处理。

前节所述，若奴婢"违犯教令而依法决罚邂逅致死""各勿论"的规定，除适用于家长外，同样适用于家长期亲。这就是说，奴婢除了必须遵守家长"教令"外，还必须遵守家长的祖父母、父母、伯叔父母、在室姑、兄弟、在室姊妹、儿子、长子妇、侄、在室侄女及嫡孙等人的"教令"；否则这些人也有权对之"依法决罚"。受罚的奴婢"邂逅致死"，他们也和家长一样不负法律责任。

由此可见，奴婢在名义上属于家长个人占有，但他却在法律上与主人整个家族的成员分别构成不同程度的不平等关系。从特定的意义上讲，奴婢隶属于家长的整个家族。

法律规定奴婢跟主人家族中任何有服亲属相比，其法律地位均极低下，但在某些问题上却又把他们当作主人家庭中的一员来考虑。在"杀一家三人"律中规定，如有凶手一次杀死一家三人，坐"凌迟处死、财产断赴死者之家、妻子流二千里；为从（加功者）斩"。这里所谓"一家三人"包括两种情况，一种是"果系本宗五服至亲"的三个人，一种是"同居"一处的三个人，"虽奴婢、雇工人皆是"。之所以把奴婢、雇工人包括在内,"律意重在三命,故下及奴、雇之贱","皆得通算一家"。①又,"亲属相盗"律把盗窃主人财物的"同居奴婢"虽不同子孙盗窃父祖财物同样处理,却也"减凡盗罪一等",与凡人盗窃有别。理由是,奴婢"于家长及其比肩之人虽无共财之义,然已同居,即非泛然外人之比矣"。②再,清律关于"亲属相为容隐"的规定中,准同居亲属及大功以上亲有罪彼此相为容隐。奴婢因其与家长"义重",所以也和这些亲属一样为家长隐;不同之处是家长不为奴婢隐,理由是家长对奴婢"以义相临,当治其罪,不当隐其过也"。③

这些律文,立意并非把奴婢当作主人家族中的一个成员来看待,从法律观点看,统治者甚至不把奴婢当作一个具有独立人格的人,而是当作主人占有的某种动物来对待;但是这种动物又和牛马不同,具有人的社会特征,从而不得不把他们放在一定的体制中给以一个特定的位置。这样,奴婢才被编制在主人的封建宗法家长制体系之中。

(三) 奴婢在主人家族中的法律地位类比子孙、卑幼

奴婢在主人宗法家长制体系中处于低下法律地位,已如前述。他们地位之低下,类比于清代封建家族中的子孙、卑幼。

清律中有关奴婢与家长相互侵犯的处刑等级,有许多跟子孙与父祖、卑幼与尊长相互侵犯的处刑等级相同。例如,奴婢发冢毁弃家长尸罪与子孙发冢毁弃祖父母父母尸罪的处刑同;奴婢谋杀家长及家长各有服亲属罪与子孙谋杀祖父母父母、卑幼谋杀缌麻以上亲尊长罪处刑同;家长故杀奴婢图赖人罪与祖父母父母故杀子孙图赖人罪处刑同;奴婢将家长尸图赖人罪与子孙将已死祖父母父母尸图赖人罪处刑同;家长被人杀奴婢私和罪与祖父母父母为人杀子孙私和罪处刑同;奴婢干名犯义罪与子孙卑幼干名犯义罪处刑同;奴婢殴家长罪与子孙殴祖父母父母罪处刑同,等等。

可见,清代法典凡将奴婢与主人及其家族成员相对待时,往往是按照

---

① 《大清律例》卷 26,刑律,人命。
② 《大清律例》卷 25,刑律,贼盗。
③ 《大清律例》卷 5,名例律下。

家族关系中的子孙、卑幼的地位做出安排的。

当然,奴婢之对主人,毕竟不是血缘关系,只是所属财产而已。其所以总是拿他们和子孙、卑幼相比,只是为了显示奴婢的地位卑贱罢了。奴婢的地位是绝不会与子孙等同的。譬如说,子孙盗窃父母财物罪减凡人盗窃罪五等,奴婢盗家长财物罪则仅减凡盗一等。律注解释原因时说,奴婢"虽系同居,而非卑幼可比。卑幼乃应有财物之人,故盗曰盗己家用,曰私擅用。奴、雇安得同之"!至于子孙卑幼在家族中拥有的权益,对奴婢来说自然是谈不上的。

就法律地位而言,特别应该注意指出的奴婢与子孙卑幼的重要差别是,子孙卑幼在家族中地位之低下只是相对父祖尊长,但他同时又是他的子孙卑幼的尊长;而奴婢的地位则低于家长有服亲属中的一切成员,包括家长的子孙卑幼。正如乾隆间河南巡抚徐绩所说,"奴仆于家长及家长之子孙皆为家主,与家长别项亲属不同",[①] 奴婢在主人家族中处于绝对低下的地位上。

(四) 奴婢在社会上属于贱民等级

清制分人为良、贱两类。法典规定,"奴仆及倡优隶卒为贱"。贱民之中最大量的就是奴婢。清律实际把奴婢作为贱民的标本形态。

《大清律例》有三条区别良贱的主要律文,即"良贱相殴"、"良贱相奸"和"良贱为婚姻"。

"良贱相奸"律写道:"凡奴婢殴良人(或殴、或伤、或折伤)者,加凡人一等"、"其良人殴伤他人奴婢(或殴、或伤、或折伤、笃疾)者,减凡人一等"。[②] 凡人殴凡人至死者绞监候;奴婢殴凡人至死者也加重处刑,拟斩监候。

"良贱相奸"律写道:"凡奴奸良人妇女者,加凡奸罪一等,良人奸他人婢者,(男妇各)减凡奸一等。"[③] 奴强奸良人妇女坐斩,也比凡人强奸坐绞为重。

---

① 《驳案新编》卷28,刑律,诉讼,第1页。
② 《大清律例》卷27,刑律,斗殴上。
③ 《大清律例》卷33,刑律,犯奸。

可见，奴婢不论是侵犯凡人还是被凡人侵犯，在法律面前总是处于不利地位。这些法律保护凡人，使奴婢不敢对之轻于触犯；同时也就使奴婢和一般社会成员间形成了明显的等级差别。

清代区别良贱的另一条重要法律是"良贱为婚姻"："凡家长与奴娶良人为妻者，杖八十；女家（主婚人）减一等，不知者不坐。其奴自娶者罪亦如之；家长知情者减二等；因而入籍（指家长言）为婢者，杖一百。若妄以奴婢为良人而与良人为夫妻者，杖九十（妄冒由家长坐家长，由奴婢坐奴婢）。各离异、改正。（谓入籍为婢之女改正复良）。"① 这条律文的内容可归结为：（1）禁止主人为奴仆娶良人为妻；（2）禁止奴仆自娶良人为妻；（3）禁止因奴仆娶良人为妻因而将良人改为奴婢；（4）禁止将奴婢冒称良人与良人为夫妻；（5）禁止奴婢自己冒充良人与良人为夫妻。总之，在任何情况下良贱均不准结合，组成家庭。违犯这些规定的，主持者受刑杖，良贱夫妻离婚，因婚姻关系变为婢女的良民复为良民。

之所以有此规定，是因为清代统治者认为，良贱等级界限是不容混淆的，婚姻配偶需门当户对，以贱娶良则降低了良民的身份，"良者辱矣"。② 如因结姻而"压良为贱"或"压良从贱"，都是不能容许的。奴仆只能配婢为妻，婢女则只能配给小厮、奴仆，他们所生子女则为"家生子"，自出娘胎便具有法定的奴婢身份，属于贱民等级。血统决定了他们的等级；其结果是奴婢身份世袭化。

家长死去，他所拥有的奴婢以及奴婢的子孙就和土地、房屋一道作为遗产传给诸子；无子者传给亲女或姊妹；绝嗣者除留二奴守墓外，其余归所属佐领、内管领下。③

以上就是清律为奴婢所规定的法律身份。这种身份既是他们的法律地位，也反映其社会地位。在清代，拒奸殒命的妇女应该受到旌表，由官府出银，在墓基前树立贞节牌坊，并在节孝祠内设立牌位。而婢女即使做出完全符合这一标准的行为，只准墓前建坊，不得列名祠内。"若于节孝祠

---

① 《大清律例》卷10，户律，婚姻。
② 《大清律例》卷10，户律，婚姻，良贱为婚姻律注。
③ 乾隆十三年修《大清会典则例》（以下简称《乾隆会典则例》）卷160，内务府，会计司，赈卹，第32页。

内一体设位，未免良贱不分。"① 可见，婢女虽以生命为代价维护贞节道德，也不能换得跨出贱民界限的权利。

这是清代奴婢的一般的、基本的状况；由于其沦落原因不同种类不一，他们的法律地位和社会地位又各有特点。这些特点反映在他们和主人的关系，奴之妻孥的身份，赎身、开户和放出的条件，脱离主人以后的地位和权利以及其他方面。下面就来探讨清代典章制度规定的不同类型奴婢的情况以及他们身份上的特点。

三 禁止压良为贱的规定与压良为贱的合法现实

（一）清律中关于禁止压良为贱的规定

和"立嫡子违法"律的立意相一致，清律"略人略卖人"律也有禁止压良为贱的规定："凡设方略而诱取良人（为奴婢），及略卖良人（与人）为奴婢者，皆（不分首从、未卖）杖一百流三千里。……被略之人不坐，给亲完聚。"② 杖一百流三千里，在清代刑制中是除死刑外最重的刑罚；不分首从、不论已成未成均同等处刑，也是从重的方式。对略卖人立法之峻，可见其立意是严禁的。同时，对略卖子孙、亲属卑幼以及妻妾为奴婢者，均各处刑有差。③

就该律立意而言，除禁止压良为贱而外，还在于禁"略"卖。所谓"略人"的"略"，是"设方略"，即用计谋，诱引，并兼有哄骗他人被卖的意思。所谓"略卖人"的"略"，是指"不以道取"，即劫略，掳略，并兼有威劫的意思。④ 采用略卖手段和一般的价卖不同，"阴行诡计，欺罔无知，离散其骨肉，贱辱其身体，其情重，其法应严"，⑤ 用当时人的道德观点看也是不能容许的。因此，即使被卖的不是良人而是他人奴婢，略卖

---

① 如乾隆十一年十月江苏上元县民张尔德之婢新莲、乾隆二十一年闰九月河南西华县监生于钦之婢李兰香等，均如此处理。见《大清高宗纯皇帝实录》（以下简称《乾隆实录》）卷276，第16—17页；卷523，第4页等。
② 《大清律例》卷25，刑律，贼盗下。
③ 同上。
④ 《大清律例》卷25，刑律，贼盗下，律注。
⑤ 同上。

者也要受到很重的处罚。

立法不谓不严,然而社会上略人略卖人的现象从未禁绝,而且"犯者颇多"。统治者认为这是由于对略卖良人子女罪的惩治还不够严,"皆不至于死"的缘故。"法轻不足以蔽辜",所以在康熙十六年正月,刑部根据清帝玄烨的旨意制定了如下条例:"嗣后凡犯诱取典卖,或为妻妾等事,不分所诱良贱,已卖未卖,为首者立绞,为从者系旗人枷责,系民人杖流。如止一人,即以为首论。被诱之人和同者,俱如为从之罪,非和同者不坐。不知情而典买者免罪,追价给还。其以药物等项诱取者,俱如略诱人例治罪",通行。①

规定的处刑加重了,略卖良人的事并未减少,法重也"不足以蔽辜"。例如,雍正二年,河南"各处奸民专意串谋略诱,或活拆其夫妇,或骗其子女,或招为佃户而强行奸占,或假意周恤而遂致拐逃,甚至谋杀本夫,杳无下落,冒亲伙卖,得财分赃。种种不法,难以枚举"②。这反映了略卖现象的普遍性。

其实,略卖人口现象的不能消灭,根本原因并不是法轻,乃是由于他们所维护的那种奴婢制度的存在。清廷在准许奴婢买卖、人口买卖的条件下要禁绝"略卖",禁止压良为贱,当然是徒劳的。

应该看到,尽管法律有着这些规定,但压良为贱实际乃是清代奴婢队伍得以建立、补充、扩大的重要手段。大批的俘虏,正是早期八旗奴仆的基本队伍。其后,官兵在战争中掠卖良民子女、官府公开组织招领孤儿,特别是八旗贵族大量接受投充等都是清政府公开的、合法的大规模地压良为贱的暴行。

(二) 战俘被强压为奴

俘虏,是清代早期奴仆的主要来源。从来的征服者在获得土地财产的同时,总是把人也占有。满族征服者同样遵循着这个规律。八旗统治者在

---

① 《康熙实录》卷65,第6—7页。参阅《清朝文献通考》(以下简称《清通考》)卷196,刑2,刑制,十通本,第6607页;《清朝通典》(以下简称《清通典》)卷80,刑1,刑制,十通本,第2614页。

② 田文镜:《严禁诱拐逃荒子女以全骨肉以息争讼事》,见《抚豫宣化录》卷4,第38页。

入关以前对东北地区及朝鲜等其他少数民族的征伐，以及对朱明王朝的战争中，都得到相当数量的俘虏，分配给各级官兵作为奴仆。这些奴仆随主人行止，八旗进关以后，他们也被带进畿辅、直隶。他们是清初八旗奴仆的主要组成部分，也有人称之为"老本人"。① 顺治帝福临曾说"满洲家人系先朝将士血战所得"，② 称为"血战所得人口"③ 或"苦战所获人口"。④ 清朝统治者认为，八旗官兵身经百战，"攻战勤劳，佐成大业"，他们占有这些"获自艰辛"⑤ 的战利品，完全是应该的。

俘虏为奴，在清王朝建立以后，仍旧如是。例如，乾隆十全武功之一的西征回部之役，不但俘虏，而且包括"降回"都"即于陕甘两省驻防满营及绿营内酌量分赏官兵等为奴"，其具体安排是"宜散不宜聚"，"毋令生事"。⑥

俘虏作为奴仆，如果说与其他奴仆有什么不同之处，那就是，第一，规定，俘虏亲属来投同住不为奴婢。⑦ 第二，规定，不准将俘虏父子、兄弟、夫妇拆开分别出卖，否则"卖主鞭责"。⑧ 不过，之所以作此规定，恐怕正说明以俘虏家属为奴婢及将俘虏并家属分别出卖的情况相当普遍。第三，阵获俘虏为奴者，顺治九年规定，准许亲人将其赎回。⑨ 以上各项规定，大概算作是征服者的一点仁慈吧。但是，骄横放纵的八旗官兵对于自己的"血战所得人口"是从来不讲什么人道主义的。

俘获的奴仆，原则上谁获谁得，但也相互转移，并非绝对。"或有因父战殁而以所俘赏其子者；或有因兄战殁而以所俘赏其弟者。"⑩ 除去这类

---

① 魏际瑞：《旗丁所买小厮不宜与逃人同例》。见《四此堂稿》卷10，奏对大略，第18页。
② 顺治十一年六月甲子旨。见《大清世祖章皇帝实录》（以下简称《顺治实录》）卷84，第3页。
③ 顺治十二年三月壬辰谕。见《顺治实录》卷90，第4页。
④ 顺治八年三月癸卯咨。见《顺治实录》卷55，第19页。
⑤ 顺治十三年六月己丑谕八旗各牛录。见《顺治实录》卷102，第5页。
⑥ 乾隆二十四年十月癸卯谕军机大臣等。见《乾隆实录》卷599，第43—44页。
⑦ 康熙三十年题准："出征所获之人有亲属情愿来旗完聚者，不得作为奴仆；有愿回本籍者听"。见光绪间修《大清会典事例》（以下简称《光绪会典事例》）卷1116，八旗都统，户口，石印本，旗人买卖奴仆，第2页。此例制定年代，《清通考》卷20，户口2，第5041页，作"康熙十三年又定"。从《光绪会典事例》。
⑧ 《光绪会典事例》卷1116，八旗都统，户口，旗人买卖奴仆，第1页。
⑨ 同上。
⑩ 顺治六年三月甲申谕兵部。见《顺治实录》卷43，第9页。

亲属间的"遗产"继承之外，奴婢和其他牲畜财帛一样，是皇帝行赏的赐品。例如顺治八年英王阿济格犯罪免死，除给僮仆外，另给役使妇女三百名。傅勒赫、劳亲（英王之子）犯罪，除予什物外，各给满洲、蒙古男妇各二十口，旧汉人二十口，厮属给二十口以下，婢妾二十以下全给。① 年羹尧被斩，雍正帝将年所有原属内务府所隶之奴婢二百二十五口赐给议政大臣蔡珽。② 以上列举赏赐数目均相当之大。文献中赏赐奴婢的记载时有所见。不过赏赐本身不能增加新的奴婢，只是奴婢在不同的主人手中的转移，是奴婢的再分配，兹不赘论。

（三）官兵掠卖良民子女为奴婢

律禁"略卖人"，而掠卖恰是征服者发战争之财的方便手段。在战争中俘虏对方战士为奴仆，战斗进行地区的百姓则随之遭殃。入关之前，满人"俘掠辽沈之民悉为满臣奴隶"，③ 入关以后，清军南下征伐，沿途掳掠子女。例如兵屠昆山之时，民人"多被杀戮，妇女被掠者以千计，载至郡中鬻之，价不过三两"。④ 用兵地方，诸王将军大臣于攻城克敌之时，"志在肥己"，"多掠占小民子女"，许多良民子女被官兵诬为"通贼"，遭遇也属相同。⑤ 有清一代历次征讨、镇压的军事行动中，八旗铁骑以及绿营兵勇所过之处，金银财帛不论，人民子女无不受难。乾隆四十九年甘肃新教回民田五起事，其部张文庆、马四娃等失败被杀后，回民子女四千余人中，赏给满洲官兵及四川屯练官兵近二千人。其余二千余人及州县搜出之回民子女五百余口，共计二千六百余人，送到江宁、浙江、福建、广东等处给驻防满洲官兵为奴。⑥ 又如吴大澂曾这样描写清兵在镇压太平天国时的行径：同治元年"江苏大兵收复嘉定、青浦，所得米石财物无算，悉为夷人兵勇所取。而流离之妇稚卒不得食，莫可安抚，以致无赖兵勇见其

---

① 顺治八年三月壬午。见《顺治实录》卷55，页3—4。
② 肖奭：《永宪录》卷3，中华版，第209页。
③ 昭梿：《啸亭杂录》卷2，汉军初制。
④ 叶绍袁：《启祯纪闻录》卷5，第10页。
⑤ 康熙十八年七月壬戌谕。见王先谦《东华录》，第5页。
⑥ 乾隆四十九年七月壬午谕。见《乾隆实录》卷1211，第29—30页。

无所依归，掳而买之。有良民妇女而买入娼家者，有大家子弟而买为奴仆者。无蹂躏之苦而有掳辱之惨"。① 可以肯定地讲，在镇压太平天国过程中，清军这种行为绝非仅在江苏一省，青嘉二县。吴氏称掳卖妇女的兵勇为"无赖"，可当时兵勇孰不"无赖"？实则他们正是继承了八旗铁骑的传统。不同的是，清初，他们的先辈把民人子女作为战利品掠来，主要用之为自己进行生产和服役；处在用奴仆壮丁进行生产已不甚时兴的清代后期的"无赖"兵勇则将掠获的对象主要出卖给有钱人家服役，或卖给烟花龟鸨，逼为娼妓。不论怎样，入侵和镇压的战争跟饥馑灾荒一样，把一批又一批的凡人百姓抛向奴婢贱民的境地。而这种公开的、大规模的掠卖，从未听说受到禁"略卖人"律的制裁。

不过，这种掠卖毕竟不是朝廷便于公开认可的。因此在制度上没有为这些奴婢规定特殊的身份。

（四）领取孤儿为奴婢

此外，领取孤儿则是官府批准的压凡人为奴婢的一种特殊的方式。如道光十八年，江苏扬州府并江都等县呈请，官设的恤孤局"万一年荒人众，为幼孩作苟全性命之计，择有良善殷实之家领为仆人，从权办理"。② 时任署理江苏布政使的裕谦公然同意这种变良为贱的办法。因他认为，领取孤儿充当奴婢，"虽良贱不同，而孱弱幼稚因之得活，较之冻馁毙命已分天壤"。简言之，他的理由是做奴婢比饿死强。他进而辩护说，"此等幼孩果出于书香仕宦之家，即使父母早亡，亦必有亲族可依，何致沦落至此？是其身家流品亦可想见"。在他看来，书香仕宦之家，即缙绅、绅衿等级的子弟是不可能沦落到恤孤局的；凡到恤孤局的子女都是不齿于良民的，把他们发为奴婢，并不降低其身份。根据这个逻辑，裕谦赞赏扬州府提出的办法"深为合宜"。③

---

① 《应诏直言疏》。见《道咸同光奏议》卷1，第18页。引文中"买"应作"卖"。
② 裕谦：《勉益斋续存稿》卷13，第8页。
③ 同上书，第8、9页。此人于道光十一年在武昌知府任上，尚未如此办理。那时他上的《议收养遗弃子女禀》中，主张"许富厚有力之家"将道路弃置子女收为义子、女媳，"但不得收为奴婢"。见《勉益斋偶存稿》卷7，第16—21页；卷8，第12—13页等。

从恤孤局领取孤儿作为奴婢，当然需要缴纳一定的费用，所以说，就其实质而言，这乃是一种合法的、官办的贩良为贱的人口生意。这种将失去保护人的未成年男女变为贱民的行为，由于打着救灾的招牌，遮以慈善的纱巾，人们易于忽略其"略"与"压"的实质，甚至可能同情其不得已而为。

在法律上禁止压良为贱，这是清朝统治者为维持封建等级秩序所必要的；公开允许八旗官兵通过俘虏或默许他们通过掠卖等方式变百姓为奴婢，或者设局收孤任人领作奴婢，同样是为维护封建统治所必需的。政策与实践所表现出来的矛盾中包含着内在的实质的统一性。

四　投充人

（一）投充是满洲贵族对土地和劳动力的大掠夺

所谓投充人，清人解释为"民人自择旗而往投者"。① 实际上，农民和手工业者投充旗下，绝大多数是被逼而行。满族入关后，在直隶京畿附近州县大量圈占土地，广大农民"无衣无食，饥寒切身者甚众"，无以资生，除殍毙者外，其中部分只得往投旗下充当奴仆壮丁。② 也有相当数量的土地所有者，包括自耕农和地主，或受威胁，或因畏惧，③ 或为隐蔽赋税差徭，或因犯罪逃避惩治，④ 而投充王府、宗室和八旗官员。这些人虽投充原因各不相同，投充后服役内容也不一样，但统称作"投充人"。

圈地过程中，强迫被圈地亩的所有者远离故土，另徙他乡，这当然是安土重迁的农民所极不情愿的；何况他们流到外地也无以为生。因此有的土地所有者就宁将自己的地亩随身投充，求得不离故土，或耕原地，或充庄头，用身沦奴仆的代价换取保护。有的则将自己的土地附在他人名下投

---

① 姚子燮：《雄乘·纪投充》。见《雄县新志》第3册，第2页。
② 顺治二年三月戊申谕户部。见《顺治实录》卷15，第10页。
③ 顺治二年三月癸亥谕户部有云：投充人中，"或被满洲恐吓逼投者有之，或误听屠民讹言，畏惧投充者有之"。见《顺治实录》卷15，第16页。
④ "自鬻投旗之人，或有作奸犯科冀逃法网者，成有游手好闲、规避差徭者。"见《国朝先正事略》卷9，名臣，第43页，格文清〔格尔古德〕公事略；又见光绪《畿辅通志》卷189，影印本，第12页，康熙二十二年直隶巡抚格尔古德奏疏。

献，缴纳一定租赋以代替无法负担的沉重差徭，这称为"带投"。正因为有这种情况存在，有的人就竭力兜揽更多的他人土地以己名投充，期在主子面前获得优越地位，并从中得利。① 故有"一人投身数姓地"之说。②

因之，投充问题成为清初社会的突出问题之一。这种情况，清廷是知道得一清二楚的。最高统治者对此现象也曾欲加控制。顺治二年规定，"近京地方管庄人等强压愚民及工匠勒令投充者，在内许赴户部、五城御史、顺天府，在外赴道府州县告理。审实，令归原籍"。③ 但是，投允一事仍是容许存在的。八旗统治者堂皇的理由是以此解决贫民的生计："前许民人投旗，原非逼勒为奴。念其困苦饥寒，多致失所，至有盗窃为乱，故听其投充资生"，④ 并要求本主禀明户部，"果系不能资生，即准投充；其各谋生理力能自给者，不准"。⑤ 无须证明的事实是，八旗贵族收纳投充时所选择的对象，或者本人年轻力壮，技有所长，或者拥有土地，带地来投；那些真正"不能资生"者，恰是他们所不肯收留的。所以说，圈地与投充乃是八旗贵族对土地和劳动力的大掠夺。

（二）投充、投靠与投献

清代一般均认为，"从古无投充之名"。⑥ 如顺治九年刑部尚书刘馀祐说，投充始于"墨勒根王许各旗收贫民为役使之用"。⑦ 御史杨世学也认为投充一事"历稽史册，自尧舜数千年来因所未有，即我太祖、太宗亦无此法。其原盖始于墨勒根王。既自分皇上之土地人民，亦欲以土地人民收

---

① "奸猾蜂起，将合族之田皆开除正项，躲避差徭。有将他姓地土认为己业带投旗下者。"顺治九年五月乙未福建御史娄应奎疏言，见《顺治实录》卷65，第8页。"或恐圈地而宁以地投，或本无地而暗以他人之地投。甚且带投之地有限，而恃强霸占之弊百端出矣。"刘馀祐：《请革投充疏》，见《皇清奏议》卷5，第6页。
② 康熙八年，姚子燮：《投身谣》。转见《雄县新志》第10册，第36页。
③ 见《光绪会典事例》卷1116，八旗都城，户口，第1页，旗人买卖奴仆。
④ 顺治二年三月癸亥谕户部。《顺治实录》卷15，第16页。
⑤ 顺治二年三月戊申谕户部。《顺治实录》卷15，第10页。
⑥ 《雄乘·纪投充》。转见《雄县新志》第3册，第2页。
⑦ 顺治九年《请革投充疏》。见《皇清奏议》卷5，第6页。吴振棫、锺琦等人均袭此说。见《养吉斋馀录》卷1，第3页。《皇朝琐屑录》卷1，第16页。

悦诸臣之心，故滥开比端"。① 但是，贫民空身或带地投身勋贵、缙绅或富豪之家以谋衣食，借避差徭，并非始于清代。

投身勋贵、缙绅或凡人富豪之家为奴，明代称为"投靠"；带投他人土地则称"投献"。本文不拟追溯过早，至少在天顺、成化年间就有惩治投靠、投献的条例；至弘治间则一再重申。② 明中叶又定例，"受投献田土之人，与投献人一体永远充军。事干勋戚，追究管庄佃仆。永为定例"。③ 此后，嘉靖二十四年、嘉靖四十三年、隆庆二年一再禁止，而效果不著。万历间松江著名官僚董其昌家，"游船百艘，投靠居其大半"。④ 明代诸如《金瓶梅词话》、《儒林外史》、《醒世恒言》等小说中，均有关于投靠为仆的描绘。《醒世姻缘传》中的主角之一晁大舍，刚刚当上南直隶华亭县知县，立即"有等下户人家央亲傍眷，求荐书，求面托，要托作家人。有那中户人家，情愿将自己的地土、自己的房屋献与晁大舍，充作管家"。晁大舍对那"来投充的也不论好人歹人，来的就收。不十日内，家人有了数十名"。⑤ 明代末期，投靠、投献之风愈炽。孙之騄说，"明季缙绅多收投靠而世隶之"，以致上海"邑无王民矣"。⑥

我们说明中叶以后投靠、投献风盛，当然不是说此前没有。至少元代就有"投下"之称。⑦ 明初朱元璋亲订的《大明律》中立有禁投靠、投献的律文，⑧ 说明洪武年间这类事就已是引起朝廷注意的问题了。

尽管明季投靠盛行，但此事一直是非法的，从未得到朝廷公开认可；

---

① 顺治九年十二月初六日提本。见《明清史料·丙编》第4本。
② 弘治二年题准，"禁约军民人等，敢有投托势要之家充为家人，及通同旗校、管庄人等安将民间地土投献者，事发，悉照天顺并成化十五年钦奉敕旨事例，问发边卫永远充军"。弘治十三年题准，"凡军民人等，将争竞不明、并赏过，及民间起科，僧道将寺观各田地朦胧投献王府及内外官势之家，捏契典卖者，投献之人问发边卫永远充军，田地给还寺观及应得之人管业。其受献家长并管庄人参究治罪。山东、河南、北直隶各处空闲地土，祖宗朝俱听民尽力开种，永不起科。差有占种，投献者，悉照前例问发"。均见万历《大明会典》卷17，户部4，第32、33页。
③ 嘉靖八年。万历《大明会典》卷17，户部4，第34页。
④ 《民抄董宦事实》。《又满楼丛书》本，第35页。
⑤ 第一回。
⑥ 孙之騄《二申野录》卷8。同书卷7，引提督操江熊明遇奏称，"吴中数郡偏属豪民。负田宅子女，投充贵势，渔食闾里，曲避征徭"。
⑦ 参阅《元典章》2，至政1，重民籍，影印本，第24页。
⑧ 见《唐明律合编》卷13上，盗卖田宅律及附条例。

因此投靠者为奴的身份，非经官许。法定投充者为奴仆并以此为扩大旗地、广招奴仆的手段，则自清代始。所以说，投靠并非始自清代，也非多尔衮首创，只是以八旗王公、满族宗室为主人，并获得中央承认的投充入旗为奴，乃是中华史册前所未有的。

与八旗贵族招收投充的同时，清代也有汉人缙绅豪富招收投靠、投献的。虽然有敕禁止，① 未能禁止得住，以后也予以承认了。雍正定例中就反映出这种情况。② 不过，汉人招收投充不是清代的重要问题，其中虽有阶级剥削，但不夹杂民族矛盾。

（三）投充人的法律身份地位

投充宗室王公手续最初甚为简单，只需主人向户部禀明就算完成了。③ 先已投身的人，其家属也可随之办理。④ 后定，须八旗佐领行文户部及州县衙门，将该人从地方户口中撤销，除丁粮之籍。⑤ 所以，带地投充户被认为"既免完粮，又得种地"。⑥

不论由于什么原因，通过什么形式，一旦投充旗下，则该人姓名附于主人户下，编入旗档，成为旗人的组成部分。⑦ 从此，他再也不受地方管辖，人不应徭，地不纳粮外，被告讦时也不受地方官签提。

接受投充者的身份对投充人的身份影响甚大。投充到内务府的，属

---

① 顺治二年六月己卯，敕河南、江北、江南等处，"各地方势豪等受人投献产业、人口及诈骗财物者，许自首免罪，各还原主。如被人告发，不在赦例，迫还原主"。见《顺治实录》卷17，第19页。

② 雍正四年定例，"凡汉人买仆及婢女招配，并投靠之人，均书明文契，呈地方官钤印。如有事犯，验明报官册及印契，照例治罪"。见《光绪会典事例》卷158，第10页，买卖人口。

③ 顺治二年谕户部，"贫民无衣无食，饥寒切身者甚众。如因不能资生，欲投入满洲家为奴者，本主禀明该部，果系不能资生，即准投充。其各谋生理力能自给者，不准"。见《顺治实录》卷15，第10页。

④ 顺治元年定"凡旗下汉人有父母、兄弟、妻子情愿入籍同居者，地方官给文赴户部入册，不许带地投献"。见《光绪会典事例》卷1116，八旗都统，户口，第1页，旗人买卖奴仆。

⑤ 《雄乘·纪投充》，转自《雄县新志》第3册，第2页。又"民人投充入旗档者，造丁册二份，一咨户郎，一交原籍地方官备案。其弟兄叔侄不得混入"。见光绪二十五年修《大清会典》（以下简称《光绪会典》）卷84，八旗都统，石印本，第3页。参阅道光十一年修《户部则例》卷1，第24页，清厘旗档。

⑥ 乾隆五十六年十二月户部疏，见乾隆《八旗通志》卷65，土田志中，土田规制，畿辅规制4。

⑦ 八旗丁册中，带地投充及其子孙，均入主人户，为"户下人"。参阅《清通典》卷9，食货9，第2072页。

皇室所有，他们的身份不同于奴仆。单身投至内务府者，每人给地一"绳"（即42亩）耕种，按时缴纳规定的银额。这种人称为"绳地人"。本有产业、全家带地投充投至内务府者，其所有土地房屋全归内务府，但由投充者本人就地立庄，负责经营。这种人称为"纳银庄头"。也有投充人未带土地来投，认领入官地亩设庄经营，按规定缴纳赋银。这种人也称作"纳银庄头"。此外还有的投充人按其承担的劳役、贡赋的内容分别称为：海户、蜜户、苇户、棉靛户、网户、渔户、参户、雀户、鸭户、鹳户（鹳翅）、鹏户（雕翎）、狐户（打狐户）、鹰户（鹰手）、猎户（枪手）、打牲户、牲丁、灰丁、煤丁、木丁等。这些名目繁多的投充人，都领耕一定数量的土地，按地缴纳定额实物（或折银）。如蜜户，有地四五十亩不等，每六亩征蜂蜜五斤；苇户，地有六七十亩不等，每亩征银一分至八分，其中征芦苇6250斤，每斤抵银三厘五毫。内务府所属各户所缴实物及折银，分别由广储司、武备院、尚膳房收纳。投充果园每亩征银五分，岁纳干鲜果品，"按其直以当丁赋，不准抵者，照杂征例解广储库"。① 属于内务府的投充庄头的身份，本文"八庄头和壮丁"一节还将论及。

投充至宗室王公以下旗人主子，投充人由凡人变为奴仆，身份发生根性本变化。"投充人即系奴仆"，② 或者说，"投充者奴隶也"，③ "本与户下家奴无异"。④ 他们没有独立的户口，不算旗人正身。一般条例中所称的投充人，主要是指这些人。这种主仆关系得到清廷法律的认可和保护；关于奴婢的法律，全部适用于投充人。

法律准许主人将投充人出卖。⑤ 投充人带来的土地全归主人所有，主

---

① 见《八旗通志》卷68，土田志7，第1页，土田数目，内务府庄园数目。参阅《乾隆会典则例》卷164，内务府都虞司，第38—49页，采捕；《皇朝琐屑录》卷27，第14—15页，以及王钟翰《清代旗地性质初探》（见《文史》6，第131页）所引《乾隆四年二月廿日档案》等。
② 《光绪会典事例》卷1116，八旗都统，户口，第1页，旗人买卖奴仆。
③ 顺治八年七月丙子谕。见《顺治实录》卷58，第2页。
④ 乾隆五十六年十二月户部疏。见《八旗通志》卷65，土田志4。
⑤ 顺治五年定，投充人"本主愿卖者听"。见《光绪会典事例》1116，八旗都统，户口，第1页，旗人买卖奴仆；又见同书卷156，户部，户口，第2页，旗人买卖奴仆。

人出卖这些土地时，投充人必须将地交出。① 并不准投充人置买民间房地。② 投充人如若逃走，本人、窝逃人，及其两邻、十家长、百家长都按照对付奴仆逃人的有关定例治罪。③ 投充人如果隐瞒自己的身份，也要受到处罚。④ 至于应试出仕，更是不准了。⑤

投充人的子孙世世为奴。"直隶地方旗民杂处，庄头、壮丁多系带地投充之人"，他们"数传而后，子孙繁衍，支派难稽"。⑥ 投充人无权聘嫁自己的女儿。雍正四年议准，投靠养育年久，"男属世仆，永远服役，其女婚配，悉由家主。仍造册呈明地方官存案"。⑦ 所以，一般地说，投充人的子孙是承继其父祖的奴仆地位的。⑧

投充和人和其他奴婢一样，可以按照一定的规定条件赎身、开户。但在清代前期，除特例外，⑨ 一般均不得放出为民、潜入民籍。这一规定，乾隆三年、四年、五年、二十四年曾再三重申。为什么做出这样的规定，

---

① 乾隆五十六年奏准，"带地投充各户人丁地亩，照旗下圈地家奴典买例，悉由本主自便"。见《光绪会典事例》卷160，户部，田赋，第4页。乾隆五十六年又奏准，"凡投充人丁地亩，应照八旗圈地例，典卖悉由本主，家奴不得藉称投充捐地不交"。见《光绪会典事例》卷1118，八旗都统，田宅，第4页。"其主将地转售"，投充人"借称投充，捐地不交；殊与情理未协"。见《八旗通志》卷65，土田志4，土亩规制，畿辅规制4，第39页。

② 顺治七年题准，"投充人置买民间房地者，房地并价银入官；买卖两造从重治罪"。见《光绪会典事例》卷1116，八旗都统，户口，第1页，旗人买卖奴仆；又见同书卷156，第4页，投充人口。

③ 顺治二年三月戊申谕户部，见《顺治实录》卷15，第11页。

④ 顺治十年年题准，"投充人诬称不系投充者，审出，鞭一百"。见《光绪会典事例》卷156，户部，户口，第4页，投充人口；又见同书卷1116，八旗都统，户口，第1页，旗人买卖奴仆。

⑤ "八旗户下带地投充庄头，无论旗档是否有名，均不准出仕。"见《光绪会典》卷10，第1页；《光绪会典事例》作"均不准应试出仕"，见卷752，刑部，户律，户役，第4页，人户以籍为定。

⑥ 孙嘉淦：《孙文定公奏疏》卷4，第35页。

⑦ 《光绪会典事例》卷158，户部，户口。例中"仍"字应理解为，清初就是这样办理。康熙二十四年奉旨，由于"投充人之女，内无用处"，所以将内务府所属"投充人等之女永停查点，听其随意聘嫁。以前有私自聘嫁者，亦不必查议。及会计司、掌议司、都虞司、营造司所属投充之人等之女，亦照此遵行"。（见《刑部现行则例》，转自《古今图书集成》经济汇编，祥刑典，卷63，律令部，影印本第770册，第43页。参见《光绪会典事例》卷756，刑部，户律，婚姻，第6页，嫁娶违律主婚媒人罪。）因此，准确地说，康熙二十四年至雍正三年，即1684—1725年这42年间，按照规定，投充人之女是不归主人所有的。

⑧ 投充人如为庄头，其身份见本文第八节。

⑨ 如顺治八年"英王阿济格应幽禁"，其所属"投充汉人出为民。其家役量给使用，余人及牲畜俱入官"。（顺治八年正月甲寅，议，见《顺治实录》卷52，第6页。）投充人有这样出旗为民的机会，是很少的。

从有关资料中尚未得到确切的解释，只称是由于年代久远，籍贯无从稽考的缘故。

道光八年开始，当主人情愿时，经过相当繁复的规定手续，投充人方得放出为民。虽然因手续复杂，投充人仍旧不易得到放出的机会；不过从制度上讲，总算容许投充人出旗，这一点是跟以前大不相同的。有关投充人放出的条例，见下表。

清代关于投充人放出问题条例一览

定例年代	条例
雍正三年①	投充之人私自为民，后经发觉，将同族之人攀为同祖，或本主因家奴之同族稍有产业，诬告为投充之子孙者，审明，将诬攀诬告之人从重治罪
乾隆三年②	带地投充人等，虽籍贯年远难以稽查，均准开户，不得放出为民
乾隆四年③	带地投充之人，原系旗人转相售卖，虽有籍贯，无从稽考，均应开户，不准为民。此内有实系民人，印契内尚有籍贯可稽者，照乾隆元年以前白契所买家人例，效力过三代后，准其为民
乾隆五年④	带地投充者，亦历年久远，虽有籍贯，难以稽查……应仍遵照定例，止准开入旗档，不得放出为民
乾隆二十四年⑤	带地投充之人将子孙改姓，潜入民籍者，照例治罪，仍断还原主。若有钻营势力，欺压孤幼赎身为民者，倍追身份，给还原主，将人口赏给外省驻防兵丁为奴
道光八年⑥	八旗王公所属庄头及投充家奴人等，如因人口众多，情愿放出为民者，呈报宗人府查明，饬令该管佐领出具切实图结，该参领加具关防，并饬令族长、学长查明本族宗室人等并无争论，画押甘结，造册连接咨部，转饬各该州县给予执照，收入民籍，概不准私放出户

资料来源：①《光绪会典事例》卷156，户部，户口，第4页，投充人口。雍正十二年、乾隆三十二年、五十三年修例时均保留，见《光绪会典事例》卷752，刑部，户律，户役，第2页；《读例存疑》卷9，户律、户役，第9页，人户以籍为定。

②《光绪会典事例》卷1113，八旗都统，户口，第4页。

③同注②。参阅《清通考》卷20，户口2，第5037页。

④《光绪会典事例》卷752，刑部，户律，户役，第3页。

⑤《大清律例统纂集成》卷8，户律，户役，人户以籍为定。

⑥《光绪会典事例》卷9，宗人府，职制，第7页。

（四） 顺治末年满汉官员关于投充人问题的辩论

八旗统治者入关以后，以征服者的姿态为所欲为，地方长官无权管治。投充人中不乏汉族地主土豪、① 地痞流氓一类，他们利用民族之间的不平等关系，把投充作为一种获利的机会。投充后，虽然在主子面前成为奴才，但在汉人乡里中却是另一副嘴脸，他们"介在旗民之间"，② 借着主子的威势，横行无忌。地方官有的"因责惩旗人曾经问罪，以致投充人益加横肆"。③ 所以，投充人中有的不仅仅是"人免丁徭地免税"④ 而已，而且"鲜衣怒马，称雄乡曲"，⑤ 放债构讼，鱼肉小民，⑥ "夺人之田，攘人之稼"，甚至出现投充人与民人抗争田地，"被其攘夺者愤不甘心，亦投旗下，争讼无已"⑦ 的怪现象。当时人称，投充人和皇庄旗地的庄头一起"鱼肉骚扰，乡村小民不得安一日饮食之乐"。⑧ 汉官对此毫无办法。至于主子利用他们经商漏税，贩卖私盐，则触及最高统治者的利益了。总之，投充人为害已成为当时一个相当严重的社会问题。

清廷于顺治三年虽曾宣布，"自次年为始，汉人投充旗下永行禁止"，⑨ 但实际上投充一事至少在顺治朝是未尝或止的。《雄县新志》关于投充地亩的统计说，"自顺治二年至十五年，节次投充各旗之田可秀等，带去本身、族人、外姓、并奉部断给房本高等地共六百一十八顷三十九亩一分七厘六毫一丝"。⑩ 这一资料证明，直至顺治十五年，雄县收留投充的活动仍在继续。

投充人所害者汉民百姓，得利者八旗王公、宗室官僚，矛盾日趋尖

---

① "所收尽皆带有房地富厚之家"。顺治八年八月癸酉谕户部，见《顺治实录》卷59，第28页。
② 《光绪会典事例》卷156，户部，户口，第4页，投充人口。
③ 顺治八年谕。见《光绪会典事例》卷156，户部，户口，第4页，投充人口；又见同书卷1116，八旗都统，户口，第1页，旗人买卖奴仆。
④ 姚文燮：《投人谣》，见《雄县新志》第10册，第36页。
⑤ 《雄乘·纪投充》，见《雄县新志》第3册，第2页。
⑥ 康熙二十二年格尔古德疏言，见《国朝先正事略》卷9，名臣，第45页。
⑦ 顺治三年三月辛卯江南道监察御史苏京奏折。见《顺治实录》卷25，第21页。
⑧ 顺治八年闰二月宁夏巡抚李鉴揭帖。见《明清史料·丙编》第4本，第308页。
⑨ 《光绪会典事例》卷1116，八旗都统，户口，第1页，旗人买卖奴仆。
⑩ 《雄县新志》第2册，第2页。

锐，反映为顺治九年前后的一场辩论。

投充人中的狡横分子，披旗人外衣，借主子的权势，在乡里为非作歹，敲诈勒索，汉民反映十分强烈，皇帝也不得不进行干预，以缓和矛盾。顺治八年初颁谕，"投充人有生事扰民者，本主及该佐领如知情，皆连坐。前此，有司因责惩旗人曾经问罪，以致投充人益加横肆。嗣后地方官遇投充人有犯，与属民一例究治"。① 宁夏巡抚李鉴赞颂此谕使得"尊卑有分，创残有生"，② 好像从此以后投充人害便可制止了。其实全然不是。就在此谕颁行前后，八年闰二月兵科给事中王廷栋题称，"夫投充者，非大奸巨恶即无赖棍徒，始冒人地投充，既倚投充而肆虐，诚有如圣谕，凌侮官员、欺害小民、任意横行者"。武清县陈其智、王加才等将屯地五百七十余顷投充正白旗下东山牛录，私行隐占三百余顷，并强霸接壤民地一百余顷，事被乡民赵仲义等揭告。③ 这个案件并非一例孤证。顺治九年，京师周围各县"小民与投充者纷纷评告，讼牒日盈于司徒之庭"，官司往往打到皇帝那里去。④ 顺治九年五月，福建道御史娄应奎上疏称，因投充"而奸猾蜂起，将合族之田皆开除正项，躲避差徭。是无益于国也。又有将他姓地土认为己业带投旗下者。一人投充而一家皆冒为旗下，府县无册可查，真假莫辨。是投充之有害于民也"。⑤ 王廷栋前奏建议勒令清查投充人隐占土地归还原主；娄应奎后奏建议将投充清档发当地地方官。二人意见均未涉及投充制度本身。十一月，清苑县王仪将路斯行等三百余人的房屋、地亩"占夺投充"一案，皇帝处理路斯行等京控，并未按照八年谕对本主及佐领进行任何处理。⑥

就在这样的背景下，刑部尚书刘馀祐、云南道试监察御史杨世学和户部左侍郎王永吉三人先后上疏，对投充制度展开全面攻击。

---

① 《光绪会典事例》卷156，户部，户口，第4页，投充人口，又见同书卷1116，八旗都统，户口，第1页，旗人买卖奴仆。
② 见《明清史料·丙编》第4本，第308页。
③ 顺治八年闰二月初七日。见中国第一历史档案馆藏《题本》，兵科，敷陈类，00010号。
④ 顺治九年五月二十二日，山西道试监察御史邵士标题本。见《明清史料·丙编》第4本，第320页。
⑤ 顺治九年五月乙未。见《顺治实录》卷65，第7—8页。
⑥ 《顺治实录》卷70，第14页。

刘馀祐说，投充原为收投贫民作役使之用，"嗣后有身家、行土地者一概投充，遂有积奸无赖，或恐圈地而宁以地投，或本无地而暗以他人之地投。甚且带投之地有限，而持强霸占之弊百端出矣。借旗为恶，横行害人"，"以致御状、鼓状、通状纷争不已，狱讼繁兴"。投充成为旗人后，"一旗之人并不敢问所行之何事，而地方有司明知民冤，亦并不敢伸朝廷之一法。是投充旗下即为法度不能加之人矣"。而且投充"一人则朝廷少一徭役，带一地土则朝廷少一赋税"。因此，他建议"通查投充之人，总发于各州县"，"投充人带投地土一概清还版籍"，"各还原主领种，纳粮当差"。①

刘氏发难后，同年十二月初六日杨世学又题本"请尽革投充之弊"。这位监察御史认为，投充实质乃是对王公大臣"分土分民。是多一投充之人，皇上即少一百姓；多一投充之地，皇上即少一田土"。他同意娄应奎的意见，"有将未投田地开入已投名下，及强带他人，开除钱粮，躲避差徭，是旗下仅得一投充人，皇上便失却数家百姓"。他也指出投充人利用有司不敢管理而荼毒百姓的现象。因此建议"将已投充人或原无田而今有田者，与原有田来投者，乞命一一带去，使其仍归本籍，各事耕凿。将所退投充人之田地内共计有应纳钱粮若干，俱入正编州县，解入户部"。对于王公大臣则给予补偿：由户部"照依品级，于常俸外量行赐给"。②

七天后，王永吉上书陈投充五弊：一为"投充冀虎噬人，以致告讦纷争"；二为"恶棍坐享丰腴，良民反遭冻馁"，"失畿辅百姓之心"；三为"旗下多一投充则皇上少一土地人民，减户口而亏赋税"；四为诸王大臣"滥收投充，有并尊耦国之嫌"；五为投充人"纵横乱法，督抚不敢问，有司不敢诘，废国家之成宪"。③他建议"敕禁王大臣滥收人投旗，以息诸弊"。④

连续三疏要求取消投充，事关重大，清帝福临命户部会同内三院九卿科道讨论办法。会议中，满汉臣僚发生争执。满臣认为，"投充缘由，原

---

① 《请革投充疏》。见《皇清奏议》卷5，第5—8页。
② 《明清史料·丙编》第4本，第331页。
③ 顺治九年十二月辛亥。见《顺治实录》卷70，第9页。
④ 《清史稿》卷238，列传25，王永吉。中华本第32册，第9502页。

使穷民投充满洲,赖有衣食活命;又满洲得人驱使。彼时听百姓情愿,有地无地俱行投充,今有依靠投充人过活者,有因投充而卖旧人者,有因旧人逃亡将投充人随带出征者,亦有满洲旧家妇人配与投充人,或有将新妇人配与旧人,亦有生子女者。若将投充人发出,满兵难照汉兵给养。若以留此投充为不便,则退出投充尤有不便之处。且系年来久定之事,难以复行退出"。完全拒绝刘、杨、王三疏的意见。

在满族王公反对之下,汉官哪里有坚持的余地,只得承认失败:"满臣所议,情实可念,免其退还,恩出皇上",仅提出"严查投充之人有冒带他人地土,及顺治四年禁止投充以后收入旗下者,查出退还可也"。会议结果,题请皇帝决定。该本满文批红:"著按满官议。"于是一场争论就此结束,即使连汉官最后提出的那一点儿建议,也统统未在考虑之列。一切仍然照旧。①

刘馀祐、杨世学和王永吉三人所打的是有损朝廷财赋的招牌,矛头所指乃是八旗王公贵族和官僚;他们主要代表汉族地主(同时也包括农民)的利益。但投充一事,八旗既得增添奴婢壮丁供给役使,又得扩大土地赖增收入,利薮所在,当然不愿轻易放弃。皇帝本人就是最大的受益者之一,他自己应该是很清楚的。何况他去年方才亲政,江山初定,尚需多方羁縻八旗王公进行武装统治,怎会冒着得罪掌握武装的八旗上层的危险去认真听从被征服者的诉说?甚至三人提出投充之举使某些人有"并尊耦国之嫌"的尖锐提法刺激皇帝考虑其最高地位所受的威胁,福临也无所谓。所以说,刘、杨、王三人在这场斗争中失败,是早已注定了的。

辩论过后,投充人行为照旧。如顺治十二年正月都察院左都御史屠赖奏言中就反映:"近闻八旗投充之人自带本身田产外,又任意私添,或指邻近之地据为己业,或连他人之产隐蔽差徭,被占之民既难控制,国课亦为亏减。"② 事实上,投充人为害百姓的问题,清前期迄未解决。康熙八年修订顺治八年令,"投充人生事害民者,本主及该管佐领连坐,本犯正法,

---

① 中国第一历史档案馆藏《题本》其他类303号。该件汉文批红及开头一段文字残缺,承档案馆满文组同志协助,据满文部分译出,特此致谢。题本署名,满文部分由户部尚书噶达浑领衔,汉文部分由兵部尚书洪承畴领衔。

② 顺治十二年正月,丙午。见《顺治实录》卷88,第14页。

妻孥家产入官。罪不至死者，本犯及妻孥入官。嗣后地方有司遇投充人犯罪，与属民一例责治"。①"本主及该管领连坐"后原有"如知情"三字，修订时删去了。这意味着不论本主佐领知情与否均连坐。对本犯的处理，不论所犯之罪是否够判死刑，妻孥均入官。这比顺治八年时的条例规定要严格得多了。可见，此时的投充人为害之剧较诸二十年前不为或减，最高统治者不得不加以控制，以略平息汉人土地所有者的愤懑。

康熙八年六月，刑部针对投充人入旗之后多以从前旧事赴衙门告理，并代亲属打官司，倚仗旗势欺压汉人百姓的现象，题请严加禁止投充人代亲属告状及将入旗以前之事控告。这一建议，康熙皇帝当时批准，律例馆于十九年纂呈，二十七年会议颁行，直至雍正三年方才奏准附律。② 这一定例的立法过程前后历时五十六年之久。这也说明，在那半个多世纪中，投充人扰民现象迄未减少，定例仍有现实意义；也可看出满清官僚统治机构无视民瘼到了什么程度。

至少到雍正初年，早年投充人的子孙仍具投充人身份外，仍还有汉人投充入旗。四年，清帝胤禛尚查出他的弟弟塞思黑拥有最近收容的"入档之投充民人"和"不入档之投充民人"达三十名之多。③ 这时距离宣布禁止投充命令的顺治三年已经整整八十年了。

五　为奴遣犯的身份地位

罪罚为奴和重犯妻妾子女缘坐籍没为奴，在中国有着很长的历史。《周礼·秋官》记载，"其奴，男子入于罪隶，女子入于舂槁"。汉时，籍没妻女没为官婢，在各衙门充役。唐代有以妻女籍没入官，称"填宫"。明代则缘坐给功臣之家为奴，所以有非功臣之家无奴婢的说法。

清代法律，除完全继承明律中关于给功臣之家为奴的条文之外，在正

---

① 《光绪会典事例》卷156，户部，户口，第4页，投充人口。
② 康熙八年六月甲申刑部题。见《康熙实录》卷30，第10页。《大清律例通考》卷30，刑律，诉讼，第3—4页，教唆词讼。
③ 雍正四年六月初三日谕。见《上谕八旗》雍正四年，第47页。

式刑制所定的徒、流、迁徙①之上，绞、斩二死之下，有所谓"发遣为奴"的罪罚，陆续制定了若干条例，增加了许多将罪犯本人发给官兵为奴的规定。从而使得没为奴婢成为五刑之外的一种惩治罪犯的办法。乾隆初年，"各项发遣为奴之民人，律例载有三十余条"。②到同治年间，粗略统计，增至103条之多。其中分为"给付功臣之家为奴"，"发黑龙江给披甲人为奴"，"发新疆给官兵为奴"，"发伊犁、乌鲁木齐给官兵为奴"，"发回城为奴"，以及"发各省驻防给官兵为奴"。这样，犯罪发遣及缘坐之奴（我们简称之为"遣奴"）就成为清代奴婢队伍的一个组成部分。

给付功臣之家为奴，见诸正律者两条：谋反大逆与谋叛等两种罪行的缘坐家属。前者包括正犯的母女、妻妾、姊妹、媳等女性家属，以及十五岁以下的兄弟、子孙及同居的男性家属；后者包括正犯及共谋者的妻妾、子女。清律该条全承明律。所谓"反"，是"谋危社稷"；所谓"逆"，乃"不利于君"，都是直接危及皇帝统治地位的。所以律条以罪及妻孥的株连峻法"欲使人望而知惧，交相戒畏"，不要轻易做推翻朝廷的尝试。这种惩罚的对象均为被株连缘坐者，而非犯罪者本人，③因此可以说，凡判给功臣之家的奴婢都是无罪的妇孺，他们由良人一堕而为贱民。朝廷要求功臣子孙对他们"严紧管束"，赴外任出京时需将他们一道带走。④

判"发黑龙江给披甲人为奴"（或称"给穷披甲为奴"）的，大多是有关强奸、轮奸特别是其中酿成命案的罪犯。⑤"发黑龙江给披甲人为奴"的都是案件中按例应判的主犯、从犯，没有缘坐株连之人。他们配至黑龙江后，大部分留在齐齐哈尔。⑥这种犯人到达后，作为赏品分给八旗兵丁中的"贫者、勤者、有劳绩者"为奴。当然指配的决定权在将军，所以实

---

① "徒者，拘系其身，役满释放，止配本省驿递。流则罪重于徒，照依犯人本省地方计所犯应流道里，流之别省荒芜及濒海之地，不得复归本省。至于迁徙，则视五徒较重，视三流较轻，故于本犯乡土一千里之外安置，不得复归本籍，亦与流罪同。"《大清律则》卷5，名例律下，徒流迁徙地方注。
② 《乾隆实录》卷47，第13页，乾隆二年七月丙午。
③ 见《大清律例》卷23，刑律，贼盗上，谋反大逆律，谋叛律。
④ 咸丰《户部则例》卷1，户口，第12页，奴仆。
⑤ 参阅《大清律例》卷10，户律，婚姻；卷25，刑律，贼盗；卷26，刑律，人命；卷27，刑律，斗殴上；卷33，刑律，犯奸等有关条例。
⑥ 西清《黑龙江外纪》。

在受益者当然是那些得到长官赏识的所谓"受知深者"的亲信兵丁。① 按照规定是不分给官员的。但"边地官员受田耕种，全赖奴仆力作"，需要奴仆壮丁，故朝廷同意黑龙江将军富僧阿等的建议，于乾隆三十三年规定，以后将发遣为奴人犯二十分中以一分赏给出力官员。② 从此，原来发黑龙江"给披甲人为奴"实际改为给官兵为奴了。

乾隆二十四年，天山南北两路尽入版图。自此之后，乌鲁木齐、伊犁及巴里坤各回城就成为新的发遣为奴罪犯的地方。

判处"发往新疆给官兵为奴"、"发往伊犁给驻防官兵为奴"和"发乌鲁木齐给驻防官兵为奴"的罪行主要包括忤逆、强盗、窝盗、抢劫、迷拐、勒赎、发塚、谋杀、械斗、越狱、盐枭以及窃仓、私铸等有关案件③中的不同首、从、被胁同行各犯。"犯造谶言惑人不及众者"④ 原律流三千里，后定例改为"发回城给大小伯克，及力能管束之回子为奴"。⑤

发新疆各地驻军为奴的罪罚，一般只及罪犯本身。非本人犯罪，因株连而缘坐新疆为奴者，处罚最严厉的是逆案：本人已被处死之后，"其子孙讯明实系不知谋逆情事者，无论已未成丁"，均"发往新疆等处给官兵为奴"；更有甚者，这些"实系不知谋逆情事"的无辜分子，在发遣以前还要"解交内务府阉割"，内务府大臣派人和刑部官员一再"查验明确，再交兵部发往新疆给官兵为奴"。⑥ 这是发给官兵为奴例中最重的一条刑罚，也是清代死刑以下最重的一种刑罚。这些从未犯罪的"罪犯"所受的苦楚比其他遣奴显然更为凄惨。这就是大清皇帝为稳踞龙座而设的酷刑峻法。

此外还有一种是"发各省驻防给官兵为奴"。清代条例中，关于偷刨

---

① 西清《黑龙江外纪》。
② 乾隆三十三年二月乙丑。《隆乾实录》卷804，第16页。
③ 参阅《大清律例》卷4，名例律上；卷12，户律，仓库下，卷13，户律，课程；卷23、24、25，刑律，贼盗；卷26，刑律，人命；卷27，刑律，斗殴上；卷30，刑律，诉讼；卷32，刑律，诈伪；卷35，刑律，捕亡等。
④ "不及众"是"惑者未多"的意思。
⑤ 《大清律例》卷23，刑律，贼盗上，造妖书妖官律附例。此例至道光十年又定为，"先行酌给印房各章京、笔帖式等役使"，"俟发给章京等足敷役使，再分给大小伯克为奴。毋庸分给小回子，以免拖累"。见《大清律例》卷5，名例律下，徒流迁徙地方附例。
⑥ 《大清律例》卷23，刑律，贼盗上，谋反大逆律附例。参见《读例存疑》卷25，第2页。

人参、犯奸、杀一家三人、威逼人致死、谋杀、私铸等罪行中，均有发各省驻防给官兵为奴的处刑。① 有关人犯，"由兵部核计该犯原籍及犯事地方道里，俱在四千里以外均匀酌发"，分别送到直隶、江宁、山西、山东、河南、甘肃、西安、宁夏、凉川、荆州、杭州、成都、福建、广东等处给满洲驻防兵丁为奴。②

遣奴虽是清代奴婢队伍的组成部分，得到遣奴的主人对他们有任意役使之权，"兵丁有借以使用颇为得力者"；但是，罪犯的身份决定了他们毕竟和其他奴婢不同，具有其特殊之处。这就表现为如下五点：

第一，遣奴只被配给东北、西北及各省驻防官兵，不是任何旗人均可获得，更不是民人得以占有的。

第二，主人对遣奴不是完全占有。由于遣奴是朝廷指定发配在一定地点服刑的犯人，因此，领取该犯的主人没有权力将他们出卖。康熙三年题准定例，对偷卖偷赎拨给山海关外叛逆及其他军流人犯妻子家仆者，给予处分。③ 乾隆五年定、嘉庆六年修订例规定，有所放宽，"不准典卖与别境旗人"，可以报官，"酌量准其典卖与本处旗人为奴"，"如卖与民人，并别境旗人为奴者，杖一百，追价入官"。④ 除功臣子孙外，主人因换防等原因离开当地时，不能将所得遣奴带走。如伊犁、乌鲁木齐等处领取遣犯的兵丁"系永远驻屯者，发给人犯即永远为奴"；非永远驻屯者，"到换班时交代与接班兵丁为奴"，"无接班之人"，"亦令该管官将该犯等另行拨给附近种地兵丁随同力作"。⑤ 又定，"凡行凶与披甲人为奴之犯，伊主或给亲戚，或亲携来京，或差做买卖来京，永远禁止"，⑥ 在使用上受到限制。

第三，罪犯遣奴之为奴，是因为本人犯罪所得的刑罚，因此，奴的身份一般不及妻孥。某些发遣为奴的罪行被规定要佥发妻室子女为奴，例如

---

① 参阅《大清律例》卷5、23、24、25、26、32、33等。
② 《大清律例》卷5，名例律下，徒流迁徙地方附例。
③ 《古今图书集成》经济汇编，食货典，卷17，户口部。第678册，第28页。
④ 《光绪会典事例》卷752，刑部、户律、户役，第2—3页，人户以籍为定。
⑤ 《大清律例》卷5，名例律下，徒流迁徙地方附例。
⑥ 《大清律例》卷35，刑律，捕亡，徒流人逃律附例。

强盗免死减等者是。① 但大多数罪行并不如此。"发到黑龙江给予旗人为奴人犯所有随带妻子，部文内止称将本犯赏给兵丁为奴，并无一并为奴字样，是以未将伊等妻子办理为奴，俱听另居度日。"② 不过，各遣奴之妻的身份不是相同的，这要看她是否随夫留在主家。乾隆四十年规定："凡发遣黑龙江等处为奴人犯有自行携带之妻子，跟随本犯在主家倚食服役，被主责打身死者，照殴死雇工人例拟杖一百徒三年。其妻子自行谋生，不随主犯在主家倚食者，仍以凡论。"③

至于遣奴随带的子孙，如欲返回原籍，或者居住原籍的子孙前来探视，官府皆予批准，"本犯之主不得扶势羁留。倘有刁留计陷不得归者，将本主照存养良家男女为奴婢律治罪；该管官一并交部议处"。④ 遣奴在配所生的女儿，"准其各就该处择配"。⑤

第四，遣奴不能赎身、开户。清朝条例规定，一般发遣人犯，给以三年或五年期限，"限内无过，准入该处民籍"。⑥ 但没有为遣奴规定服刑期限。他们也不能像其他奴婢那样可以赎身。遣奴中"实犯大逆子孙缘坐发遣为奴者，虽系职官及举贡生监，应与强盗免死减等发遣为奴人犯，俱不准出户"；⑦ 有私自赎去的，主人要受到处罚。⑧ 康熙年间定例，叛逆案发遣为奴人犯，"永不许赎身"。到嘉庆十七年又将此句删去。薛允升认为，从此"为奴遣犯并无不准赎身之例文矣"。⑨ 但是从判例看，薛氏的理解

---

① 《乾隆实录》卷47，第13页。
② 所引是乾隆二十九年十一月黑龙江将军富僧阿（即傅僧阿）题本内容。他建议，以后遣奴之妻与其夫一并"俱给兵丁为奴"。乾隆对富僧阿的原意理解错误，谕中同意富僧阿意见的同时，却规定，"嗣后旗人发遣家奴，如有同妻子一并送部发遣者，俱著一体赏给兵丁为奴。著为令"。见《乾隆实录》卷722，第5—6页。事实上，家奴犯罪发遣为奴，其妻因原是奴婢身份，随至配所从来都是奴婢。因此，富僧阿的建议并未达到目的。西清也说，"流人妻子，缘坐者奴之，随带者则否。"见《黑龙江外纪》。
③ 《光绪会典事例》卷810，刑部，刑律，斗殴，奴婢殴家长，第3—4页。
④ 乾隆七年三月癸酉从刑部议。《乾隆实录》卷162，第23页；《大清律例》卷4，名例律上，流囚家属附例。
⑤ 《光绪会典事例》卷810，刑部，刑律，斗殴，奴婢殴家长，第3—4页。
⑥ 道光《户部则例》卷4，户口4，第9页，安插流民章程。
⑦ 《大清律例》卷4，名例律上，流囚家属附例。
⑧ 《大清律例》卷8，户律，户役，人户以籍为定律转引。
⑨ 《读例存疑》卷2，名例律上，第29页，流囚家属，卷9，户律，户役，第25—26页。

可能有问题。嘉庆十八年，即删此规定的翌年，黑龙江披甲人法依巴尔得财，准许给他为奴的犯人史国润赎身。史国润被拿获后，其主法依巴尔被处以枷号两月鞭一百的刑罚，史国润被处以枷号一年杖一百的重刑，并"仍交法依巴尔领回，折磨使用"。嘉庆皇帝颙琰如此处理的理由是，"此项发遣为奴之人，原系免死减等重犯。所以给兵丁为奴者，特令充当折罪差使，向例不准赎身。如任令赎身，听其到处游荡，反得侥幸，竟成无罪之人，尚复成何事体"。① 可见，发遣为奴人犯可说是从来不准赎身的。

犯有一般罪行的遣奴摆脱奴仆境地的机会有三：一是遇赦。二是伊犁、乌鲁木齐遣奴"在配安分已逾十年"，可在当地"永远种地"，但"不准为民"。三是"呈请愿入铅、铁等厂效力捐资"，做十五至十七年苦工后，"准为民，不准回籍"。② 后定，"报部核覆，再加十二年，如果始终效力奋勉，准其回籍"。③ 此外，只有逃走一途。据西清说，黑龙江遣犯逃走，官兵三路追捕，"追者尝多，获者尝少。例无赏罚，官兵不力故也"。④

第五，遣奴的罪犯身份决定了他们的主人对待他们比对其他奴婢更为酷虐。虽然主人对遣犯不是完全占有，但极为普遍的情况是，"惟知役使鞭挞"，"暴虐役使"，"并不给予衣食"。⑤ 因此，这种主奴关系向来十分紧张，遣奴杀死主宗五口、九口的案件均见诸刑牍。雍正六年二月二十一日，内阁奉雍正谕：遣奴"若仍有凶暴者，不论有应死不应死之罪，伊主便置之于死，将伊主不必治罪"。⑥ 乾隆间也"屡经降旨，以此等遣犯内，如有凶顽不听使命者，伊家主不妨即时杖毙"，⑦ 实际是对遣奴格杀勿论。可见遣奴所处的境地比一般奴婢更无人身保障。

从以上分析可以看出，清代的遣奴和前代的官奴婢有所不同；他们在清代的奴婢队伍中也处于一种特殊的地位上。从身为奴仆来讲，遣犯是奴

---

① 《光绪会典事例》卷752，刑部，户律，户役，人户以籍为定，第5—6页。
② 咸丰《户部则例》卷94，杂支，第62—64页，新疆遣犯事例。
③ 《大清律例》卷5，名例律下，徒流迁徙地方附例。
④ 《黑龙江外纪》。
⑤ 乾隆五十五年八月甲戌谕。见《乾隆实录》卷1361，第29—30页。
⑥ 中国第一历史档案馆藏：《汉文起居注册》，雍正六年二月下。
⑦ 乾隆五十五年八月甲戌谕。见《乾隆实录》卷1361，第29页。

婢队伍的一个组成部分；但他们是罪犯，其社会身份是被排除在等级制度之外的。他们冒着主人的鞭雨在边地驻防的农业生产中起着某种作用。

六 契买人口

（一）清代准许买卖凡人子女为奴婢

有清一代，贫苦农民为了还租、偿债或病丧意外，生活无着，走投无路，因而插标卖身，售妻鬻子以解一时之危的事，不要说在那水旱蝗雹之年，即"在平时亦有之"，① 乃是经常的、大量的现象。民间"因家无衣食，将子女入京贱鬻者不可胜数"。② 赋税之滥征，也可逼得自耕农民卖妻售子。③ 甚至有人为逃避徭役而卖身旗下，因为，定例"凡卖身旗下之人，有丁徭者即开除丁粮"。④ 因此，每年都有许多人从凡人等级变为奴婢降入贱民等级。清代的执法者和法学家从不把这种交易认作是"压"良为贱，或是"诱"卖、"略"卖，应该绳之以法。他们认为，"赤贫之民饥寒待毙，困于计无复出，于是鬻卖以各全其生，此等情形岂能目之以诱？既不为诱，则不当治以诱卖之罪矣"，⑤ 这种交易乃是卖者"本人之情愿，非官长所可禁止者"。⑥ 所以"穷民当饥寒交迫之时，将妻妾子女售卖与人，原非得已，向所不禁"。⑦ 人口买卖行为既然得到政府允许，前述"略人略卖人"律自然也就起不了多大作用了。正如清代法学家解释这条律文时所评的："世情变态日滋，或遇灾荒之岁，而赤贫之民若限以禁律，转恐难保其生全，故例听其卖而不论。然既听其卖，则略卖亦所勿论矣。"⑧

---

① 《大清世宗宪皇帝实录》（以下简称《雍正实录》）卷103，第29页。
② 《康熙实录》卷82，第19页。
③ 贪墨州县，将田赋"或朦胧多征，而不以田亩钱粮之数明示百姓者；或赋外横敛而借口兵马急需者；或有院道明示征一半，征之三分之二，而藐不遵守者；或于租赋正额外加收火耗者，诸如此类，不一而足。区区孑遗，吞胆茹茶，惟有卖妻鬻子，以免旦夕拔钉剜肉之苦已耳"。顺治二年，杨椿《谨竭刍荛以襄治平疏》，见《皇清奏议》卷1，第37页。
④ 《读例存疑》卷53，督捕则例上，第37页，开除丁粮。
⑤ 《刑案汇览》卷20，刑律，贼盗，第19页。
⑥ 《雍正实录》卷103，第29页。
⑦ 乾隆二十四年通行，湖北臬司条奏。《刑案汇览》卷20，刑律，贼盗。
⑧ 见《大清律例统纂集成》卷25，刑律，贼盗下。

对于这种交易，政府不但允许，而且予以保护。康熙十九年定例："流移之民有情愿卖身者，在何处卖，许在本处官用印。若故意掯勒不行用印，发觉，交与该部从重议处。"① 这一条例表明，"情愿"卖身不属于被压为贱；官方在卖身契上盖印，认可这种买卖的合法性。这就是为什么卖身契上都要写明"情愿"字样的原因。至于这"情愿"二字是买者用何等残酷的手段逼迫，卖者用多少血泪写下的，官府并不置问。设若该管吏对此发生怀疑，不予立即盖印，被上司发觉的话，还可能被认作"故意掯勒"，受到从重的处分。

试图禁止这种买卖的官员，受到了皇帝的申斥。雍正九年，河南省祥符、封邱等州县逃荒的贫民将子女卖给来河南贸易的山西、陕西商人。河南山东总督田文镜准备把进行这类交易的中保媒人拘拿惩治。雍正帝胤禛对此大不以为然，对田之镜提出如此建议表示"深为骇异"，认为此举是田某对灾民不能妥善安插，又怕承担所属地区居民离散的责任而故为。胤禛说，禁止卖鬻子女是断绝灾民的生路，"岂为民父母所忍言乎"！② 可见，容许卖儿卖女，成了朝廷救荒的措施之一了。在这里，皇帝所考虑的根本不是许多良民身份的人从此沦为贱民有什么后果的问题。

朝廷协助把被典卖为奴婢的灾民赎出，变贱为良，也非最高统治者所感兴趣的事。乾隆四年，河南、山东、江南等地被灾，河南巡抚雅尔图于五年十二月通饬河南省："如有遇荒暂当之人，遇丰向赎者，劝令该主谅情放赎，不得拘定年限背留。"③ 乾隆六年二月，他建议皇帝颁旨，令河南、山东、江南三省被灾穷民典卖的人口"不拘年限，不拘常例，俱准照原价取赎"。④ 当时荒后方才二年，灾民到底有多少人能具备回赎子女的经济能力，那还很成问题，所以说，这种命令的作用是很有限的。但即使下这样一道谕旨，乾隆帝弘历也不愿意，"此在汝等督抚自行劝谕于本省则可，岂可以朕旨勒令数省皆然乎"！⑤

---

① 《古今图书集成》经济汇编，祥刑典，卷59，律令部。第770册，第24页。
② 《雍正实录》卷103，第29页。
③ 《心政录》，中国科学院经济研究所藏钞本，卷5，檄示，第34页。
④ 《乾隆实录》卷137，第16页。
⑤ 同上。

嘉庆朝也有同样情况。嘉庆二十年，给事中申启贤建议"将民间因荒契卖子女气"，"饬下各督抚广出示谕，许依契买原价赎还"。嘉庆帝颙琰认为，"民间年岁荒歉，将子女契买"，"或带往他乡，存亡不一，其听赎与否，只可从民之便。若一概官为出示准令回赎，恐因此借词索诈，转滋讼端"，所奏不准行。①

乾隆后期，清王朝再次肯定了买卖贫民子女的合法性。乾隆五十三年，发生了这样一件事：旗人参领经文和协领德明等奉委照料哈萨克来使。他二人借出差机会，沿途于直隶、山西、陕西、宁夏等地购买贫民子女十人。被揭发后，经文等被革职，沿途有关督抚均受申饬。乾隆此举并不表示他反对价买良人为奴婢。在谕文中讲得很清楚，贫乏灾黎把子女卖给本地民户及过往客商，从来都是容许的，各省赴京引见官员沿途价买携带，也是"尚属可行"的。经文等之所以受处分，是由于"系由驿站行走，理宜简便，若沿途买带子女，则拣择看视，说合讲价，既不免等候需时，而买定后沿途携带又需多用车辆夫马，必致扰累驿站，贻误差使。且此等买带子女之人未必尽系自行买用，或为人代买，或复行贩卖，更易滋别项情弊，而带领来使之人，尤为外藩所笑"，所以"不可不严行查禁"。② 总之，经文等的行为耽误时间、扰累驿站、易滋流弊、贻笑外藩，唯一没有问题的方面就是买人！

弘历的思想和胤禛是一致的。他也认为前述雍正九年田文镜的建议，"其意不过为讳灾起见"，若概行禁止灾民将其子女出卖，"则灾黎贫乏不能自存，又无以养赡其子女，必致归于饿毙，岂轸恤灾黎之道。自不若听其卖鬻，则贫民既可得有身价，借以存活，而其子女有人养育，亦不至有冻馁之患，岂非一举两得，又何必强为禁止耶"。至于贫民将子女卖得的几文钱能够存活几日，被卖为奴婢的子女沦为贱民遭受非人待遇又何尝能免冻馁之患，则不在封建统治者考虑之内了。

由于经文事件的发生，四月廿九日弘历发出谕旨，制定一条例文："嗣后，著名该督抚等遇有灾祲地方贫民卖鬻子女者，除本地民户、过往

---

① 《仁宗睿皇帝圣训》卷13，第5页。嘉庆二十年九月壬辰。
② 《乾隆实录》卷1303，第31—32页。

客商及并非驰驿官员,各听其便,毋庸禁止外,其有派委差使由驿行走之人,俱应禁止,民人不得私行售卖。并随时查察此等官员,如有违禁私买携带者,即行严参治罪。将此通谕各督抚等,并谕伊犁将军及新疆办事大臣一体严察,勿得仍前因循,致干咎次。"①

由此可见,准许买卖民人子女这个基本精神,自康熙至乾隆都是一致的。嘉庆以后也未尝或改;直至光、宣间大量的人口买卖,都可证明:这乃是有清一代的传统政策之一。②

(二)黑市的人贩与合法的人市

清代准许贫民卖鬻子女,土豪恶棍则乘机贩卖人口。清政府曾多次下令禁止,并打击人贩子。例如,顺治九年令,"外贩人口者,或将旗下妇女圈哄贩卖者,或掠卖民间子女者,更有强悍棍徒托卖身为名得银夥分者","著严行禁止","如故违,发觉,治以重罪"。③

康熙十九年下令禁止将诱来人口隐藏在家贩卖,④ 并定例,"有贩卖人者,所卖之人及价银一并入官,人贩子处绞"。⑤

乾隆二十四年据刑部覆湖北按察使沈作朋条奏定例,"兴贩妇人子女转卖与他人为奴婢者,杖一百流三千里。若转卖与他人为妻妾子孙,杖一百徒三年。为从各减一等。地方官申匿不报,别经发觉,交部议处"。⑥ 贩卖人口的罪刑,由绞死改流徙,较前大为轻减。清代法学家薛允升解释说,"兴贩妇人子女转卖,谓非由自己设计诱拐,是以拟罪从轻"。⑦

即使朝廷有这些惩治贩卖人口的定例,但兴贩妇人子女的事也从未间断,"拐带人口以贩卖于人者,凡繁盛处所皆有之"。⑧ 有的贩卖规模相当

---

① 《乾隆实录》卷1303,第32页。
② 附带说,在清代,抵债为奴实质也是一种人口买卖,是一种更具有强迫性的买卖。准折子女虽被禁止,但在实际生活中仍是大量的。不过,因抵债而陷身的奴婢,在身份上没有特殊规定,故本文不展开讨论了。
③ 《古今图书集成》经济汇编,祥刑典,卷50,律令部。第769册,第35页。
④ 《古今图书集成》经济汇编,祥刑典,卷60,律令部。第770册,第29页。
⑤ 同上书,第26页。
⑥ 《读例存疑》卷20,刑律,贼盗下,第58—59页,略人略卖人。
⑦ 同上。
⑧ 徐珂:《清稗类钞》第40册,棍骗类,第3页。

之大。

康熙十九年，巴天容、巴世忠等自山东海丰、乐安等六七州县诱拐人口至京师贩卖一案，被拐人口达八十人以上。①

乾隆年间福建关于"媒馆"的记载写道："闽俗竟有一种无赖棍徒，惯作媒人，私开媒馆。无论士庶之家，欲将婢女造嫁，概系送至馆中，引人看卖"，②"私开媒馆，招人观看"。③

道光年间，湖北荆州府"有等不法之徒，在于往来要路假以歇店为名，实以囤贩为事，串通奸匪，诱拐良家妇女，送入伊家，辗转嫁卖"。④

清季，贩卖人口的活动尤其猖獗。

光绪四年，奸人"挟赀纠党，向晋、豫荒区贩卖妇女南下，每次有贩得一二百人或三五百人者。而价值之贱，更不待言。其在直隶之天津、河间等属，拐匪又借年谷不登，流亡载道，乘间拐诱童男女载归南省贩卖。虽经地方官访拿惩办，而轮船往来易于藏匿，故此风仍未绝也"。⑤

"豫省被灾以后，闻有奸徒乘荒捎贩妇女，自正阳关以至周家口，沿途船只连樯东驶，大都略卖他省。"⑥

河南周家口人贩子季长和被捕时，"起出妇女四十余人"。⑦

苏北清江将坝地方私贩"沿河而下，或数十人，或数百人，内有难妇小病，即投入河中，恐传瘟疫与别人也"。"贩卖之徒俱将难女轮流取欢，然后卖去。"⑧"私贩之徒俱用炮船护送，习以为常，不知凡几，曾未有人敢于截下。""自春至秋，每日路过清江者，有数十人，有百数十人不等。更有绕越而过者。由比观之，其数何可计耶。淮安板闸子有'人行'三

---

① 康熙十九年四月初五日，监察御史蒋鸣龙题。见《黄册》。转引自《康雍乾时期城乡人民反抗斗争资料》，第370—372页。
② 乾隆二十六年九月署抚牌示。见《福建省例》，台湾文献丛刊第199种，第6册，第865—857页。
③ 《福建省例》卷31，上海图书馆藏钞本，第46页。
④ 裕谦：《禁保甲包庇条约》。见《勉益斋偶存稿》卷3，荆州，第17页。
⑤ 《论禁贩人口》。《新报》光绪三年六月初四日。
⑥ 《苏抚院收赎妇女告示》。《申报》光绪四年七月二十三日。
⑦ 《大清德宗景皇帝实录》卷80，第1页。
⑧ 《照录清江来信》。《申报》光绪四年十月初四日。

家，大发其财。"①

光绪九年，直隶、山西、河南水旱为灾，"蚁棍水贩辈亦且挟持巨资，分道前往。每到一处，与其地痞谋，辄以贱价购其幼男少女，挈带而归。竟有一人而携至数十人，一船而载至十百人者"。被卖人口"堕落蚁棍水贩之手，威逼势胁，辗转售卖，男不为优即为仆，女不为婢即为娼。宦裔夷为贱役，良家流入烟花"。②

光绪二十年，四川重庆以下十三县大旱，船只由川至宜昌"带下女孩极多，招人承买。十岁者不过六七串，十五六岁之好女子不过二十串"。③

从灾区以极低的价格买来，或者不花本钱拐骗到手的男女，运至城市贩卖，立获高价。巨利所在，犯罪亦无所惧。除土豪地痞趋之若鹜外，甚至有官员参加这种罪恶活动，"有职人员亦做此勾当，取其发财之易"，没有他们参加，怎会有"炮船护送"呢。④ 官方立法虽严，查缉关卡甚多，但这种贸易仍旧具有相当大的规模。这是因为关卡人员与人贩子联手分利，"非惟绝不过问，甚且从而袒庇之，盖得其贿也"。⑤《清稗类钞》的编著者描述了清末上海的情况："所拐妇孺，先藏之密室，然后卖与水贩，转运出口。妇女则运至东三省者为多，小孩则运至广东、福建等省者为多。""其上汽船也，更有人为之保险，船役亦有通同保险者，视此为恒业，与各处侦探相交通，故绝无破案事也。"⑥ 人贩子如果不把所获的血腥银子适当地分给职官吏胥、船主店家，是无法进行这种罪恶滔天的勾当的。清末如是，当然可以推及此前。这幅血泪斑驳、惨不忍睹的历史画卷，径直展至全国解放方止。

让我们再看看清代的人市。

我国古代是存在着将奴婢像牛马牲畜一样公开买卖的人市的。不必追溯过远，在元代，江南州郡就"处处有人市"。⑦ 明代山东集市"百货俱

---

① 《照录清江来信》。《申报》光绪四年十月初四日。
② 《字林沪报》光绪十一年八月十四日。
③ 《申报》光绪二十年八月十九日。
④ 《照录清江来信》。《申报》光绪四年十月初四日。
⑤ 《清稗类钞》第40册，棍骗类，第4页。
⑥ 同上。
⑦ 《续资治通鉴》卷191，元纪9，至元三十年冬十月辛亥，古籍出版社版，第5213页。

陈，四远兢凑，大至骡马牛羊，奴婢妻子，小至斗粟尺布，必于其日聚焉，谓之赶集"；① 至清代早期仍如此。②

顾炎武曾描述了清初关中地区上市卖人的情况，"自鄠以西至于歧下，则岁甚登，谷甚多，而民且相率卖其妻子。至征粮之日，则村民毕出，谓之人市"，这是农民无银交税而出卖骨肉者众，以致形成人口市场的惨状。③ 甚至帝辇之下的京师也有人市。④ 清初著名的史学家谈迁概然叹道："噫，诚天之刍狗斯人也！"⑤

清代人市有人牙⑥为中介。成交后，有官员负责登记档案，发给买人执照和查缉人贩子。建国之初规定，旗人只准在本旗人市买卖人口："旗下买卖人口，赴各该旗市交易。若越至他旗市，被执者，身价二分入官，一分给拿获之人"。⑦ 康熙十九年规定，旗人买卖人口必须"赴市买卖"，由牙子从中说合。一笔交易做成，经官写档，"该翼确查明白，给付执照"。⑧ 这说明各旗都有自己的人口市场，官家对这种市场是派有管理人员的。

在人市进行的，毕竟是奴婢买卖的一部分，更多的人口交易并不通过市场。

以上说的是私人之间的人口人市交易，除此之外，清代还有官卖奴婢。所卖人口，主要是籍没叛逆等项罪犯的家属、奴婢，贪污、拖欠钱粮官员抵帑的奴仆，以及其他缘事抄产入官的奴婢。这些人口，有的就地发

---

① 谢肇淛：《五杂俎》地部。
② 张心泰：《粤游小志》卷3，第1页。
③ 《钱粮论》。转见《皇朝经世文编》卷29，户政。
④ 谈迁：《北游录》纪闻下，人市："顺承门内大街骡马市、羊市、又有人市。旗下妇女欲售者丛焉。牙人或引至其家递阅"。
⑤ 同上。
⑥ 人牙是合法存在的。其限制是不准逼勒妇女卖奸。清初条例："凡借充人牙，将领卖妇人逼勒卖奸图利者，枷号三月杖一百，发三姓地与给披甲人为奴。"（见《光绪会典事例》卷825，刑部，刑律，犯奸，第5页，买良为娼律附例。）乾隆五年将比例增定："凡借充人牙，将领卖妇女逼勒卖奸图利者，枷号三月杖一百，发云、贵、两广烟瘴少轻地方。如虽无局奸图骗情事，但非系当官交领，私具领状，将妇女久养在家，逾限不卖，希图重利者，杖一百。地方官不实力查拿，照例议处。"（同上书。）
⑦ 《古今图书集成》经济汇编，祥刑典，卷39，律令部。第768册，第28页。
⑧ 《古今图书集成》经济汇编，祥刑典，卷60，律令部。第770册，第26页。

卖，任人认买，有的集中北京，由内务府会计司发交崇文门监督鬻卖。此项人口立有定价。乾隆四十一年议准、"各旗入官人口变价银数，自十岁以上至六十岁，每口作价一十两；六十一岁以上，每口五两；九岁以下幼丁，按年岁作价；未满周岁，免其作价"。① 甚至规定，八旗官兵认买此项入官人员可以分期付款："八旗官兵指俸饷认买入官人口，价银十两至三十两者，定限一年扣完；三十两至六十两者，定限二年扣完；六十两以上者，定限三年扣完。"②

（三）禁止买卖满人、灶户与逃犯

在准许买卖人口的同时，清政府规定了三种比较严格的禁令：

第一，禁买满洲、蒙古人口。为了维护民族统治，清政府不准把满洲及蒙古族人卖给汉人为奴，也不准卖与由汉人组成的汉军旗下为奴。汉军家人也不许卖与民人。③ 康熙前叶一再制定条例申禁。十五年定例，"旗人诡称民人卖身者，枷三月鞭一百；保人系旗人，枷三月鞭一百，系民，杖一百，流徙尚阳堡"。④ 十七年定例"满洲、蒙古人口不许卖与汉军、民人，亦不许私自相赠。违者，将所卖人并价入官，买主卖主系官革职；系护军、领催，披甲当差；闲散旗人枷号两月，鞭一百；系民人枷号两月，责四十板。该管佐领骁骑校知情者革职；领催鞭一百，收税官亦革职"。⑤ 因此，汉民无人敢卖旗人为奴。如雍正初，苏州织造李煦因亏空三十八万两被处分，其家属及家仆"男女并男童幼女共二百余名口，在苏州变卖"，宣布将近一年，"南省人民均知为旗人，无人敢买"。后解送北京，雍正帝决定令年羹尧从中挑选了一部分，其余交崇文门监督变价。⑥

---

① 《光绪会典事例》卷1116，八旗都统，户口，第3页，旗人买卖奴仆。
② 咸丰（或同治）《户部则例》卷2，户口，第16页，认买入官人口。
③ 《光绪会典》卷84，八旗都统，第4页。
④ 《光绪会典事例》卷1116，八旗都统，户口，第1页，旗人买卖奴仆。《古今图书集成》，转引此条，其中"杖一百"作"责四十板"，早年例也。（见经济汇编，食货典，卷17，户口部。第678册，第29页。）
⑤ 《光绪会典事例》卷1116，八旗都统，户口，第1页，旗人买卖奴仆。《古今图书集成》，转引《刑部现行则例》，称此例定于康熙十九年。（见经济汇编，祥刑典，卷59，律令部。第770册，第25页。）从《会典事例》。
⑥ 《关于江宁织造曹家档案史料》，第208—209页。

康熙二十二年定，"满洲、蒙古家人"也禁止卖与汉军、汉人。① 同年，又对蒙古人与内地人相互诱买为妻妾奴仆者严加禁止。犯者，为首拟绞。② 尽管禁止，蒙古人口卖与边民及将弁的还是很多。雍正十二、十三年达2400余口。雍正十三年再定新例："该地方官务须严禁边民不得娶买乞养蒙古人口。倘有故违定例私自典卖者，一经查出，从重治罪，并将该地方官一并严加议处。"③

第二，禁灶民卖身。灶户为四民之一，籍隶于官，考试专有名额，为良民。灶户有灶丁，灶丁由灶头管理，总辖于盐运大使，从事食盐生产。贫穷灶户，受场商高利贷剥削，往往逃亡。长芦盐区的灶户逃往关外的很多，他们无以为生，甚至投身旗下为奴。这当然影响盐的生产。为了不影响盐课收入，清廷对此加以禁止。康熙三十九年定例，有犯者，"将卖身人枷三月杖一百，回籍著役，保人枷两月，杖一百，仍行文该地方官，追取身价交还原主。如不能偿，著保人代偿"。④ 乾隆六年规定："盐灶户民逃在关外卖身旗下者，该盐大使出具印甘各结，详该盐改核夺，行文该将军查提解送，不得令灶头自行持票出关查拿。"⑤

第三，禁止买卖逃犯。康熙十五年题准定例，"若在地方犯罪逃出卖身者，保人系民，枷三月杖一百；系旗人，枷三月鞭一百。原价追还给主。卖身人递解本地方官，枷三月杖一百，仍照所犯罪依律究治"。⑥

以上各禁均一再重申，实际上这类买卖活动从未禁绝，特别是贫穷的蒙古人和灶户卖身为奴，在清前期的奴婢买卖中始终占有一定数量。

（四）契买人口的法律身份问题

清廷为买卖人口规定的手续是，如所买之人为旗下奴仆，买主到本旗

---

① 《光绪会典事例》卷1116，八旗都统，户口，第2页，旗人买卖奴仆。参阅道光及咸丰《户部则例》，均见卷3，民人奴仆。
② 《古今图书集成》经济汇编，祥刑典，卷62，律令部。第770册，第38页。
③ 《雍正实录》卷158，第19—20页。
④ 《光绪会典事例》卷1116，八旗都统，户口，第2页，旗人买卖奴仆。
⑤ 《乾隆实录》卷149，第13页。
⑥ 《光绪会典事例》卷1116，八旗都统，户口，第1页，旗人买卖奴仆。《古今图书集成》此条例，"杖一百"均作"责四十板"，从旧例。（见经济汇编，食货典，卷17，户口部。第678册，第29页。）

佐领处呈报，经左右翼验明发给印照；如所买之人为汉族民人，由买卖双方及亲邻中证立契，在京赴五城司坊官及大兴、宛平县衙门，在外赴各该地方官挂号钤印。①

经过衙门注册加盖印章的卖身契约，称为"红契"。红契奴婢毫无例外地属于贱民范畴。持有红契的主人在和该奴仆发生互相侵犯的刑事案件时，官方承认他在主仆关系中"家长"所具有的一切特权，受到法律的特殊保护。法典中关于奴婢的一切条文对红契奴婢都是适用的。他们的子孙就是"家生子"，这种"家生奴婢，世世子孙皆当永远服役"，即使年久身契遗失，只需"众证确凿，不必复以身契为凭"，都是当然的奴婢。②《红楼梦》中的丫环鸳鸯、小红等都是因此而进荣国府服役的。③

汉族民人经官印契所买奴仆，"俱照八旗之例，子孙永远服役"，④"俱系家奴"，"婚配俱由家主"。⑤

红契奴仆的女儿，因属主人所有，所以不经主人同意而私嫁者，要受严厉处分。"国初定，凡家仆将女子私嫁与人，不问本主者，鞭一百。不论年份远近，生子与未生子，俱离异，给予本主。"康熙八年、康熙十二年、康熙十九年、嘉庆六年均有条例，陆续改为罚银，或赔偿妇女一口等。⑥

未曾经官用印的卖身契称为"白契"。白契所买之人（或称白契卖身之人），不是具有同一法律身份的特定社会阶层。持有白契的主人，在法庭上不一定具有持红契的家长那种特权地位。清政府对于白契的法律效力作了具体规定，并多次修改。白契持有者是否具有家长对奴婢的特权地位，决定于当时产生作用的条例是怎样规定的。

---

① 参阅《光绪会典事例》卷1116，八旗都统，户口，第1页。清代关于购买云、贵地区汉、苗子女，另外规定办法，本文略。
② 见《大清律例统纂集成》卷28，刑律，斗殴下，奴婢殴家长律附乾隆二十四年部议。
③ 见第24、46回。
④ 道光（或咸丰）《户部则例》，均见卷3，户口3，民人奴仆。
⑤ 《光绪会典事例》卷810，刑部，刑律，斗殴，第2页，奴婢殴家长附雍正五年定、乾隆四十二年修订例。
⑥ 参阅《光绪会典事例》卷756、810；《古今图书集成》卷59，祥刑典；《读例存疑》卷36及《寄簃文存》卷8等。

现将清代有关白契卖身工人的历次条例列表如下：

清代关于确定白契所买之人身份的案例

定例年代	同红契奴婢的白契所买之人	不同红契奴婢的白契所买之人
顺治十年①	八旗、民人买卖人口须注册钤印。	"如不注册、无印契者，即治以私买私卖之罪。"
康熙十一年②	"凡在顺治十年以前买人未用印信，当时中证明白者，断与原主。或无中证文契，本人自称卖身是实者，亦断与原主。"	"自顺治十一年以后买人，虽有中保，未曾用印者，断出为民。"次年题准，"旗人买民，查系白契断出为民者，即递原籍。"
康熙十九年③	"顺治十年以前买人，虽无中证，失落文契，所买之人伊身称系所卖是真，亦断与所买之人。"	"买人之人不带本人并保人，由正印官当堂验明，取供挂号，即与白契无异，将卖身之人不给买主，断出为民。"
康熙二十二年④	"康熙二十二年十月以前，有白契卖身之人，审问本人自供情愿，中证明白者，断与买主。此断过之人逃走，照逃人例治罪。"	
康熙五十三年⑤	"（康熙）四十三年以前白契所买之人，俱断与买主。"	"（康熙）四十三年以后者，照原价赎出为民。"
雍正三年⑥	"康熙六十一年以前各旗白契所买之人，俱不准赎身。若有逃走者，准递逃牌。""雍正元年以后白契所买单身……若买主配给妻室者，不准赎身。"	"雍正元年以后白契所买单身及带有妻室子女之人，俱准赎身。"
雍正五年⑦	"雍正五年以前白契所买"，"系家奴，世世子孙永远服役。"	
雍正十三年⑧	"凡雍正十二年以前白契所买之人，一体不准赎身，逃者准递逃牌。""雍正元年以后白契所买单身……若买主配给妻室者，不准赎身。"	"雍正元年以后白契所买单身及带有妻室子女之人，俱准赎身。"

续表

定例年代	同红契奴婢的白契所买之人	不同红契奴婢的白契所买之人
乾隆五年⑨	"凡雍正十三年以前白契所买之人，一体不准赎身，逃者准递逃牌。""乾隆元年以后白契所买单身……若买主配给妻室者，不准赎身。"	"乾隆元年以后白契所买单身及带有妻室子女之人，俱准赎身。"
乾隆七年⑩	"民人于雍正十三年以前白契所买家人，照八旗之例，准作为家奴，永远服役，倘其主殴杀、故杀，俱照红契一例拟断。""其乾隆元年以后"，"婢女招配者，亦照旗人配有妻室不准赎身之例，作为家奴。"	"乾隆元年以后，除婢女招配者"外，"其余白契所买之人，俱以白契定拟"。
乾隆七年⑪	"乾隆七年定例以前旗民白契所买婢女，俱准为红契。""旗民所买婢女，已经配给红契家奴者，准照红契办理。"	乾隆七年以后，"倘旗民情愿有白契价买者，仍从其便。但遇有殴杀、故杀之案，问刑衙门务须验讯红契、白契，分别科断"。
乾隆二十四年⑫	"白契所买奴婢，如有杀伤家长及家长缌麻以上亲者，均照红契奴婢一体治罪。"	"家长杀伤奴婢，仍分红、白契办理。"
乾隆二十五年⑬	"凡八旗白契所买家奴，如本主不能养赡，或念有微劳，情愿令其赎身者，仍准赎身外，如本主不愿，概不准赎。其有酗酒干犯、拐带逃走等情，俱照红契家人一例治罪。如有钻营势力倚强赎身者，仍照定例办理。"	
乾隆五十三年⑭	"凡白契所买，并典当家人，如恩养在三年以上，及一年以外配有妻室者，即同奴仆论。"	"凡白契所买，并典当家人"，"倘甫经典买，或典买未及三年，并未配有妻室者，仍分别有罪无罪，照殴死雇工人本律治罪"。

续表

定例年代	同红契奴婢的白契所买之人	不同红契奴婢的白契所买之人
嘉庆六年⑮	"白契所买奴婢，如有杀伤家长及杀伤家长缌麻以上亲者，无论年限，及已未配有室家，均照奴婢杀伤家长一体治罪。其家长杀伤白契所买恩养年久，配有室家者，以杀伤奴婢论。"	"其家长杀伤白契所买"，"若甫经契买未配室家者，以杀伤雇工人论"。
嘉庆六年⑯	"雍正十三年以前白契所买"，"系家奴，世世子孙永远服役，婚配俱由家主，仍造册报官存案"，"如有干犯家长及家长杀伤奴仆，验明官册印契，照奴仆本律治罪"。	

资料来源：①②《光绪会典事例》卷1116，八旗都统，户口，第1页，旗人买卖奴仆。
③《古今图书集成》经济汇编，祥刑典，卷59，律令郎。第770册，第24页。
④同注③卷62，律令部。第770册，第38页。又见《康熙实录》卷113，第8页。
⑤同注①，第2页。
⑥⑧⑨《光绪会典事例》卷752，刑部，户律，户役，第1页，人户以籍为定。
⑦⑩⑫⑯《光绪会典事例》卷810，刑部，刑律，斗殴，第2页，奴婢殴家长附条例。
⑪同注①，第3页。又见《定例续编》卷11，刑部，诉讼，第19—20页，奴婢犯罪验契审断。
⑬同注⑥，第4页。
⑭同注⑦，第2页。
⑮同注⑦，第2—3页。

从这一系列规定中可以看出，清廷对白契人身交易的态度，在康熙十一年发生了重大变化。此前，顺治十年规定，八旗民人买卖人口须注册钤印，"如不注册、无印契者，即治以私买私卖之罪"。这就是说，在康熙十一年出现新规定以前的十九年中，官府不但不承认白契具有任何法律效力，而且要对买卖双方加以惩治。

康熙十一年起，不再限制白契人口买卖活动了，清政府承认了某些白契人口买卖的合法性。康熙十一年以后的历次条例大多包括两方面内容，一是规定某些条件下的白契所买之人与红契奴仆处于同等地位；二是规定不同红契奴仆的白契所买之人的地位或处置办法。让我们从这两方面来分析一下白契所买之人的地位及其变化。

先从规定某些条件下的白契所买之人与红契奴仆处于同等地位这方面来考察。有关条例内容的发展大体经过两个阶段。第一个阶段从康熙十一年到乾隆二十三年，共计八十六年。这一阶段中有三点值得注意：

1. 都是以一个特定的年代作为判断标志。康熙十一年和十九年二条例规定以顺治十年为界；康熙二十二年规定以当年为界；康熙五十三年规定以康熙四十三年为界；雍正三年规定以康熙六十一年为界；雍正五年规定以当年为界；雍正十三年规定以雍正十二年为界；乾隆五年规定以雍正十三年为界；乾隆七年规定，奴仆以雍正十三年为界，婢女以当年为界。凡在上述特定年代以前确立的白契，朝廷承认它具有与红契同等的法律效力。

2. 雍正三年开始，增加一个新的标志，即虽在上述年代界限以后订立的白契，还要看买主是否曾为卖身人婚配。如果买主曾为之婚配，衙门也要判定该卖身人同红契奴仆。相对以前的规定，白契卖身之人进入红契范畴的可能性更增大了。

3. 对地位同于红契奴婢的白契所买之人的规定越来越明确：康熙十一年规定"断与原主"；二十二年规定逃走者"照逃人例治罪"，五十二年刑部规定"白契卖身之人所生之子，若在买主家长大年久，即当'家生子'，可以披甲者亦令披甲"，① 身份传及下一代；雍正三年规定不准赎身；五年更明确这种人"系家奴，世世子孙永远服役"，白契所买之人具备了红契奴婢的主要特征。

第二个阶段是从乾隆二十四年到清末。在这 152 年中，除乾隆五十三年条例通行的十三年以外，白契所买之人处于与红契奴婢同等地位的条件是，"杀伤家长及家长缌麻以上亲"。这一原则和过去以立契时间和婚姻状况为标志的立意完全不同了。按照这一规定，白契所买之人只要不去伤害家长及其家族有服成员，就可不被判为红契奴仆。例意的实质可以理解为用条例来保证家长及其家属的安全，瓦解白契所买之人对主人及其家族的斗争。

---

① 《古今图书集成》经济汇编，祥刑典，卷81，律令部。第772册，第25页。

让我们再从关于不同红契的白契所买主人的地位或处置办法方面考察。康熙十一年后的历次条例对那些不够同红契奴仆条件的白契所买之人的处置有四个阶段：

第一阶段从康熙十一年到康熙五十二年，规定白契所买之人"断出为民"；第二阶段从康熙五十三年到乾隆六年，规定"赎出为民"或"俱准赎身"；第三阶段从乾隆七年到乾隆五十二年，规定"以白契定拟"；第四阶段从乾隆五十三年到清亡，规定杀伤不同红契的白契所买之人，"以杀伤雇工人论"。

以上第一、二阶段没有明确规定在司法过程中不同红契奴仆的白契所买之人的身份地位；第三阶段规定了"以白契定拟"，由于法律并没有为"白契"规定特定的地位，从而他们的身份仍然不明。乾隆五十三年开始确定，家长杀死不同红契的白契所买之人"以杀伤雇工人论"。不同红契奴仆的那部分白契所买之人的身份，在历来条例的文字上上虽是逐渐明确了，但整个说来，在实质上没有发生过根本性的变化。因为在清代法庭上，对这种人一直是当作雇工人看待的。乾隆七年，刑部侍郎张照说："白契即同雇工"，"历来成案"，"家主致死白契所买家人，则照雇工人科断"①。这是有判例可以说明的。

例如，康熙四十五年清苑县旗民寡妇关氏殴死家人刘六一案，"刘六系束鹿县人，曾写白契买与关氏为仆"，刘氏令家人马二黑等将刘六殴打、捆绑致死。法庭在判语中写道，"关氏合依家长殴死雇工人律杖一百徒三年"②。康熙四十五年是在上述第一阶段，条文并未规定其同雇工。可见张照的话是有根据的。

根据以上分析，可以得出这样的结论：康熙十一年以前，清政府禁止白契买人。康熙十一年开始，准许白契买人。严格地说，在清代，不能说凡卖身之人其法律身份就是奴仆。白契卖身之人分别情况具有不同的身份：其中一部分与红契奴仆同，另一部分与雇工人同。区分二者的标志的变化大体上分为三个阶段：雍正三年以前是以特定的年代为标志，雍正三

---

① 乾隆七年刑部侍郎张照条奏。见《刑案汇览》卷29，刑律，斗殴，第18页。
② 《古今图书集成》经济汇编，祥刑典，卷74，律令部。第771册，第52页。

年到乾隆二十三年是以特定的年代以及买主曾否为之婚配为标志；乾隆二十四年以后则以是否杀伤买主及其有服亲族为标志。

乾隆二十五年，署理步军统领、大学士傅恒认为，白契卖身之人往往不安主家，要求赎身他去，乃是由于白契例准赎身、治罪轻于红契的缘故。针对这一原因，他建议，白契所买之人有"酗酒犯上，滋生事端，及拐带逃走等情，俱照红契一例办理"，并获得皇帝批准定例。① 白契所买之人的法律地位显著下降。

特别应该注意的是婢女的情况。乾隆七年，婢女金玉白契卖身止得半年，被买主安氏杀死了。按照当时的规定，乾隆元年以后白契所买之人未经主人给予招配者，应以白契定拟。如果按照这一规定办理，那么安氏应作杀死雇工人的律文处理，绞监候。但是法庭并非这样判处，而是把金玉当作奴婢，安氏不处死刑，按律只杖六十徒一年了事。司法者这种做法并非偶然疏忽，也非有意开脱安氏的罪行。我们仔细注意一下前面提到的历年条例，就会发现一个共同的特点：都是为男性奴仆规定的。康熙十一年、十九年条例用"买民"、"买人"；康熙二十二年条例用"白契卖身之人"；康熙五十三年、雍正三年、雍正五年、雍正十三年、乾隆五年、乾隆七年等条例均用"白契所买之人"，都不用律文上使用的"奴婢"一词。在涉及婚姻状况时，雍正三年、雍正十三年以及乾隆五年例所用的"买主配给妻室者"，"单身及带有妻室子女之人"，乾隆七年条例所用的"婢女招配者"；等等，都是以男性为主体，没有例外地都不曾提及婢女。在司法过程中，"历来内外问刑衙门于白契所买婢女"，"俱作红契定拟"，所以说，安氏案的判处，与"旧案果属相符"，② 并不违法。

刑部侍郎张照认为此立法有偏，对婢女是不公平的。乾隆七年，他指出了"旗人所买婢女自来俱不印契，民人亦多不印契者"这一普遍现象，认为应该为婢女规定和男性奴仆一致的办法，买时需经官钤印，问刑时分

---

① 傅恒题本，转见《康雍朝时期城乡人民反抗斗争资料》，第489、490页。参阅《大清律例通考》卷8，户律，户役，吴坛按语。
② 《刑案汇览》卷39，刑律，斗殴，第17页。

别红、白契定拟。① 他的建议经刑部会议、乾隆皇帝批准后定例如下："契买婢女务照价买家人例。旗人，将文契呈明该管佐领先用图记，自赴税课司验印；民人，将文契报明本地方官钤盖印信。至旗人契买民间婢女，在京具报五城大、宛两县，在外具报该地方官，用印立案。倘有情愿用白契价买者，仍从其便，但遇殴杀、故杀，问刑衙门须验红契、白契分别科断。再，旗民所买婢女已经配给红契家奴者，准照红契办理。"②

这一定例使得白契所买女性有机会进入雇工人这一较高的等级。之所以在清代建国已近百年时才提出这样的问题，薛允升评论说，"益可见买婢者多而买奴仆者较少。古今风气之不同，此其一端也"。③

七 红、白契买人口的赎身、开户、放出问题

（一）红契奴婢与白契所买之人的赎身问题

1. 红契奴婢赎身的规定条件

所谓赎身，就是奴婢向主人缴纳自己原得的身价，换取脱离主家的权利。清代旗下奴婢赎身以后，一种情况是留在旗内成为开户人，④ 另一种情况是同时获得准许脱离旗分转入民籍；汉人所有的奴仆赎身后，自然属于民籍了。关于赎身的定制，红契奴婢与白契所买之人各不相同。

卖身时契纸经官用印的奴仆，称为"印契奴仆"或"红契奴仆"。家中奴仆所生子女也属主人所有，称作"家生子"。红契奴仆和家生子可说是经过官府认可的、真正意义上的奴仆；他们要想赎身是很困难的。虽然康熙十七年曾有"满洲、蒙古家人，其主愿令赎身在本佐领及本旗下者，听"⑤ 和 "康熙二十一年用印契所买之人准令赎身为民"⑥ 的规定，但看来并没有实行过。乾隆四十四年的有关文献说，"印契置买奴仆并无缴价

---

① 《刑案汇览》卷39，刑律，斗殴，第17—19页。参阅《定例续编》卷11，刑部，诉讼，第19—20页。
② 《光绪会典事例》卷810，刑部，刑律，斗殴，第3页，奴婢殴家长律附例。
③ 《读例存疑》卷36，刑律，斗殴下，第5页。
④ "赎身之户，均归原主佐领下作为开户。"见《清通考》卷20，户口2，第5037页。
⑤ 《古今图书集成》经济汇编，食货典，卷17，户口部。
⑥ 《乾隆实录》卷70，第27页。

赎身之例"① 可证。又，官方拟定的关于白契所买之人不准赎身的规定中，有时就用"准作家奴"或"准作为印契"的提法。可见，清代印契奴仆和家生子是不准赎身的。这种规定并不仅指旗下奴仆，汉人拥有的印契奴仆也是一样："汉人家奴仆，印契所买奴仆"，"男属世仆，永远服役，其女婚配悉由家主。仍造清册呈明地方官存案"。② 如"苏松所属地方，豪族以侈靡争雄长"，"其风俗多收奴仆，世隶之而子孙永不得脱籍"，③ 就是指这种情况；其中所谓"收"主要是买。

但这是就一般情况而言，并不绝对。清初历年条例中也规定有在某些条件下准许印契奴仆赎身。

一种情况是该奴仆年老病衰，或"不堪驱使"。康熙二十一年定例，"旗下印契所买之人及旧仆内，有年老疾病，其主准赎者，呈明本旗，令赎为民"。④ 乾隆五年定例，"驻防旗人置买本地家奴，本主因其不堪驱使，情愿准其赎身者，亦准放出为民"。⑤ 准许年老有病和"不堪驱使"的印契奴仆赎身，理由是很明显的。主人已经不能再从该奴身上剥削任何东西的情况下，与其继续花费赡养之资，直至死去，不如令其赎身，更可捞回当初购买该奴仆所付出的身价银两。从劳动者身上榨出最后一滴血而后弃之，这是剥削者的特性。

再一种情况是本主养赡不起。乾隆二十四年定例，八旗户下家人，不论远年旧仆及近岁契买奴仆，"本主不能养赡，愿令赎身为民者，呈明本旗咨部，转行地方官收入民籍"。⑥ 定此条例，显然是因为当时八旗生计日蹙，许多穷困的旗民已无力养活许多奴仆的缘故。

还有一种情况就是准许奴仆的后裔赎身。雍正三年定例，旗下奴仆"若果系数辈出力之人，本主念其勤劳，情愿听其赎身为民，旗部有案可

---

① 《大清律例统纂集成》卷8，户律，户役，人户以籍为定律，眉引户部议。
② 雍正四年议准。《光绪会典事例》卷158，户部，户口，第10页，买卖人口。
③ 钟琦：《皇朝琐屑录》卷38，第3页。
④ 《清通考》卷20，户口2，第5041页。
⑤ 《光绪会典事例》卷752，刑部，户律，户役，第2页。
⑥ 《光绪会典事例》卷1116，八旗都统，户口，第3页。

稽，州县有案可据，为民者仍归民籍，旧主子孙不得藉端控告"。[①] 这完全出于主人的"恩典"和"慈悲"，而不是奴仆所可奢望的。"数辈"究竟是几辈，数辈之后，旗部是否还有案可稽，州县是否还有案可查，都是未知数。因此，根据这一条例，到底有多少奴仆能获得自由，那是很成问题的。何况这一条例所适用的对象是红契奴仆的子孙，即家生子，而非红契卖身者本人。

这些条例尚有一个共同的特点，即都以主人情愿为必要条件。

年老力衰、不堪驱使的奴仆，主人当然是情愿让他们赎身的。养活不起奴仆，则主人被迫不得不准许奴仆赎身。在这两种情况下，甚至可能奴仆想不赎身而不可得。但是一个身强力壮、聪明能干的奴仆，即使凑足了赎身银两。如果得不到主人的允许，仍然不能赎身。而这种奴仆，恰是富有的主人不"情愿"他们离开的。特别是"八旗户下家奴如有钻营势力欺压孤幼赎身为民者，倍追身价给还原主，将人口赏给各省驻防兵丁为奴"[②] 的规定，更增加了家奴赎身的困难。因为赎身之后，如果主人声称并非情愿，因而提出控告的话，该奴仆所受的惩罚是相当严重的。

作为规律性的现象，主人绝不会自动放弃剥削奴仆的任何机会，也不会养活不能劳动的奴仆；否则，对他来说就失去了蓄奴的意义。对这些条例的分析可以认为，当红契奴仆丧失劳动能力时，在法律上，主人没有继续赡养的义务；当他们还能够为主人劳动时，想要赎身而去，那是相当不易的，甚至只有他的孙辈、重孙辈才有这种可能性。作为维护奴婢制度的法律，它给予主人以决定红契奴仆（包括家生子）去留的绝对权利。盖有官府大印的卖身契，其法律效力在时间上是没有限制的。

此外，还有一种特殊情况，即"官兵家下厮役"在战争中立功，可以获得赎身机会。康熙三十五年谕："官军之厮役人等，有能踰鹿角营而进

[①] 《光绪会典事例》卷752，刑部、户律、户役，第2页；又见同书卷1113，第4页及卷1116，第2页。据《大清律例通考》，"此条据雍正三年怡贤亲王条奏删定，乾隆五年入律，乾隆三十二修定"。（见卷8，第6页。）乾隆五年入律时作"三辈后准为民"。雍正三年的原议是："八旗家奴，或自行赎身冒于旗民之间，或随伊主住官，私立产业，钻谋赎身者，俱查明归于本旗。如果伊主念其累世效力，情愿令其赎身为民，档案可查，以后不得借端控告。"（见《雍正实录》卷29，第20页。雍正三年二月壬辰。）

[②] 《光绪会典事例》卷1116，八旗都统、户口，第4页。

击者，作何给还本主身价，令其出户，以示劝励"，令领侍卫内大臣集议。集议结果建议"官军家下兵丁厮役或骆驼营，或鹿角营，或于旷野，贼兵对敌之处，有能首先跃入""之家下兵丁厮役及其父母妻子，俱拨在佐领立为另户，照例计其人口，给还伊主身价。"建议得到康熙帝的首肯，并补充："其第二、三前进者亦著照此例行。"① 这种赎身机会，只有在战争中随主出征的官兵家奴中的极少数人可能获得；即使是他们，在承平年代也是谈不上的。有关印契奴仆赎身条例均见以下附表。

清代关于印契奴仆赎身问题的条例

定例年代	印契奴仆赎身条例
康熙十七年①	"满洲蒙古家人，其主愿令赎身在本佐领及本旗下者，听。若违禁放出为汉军、民人者，照买卖例治罪。"
—②	"康熙二十一年用印契所买之人准令贴身为民。"
康熙二十一年③	"旗下印契所买之人及旧仆内，有年老疾病，其主准赎者，呈明本旗，令赎为民。若将年壮旧人借名赎出者，照买卖例治罪。"
康熙三十五年④	"官军家下兵丁厮役，或骆驼背，或鹿角营，或于旷野，贼兵对敌之处，有能首先跃入，众人接踵继进，以致杀败敌寇，其首先跃入之家下兵丁厮役及其父母妻子，俱拨在佐领，立为另户，照例计其人口，给还伊主身价。（得旨：依议。其第二、三前进者，亦著照此例行。）"
雍正三年⑤	旗下奴仆"若果系数辈出力之人，本主念其勤劳，情愿听其赎身为民，旗部有案可稽，州县有案可据，为民者仍归民籍，旧主子孙不得借端控告"。
乾隆五年⑥	"驻防旗人置买本地家奴，本主因其不堪驱使，情愿准其赎身者，亦准放出为民。"
乾隆五年⑦	"远年印契所买奴仆之中，如内有实系民人印契卖与旗人，契内尚有籍贯可查，照乾隆元年以前白契所买家人之例，三辈后准其为民，仍将伊等祖父姓名籍贯一体造册，咨送户部查核。"

---

① 正月辛巳谕。《康熙实录》卷170，第10—11页。

续表

定例年代	印契奴仆赎身条例
乾隆二十四年⑧	"凡八旗户下家人,不论远年旧仆,及近岁契买奴仆,如实系本主念其数辈出力,情愿放出为民,或本主不能养赡,愿令赎身为民者,呈明本旗咨部,转行地方官收入民籍,不准求谋仕宦。至伊等子孙,各照该籍民人办理。倘有借他人名色认买,私自出旗,或将子孙改姓潜入民籍者,照例治罪,断归本主,有钻营势力欺压孤幼赎身为民者,倍追身价给主。将人口赏给各省驻防将军、副都统为奴。如系本身得银放出潜入民籍者,止科其不行呈报之罪,仍准为民。"
乾隆二十五年⑨	"凡八旗白契所买家奴,如本主不能养赡,或念有微劳,情愿令其赎身,仍准赎身外,如本主不愿,概不准赎。其有酗酒干犯拐带逃走等情,俱照红契家人一例治罪。如有钻营势力,倚强赎身者,仍照定例办理。"
乾隆四十四年⑩	"印契置买奴仆,并无缴价赎身之例。其入官变卖家奴,具呈认买,自应照印契家奴一律办理。"
乾隆五十六年⑪	"八旗户下家奴如有钻营势力欺压孤幼赎身为民,倍追身价给还原主,将人口赏给各省驻防兵丁为奴。"

资料来源：①《古今图书集成》经济汇编,食货典,卷17,户口部。

②《乾隆实录》卷70,第27页。未见例文。此系乾隆三年六月丙申议政大臣尹泰等议覆赵国政条奏内引用。

③《清通考》卷20,户口2,第5041页。

④《康熙实录》卷170,第10—11页。

⑤《光绪会典事例》卷1113,八旗都统,户口,第4页;又卷1116,第3页,及卷752,刑部,户律,户役,第2页。据《大清律例通考》,"此条据雍正三年怡贤亲王条奏删定,乾隆五年入律,乾隆三十二年修定"。见该书卷8,第6页。

⑥《光绪会典事例》卷752,刑部,户律,户役,第2页。

⑦同注⑥。

⑧《光绪会典事例》卷1116,八旗部统,户口,第3页。

⑨《光绪会典事例》卷752,刑部,户律,户役,第4页。

⑩《大清律例统纂集成》卷8,户律,户役,人户以籍为定律眉引户部议。

⑪《光绪会典事例》卷1116,八旗都统,户口,第4页。

2. 白契所买之人赎身的规定条件

在清代,白契卖身之人是否可以赎身呢？回答是,有的可以,有的不可以。

一般说来,清政府是不承认不到官府办理买卖手续的奴仆买卖的;当发生刑事案件时，问刑衙门不承认主人对白契所买之人具有像对红契奴仆那样的家长特权。但一则由于这种私下的奴仆买卖行为是大量的，二则这种契约一旦建立以后，在实际生活中，主仆关系也就随之形成，而且不是可以随意解除的。因此，清政府长期以来并不禁止白契买卖，也不要求解除这种主仆关系，而是有条件地承认这种关系的合法性，把某些白契所买之人当作红契奴仆一体看待，不准他们备价赎身。

清廷历年条例中关于白契卖身之人不准赎身的规定，一是划定一定的时间为界限。清代早期定例，"康熙二十二年十月以前白契卖身之人俱断与买主"。① 康熙五十三年定例，"康熙四十二年以前白契所买之人俱断与买主"。② 其后，随时间的推移，老一辈的白契卖身之人逐批死去，所以清廷多次修改规定的年限：雍正三年定为康熙六十一年以前；③ 雍正十三年定为雍正十二年以前；④ 乾隆三年定为乾隆元年以前；⑤ 乾隆五年定为雍正十三年以前。⑥ 各该条例有效期内，定限以前白契卖身之人不得赎身。这种以时间为限的规定并没有什么道理可言，可以理解为只是官府承认既成事实罢了。正如薛允升在分析乾隆五年定例时所讲的："此条分别雍正十三年以前及乾隆元年以后，以例文系乾隆五年修改，故以此二年明立界限也。"这种以定限为界的办法，直至清末也没有再修改过了。光绪年间薛允升说："第现在不特无雍正十三年以前白契所买之人，即乾隆元年以后白契所买及配给妻室者已经数辈，均与此例不符。"他也说不清为什么"二百年来从无改正"。⑦

另一规定是看奴仆的婚配状况如何。白契所买之人是否带有妻子，并不影响他的身份。但单身的白契所买之人如果接受了主家配给妻室，即使在上述时间定限以后买进的，也不得赎身了。雍正元年规定，白契卖身之

---

① 《古今图书集成》经济汇编，祥刑典，卷81，律令部。
② 《光绪会典事例》卷1116，八旗都统，户口，第2页。
③ 《光绪会典事例》卷752，刑部，户律，户役，第1页。
④ 同上。
⑤ 同上；又见同书卷1116，八旗都统，户口，第2页。
⑥ 《光绪会典事例》卷751，刑部，户律，户役，第1页。
⑦ 《读例存疑》卷9，户律，户役，第7—8页。

人"经买主配与妻室者不准赎身"。① 雍正三年规定，雍正元年以后白契所买单身"若买主配给妻室者，不准赎身"。② 乾隆五年规定"乾隆元年以后白契所买单身。若买主配给妻室者，不准赎身"。③ 乾隆七年规定，乾隆元年以后民人白契所买家人，"婢女招配者，亦照旗人配有妻室不准赎身之例，作为家奴"。④ 奴仆一般是没有经济能力自行娶妻的；也没有良家女子愿意嫁给他们。婢女人身是属家长所有的，具有红契奴婢的身份，她们的婚姻由家长全权决定。为婢女指配、为奴仆娶妻，不论他（她）们是否愿意，都被认作是家长的"恩情"。买主把自己拥有的婢女配给白契所卖之人为妻，要求白契所买之人以终身隶属作为对这种"恩情"的报答。本可赎身的白契所买之人由于接受主义配给的妻室，降低到同妻子一样低下的身份地位。

那些在按照上述各该条例规定时限以后卖身，而又没有接受主家为之婚配的白契卖身之人，是准许赎身的。如康熙五十三年规定，康熙"四十三年以后（白契卖身）者，照原价赎出为民"；⑤ 雍正三年规定，"雍正元年以后白契所买单身及带有妻室子女之人俱准赎身"；⑥ 乾隆三年规定，"乾隆元年以后白契所买之人，未入丁册者，准照例赎身为民"；⑦ "乾隆五年规定，乾隆元年以后白契所买单身及带有妻室子女之人"和无族人可归的"八旗绝户家奴""内有乾隆元年以后白契所买奴仆情愿赎身为民者"，准照例赎身。⑧

规定在某些情况下容许赎身，这是白契卖身之人和红契奴仆的重要差别之一。

但需特别注意的是，从乾隆二十四年开始，白契卖身之人赎身规定有了较大的改变。该年定例："近岁契买奴仆""有钻营势力，欺压幼孤，

---

① 《光绪会典事例》卷1116，八旗都统，户口，第2页。
② 《光绪会典事例》卷752，刑部，户律，户役，第1页。
③ 同上。
④ 《光绪会典事例》卷810，刑部，刑律，斗殴，第2页。
⑤ 《光绪会典事例》卷1116，八旗都统，户口，第2页。
⑥ 《光绪会典事例》卷752，刑部，户律，户役，第1页。
⑦ 同上书，第2页；又见卷1116，八旗都统，户口，第2页。
⑧ 同上书，第1、2页。

赎身为民者，倍追身价给主，将人口赏给各省驻防将军、副都统为奴。如系本身得银放出，潜入民籍者，止科其不行呈报之罪，仍准为民。"① 例中"契买奴仆"并未申明包括白契所买之人，严格地说，该例是不适用于他们的。但在实际司法过程中却用于白契所买之人了。

乾隆二十五年，正白旗满洲二等侍卫武三泰的白契所买之人双德"缘稍有蓄积，遂起意赎身"，托人向主人说合；另一家奴不给他向主人回报，双方争吵（按，并非双德本人和主人武三泰争吵），因而赎身不成，反被呈控，双德被判了"枷号二个月，满月鞭八十，交与刑部发往外省驻防地方给兵丁为奴"。这大体上是乾隆二十四年条例的运用。

根据这个案例，署理步军统领、大学士、忠勇公傅恒认为，由于白契所买之人例准赎身，犯罪时仅按雇工人对待，所以"近年以来，有等无籍游民，白契投身充当仆役，迨稍有积累，则不安服役，百计设法赎身。……彼此效尤，名曰跳官头"。他推论说，像武三泰这样的旗人官宦之家还发生这样的事件，一般人家"势必常受厮役之玩侮"。他认为，"究其根由，总有恃白契有赎身之例，而治罪又轻于红契家人，是以往往无所忌惮"，为了"正名分"起见，所以傅恒建议："请嗣后凡白契所买之人，如本主不能养赡，或念有微劳。情愿令其赎身者，仍准其赎身外，如本主不愿准其赎身者，悉照雍正十三年以前白契所买家人之例，概不准赎。其有酗酒犯上，滋生事端，及拐带逃走等情，俱照红契家人一例办理。若设法赎身及倚强赎身者，俱照上年户部奏准之例，除治罪外，分别给主，及赏给外省驻防将军、副都统等为奴。"傅恒是奏上于乾隆二十五年六月十二日，当日获旨批准。②

这就是说，从乾隆二十四年，或者说，至少从乾隆二十五年六月开始，改变了此前以特定时间界限或者是否接受主家为之婚配为白契卖身之人赎身

---

① 《光绪会典事例》卷1116，八旗都统，户口，第3页，旗人买卖奴仆。
② 傅恒题本，见中国第一历史档案馆藏《内务府来文》，转见《康雍乾时期城乡人民反抗斗争资料》，第489—490页。参阅《大清律例通考》卷8，户律，户役，吴坛按语，定例见《光绪会典事例》卷752，刑部，户律，户役，第4页及同书卷1116，八旗都统，户口，第3页。

条件的规定,①"必须本主情愿放出始准赎身",② 此后,所有白契所买之人都跟红契奴仆一样,备价赎身的可能性完全建筑在主人意愿的基础上了。

这一条例确实使得某些白契卖身之人求赎不得,反而吃了苦头。例如,乾隆五十四年刘成案:刘成夫妇二人白契卖身至张邦杰家,还"未及一年"。他"因在主家受苦",就提出了赎身的要求,但张邦杰不准。刘成"赴坊呈控,希图官断准赎"。按照规定,他是可以缴价赎身的。谁知官府竟认为刘成的行动"实与钻营势力欺压赎身无异",结果刘成不仅赎身未成,反被判"发烟瘴少轻地方充军"去了。③

乾隆五十六年,这一条例又得再度重申。

总之,清代的白契卖身之人有一部分是可以赎身离主的。但是,朝廷制定的有关条例,从18世纪60年代开始,发生了重大变化,自那时以后,白契卖身之人得否赎身,只凭主人意愿决定,从而其赎身条件几乎和红契奴仆的差不多了。这一现象,在等级关系的发展上,乃是一次逆转。

清代关于白契所买之人赎身问题的规定

定例年代	不准赎身的白契所买之人	准许白契所买之人赎身的条件
—①	"康熙二十二年十月以前白契卖身之人俱断与买主。"	
康熙五十二年②	"白契所买之人,若在买主家长大年久,即当义子,可以披甲者亦令披甲。"	
康熙五十三年③	(康熙)"四十三年以前白契所买之人,俱断与买主。"	(康熙)"四十二年以后者,照原价赎出为民。"
雍正元年④	"白契卖身之人,经买主配与妻室者,不准赎身。"	

---

① 薛允升认为,乾隆二十五年定例是"不无参差"的。见《读例存疑》卷9,户律,户役,第8页。
② 嘉庆二十二年,赎身奴仆洪兆龙所生之子应否准与平民一体应试一案说帖。见《刑案汇览》卷7,户律,户役,第37页。
③ 《刑案汇览》卷7,户律,户役,第38页。

续表

定例年代	不准赎身的白契所买之人	准许白契所买之人赎身的条件
雍正三年⑤	"康熙六十一年以前各旗白契所买之人俱不准赎身。""雍正元年以后白契所买单身""若买主配给妻室者,不准赎身。"	"雍正元年以后白契所买单身及带有妻室子女之人,俱准赎身。"
雍正十三年⑥	"雍正十二年以前白契所买之人,一体不准赎身。"	
乾隆三年⑦	"乾隆元年以前白契所买之人,既准作为印契,仍照例在本主户下挑取步甲等缺","不准赎出为民"。	"乾隆元年以后白契所买之人,未入丁册者,准照例赎身为民。""乾隆元年以前白契所买之人","俟三辈后,著有劳绩,本主情愿放出为民者。呈明本旗,咨报户部,册档有伊祖父姓名者,亦准放出为民,仍行文该地方官查明注册,止许耕作营生,不准考试"。
乾隆五年⑧	"雍正十三以前各旗白契所买之人俱不准赎身。""乾隆元年以后白契所买单身","若买主配给妻室者,不准赎身"。	"乾隆元年以后白契所买单身及带有妻室子女之人俱准赎身。"
乾隆五年⑨	"八旗绝户家奴,如无族人可归者","如内有乾隆元年以后白契所买奴仆,情愿赎身为民者,照例赎身。其身价银两,照绝户财产入官例办理"。	(除左项外)"其余白契所买之人俱以白契定拟。"
乾隆七年⑩	"民人于雍正十三年以前白契所买家人,照八旗之例,准作为家奴,永远服役","其乾隆元年以后(白契所买家人)","婢女招配者,亦照旗人配有妻室不准赎身之例作为家奴"。	

续表

定例年代	不准赎身的白契所买之人	准许白契所买之人赎身的条件
乾隆二十五年⑪	"八旗白契所买家奴","如本主不愿,概不准赎","其有酗酒犯上,滋生事端,及拐带逃走等情,俱照红契家人一例办理,若设法赎身及倚强赎身者,准照上年户部奏准之例,除治罪外,分别给主,及赏给外省驻防将军、副都统等为奴"。	"八旗白契所买家奴,如本主不能养赡,或念有微劳,情愿令其赎身者,仍准赎身。"
乾隆五十三年⑫	"乾隆元年以前白契所买之人,既准作为印契,仍照例在本主户下挑取步甲等缺。"	"乾隆元年以后白契所买之人,未入丁册者,准照例赎身为民。""乾隆元年以前白契所买之人","俟三辈后著有劳绩,本主情愿放出为民者,呈明本旗,咨部存案。若汉人,则令本主报明本籍地方官,咨部存案,俟部核复,准入民籍"。

资料来源:①《古今图书集城》经济汇编,祥刑典,卷81,律令部。不著定例年代。

②《光绪会典事例》卷1116,八旗都统,户口,第2页,《古今图书集成》祥刑典,卷81,律令部,作"白契卖身之人所生之子,若在买主家长大,即当家生子,可以披甲者,亦令披甲"。

③《光绪会典事例》卷1116,八旗都统,户口,第2页。《古今图书集成》祥刑典,卷81,律令部所引为"将五十二年以前白契卖身之人俱断与买主,五十三年以后白契卖身之人,若还原价,仍准出为民"。

④《光绪会典事例》卷1116,八旗都统,户口,第2页。

⑤⑥⑧《光绪会典事例》卷752,刑部,户律,户役,第1页。

⑦同注⑤第2页;又见卷1116,八旗都统,户口,第2页。

⑨同注⑤,第2页。

⑩《光绪会典事例》卷810,刑部,刑律,斗殴,第2页。

⑪傅恒题本。中央第一历史档案馆藏:《内务府来文》,转引自《康雍乾时期城乡人民反抗斗争资料》,第489—490页;《大清律例通考》卷8,户律,户役作乾隆二十六年入律。

⑫《光绪会典事例》卷752,刑部,户律,户役,第2页。据《读例存疑》卷9,户律,户役,此例"系乾隆三年例,五十三年修改,嘉庆十一年改定"。

3. 赎身奴婢及其子孙的法律地位

如前所述，不论红契奴仆还是白契卖身之人，赎身机会都是很难得的。不过一旦得到主人允许，并办理了一切必要手续之后，他们是可以离开主人自去谋生的。如康熙初年崇明县吴某家贫，四个儿子都卖给富家为奴。"及四子长，咸能成立，各自赎身娶妇"，兄弟四人均在县为坐贾，"伯开花米店，仲开布庄，叔开腌腊，季开南北杂货"。① 如果要问，赎身奴仆是否由贱入良，和家长具有平等的法律身份地位了呢？在一个"家主殴死家人"的案件中，乾隆皇帝曾批示："若业已赎身，则与现在服役者不同，拟议自当区别，何得概照主仆成例，致情罪不得其平？"② 由此看来，奴婢赎身与否，其法律地位应有很大差别。但仔细分析律例，情况还是比较复杂的。

首先，赎身奴仆和他原来的主人（"旧家长"）在刑律面前地位仍不平等。法律规定，赎身奴婢"如有谋杀旧家长者，仍依谋杀家长律科断"。③ 赎身奴婢殴旧家长及家长殴赎身奴婢，处刑也不得同凡人论。④ 例如，凡人间斗殴致死，犯者处以绞候。家长殴死"无罪奴婢"，处杖六十徒一年，比殴死凡人罪轻六等；旧家长殴死赎身奴婢，判杖一百徒三年，⑤ 较殴死凡人罪轻二等。赎身奴婢骂旧家长者，仍依骂家长本律论，绞监候，不得同凡笞一十。⑥ 直至宣统二年改定的《核订现行刑律》还规定赎身奴婢干犯家长依雇工人本律减一等治罪。⑦ 可见，赎身离主的奴婢，只在经济上摆脱了家长的剥削和奴役，而在法律上，地位虽然有所提高，但并不因已缴回身价而取得和主人平等的身份。

其次，赎身奴婢和旧家长的家族成员的法律地位也是不平等的。关于

---

① 作为孝子养亲的事例，这一故事在清初流传甚广。寄云斋学人编：《日记故事续集》卷上，第11页；《切问斋文钞》卷9，第11—12页以及《陈确集》等书均收入，只记载繁简有差。
② 乾隆二十八年二月庚寅谕。见《乾隆实录》卷680，第3页。此前他也说过"已赎身之家人，非现在服役者可比"。见乾隆六年十二月辛亥谕，载《乾隆实录》卷157，第7页。
③ 《大清律例》卷26，刑律，人命，谋杀故夫父母律注。
④ 《读例存疑》卷37，刑律，斗殴下，妻妾殴故夫父母律："若奴婢殴旧家长及家长殴旧奴婢者，各以凡人论。（此亦自转卖与人者言之，奴婢赎身不同比律，义未绝也。）"
⑤ 《光绪会典事例》卷810，刑律，斗殴，第3页。
⑥ 《大清律例》卷29，刑律，骂詈，妻妾骂故夫父母律，顺治三年注。
⑦ 斗殴下，奴婢殴家长，第10页。

这一点，法律原无详细规定。乾隆四十二年专门就此定例："家长之期亲、若外祖父母，殴死赎身奴婢"者，处杖一百徒三年，"故杀者拟绞监候"。"大功亲属殴死赎身奴婢者，杖一百流二千里；小功、缌麻递加一等。（故杀亦绞监候）"这和凡人殴杀人者判绞监候、凡人故杀人者判斩监候相比，显然都是从轻的。而且，赎身奴婢和旧家长及其亲属间，仍有所谓"干名犯义"的问题。"若赎身奴婢干犯家长期亲以下亲者，俱依雇工人律科断"；赎身奴婢"干犯家长大功以下亲，以良贱相殴论"。① 乾隆四年，江苏嘉定县立"申明放赎奴婢定例"碑刻道，奴婢赎身之后，"仍存主仆名分，如有违犯，照雇工人科罪"。② 赎身奴婢的低下地位，在这里，有时反映为"依雇工人律科断"，有时又反映为"以良贱相殴论"。清律中"雇工人"和"贱民"的地位不是等同的。这一条例说明法律并没有给赎身奴仆规定一个明确的特定身份；但无论如何，他在法律面前也不能和旧家长整个家族中的任何有服成员地位平等。

不仅如此，赎身奴婢甚至和旧家长已出五服的亲属都不能平等相处，因为条例还规定，无服亲属的已赎身奴婢，"如有杀伤干犯，各依良贱相殴本律论"。③

由此可见，奴婢即使赎身，也不能摆脱家长及其家族统治的巨大阴影。简言之，"不准开豁为良"。④

奴婢已经赎身，仍和旧主家族不具平等法律身份，乃是由于奴仆赎身以后与家长"仍存主仆名分"；⑤ 或者说，"仍存上下之分"。⑥ 按照清代法制的规定，奴仆能否赎身，其决定权全在家长手中。允许奴仆缴价赎身这件事本身就是家长对奴仆的一种"恩典"。奴婢获得赎身，就是接受了主人这份"恩典"。所以，赎身奴仆虽然已不再为主人服役，但和主人之间

---

① 《光绪会典事例》卷810，刑律，斗殴，第3页。
② 光绪《嘉定县志》卷29，金石，第28页。
③ 《光绪会典事例》卷810，刑律，斗殴，第3页。
④ 道光《户部则例》卷3，户口3，第25页，民人奴仆。
⑤ 同上；光绪《嘉定县志》卷29，金石，第28页。
⑥ 《定例续编》卷5。

"主仆恩义犹存",①"义未绝也";② 这"犹存"的"恩义"决定他再也不能摆脱名分的约束,他和主人之间永无平等可言。这种状况,汉民所属奴婢也是一样,"以多金赎之,即名赎而终不得与比肩"。③

赎身奴仆和主人及其家族的这种关系,甚至影响后代。奴仆引赎身前在主家时所生的子女也受这种名分的约束。定例,赎身奴仆"在主家所育子孙,仍存主仆名分,不许开豁为良";④ 雍正六年又重申了这一点。⑤ 不过,这时的定例指的是"在主家所育子孙",就是说不是赎身奴仆的全部子孙,"不在主家所育之子孙"是"准予豁免为良"的。⑥

乾隆三十八年和四十二年定例关于赎身奴婢的子女与旧主及其家族成员间相犯的处刑规定,几乎把赎身奴婢的子女置于和他们的父母同等低下的地位上了。如家长及家长期亲、外祖父母殴死赎身奴婢子女,"杖一百徒三年;故杀者绞监候";"赎身奴婢之子女干犯家长及家长期亲、外祖父母,亦以雇工人论";"干犯家长大功以下亲,以良贱相殴论"等规定,都是和对待赎身奴婢本身一样的。所不同处,赎身奴仆子女和旧家长的无服亲属之间是平等的凡人关系。此外还需注意的是,乾隆三十八年和四十二年定例比过去有所不同,即并未区分这些子女是否奴婢在主家时所生;因此,从此以后,奴仆即使在赎身以后生子女,也仍继承父母的低下等级身份,虽然他们从未受过他们父母的主子的任何"恩养"。实际上,不分是否在主家所育子女一例看待,也并非这时才开始的;地方条例中,乾隆四年就已经有此规定了。⑦ 在这里,血统决定着身份。如果说他们和父母身份还有什么不同之处,那就是他们和父母的旧家长的无服族亲之间具有平等的凡人关系,而不是良贱关系。⑧

---

① 《大清律例》卷26,刑律,人命,谋杀故夫父母律,顺治三年注。
② 《读例存疑》卷37,刑律,斗殴下,妻妾殴故夫父母律注。
③ 《研堂见闻杂记》。
④ 道光《户部则例》卷3,户口3,第27页,民人奴仆。
⑤ 《定例续编》卷5。
⑥ 同上。
⑦ "赎身之后,本身及子孙仍存主仆名分。如有违犯,照雇工人科罪。"见光绪《嘉定县志》卷29,金石,第28页。
⑧ 《光绪会典事例》卷810,刑律,斗殴,第3页。

和赎身奴婢有类似之处的是逐出奴婢。奴婢被主家逐出后的身份如何，律例未见明文。但从例案可以看出清代封建统治者的意图。

乾隆四十一年，河南睢州关言诬告窦长裕一案，被告关言"只身立契卖与窦长裕为奴"，后因故被窦长裕"给还关言文契，殴责驱逐"。关言在离开主家以后，到衙门控告旧家长窦某霸占其妻，但被定为"全诬"。关言作为被逐奴仆，问刑衙门不是按凡人诬告罪"加所诬三等，罪止杖一百流三千里（不加入于死）"论处，而是按照奴仆"干名犯义本律与子孙诬告祖父母父母同罪问拟"，判绞立决，并经弘历批准执行。在这可死可活的关节上，刑部为什么一定要将关言处死呢？这是因为，他们认为关言卖身窦长裕，二人之间"主仆名分已定"，"虽给还文契，责逐外出，而恩义未绝，名分尚存"。① 封建统治者所要维护的是"名分"，逐出奴仆名分的存在是决定于未绝的"恩义"。至于为什么说主人已将奴仆赶走了，"恩义"仍然"未绝"，这就难以找到讲得通的道理，官府也没必要再做进一步的说明了。

赎身奴仆及其子孙的身份地位，还将在下文关于开户人和放出奴婢两节中补充论述。

和赎身奴婢身份有所不同的是被卖出的奴婢。被卖奴婢和旧家长在法律关系上是同凡的。刑律，人命，"谋杀故夫父母"律中，"奴婢谋杀旧家长者，以凡人论"一句注曰："谓将自己奴婢转卖他人者皆同凡人论。"因为"奴婢原系凡人，止以名分所系而重之，非子孙可比也。既转卖他人，得其身价，名分已无，恩义并绝，非凡人而何？"② "妻妾骂故夫父母"律也注明，骂旧家长的奴婢以凡人论，是专指转卖他人的奴婢，因为主仆之间其"义"已绝的缘故。③ "谋杀故夫父母"律中说明"余条准此"，所以不必多举条律了。可以认为，被转卖的奴婢与旧家长具有平等的法律地位。

---

① 《驳案新编》卷28，刑律，诉讼，第1—2页；《刑案汇览》卷48，刑律，诉讼，干名犯义，第86—87页。

② 《大清律例》卷260。

③ 《大清律例》卷29，刑律，骂詈。"奴婢于家本以义合，若家长将奴婢转卖与人，则义已绝矣。故奴婢殴旧家长及家长殴旧奴婢各以凡论。"

但是，这不等于说这个奴婢具有凡人的法律地位了。因为他既然被转卖，当然就有了新的主人，他和新主人及其家族间又处在主仆名分制约之下，从而他仍处于贱民的地位上。（参阅以下附表）

清代关于赎身奴婢及其子女法律身份的规定

定例年代	赎身奴婢的身份	赎身奴婢子女的身份
顺治三年①	"赎身奴婢，主仆恩义犹存，如有谋杀旧家长者，仍依谋杀家长律科断。"	
顺治三年②	"若奴婢殴旧家长及家长殴旧奴婢者，各以凡人论，（此亦自转卖与人者言之，奴婢赎身不用此律，义未绝也）。"	
一③	"典买奴仆，若文契虽失"，"即已经赎身，其本身……仍存主仆名分，不准开豁为良。"	"典买奴仆，若文契虽失……即已经赎身，其……在主家所育之子孙仍存主仆名分，不准开豁为良。"
雍正六年④	"绅衿之家典买奴仆，有文契可考〔者〕……即已赎身，其本身……仍当存主仆名分。""当身限满取赎之后，其本身见主人仍应有上下之分。"	"绅衿之家典买奴仆，有文契可考者……即已赎身，其……在主家所育子孙仍当存主仆名分，其不在主家所育之子孙，应照旗人开户之例，准予豁免为良。""当身限满取赎之后……其子孙则不得谓之世仆。"
乾隆十三年⑤	"盛京带来并带地投充及远年掳掠，并白契、印契所卖，赎身归入佐领之下开户，如犯军流等罪，应照旗人正身一体折枷鞭责完结。至原主户下开户，既不入籍为民，又不归原主佐领下开户，虽名为开户，仍可复役驱使，与户下家奴无异。其设法赎身，并未报明旗部之人，既经户部奏明，无论伊主曾否得过身阶，仍作为原主户下家奴。此等有犯军流等罪，似应仍照家奴问拟。"	

续表

定例年代	赎身奴婢的身份	赎身奴婢子女的身份
乾隆二十四年⑥	"八旗户下家人，不论远年旧仆及近岁契头奴仆，如实系本主念其数辈出力，情愿放出为民，或本主不能养赡，愿令赎身为民者，呈明本旗咨部，转行地方官收入民籍，不准求谋仕宦。"	"至伊等子孙，各照该籍民人办理。"
乾隆二十八年⑦	"旗员殴死赎身及放出奴婢……即照殴死族中奴婢降二级调用例减一等，降一级调用；故杀者，即照故杀族中奴婢例，降三级调用。"	"旗员殴死赎身及放出奴婢……之子女者，即照殴死族中奴婢降二级调用例，减一等，降一级调用；故杀者，即照故杀族中奴婢例降三级调用。"
乾隆三十八年⑧	"凡民人殴死赎身及放出奴婢……杖一百徒三年，殴死族中奴婢，杖一百流三千里，若系官员，亦照旗员之例办理。"	"凡民人殴死赎身放出奴婢……之子女者，杖一百徒三年……若系官员，亦照旗员例办理。"
乾隆四十二年⑨	"旗员殴死赎身及放出奴婢……即照殴死族中奴婢降二级调用例减一等，降一级调用；故杀者，即照故杀族中奴婢例，降三级调用。旗人殴死赎身奴婢者，枷号四十日鞭一百。"	"旗员殴死赎身及放出奴婢并该奴婢之子女者，即照殴死族中奴婢降二级调用例，减一等降一级调用；故杀者，即照故杀族中奴婢例降三级调用。"
乾隆四十二年⑩	"凡家长及家长之期亲，若外祖父母，殴死赎身奴婢……者，杖一百徒三年，故杀者拟绞监候。""大功亲属殴死赎身奴婢者，杖一百流二千里；小功、缌麻递加一等。（故杀亦绞监候）""若赎身奴婢干犯家长并家长期亲以下亲者，俱依雇工人律科断。"赎身奴婢"干犯家长大功以下亲，以良贱相殴论"。族中"无服亲属之奴婢……若已经赎身……如有杀伤干犯，各依良贱相殴本律论"。"系官员，照旗员之例办理。（此十字，道光十二年删）"	"凡家及家长之期亲，若外祖父母，殴死赎身奴婢……之子女者，杖一百徒三年，故杀者拟绞监候。"大功亲属、小功、缌麻亲属"殴死赎身奴婢之子女者，以良贱相殴论"。"赎身奴婢主子女干犯家长及家长期亲、外祖父母，亦以雇工人论"。赎身奴婢之子女"干犯家长大功以下亲，以良贱相殴论"。族中无服亲属之已赎身"奴婢之子女"，如有杀伤干犯，"俱以凡论"。"系官员，照旗员之例办理。〔此十字，道光十二年删〕"

续表

定例年代	
乾隆五十三年⑩	"乾隆元年以后白契所买之人,未入丁册者,准照例赎身为民。其乾隆元年以前白契所买之人,既准作为印契,仍照例在本主户下挑取步甲等缺,俟三辈后著有劳绩,本主情愿放出为民者,呈明本旗,咨部存案。若汉人则令本主报明本籍地方官,咨部存案,俟部核复,准入民籍。此等旗民放出家奴,系曾经服役之本身及在主家所养之子孙,止许耕作营生,不许考试出仕。其入籍所生之子孙,准其与平民一例应考出仕,京官不得至京堂,外官不得至三品。"

资料来源:①《大清律例》卷26,刑律,人命,谋杀故夫父母律注。

②《读例存疑》卷37,刑律,斗殴下,妻妾殴故夫父母律注。

③同治《户部则例》卷3,户口,第27页。

④《定例续编》卷5。

⑤《定例续编》增补,户部,第18页。

⑥《光绪会典事例》卷1116,八旗都统,户口,第3页,

⑦⑧⑨⑩《光绪会典事例》卷810,刑律,斗殴,第3页。

⑩《光绪会典事例》卷752,刑部,户律,户役,第2页。

(二) 旗下奴仆的开户问题

1. 旗下奴仆开户规定条件

所谓开户,是八旗奴仆的主人索还身价或不收身价,同意放弃对某一奴仆的役使权利,自本户中除名,单独立户的意思。"僮仆而本主听出户者曰开户。"① 完成单独立户手续的奴仆称为"开户壮丁"。开户有两种。一种是在佐领下立户,其户口与原来主人的户口并列;从户籍的角度讲,"户下之开户者亦为另户"。② 另一种是在原主名下立户,作为原主户口附属的单独户口,不由佐领直接管辖。这种属于原主户下的开户人,"虽名为开户,仍可复役驱使,与户下家奴无异"。③ 如果主人原是户下人,其奴仆开户后则只能属于佐领下。④ 不论哪一种开户壮丁,均仍属于旗下,与

---

① 《皇朝琐屑录》卷1,第10页。

② 另户,为八旗佐领下的正式户口,官员,兵丁,闲散均是。《光绪会典》卷84,八旗都统,第10页。

③ 乾隆十三年例。见《定例续编》增补,户部,第18页。

④ 《八旗则例》卷3,孝部,户口,第5页,家奴设法赎身。

放出旗为民不同。

旗下奴仆开户的条件，清初曾有多次规定，兹列表如下：

关于八旗奴仆开户的有关规定

定例年代	奴仆种类	准开户条件	开户手续	其他
（国初）①	八旗户下壮丁	首先登城者	准其开户。仍赏给原主身价银	并将胞兄弟、嫡伯叔带出
康熙十九年②	旗下从征仆人	得功牌二次者	许令出户	
乾隆二年③	乾隆元年以前放出为民之户	如系籍名设法赎身，私入民籍，伊主既经得过身价银两	应令归旗，作为开户壮丁	
—④	盛京带来奴仆、带地投充奴仆、掳掠人等	不准为民	准其开户	
乾隆三年⑤	盛京带来奴仆	原属满洲、蒙古，直省本无籍贯，不得放出为民	均准开户	
	带地投充人	虽有籍贯，年远难以稽查，不得放出为民		
乾隆四年⑥	乾隆元年以前放出为民之户	有未经呈报旗部，系籍名设法赎身私入民籍者，其主既得身价	令归旗作为开户	
		放出为民未入民籍		
		放出为民，入籍在乾隆元年以后之户		
		设法赎身之户，或系自备身阶，或亲戚代为赎身者	皆应归原主佐领下作为开户	
		若系实在用价卖出，随又交价赎身者	皆应归买主佐领下作为开户	
		如系开户壮丁用价卖出者，买主原非另户正身，其名下不应复有开户之人	应仍归原主佐领下作为开户	

续表

定例年代	奴仆种类	准开户条件	开户手续	其他
乾隆四年[7]	八旗户下家人	向由各该旗声明,本主念其世代出力,情愿准其开户者	该参领、佐领、族长、族人列名具保咨部,无论何项人等,详查上次丁册有名,并册内注系陈人者,即准开户	
乾隆四年[8]	国初俘获之人	年份已久,与投充之人迷失籍贯者无别	均应开户,不准为民	
	远年印契所买奴仆	有盛京带来及带地投充之人,原系旗人转相售卖,虽有籍贯,无从稽考		
乾隆四年[9]	绝户家人,不论家下陈人、契买奴仆	无族人可归者	均准于本佐领下开户	责令看守伊主坟墓。年力精壮者,准于本佐领下选拔步军
—[10]	旗下家人	设法赎身(或系自备身价,或亲戚代为赎身)	归原主佐领下作为开户	
		卖出后又向买主交价赎身者	归买主佐领下作为开户	
		卖出后又向买主交价赎身者若买主系户下人	归原主佐领下作为开户	
乾隆十二年[11]	乾隆元年以前放出为民之户	如乾隆元年以后始入民籍,伊主念其勤劳,情愿放出者,或经首告,或被查出,其报明旗部、伊主得过身价者	令归旗作为原主名下开户	

续表

定例年代	奴仆种类	准开户条件	开户手续	其他
乾隆十二年[⑪]	乾隆元年以前放出为民之户	若未经报明旗部者，无论伊主曾否得过身份	均令归旗仍作原主名下家奴，不准归入佐领下作为开户	

资料来源：① 《光绪会典例》卷1113，八旗都统、户口，第3页。

② 《康熙实录》卷93，第2页。

③ 《光绪会典事例》卷752，刑部，户律，户役，第5页。

④⑩ 《八旗则例》卷3，孝部，户口，第3页。

⑤⑦⑧ 《光绪会典事例》卷1113，八旗都统，户口，第4页。

⑥ 《光绪会典事例》卷1113，八旗都统，户口，第4—5页；同书，卷727，刑部，名例律，第1页。《清通考》卷20，第5037页所引设法赎身之户"皆应归原主佐领下作为开户"作"令归旗作为原主户壮丁"。

⑨ 《光绪会典事例》卷1113，第4页；卷752，刑部，户律，户役，第2页，作乾隆五年定例。

⑪ 《光绪会典事例》卷1113，第5页。

从历年条例中可以看出，开户有两类情况：一类是获得主人准许而开户的，如立有战功者，[①] 绝户家人无族人可归者，设法赎身者，等等；另一类是在规定时限以前放出为民，因手续不合而被勒令归旗者。这些条件所贯穿的精神是：一方面准许某些奴仆脱离主人，另一方面又防止这些人脱离旗下成为民人。

开户人一般仍居本佐领所属范围之内。他们必须服从佐领的调遣，有的就被派往他地开垦荒地，设立官庄，成为新设官庄中的劳动力。例如乾隆二年黑龙江呼兰地方设立官庄，就由盛京将军所属"八旗开户人内选能种地壮丁四百名，携带家口前往"。乾隆六、七两年两次增扩十庄，再派去开户壮丁一百名。[②] 可以设想，这种开户人与旧主的关系必然是淡薄的。

① 包括"户下人，或在军营出力，或因技艺出众，奉旨入册者，其本身及父子亲兄弟俱开为另户"。见《光绪会典》卷84，八旗都统，第3页。

② 《光绪会典事例》卷1119，八旗都统，田宅，第1—2页。参阅本文第八节。

2. 开户人及其子孙的法律身份地位

于主人户下开户的奴仆"与户下家奴无异"。那些"设法赎身,并未报明旗部之人,既经户部奏明,无论伊主曾否得过身价,仍作为原主户下家奴。此等有犯军流等罪,似应仍照家奴问拟"。① 可见,另户户下开户人虽有开户之名,但并未脱离主家,可以设想,在实际生活中较未开户时变化不大,而在法律上则完全没有变化。

佐领下开户则与此有别。

八旗奴仆佐领下开户人的身份,作为赎身奴婢,他和旧主的法律地位不得同凡,已如前述。但通过某些例案看,官府也并不完全按律办事。例如,康熙四十四年刑部对镶红旗汉军胡安国打死开户奴仆刘世芳一案的处理,是把开户人置于低下法律地位的。刘世芳原是胡安国的"家生子",他交给主人白银280两,获得开户身份,分开各住。后因事争吵,胡安国将刘世芳殴打致死。刘世芳既已离开主家,自然是胡某的"旧奴婢"。刑部写道:"查律内家长殴死旧奴婢者以凡人论等语,正谓将自己奴婢转与他人者而言。今胡安国虽得刘世芳银两开户,并非转卖他人,若将胡安国拟绞,似属过当。据此,胡安国应革职,改照家长殴雇工人致死者杖一百徒三年,应杖一百徒三年。"② 这里所说同凡,是指被转卖者而言,倒是有律中注释可据。但将刘世芳按"雇工人"对待,却根本没有法律条文根据,只是判刑官员觉得家长为旧奴婢抵命拟绞,"似属过当",从而想出来的一种权宜措施。根据这一案件的处理可以看出,在法律中,开户人的地位并不明确。同时也不能因此一例而认为开户人身份等于雇工人。但有一点可以肯定,即在统治者的心目中,开户人是不能与旧主平等的。

开户壮丁在社会上的地位也没有文字规定。乾隆帝弘历曾经描述他们的状况说,"凡遇应差使,先尽另户正身简选之后,方将伊等选补;伊等欲自行谋生,则又身隶旗籍,不能自由"。③ 让我们从以下几个问题的规定

---

① 乾隆十三年例。见《定例续编》增充,户部,第18页。
② 《古今图书集成》经济汇编,祥刑典,第73,律令部,第771册,第47页。
③ 乾隆二十一年谕。见《读例存疑》卷9,户律,户役,第17页,人户以籍为定。

上具体地看看开户人的地位。

挑补马甲。清制，旗兵马甲均由旗人正身充当。从一定意义上讲，被挑马甲是一种权利，或者说能否被挑马甲也是一种表示身份的方式。作为开户人，有的可以选步军，① 但定例不准挑取马甲。雍正二年，有人建议，"八旗马甲于另户人内选补不敷，方于佐领下开户户下人选取"，未获批准。② 乾隆六年应署福州将军策楞要求，皇帝批准了福州四旗从开户人中挑补马甲，③ 但这是一个特例。

乾隆三年时，开户人连充当步兵和铁匠都不被允许。④ 后因考虑到开户人既不准补马甲，又不便使之任步军、铁匠等，他们"终不得进身之路"，所以议准开户人准选充营兵及拨补管队百总头目。但拨补头目，最多"拨补外委千总，仍不得补用守备及经制千总、把总"。⑤

开户人也不得挑补领催，因为"领催等渐次录用，皆可得膺官职，开户原无为官之例"。⑥

开户人犯罪服刑也与一般另户旗人有所不同。"向来另户之人犯罪发遣俱不为奴"；雍正五年规定，"原系家下奴仆开户而为另户者，若发遣远方，不令人管束，又致生事"，犯罪发遣，"给予披甲之人为奴"。⑦

开户人户籍不得有所属开户人。如前所述，有一种开户人是奴仆在原主名下另列户口，不直属佐领管辖。开户人可以拥有奴仆，该奴仆如若开户，则只能在原主所属佐领下立户，而不能在作为开户人的原主名下开

---

① 乾隆四年定例，"绝户家人，本主尚有同族人等，即编入旗人户下，无族人可归，不论家下陈人、契买奴仆，均准于本佐领下开户，责令看守伊主坟墓；年力精壮者，准于本佐领下选拔步军"。见《光绪会典事例》卷1113，八旗都统，户口，分析户口，第4页。"步甲缺出，于本佐领下愿当步甲之另户、开户及印契、白契所买家人内挑补。"见乾隆《八旗则例》卷8，廉部，兵制，页4，挑补马甲。

② 《光绪会典事例》卷1121，八旗都统，兵制，第3页，挑补马甲。历年不准开户挑补马甲的旨令，第2—3页。

③ 乾隆六年二月壬戌谕。《乾隆实录》卷137，第7页。

④ 《光绪会典事例》卷1164，步军统领营制，第1页，拨补兵丁。

⑤ 同上。

⑥ 《光绪会典事例》卷1211，八旗都统，兵制，第2页，挑补领催。

⑦ 《光绪会典事例》卷727，刑部，名例律，犯罪免发遣，第4—5页。

户。因为开户壮丁"原非另户正身,其名下不应复有开户之人"。①

此外,我们还可以从准否应试出仕的规定中看到开户人身份的另一些情况。

乾隆六年九月,驻防杭州开户生员王廷峣呈请援例考试。正白旗汉军都统怡亲王弘晓因这类事在以前没有统一规定,故向皇帝请示办法。礼部衙门的意见是:"从前契买家奴,将本身及子孙考试之处永远禁止",② 投充、俘掠人等,"未经开户以前,在伊主家身供役使,曾有主仆之分。今若准令考试,究与名分有关〔乖〕。嗣后此项人等虽经开户,其本身及子孙考试之处应永行禁止。每逢考试之时,各旗详加查核,毋得开送"。③ 这一意见,得到了乾隆帝的同意。

上述资料中还有一句值得注意的话,即:"嗣后八旗远年开户人等,除从前奉有谕旨准其考试之举监生员仍准其考试外。"④ 这句话透露出一个消息,即开户人有的是可以入学读书而且成为举监生员的,开户人中有人曾经是皇帝批准参加过高一级考试的。此外,还有一条定例:"八旗开户年久之人,值伊原主子孙庸懦衰绝,伊等反行欺压,希图争占家产,捏情诬告者,审明系官革职治罪(私罪),将从前开户之档销毁,仍给与原主之子孙为奴。"⑤ 这一定例是为防止开户人欺压原主子孙而设的特殊条例,但它反映出,开户人曾经是可以做官的。笔者暂未查到该例制定的年代和背景;但可以设想的是,这一定例反映的内容,可能与前述"奉有谕旨准其考试"的开户人有关。

即使乾隆六年做出上述永禁开户人应试的决定,但开户人应试出仕的事以后仍然存在。乾隆二十一年皇帝准许旗下另记档案及养子、开户人等出旗为民的谕旨内,提到这些人中"食钱粮之人若一时遽行出旗,于伊等生计不免拮据"的问题,要求户部会同八旗都统定议。户部等衙门会议结果,对

---

① 《光绪会典事例》卷1113,八旗都统,户口,第5页;又见同书卷727,刑部,名例律,第1页,此处"不应"二字作"不便"。
② 乾隆六年九月甲戌礼部等部议覆。见《乾隆实录》卷150,第15页。
③ 《定例续编》卷5,户部,户役,第3—4页,开户人等不许滥考。《乾隆实录》卷150,15—160页。
④ 《乾隆实录》卷150,第15页;《定例续编》卷5,第4页。参阅乾隆《八旗则例》卷3,第4页。
⑤ 《大清律例汇辑便览》卷30,刑律,诉讼,第8页,上栏。

八旗另记档案、养子，开户人中在京、在外文武官员、病故、革退官员、进士、举人、生员、捐纳待用人员等情况出旗为民后如何处理之处，均分别做出规定。① 这里所讲的"开户人等"，当然是开户奴仆；所讲的"八旗另记档案"人户，② 也包括开户奴仆。因此可以说，至少直到乾隆二十一年，奴仆开户后，有的仍可应试；通过考试或捐纳，也可成为在京、在外文武官员。

最后，开户人"不得与宗人联姻"的规定③也说明对开户人的歧视。因为开户的旗下家奴，原来多为俘获或投充的汉人，故定此规条的实质乃是禁止满汉通婚，以防被汉人同化。

（三）旗下奴仆的放出问题

1. 旗下奴仆放出的规定条件

所谓奴仆放出，是指奴仆获得脱离主家的权利外，并获准经过一定手续加入民籍，不再属于旗下管辖。④ 放出以后，他可住在入籍地方，或迁居他处，自谋生路，不像开户人那样受旗人当差规定的限制。

清廷对于放八旗旧仆及投充人出旗为民，限制一度很严。有定例，盛京带来的奴仆和带地投充奴仆，"止准入旗档，不得放出为民"；甚至勒令某些已经出旗为民的开户人重行归旗。⑤ 雍乾时起，情况开始改变，为民

---

① 《光绪会典事例》卷1114，八旗都统，户口，分析户口（2），第1页。
② 所谓"八旗另记档案之人"，包括：一、"八旗开户养子，因出兵阵亡，及军功例为一等、二等，奉旨著为另户者"；二、"国初投充、俘掠入旗之人，后经开户"者；三"民人之子，旗人抱养为嗣"者；四、"因亲入旗"者；五、"本系良民，随母改嫁入于他人户下"者；六、"旗奴开户"者；七、"旗奴过继与另户为嗣，已造入另户档内，后经遵旨自行首明者"等。这些人，都不是正身旗人，他们"虽与开户有间，实非另户可比"。他们不得冒入和另户档案，应试则有限制，禁与宗室联姻；但可以契买民地，开垦地亩归己所有，出旗时准其带往为业。（参阅乾隆《八旗则例》卷3，第4页；《定例续编》卷5，第5页；《八旗通志》卷首12，卷31；《清通考》卷5，第4900页，以及道光、咸丰《户部则例》等。）
③ 乾隆六年定。见《清通典》卷9，食货9，户口丁中，第2072页。
④ 按，清代文献中有的也把开户称为放出，即放出主家的意思。这里讲的不是这一含义。
⑤ 定例，一、"八旗远年丁册有名，即系盛京带来奴仆，直省本无籍贯；其带地投充者，亦历年久远，虽有籍贯，难以稽查。两项应仍遵定例，止准入旗档，不得放出为民"。二、"八旗奴仆放出为民，未经入籍，及入籍在乾隆元年以后之户，应令归旗，作为原主名下开户壮丁"。见《光绪会典事例》卷727，刑部，名例律，第1页，犯罪免发遣；卷1113，八旗都统，户口，第4页。

禁令逐步放宽，陆续定例，有条件地准许某些奴仆放出为民。① 乾隆二十一年则进一步解除了开户奴仆出旗为民的禁令。乾隆弘历说，"开户家奴皆系旗人世仆，因效力年久，其主愿令出户。现在八旗及外省驻防内似此颇多。凡遇一应差使，先尽另户正身简选之后，方将伊等选补。伊等欲自行谋生，则又以身隶旗籍，不能自由。现今八旗户口日繁，与其拘于成例，致生计日益艰窘，不若听从其便，俾得自谋生计。著加恩将现今在京八旗及在外驻防内，另记档案及养子、开户人等，均准其出旗为民。其愿入籍何处者，各听其便。所有本身田产，并许其带往。此番办理后，隔数年似此举行一次之处，候朕酌量降旨"。② 从此以后，过去有关禁止放出的规定均不再用，至乾隆三十二年把它们正式删除了。乾隆帝的上述意见，于二十四年入例，又于五十二年改定为："八旗家奴如系累代出力，经本

---

① 如雍正十二年定例，"若果系数辈出力之人，伊主念其勤劳，情愿听其赎身为民，本旗、户部有档案可稽，州县地方有册籍可据，为民者仍归民籍，旧主子孙不得借端控告"。（见《光绪会典事例》卷752，刑部，刑律，户役，第2页，人户以籍为定。）乾隆二年议准，"乾隆元年以前放出为民之户，其有未经呈报旗部者，该旗查明果系数辈出力，伊主念其勤劳，情愿放出，编入民籍年久，地方官有册可据者，一并准其为民。如系籍名设法赎身，私入民籍，伊既经得过身价银两，应全归旗，作为开户壮丁，倘有不肖奸户，实系乾隆元年以后放出，捏称乾隆元年以前放出，私自营求入于民籍，希图牵混者，查出，将该户交刑部照例治罪，仍令归旗，作为本主户下家人。其不行详查之参、佐领及蒙混收入民籍之地方官，一并交部议处。至嗣后旗下家奴，果系伊念其数辈出力，勤劳年久，情愿准其赎身，放出为民，务照定例呈明本旗，报明户部，转行地方官收入民籍。如有私自放出，并不呈旗咨部，行知该地方官入籍为民者，地方官即查明呈报，将本主照例治罪"。（见《光绪会典事例》卷752，刑部，户律，户役，第5页，人户以籍为定，此例。《清通考》卷20，户口2，第5037页，作乾隆四年议定。从《光绪会典事例》。）乾隆五年定例，"驻防旗人置买本地家奴，本主因其不堪驱使，情愿准其赎身者，亦准放出为民"。（《光绪会典事例》卷752，刑部，户律，户役，第2页，人户以籍为定。）乾隆《八旗则例》载："驻防兵丁所有奴仆内，实系民人，准其索取原价放出为民。"（卷12，节部驻防，第13页。）又载定例："凡乾隆元年以前白契所买作为印契之奴仆，效力过三辈后，伊主情愿放出者，具呈该旗咨报户部，查明册档，有伊祖父姓名籍贯者，准其放出为民。若印契所买实系民人，契内有籍贯可查者，照乾隆元年以前白契所买奴仆之例，亦准为民。"（卷3，户部，第3页，家人开户为民。）乾隆九年，"因口内庄头生齿日繁，奏准，除庄头子弟及缘罪发遣壮丁毋庸置疑，并鳏寡孤独、老幼废疾令庄头留养外，其愿为民之壮丁等，准该庄头陆续呈报，核咨户部，转令该州县改入民籍"。（转自乾隆四十四年二月戊辰内务府大臣议奏。见《乾隆实录》卷1076，第32页。）

② 《光绪会典事例》卷1114，八旗都统，户口，分析户口，第1页。参阅《清通考》卷5，田赋5，第4900页。乾隆三十六年又曾办理一次："从前因五旗王公属下包衣人等滋生蕃庶，该王公等养赡伊等不无拮据，曾经两次查办，令其出旗。今越十余年，核计人口复盛，应行查办。著交众王公等将包次人等有情愿令其出旗者，仍照从前所办之例，全同本旗都统查明，令其出旗。或以人少不愿令其出旗者，亦随其自便。"（《八旗通志》卷首12，敕谕6。）

主呈明令其出户，应准放入民籍。"①

准许是准许了，但在事实上，奴仆的放出如没有主人的"情愿"是不可能办到的。② 得到主人情愿，还需主人为之办理一套相当复杂的手续："八旗王公所属庄头及投充家奴人等，如因人口众多，情愿放出为民者，呈报宗人府查明，饬令该管佐领出具切实图结，该参领加具关防，并饬令族长、学长查明本族宗室人等并无争论，画押甘结，造册连结咨部，转饬各该州县给予执照，收入民籍，概不准私放出户。"③ 这就是说，除获得主人同意外，还需本族宗室无人反对，族长、学长同意，佐领出结，参领盖印，宗人府批准，户部通过，州县给照后，放出手续才算完成。要通这过七八道关卡，谈何容易！

此外还有一种特殊情况准许奴仆放出，即"八旗官员、平人将奴仆责打身死及故杀者"，该奴仆之父母妻子"悉行开放；系旗人，听其在旗投主，系民人，放出为民"。④ 这是由于"奴仆被殴身死，若仍在主家服役，犹恐两相疑忌，故悉放为民"。⑤ 原来这乃是怕被害者家属进行报复而对杀人者采取的保护性措施。

也有因主人获罪而投充人获得为民机会的事。⑥ 但这是更为难遇的

---

① 《光绪会典事例》卷752，刑部，户律，户役，第4页，人户以籍为定。参阅《读例存疑》卷9，户律，户役，第16—17页，人户以籍为定。

② 雍正十二年定例，"旗下奴仆，或借别旗名色买赎，或自行赎身，旗民两处俱无姓氏者，查出即令归旗。其有跟随家主出差在外，私有蓄积，钻营势力，欺压本主赎身者，自康熙五十二年恩诏以后，虽在民籍，查明强压情实，亦令归旗"。（《光绪会典事例》卷752，刑部，户律，户役，第2页，人户以籍为定。）

③ 道光八年谕。见《光绪会典事例》卷9，宗人府，职制，第7页。

④ 嘉庆六年定，此前，雍正五年曾议："其责打被杀奴仆之父母妻子，情愿仍在伊主家者，听其存留；不愿者，交与该管官处变价给主。如故意殴杀者，其被杀奴婢之亲属悉行开放。系旗人，听其在旗投主；系民人，放出为民，不得追取身价。"（《光绪会典事例》卷810，刑部，刑律，斗殴，第1页，奴婢殴家长。）杀其本人，复将其父母妻子变价，得钱交给本主，这种做法未免过于残暴。故同年又谕："家人被家主打死，其家人之父母妻子理应放出，听其投身他姓，不当交旗变价给原主。将此永著为例，一体遵行。"（《光绪会典事例》卷727，刑部，名例律，第4页，犯罪免发遣；参阅同书卷810，刑部，刑律，斗殴，第1页，奴婢殴家长。）

⑤ 《刑案汇览》卷39，刑律，斗殴，第67页，奴婢殴家长。

⑥ 顺治八年正月甲寅："议英王阿济格应幽禁，籍原属十三牛录归上，其前所取叔王七牛录拨属亲王多尼。投充汉人出为民。其家役量给使用，余人及牲畜俱入官。"（见《顺治实录》卷52，第6—7页。）

事了。

2. 放出奴仆及其子孙的法律身份地位

主人不收身价而放出的奴仆，其法律地位尤为低下。他们和旧家长之间"主仆名分尚存，与赎身者不同"。① 嘉庆六年修订乾隆三十八年定例时规定："如家长或家长期亲以下亲故杀放出奴婢，及放出奴婢干犯家长，并家长期服以下亲者，仍依奴婢本律定拟。"② 其实，此前就是这样办理的，雍正六年盛京兵部郎中通济被放出家人王六告发隐匿税务余银一案，雍正皇帝认为，"此等恶奴诱挟索诈之习，断不可长"，将王六"拘禁该旗"，"严加审讯"，特谕"徧行晓示八旗"。③ 这就是说，奴婢放出后，对家长及其家族的关系的基本方面仍然不变。其原因和赎身奴婢一样，仍是与主人"恩义犹存"。④ 放出，出于主人情愿而不缴回身价者，比起赎身"恩义"更重；因此，他们比赎身奴婢的法律地位更低，这完全合乎统治者立法的逻辑。这一点，在宣统二年颁行的《大清现行刑律》中反映得仍很明显："从前奴婢，业经赎身、放出，而家长殴之至死者，系放出之人，徒三年；系赎身之人，流二千里。故杀者，俱绞监候。放出之人干犯家长，依雇工人本律治罪，赎身者减一等。"⑤ 当时律例规定，凡人殴杀处以死刑——绞监候。但旧家长不论殴死赎身奴婢还是放出奴婢，都不必命抵，殴死放出奴婢比殴死赎身奴婢受到的惩处更轻。⑥

放出奴仆，不仅本人的法律身份仍旧抵下，其子女也不得与主人平等。嘉庆六年增定例确定，"殴、故杀放出奴婢之子女，或放出奴婢之子女干犯家长及家长期服以下亲者，各依雇工人律科断"。⑦ 在司法中，甚至

---

① 乾隆三年六月丙申谕。见《乾隆实录》卷70，第27页。
② 《光绪会典事例》卷810，刑部，刑律，斗殴，第1页，奴婢殴家长；《读例存疑》卷36，刑律，斗殴，第16页，奴婢殴家长。
③ 《八旗通志》卷首10，敕谕4，第2—3页。
④ 《大清律例汇辑便览》卷26，刑律，人命，尊长为人杀私和，第3—4页，成案。
⑤ 卷25，斗殴下，雇工人殴家长。
⑥ 直至宣统元年《核订现行刑律》还规定，"从前奴婢业经赎身、放出，而家长殴之至死者，系放出之人，徒二年；系赎身之人，流二千里；故杀者较监候。放出之人干犯家长，依雇工人本律治罪；赎身者，减一等。"（见斗殴下，奴婢殴家长，第10页。）
⑦ 《光绪会典事例》卷810，刑部，刑律，斗殴，第3页；奴婢殴家长，《读例存疑》卷36，刑律，斗殴下，第16页，奴婢殴家长。

放出奴婢的孙辈也不得和主人处于同等法律地位上。例如，道光六年张春全等砍伤葛兆宇一案，"张春全等之祖张礼，系葛兆宇之父葛平西放出旧仆。该犯等均系张礼之孙。例内既指明放出之子女有犯依雇工人科断，则放出奴婢之孙有犯即不得与子女并论。惟该犯等究系葛兆宇家放出奴婢之孙，未历三代，定例不准捐考，即不得为良民，未便竟同凡论。将张春全等均照刃伤人律杖八十徒二年，按良贱相殴加一等，杖九十徒二年半"。①

又如，嘉庆二十一年，江苏放出奴仆张聚恒之孙张绍华诬告旧主堂侄杨质中一案，江苏巡抚和刑部衙门一致认为，张绍华"系张聚恒之孙，其身契并未给还，且又未及三代，尚不准其应考出仕，良贱终有区别，自不能与平人并论"。② 此案因"干犯"罪没有超过所诬罪，所以这种良贱区别没有在处刑中反映出来。但是"良贱"有别、"不能与平人并论"则是对放出奴仆的孙辈和旧家长的家族后代之间的关系的叙述。至嘉庆二十五年又加一条："已放回籍奴仆诬告家长，于'奴婢告家长与子孙同，俱诬者绞'律上量减，满流。"③ 放出奴仆之孙对旧主的无服亲属同凡论，④ 这意味着放出奴仆之孙与旧主家族之外的人在法律上是平等的。

从以上放出奴仆的法律、社会地位看，显然不能说所谓"为民"就是成为完全独立的人了。

让我们从考试制度方面再进一步考察放出奴仆的地位。

如前所述，放出奴仆的身份仍低于旧主及其家族；他们无权参加考试也是合乎统治阶级的逻辑的。乾隆三年明确规定："乾隆元年以前白契所买，作为印契之人，令在本主佐领下选补步军，俟三代后，著有劳绩，本主情愿放出为民者，具呈本旗，咨报户部，查明祖父姓名籍贯，准其为民。仍行文该地方官注册、止许耕作谋生，不准考试。"⑤

但在乾隆四十八年却有了这样一条谕旨："向来满汉官员人等家奴，

---

① 《刑案汇览》卷58，刑律，斗殴，第13页，奴婢殴家长。
② 《刑案汇览》卷48，刑律，诉讼，第82页，干名犯义。
③ 《大清律例汇辑便览》卷30，刑律，诉讼，干名犯义。
④ 《刑案汇览》卷39，刑律，斗殴，第54页，奴婢殴家长，载嘉庆十七年无服亲属放出奴婢之孙张颖殴死刘明一案说帖。
⑤ 《光绪会典事例》卷1113，八旗都统，户口，第4页。《乾隆实录》卷70，第27页，乾隆三年六月丙申，议政大臣大学士尹泰等议覆。

在本主家服役三代实在出力者，原有准其放出之例。此项人等既经伊主放出，作为旗、民正身、未便绝其上进之阶。但须明立章程，于录用之中，仍令有所限制。嗣后，此等旗民家奴，合例后经该家主放出者，满洲则令该家主于本旗报明，咨部存案；汉人则令该家主于本籍地方官报明，咨部存案，经部覆准后，准其与平民一例应考出仕。但京官不得至京堂，外官不得至三品，以示限制。著为令。"① 并据此定例。②

所谓京堂，指各部侍郎、内阁学士、国子监祭酒、通政司使、大理寺卿、太仆寺卿、光禄寺卿、鸿胪寺卿等官。所谓三品以上外官，指按察司（正三品）以上；府、厅、州、县等官是不在此内的。所以说，乾隆四十八年条例准许放出奴仆本人在手续齐备的条件下应试、做官，但不得做三品以上的大员。

《红楼梦》第四十五回、第四十七回所描写的赖尚荣做官的故事，正是合乎这一规定的。赖嬷嬷和儿子赖大，世代在贾府服役，"熬了两三辈子"了。赖尚荣作为世仆之子，就是"家生子"，他本人原具奴仆身份。但他"一落娘胎胞儿"，贾政就将他放出了，成为放出奴仆。其父赖大仍在贾府服役，任管家。赖嬷嬷经常对赖尚荣讲，你"到了二十岁上，又蒙主子的恩典，许你捐了前程在身上"，再过十年，"求了主子，又选出来了"，当上了知县。她要求赖尚荣"尽忠报国，孝敬主子"。赖尚荣以一任县官，也在京购置房产、花园；请客时，以贾母为首的主子们也肯出席，并能请到"几个现任的官员并几个大家子弟作陪"，看来颇有点体面。但是，应该注意到作者描写的某些绝非偶然的情节：赖尚荣捐官是经主子允许的，选放外任是"求"过主子的，当官以后，还应"孝敬"主子。这些，都反映着主奴之间的老关系。

一般说来，新旧例有矛盾时，旧例总是作废的。乾隆四十八年条例出现后，乾隆三年条例则应停止生效，但到乾隆五十三年，却又在乾隆三年条例的立意基础上修订定例，代替了乾隆四十八年条例。新例是，准入民

---

① 《乾隆实录》卷1177，第23—24页。
② 《光绪会典事例》卷752，刑部，户律，户役，第5页，人户以籍为定；卷1116，八旗都统，户口，第3—4页，旗人买卖奴仆。

籍的"旗民放出家奴，系曾经服役之本身，及在主家所养之子孙，止许耕作营生，不许考试出仕，其入籍后所生之子孙，准其与平民一例应考出仕。京官不得至京堂，外官不得至三品"。① 它把乾隆三年例和乾隆四十八年例的某些内容合在一起，但完全否定了乾隆四十八年弘历谕中所考虑的放出奴仆"作为旗民正身，未便绝其上进之阶"的立意精神。此例到嘉庆十一年进一步确定为，放出家奴"只许耕作营生，不许考试出仕"，"其放出入籍三代后所生之子孙，准其与平民一例应试出仕，京官不得至京堂，外官不得至三品"。②

放出家奴必须三代以后所生子孙方准考试出仕，据嘉庆二十二年广东司说帖的解释，这是因为，清制，品官父祖三代得受封赠；如果家奴在三代以内有人做官，那么作为奴仆的祖父母、父母也会受到皇帝的诰封，奴仆受此封典，则与官僚并列而无上下之别，"不足以清流品而重名器"。③ 把贱民放在和缙绅同一地位之上，搅乱了封建等级秩序，自然是不能容许的。

所以，自乾隆五十三年修改条例后，放出奴仆本身就再也不能像乾隆四十八年以来那样可以应试了；不能想象赖尚荣还能当上现任县官。

嘉庆例文中所谓"其放出入籍三代后所生之子孙"是指的哪一辈呢？当时各级问刑衙门的司法官员对此理解很不一致。让我们列举嘉庆二十一年江苏张绍华控告杨质中冒认为仆案略加分析。

张聚恒卖身杨灿章为仆，改名张恒，服侍杨灿章往四川经商。后张聚恒经杨灿章放出，但未取回身契。张聚恒有子张学礼，学礼有子名张绍华。张绍华欲应试，被人告讦。时杨灿章已死，张绍华转托亲友央求杨灿章之堂侄杨质中向杨灿章的儿媳杨李氏说合，欲许银赎回张聚恒当年的卖身契。杨李氏不同意。张绍华以为是杨质中从中作梗，因此到官诬控杨质中诬良为仆。江苏巡抚认为，张绍华作为放出奴仆张聚恒的孙辈，是可以参加捐考的。换言之，他认为放出家奴的孙辈就是定例中所

---

① 《光绪会典事例》卷752，刑部，户律，户役，第2页，人户以籍为定。
② 同上。据《读例存疑》，此条系"乾隆三年例，五十三年修改，嘉庆十一年改定"。见该书卷9，户律，户役，第10页，人户以籍为定。
③ 《刑案汇览》卷7，户律，户役，第37页。

谓"三代后所生子孙"。这一点，遭到刑部衙门的驳回。刑部认为，放出家奴张聚恒的孙子张绍华乃是第二代，张绍华之子是第三代，仍然没有资格参加考试，直到张绍华之孙，即张聚恒的玄孙才是定例中所谓"三代后所生子孙"，才能准其应试出仕。①

需要指出的是，清代法典并未规定放出奴仆子孙的身份属于贱民等级。放出奴仆子孙不得应试出仕，仅仅是为了避免曾作奴仆的父祖受封而"流品"不清，并非为了确定他们的法律地位。但是，在司法中却倒过来，用不准应试出仕作为确定放出奴仆的子孙与旧主家族间法律身份不能平等的依据，认定他们"不得为良民，未便竟同凡论"，②"良贱终有区别，自不能与平人并论"云云。③ 这样，嘉庆十一年改定例的作用就大大超出了它原来的立意。

一旦陷身奴仆，影响四代子孙不得与齐民等列，这不是血统的遗传，而是等级、名分关系的要求，可见，当时清查三代乃是封建统治者为维护等级制度而采取的手段。

附带讲一句，曹雪芹笔下的赖尚荣做官的故事，发生在乾隆四十八年以后是有条例根据的；而在乾隆五十三年以后则又是不可想象的。小说的作者往往以自己的见闻作为素材进行加工，因而这段故事不失为《红楼梦》写作时间的旁证材料。

总的来说，我们对奴仆放出问题可以得到如下认识：

清代早期，定制不准将家下奴仆放出为民。由于八旗生计问题日益严重，放出政策逐渐放宽。至乾隆二十一年进一步解除了关于限制放出奴仆入民籍的禁令。

放出奴仆与旧家长间"恩义犹存"，仍有主仆名分。相对旧家长及其家族而言，放出奴仆本人的法律身份比赎身奴仆更为低下；其子女也不得与主人平等；甚至其孙辈仍不能和主人立于同一法律地位。这种身份的低下，特别反映在应考出仕的权利方面。1783—1788 年这五年间，曾一度准

---

① 道光六年张春全案。见《刑案汇览》卷58，刑律，斗殴，第31页，奴婢殴家长。
② 嘉庆二十一年江苏司说帖。见《刑案汇览》卷48，刑律，诉讼，干名犯义，第81—84页。
③ 同上。

许奴仆应试出仕；1788年以后，放出奴仆本人及其三代内子孙的这种权利再被剥夺。不论1783—1788年间的放出奴仆，还是1788年以后放出奴仆的玄孙，如若中试出仕，也不得充任高级（三品以上）官僚。

八　庄头和壮丁

（一）庄头的法律身份地位

满族统治者进关后，八旗在圈得的土地和接纳投充土地上各设庄经营。内务府所属为皇庄、官庄，其他庄则属王公大臣或一般八旗户下，称旗庄。顺治元年时就有旨令，"清厘无主之地，安置旗下庄头"。① 这些庄，均由庄头管理。其直接生产者为各类壮丁和佃户。八旗王公大臣和一般户下庄头，直接对主人负责，主人间或通过贴身马甲监督庄头；皇庄及官庄则若干庄设一笔帖式或领催负责"催征钱粮，办理事务"。②

领催，满语拨什库，原为八旗佐领下士卒品类之一，平日应会计、书写之役，有军事活动时应调遣；也是旗兵马甲最基层的小官。③ 顺治开始，庄屯均设领催。④ 在官屯中，有的领催直接督率壮丁进行生产。如"齐齐哈尔官屯，领催三名，壮丁三百名；墨尔根官屯，领催一名，壮丁一百五十名；黑龙江官屯，领催四名，壮丁四百名；呼兰官屯，领催五名，壮丁五百一十名"。⑤

一般说来，皇庄、官庄及旗庄中，与生产者发生直接联系的是庄头。

皇庄，由会计司掌管的，有畿辅三百七十三庄，盛京六十四庄、锦州二百八十四庄，热河百三十二庄，归化城十三庄，吉林打牲乌拉五庄、驻马口外十五庄，每庄各设庄头一人。由三旗庄头处掌管的皇庄，坐落于直

---

① 《光绪会典事例》卷159，户部，田赋，第3页。
② 《雍正实录》卷8，第19页。
③ 《黑龙江外纪》："黑龙江八旗士卒品类有五，曰前锋、曰领催、曰马甲、曰匠役、曰养育兵。……平日应其役、军兴皆听调拨"；又称，"领催，国语曰'博硕库'，转为'拨什户'，佐领下会计、书写之兵也……例以识字者充补。凡马甲所在，率若辈长之"。
④ 《光绪会典事例》卷156，户部，户口，第4页，投充人口；同书，卷1116，八旗都统，户口，第1页，旗人买卖奴仆。
⑤ 《黑龙江外记》卷3。

隶五十三州县，有二百两庄头八名，一百两庄头二名，按地征银庄头七十名，投充人二十六名，并新编庄二百四十七名，每庄头管一庄。这些庄头均由内务府指派充当。各庄头所领地亩无定额。① 内务府庄头可自有土地，有的也在开垦土地归己有。雍正七年规定，口外庄头限"给地三十九顷"。② 康熙九年定，"庄头领地不准缴回，令其永远耕种"。③ 庄头设庄地点均由内务府决定，可以调动。如康熙九年南苑新设四庄，就于附近庄头内选调。④ 八旗王公所属官庄庄头，有的由内务府派出，有的是王公自行指派。一般旗下庄田管理人员则由旗民自行安置。⑤

自康熙中叶后，旗人原得土地大量转卖给汉民，买者或佣或佃，原有旗庄的经营方式已较前大有变化。乾隆二十七、八年回赎旗地达两万余顷之多。这批土地回赎后，其中除三四千顷收由内务府设庄外，其余土地仍归旗众占有，也设庄头。但考虑到"此项地亩虽系旗人地产，但贫民耕种日久，借以资生，若改归庄头，于佣佃农民未免失业"，所以仍将土地由原耕者佃耕。庄头负责收租，其任务与管理奴仆壮丁进行生产有所不同了。⑥

带投土地上充当庄头的，称"投充庄头"或"纳银庄头"。后有愿意承领入官地亩设庄纳银的，也称"纳银庄头"。⑦ 这种庄头如被革退，其子孙可仍承种原地，交纳钱粮。⑧

皇庄、官地、旗地的庄头，虽然都是管理庄田，但他们的身份视具体情况而有所差异。

---

① 《光绪会典》卷94，内务府，第1、2页。
② 乾隆《大清会典则例》（以下简称《乾隆会典则例》）卷160，内务府，会计司，第3页，设庄。
③ 《乾隆会典则例》卷160，内务府，会计司，第17页，庄头。
④ 康熙九年奏准，"于附近庄头内选四人，于南苑安设四庄，每庄给地十有八顷"，并可令其兼种附近地亩。均见《乾隆会典则例》卷160，内务府，会计司，设庄。
⑤ 参阅《光绪会典事例》卷159，户部，田赋，第3页。
⑥ 《光绪会典事例》卷1118，八旗都统，田宅，第2页，乾隆二十八年谕，同上书，卷159，户部，田赋，第9页，乾隆二十七年谕。
⑦ 《八旗通志》卷68，土田志7，第1页，土田数目，内务府庄园数目，参阅《乾隆会典则例》卷160，内务府，会计司，第45—46页，纳银庄。
⑧ 雍正四年定。见《乾隆会典则例》卷160，内务府，会计司，第46页，纳银庄。

首先是内务府所属皇庄庄头及承领官地庄头。内务府所属皇庄庄头自"庄头子弟"或"殷实壮丁"中遴选，① 不论原来是否旗人，均可充任。他们本来就不是奴仆。内务府所属承领官地庄头，有参加考试的资格。② 雍正帝胤禛曾谕内府总管：凡为庄头之人，"如果有才能，朕自加恩录用"。③ 这种庄头可有顶戴。康熙五十五年定给庄头顶戴例："各庄输急公，毫无逋欠，经四五十年者，给庄头八品顶戴；输将二三十年无欠及经年无欠，因年老不能当差者，均给九品顶戴。"雍正十三年奏准，各等庄头"原有顶戴者各加一级，无顶戴者，以次赏给九品、从八品、正八品顶戴"。④ 文献记载中也确有庄头拥有八品顶戴的例证。⑤ 可见皇粮庄头的身份不但不属贱民等级，有的甚至可入缙绅行列。但是，庄头拖欠钱粮时，则要受到枷示、鞭责等体刑。⑥

　　其次是宗室王公所属庄头。宗室王公官庄庄头一般均为王公家奴。"八旗大臣官员家下庄头壮丁，同为一主家奴，原无尊卑之分。"⑦《红楼梦》中描写掌管宁国府黑山村庄子的庄头乌进孝进见贾珍时，呈送禀帖，院内磕头，称主人为"爷"，自称"小的"，等等，都是奴才见主子的规矩，正反映着主仆关系。⑧"庄头之所有产业悉自公家"，⑨ 庄屯所积粮谷

---

① 顺治元年、康熙三十四年、康熙五十七年、乾隆四年、乾隆二十五年及乾隆五十六年等历次奏准办法。见《光绪会典事例》卷1196，内务府，屯庄，第1页。

② 康熙六十一年奏准，"庄头、投充人子弟，有愿考试者，准其考试"。（《乾隆会典则例》卷160，内务府，会计司，第51页，编审。）康熙五十年奉旨，"菜园头、果园头子孙皆准其考试"。乾隆六十一年奉旨，"园头壮丁子弟内有愿考试者，呈堂咨送各该旗，一例考试"。（同上书，卷162，内务府，掌仪司2，第19页，果园。）又嘉庆十一年礼部奏准定例。（见《读例存疑》卷9，户律，户役，第22页，人户以籍为定。）

③ 雍正元年十二月庚戌。见《雍正实录》卷14，第5页。

④ 《乾隆会典则例》卷160，内务府，会计司，第13、14页，征输考成。又见《八旗通志》卷68，土田志7，土田数目，第11—12页，内府庄园数目。

⑤ 雍正五年八月二十四日，署直隶总督宜兆熊题本，见中国第一历史档案馆藏《吏垣史书》雍正五年九月册。

⑥ 乾隆四年、十年定，见《乾隆会典则例》卷160，内务府，会计司，第13—16页，征输考成，以及第50页，劝惩等。

⑦ 《刑案汇览》卷39，刑律，斗殴，第37页。

⑧ 《红楼梦》第53回。

⑨ 《刑案汇览》卷39，刑律，斗殴，第38、39页。

全属主人所有，庄头无权枭卖。① 庄头也无权代表主子置买田产，定例："旗人置买田产，不许家奴及庄头、佃户人等出名。如有仍借家奴人等名色及清查后不行改名换契者，事后发觉，将所置田产一概撤出入官，仍追价治罪。"② 他们除去经济上遭受剥削和勒索以外，也和其他奴仆一样受到主子的虐待。例如嘉庆间礼亲王昭梿将庄头程福海父子叔侄六人私自圈禁，用瓷片将程福海两个儿子的脊背各划百余道，以致二人流血昏晕。昭梿因其他事恶了嘉庆皇帝，因而此事被列为罪状之一，得以揭露。否则，作为亲王，这类虐待庄头的事肯定无人敢于对他提出控诉，从而也不会被揭出来的。③ 庄头生有子女，须将母家姓氏注册上报宗人府。宗室王公等需要纳妾，则由该管包衣、庄头家挑选。④《清史稿》中有这样一段记载：肃宁农民宋某"佃于势家为庄头，其主视若奴仆。生女四，女孙一，长，并有容色"。康熙三十四年，"其主将迫使为媵。五女一夕自经死。以白县，县惮势家，不敢上闻"。⑤ 拥有庄头的"势家"，很可能就是王公、宗室之类，不但县官不敢惹他，就是以后记载这一事件的人也不敢点名直书，而以"势家"为代称。这个故事反映的内容，很可能就是实行自庄头家挑选媵妾这一规定所造成的悲剧。

例外的是，由内务府拨出到王公宗室户下管庄的庄头不具奴仆身份。主家不得随意将其人身出卖。⑥ 这种庄头自嘉庆十一年始还可参加考试：凡"旗档有名者，归入汉军考试，旗档无名者，归入民籍考试"。⑦

再次，旗人官员的庄头也往往被视作奴仆。例如，乾隆四十四年二月，正白旗汉军侍卫兼佐领惟精屡被庄头王达子呈控得实，庄头王达子反被判"以旗奴控主，发驻防兵为奴"。⑧

---

① 康熙三十一年正月己酉谕。《康熙实录》卷154，第20页。
② 道光《户部则例》卷8，田赋2下，第30页，稽查欺隐。
③ 《仁宗睿皇帝圣训》着84，第14页，嘉庆二十年十一月己酉谕内阁。
④ 《皇朝琐屑录》卷6，第16页。
⑤ 列传298，列女4。
⑥ 嘉庆九年定，《光绪会典事例》卷160，户部，田赋，第7页。
⑦ 《光绪会典事例》卷752，刑部，户律，户役，第4页，人户以籍为定。《读例存疑》卷9，户律，户役，第22页，人户以籍定。
⑧ 《乾隆实录》卷1076，第7—8页。

一般旗人的庄子，"若大家，则择一人为庄头，司一屯之事，群仆惟所指使"，① 代替主人组织生产活动。

投充人充当庄头，其身份也不尽相同。

一般说来，投充旗下的汉民均为奴仆，带地投充一般即可在所带土地上充当庄头，他们的土地归主人所有，但他们的身份并不因带来土地而提高。八旗户下带地投充庄头和奴仆一样，其人身"典卖悉由本主自便"；② 无论旗档有名无名，均不准应试出仕。③ 他们的子弟同样无此权利；至乾隆三年礼部议准，这项规定有所放宽，投充庄头子弟"注名另册咨送，归入汉军额内考试"。④

但投充至内务府的庄头不同。他们带来的土地变为内廷拥有的皇庄，本人即使"后经分拨各王公门上"为庄头，并不在内务府所属土地上当差，但只要他已入旗档，那么宗室王公就不能像对待直接投充到自己门下的投充庄头那样随意将他典卖。⑤ 内务府各司所属大粮庄头、园头、投充庄头、蜜户……"等亲丁内有情愿考试者，呈明各该处，查核丁档内有名者，方准报考，照例办理，咨送考试"，⑥ 其身份权利自不相同。

由此可见，"庄头"是比较复杂的。他的身份地位与其作为庄头的条件有关：是遴选还是投充；同是王公属下，要分别是直接投充还是内务府分拨指派，等等。总之，他们的身份是不是奴仆，或者说，他们所处的等级是否贱民，不能简单地由"庄头"二字判断，其中特别需要注意的是内务府所属庄头，他们不论是否投充而来，是否已被派拨王府，其身份均与一般庄头不同。

不过，即使如此，庄头，包括内务府庄头及王公庄头，只要他是住在

---

① 方拱乾：《绝域纪略》。记载宁古塔事。
② 《光绪会典事例》卷160，户部，田赋，第7页。道光《户部则例》，卷10，田赋4，第9页，置产投税。
③ 嘉庆十一年礼部奏准定例。见《读例存疑》卷9，户律，户役，第22页，人户以籍为定。
④ 乾隆三年十一月癸亥。见《乾隆实录》卷80，第28页。
⑤ 《光绪会典事例》卷160，户部，田赋，第7页。
⑥ 《刑案汇览》卷7，户律，户役，第40—41页，人户以籍为定。道光十年内务府题，四月十二日奉旨"依议"。

庄屯的，有时又都被看作是"下等旗人"，而非"正身旗人"。①

旗庄庄头，包括身份低下如投充庄头的在内，依仗主子的势力，在地方横行霸道，无恶不作。皇庄粮头"名达宫廷，气焰张甚"②。宗室王公所属庄头也并不稍为善良。他们"鱼肉骚扰，乡村小民不得安一日饮食之乐"。③对此，"有司畏威而不敢问，大吏徇隐而不能纠"。④ 如前所述，有的庄头可以拥有顶戴，所以"公然敢与地方官对抗"，⑤ 甚至殴打在职官员，⑥ 也就不足为奇了。这种情况，朝廷知道得一清二楚。康熙皇帝玄烨于二十一年曾对即将赴任的直隶巡抚格尔古德说，"直隶旗下庄头与民杂处，朕闻所在凶恶庄头，自以旗下，倚恃其主，甚为民害"。⑦ 故有时也曾想对之加以制裁。例如，康熙二十二年定例，"庄头等倚势害民，霸占子女，无故将良民捆打致死，把持衙门"，被揭露后，要给其主子以降级处分。⑧

雍正初年，胤禛通过直隶巡抚李维钧了解情况，于元年、四年一再命令内务府、吏部等衙门给有势庄头以一定打击，⑨ 但相当困难。当时宛平县的李保住及其子侄，房山县的六哥，宝坻县的二焦，丰润县的陈扇坠子，滦县的李著伯兄弟，静海县的李大权等，大抵都是财产百万、富豪一时、为非作歹、横霸一方的凶恶庄头。他们都拥有大量田产房屋，开当铺、印子铺，放高利贷以准折他人田房，勒买贫民妻女。有的更强奸妇女，窝藏妇女卖奸得利。有的敢于轻易打死壮丁、伙计。他们还包揽人命官司；当牵涉官司时，敢于"抗不赴审"。这些庄头"与内廷势要无有不交接往来者"，小小的地方官对他们自然无可奈何。直隶巡抚李维钧在上雍正帝的密奏中却称其中有的已经改恶从善了。这种说法，恐怕是孔方兄的神通。

---

① 《读例存疑》卷7，名例律上，第6—7页，犯罪免发遣。
② 张廷骧：《不远复斋见闻杂志》卷1，第5页，陈知县善政。
③ 顺治八年闰二月，宁夏巡抚李鉴揭帖，见《明清史料·丙编》第4本，第308页。
④ 康熙二十一年七月谕吏部。见《畿辅通志》卷1，诏谕1，第30页。
⑤ 魏际瑞《四此堂稿》卷10，奏对大略，第9页。康熙初年。
⑥ 中国第一历史档案馆藏：《吏垣史书》，雍正五年九月。
⑦ 《康熙实录》卷101，第9—10页。
⑧ 《光绪会典事例》卷727，刑部，名例律，犯罪免发遣，第3页。参阅《畿辅通志》卷1，诏谕1，第30、32、53—54、61等页。
⑨ 《畿辅通志》卷2，诏谕2，第53—54、61等页。

雍正意欲打击，也只能号令于一时，施惩于个别，对于大批豪势庄头，他也是没有办法对付的。所以，庄头为害依然如旧。嘉道间，奉天锦县知县陈昶不畏权势，曾以迅雷不及掩耳之势，将当地恣行无忌的皇粮庄头高林进行突然袭击，先行抄家问斩，然后禀报上司。禀呈之日，"中贵缓颊之书已达于该省大吏矣"。奉天大吏终以"擅杀"的罪名落县令陈昶之职。① 庄头与内廷势要关系之密切，打击庄头之不易，此例可见一斑。

　　庄头为恶的程度往往并不完全决定于他本人的身份，而以主子的地位为根据。投充庄头身为奴仆，但他倚仗八旗王公贵族的势力，对于汉人百姓满可为所欲为。所以说，作为奴仆庄头，往往也成豪奴恶仆，并不因其身份低下而善良；反之，为恶的奴仆也不一定表明他的社会等级身份较高。

（二）"壮丁"问题

　　清代文献资料中常常出现"壮丁"一词。但是，不少资料中的"壮丁"所指并非本文需要深入研究的作为农业劳动力的奴仆。因此，笔者以为在分析描述"壮丁"情况的史料时慎重辨别其含义是有意义的。

　　清制，旗人户口由八旗都统负责编审。② 编审每三年进行一次，称为"比丁"③。所载册籍，以户为单位。户，亦称"另分户"④，通称"另户"，包括两大类：一为旗人官员、兵丁及闲散，是谓"正身另户"或"正户"；一为"户下之开户者"，通称"开户"⑤。这种户籍册要求登记各

---

　① 《不远复斋见闻杂志》卷1，第5页，陈知县善政。
　② 八旗都统"掌满洲、蒙古、汉军八旗之政令，稽其户口，经其教养，序其官爵简其军赋，以赞上理旗务"。见《光绪会典》卷84，八旗都统。
　③ 福格《听雨丛谈》卷5，第107页，比丁。
　④ 《古今图书集成》经济汇编，食货典卷17，户口部。第678册，第27页。所以说，把"另户满洲旗人"当作沦为奴隶（一般是家内奴仆）的满洲人的一部分，是不妥当的。
　⑤ "户下之开户者亦为另户。（户下人或在军营出力，或因技艺出众，奉旨入册者，其本身及父子亲兄弟俱开为另户）"见光绪《大清会典》卷84，八旗都统。"各佐领下已成丁及未成丁已食饷之人，皆造入丁册，分别正身、开户、户下"，"正户之子弟均作正身分造"。见《清通考》卷20，户口2，第5037页。《清通典》卷9，食货9，户口丁中，第2072页。"另户亦有不同：其中有行同奴仆、卑污下贱者，亦有原系户下奴仆，开户而为另户者。"见《光绪会典事例》卷727，刑部，名例律，第4页，犯罪免发遣。"八旗氏族载在册籍者曰正户，僮仆而本主听出户者曰开户。"见《皇朝琐屑录》卷1，第10页。

该另户的户主与成员的身份（注明本人及父兄等的官职或为闲散）以及家奴的姓名。① 奴仆不具独立户籍而附名于主人册后，故称"户下"。②

八旗编审办法规定，"凡壮丁，以十六岁为准，及岁者皆入册。比较旧册，应增减者皆声明焉"，③ "以周知丁壮之数"。这就是所谓"丁系于户"④。这种户口编审，也称"编查壮丁"。⑤

可见，八旗编审户口册籍中所谓"壮丁"和"丁壮"是同一概念，凡十六岁以上男子，不论身份，均包括在内，并非仅指奴仆。

其次，八旗编制中佐领所率"壮丁"也是指八旗丁壮。

八旗是一种军事组织，⑥ 也是行政组织，所有旗众均被编制在这一系统之内，没有例外。八旗都统负教养之责。八旗中，镶黄、正黄、正白三旗由皇帝"自将"，即直接统辖，正红、镶白、镶红、正兰、镶兰五旗则为王公僚属。⑦ 每旗各设都统（固山额真）一、副都统（梅勒章京）二、下属参领（甲喇章京）五及副参领五，层层领导，以下各治佐领（牛录章京）若干。⑧

佐领是八旗组织基本单位的领导。在协领之下分理旗务。⑨ 旗众均分

---

① "书其氏族官爵，无职者曰闲散某。凡父兄子弟、兄弟之子，与其家奴皆书焉。"见《光绪会典》卷84，八旗都统，第3页。
② "户下（家奴或系契买，或系从盛京带来，或系带地投充，或系乾隆元年以前白契所买之人，俱于本名下注明，编入另户本主人户下）。"见光绪《大清会典》卷84，八旗都统，第3页；《八旗则例》卷3，户口，第1页，编审丁册；参阅《清通考》卷20，户口2，第5037页等。又，"辨民人，若户下之混冒者。（……如旗下家人之子随母改嫁于另户旗人，民人之子随母改嫁于旗下家人，及家人抱养民人之子为嗣，均以户下造报）。"见《光绪会典》卷84，八旗都统，第3页。
③ 《光绪会典》卷84，八旗都统，第2—3页。按，编审人册的壮丁标准，历有改变。以前，以身高足五尺及虽未足五尺但已食钱粮之人入册。雍正七年，应副都统高应翮奏，改为十五岁以上之另户壮丁入册。乾隆四年时，入册者为十八岁以上壮丁。均见《八旗通志》卷31，旗分志31，八旗户籍，编审丁册。
④ 《光绪会典》卷21，户部。
⑤ 顺治九年二月丁巳谕。见《顺治实录》卷63，第3页。
⑥ "每一佐领置一骁骑校，卒五十名，无常员，惟人数之多少而置焉，谓之马军营。"金德纯：《旗军志》。
⑦ 昭梿：《啸亭杂录》卷2，第10页，王府属下。
⑧ 顺治十七年三月甲戌谕。见《顺治实录》卷133；《皇朝琐屑录》卷1，第10—11页。
⑨ 《黑龙江外纪》。

于各佐领；每佐领所属以一百五十人率。① 这只是最初的大体规定，由于人口变动，实则常有上下。② 不足之余额，或户口滋生，则增设新的佐领。③ "夫佐领主管佐领下人，无异州县之于百姓"，④ 或谓"参、佐领犹如两司道府"。⑤

佐领既是一级行政长官，"佐领下人"乃是旗众百姓，因此《大清会典》规定的"每佐领编壮丁一百五十人为率"⑥中所说的"壮丁"当然不能理解为奴仆。

由上可见，"壮丁"一词往往作为旗众出现。例如，顺治元年规定，"定民间无主田房拨给八旗壮丁"；⑦ 乾隆二十七年要求八旗汉军都统清查"现在屯居壮丁开明旗分、佐领姓名、家口住址清册咨送户部"，设"屯目"以管束⑧等资料所讲的"八旗壮丁"、"屯居壮丁"，都属于上述含义；乃是指旗人中的"庄屯力作之家"。⑨ 史料中的"闲散壮丁"，号"西丹"者，也属同类，是指没有担任职务的旗众百姓。⑩ 他们虽然未被选中马甲、护军，但同马甲、护军一样具有被挑取为八旗最基层领导"领催"的资

---

① 《光绪会典》卷84，八旗都统。
② 钟琦称，佐领"以三百人为率"。见《皇朝琐屑录》卷1，第10页。胤禛曾说，"一佐领下满洲多不及二百人，少或七八十人，计户不过四五十家"。见《上谕八旗》雍正五年，第45页。颙琰曾说，"八旗满洲一佐领下，多不及数百人，户不过数十家"。嘉庆十八年谕，见《光绪会典事例》卷399，礼部，风教，第6页。金德纯说，"凡选卒伍之法，一佐领壮丁二百名。以五尺之表度人，如表，能胜骑射，充壮丁入籍，至六十而免籍"。见《旗军志》。
③ 《光绪会典》卷84，八旗都统。
④ 雍正五年八月三十七日谕。见《上谕八旗》雍正五年，第45页。
⑤ 嘉庆十八年谕。见《光绪会典事例》卷399，礼部，风教，第6页。
⑥ 卷84，八旗都统。
⑦ 《光绪会典事例》卷159，户部，田赋，第3页。
⑧ 《光绪会典事例》卷156，户部，户口，第4—5页。
⑨ 雍正八年户部议覆。《八旗通志》卷83，土田志2，第7页，畿辅规制2。
⑩ 如前面提到的，选取骑兵卒伍，五尺为度，不合标准的壮丁"为余丁，不任征伐，国有大役，即以役之"。见《旗军志》。"旗下未入伍者号'西丹'，遇有征伐不得与，多充'库图勒'。因人自奋，以取功名。如公海（兰察）即由此起家。'库图勒'转为'库特勒'，译言控马奴也。都人当谓不受凌虐而衣食足者，可称'库特乐'。"《黑龙江外纪》卷3。西丹，参阅《同治实录》卷8，咸丰十一年十月谕。

格。① 而这一资格不仅奴仆没有，就是已脱离主人的开户人也不具备。②"八旗壮丁"、"屯居壮丁"或是"闲散壮丁"都有时被略称为"壮丁"，这种"壮丁"当然不应误解为作为奴仆的壮丁。

前述八旗编审将定居旗人所属奴仆壮丁均包括在本主户下了，是为"户籍内人"。③ 与此同时，外任官员及各省驻防旗人的随任亲属及家丁也要开列上报。④ 这种"家丁"作为奴仆，同样没有独立户籍。⑤

除此之外，还有许多皇庄，包括畿辅庄、盛京庄、锦州庄、热河庄、归化城庄、吉林打牲乌拉、驻马口外庄等，所属庄头、壮丁，每三年也要进行一次编审。这一工作也是前述比丁的一个组成部分，由内务府委所属会计司及有关将军、都统、总管进行，分别造册报府。编审时，将各庄"壮丁"自二岁以上均登记入册。庄头自买的奴仆也包括在内。⑥ 这里所说的"壮丁"是指皇庄中从事生产的奴仆，和八旗都统负责的八旗编审中的"壮丁"不是同一概念。

综上所述，八旗另户（包括上自王公、下至旗众兵丁）所属奴仆壮丁，外任官员及各省驻防旗人拥有的家人壮丁以及皇庄所属壮丁等，均各有所隶。他们虽然没有独立的户口，不成另户，但都包括在编审壮丁册内了。

所以说，清代文献中的"壮丁"有的是指在册的成丁旗众，有的是指奴仆劳动力。从载入册籍的角度讲，前者似可包括后者，但从性质上讲，二其绝不可以混淆，作为奴仆的"壮丁"和作为旗众的"壮丁"是不能

---

① 聂崇歧："bošok 拨什库者由 bošo 孽乳而来，满语 bošo 为催促，故拨什库华言为催促人，汉名定为领催，司文书饷糈之事。"《满官汉释》，见《燕京学报》第32期。

② "国初定，领催不论满洲、蒙古、汉军，均于本佐领下马甲内选充。""又定，护军亦准选用领催。""雍正二年覆准，八旗领催缺，均于本佐领下正身马甲、闲散壮丁挑取。……如……将开户人挑取者，查出，该骁骑校以上皆分别议处。"因为"领催等渐次录用，皆可得膺官职，开户人原无为官之例"。均见《光绪会典事例》卷1121，八旗都统，兵制，第2页，挑补领催。

③ 《清通考》卷20，户口2，八旗户口，奴婢，第5041页。

④ 《听雨丛谈》卷5，第107页，比丁。

⑤ 清代奴婢用于生产劳动的，我们称之为"奴仆壮丁"。用于服役劳动的奴婢又可分为两类。一类用于家内生活服役，其中婢女、仆妇所占比重较大；这类中的男性奴仆也包括"管家"。另一类官员们主要用于公务，兼及服役侍候的贴身人员，一般称为"家丁"或"家人"。关于"家人"的情况，本文限于篇幅，不及详述，容后再论。

⑥ 《光绪会典》卷94，内务府，第1页。

相提并论的。这一点应该明确起来，否则将有碍于我们对文献中某些有关八旗生产组织或生产关系的资料的分析。

清代文献中还有用"壮丁"泛指青壮年的情况。如规定"广东沿海村庄自出壮丁守卫身家，如能拿获真盗，审无挟嫌诬害情事，量加奖赏，于关税、盐课赢余项下动支，报部核销"，① 其中"壮丁"就是指成年男子，更与我们现在考察的奴仆壮丁无关了。

根据以上对"壮丁"的理解，可以认为清代史料记载的劳动力壮丁并非清一色的奴仆。以官庄为例：

盛京内务府所属官庄壮丁名目甚多。除"庄头户下壮丁"、"寄养人丁"等属于奴仆外，另有许多壮丁不是奴仆。他们的祖先于清初设立官庄时拨归会计司，与庄头同入旗籍，同册注载，共垦官田。他们既可置买田产，也可参加考试。盛京户部也有档册有名、属于正身旗人的壮丁。②

又有一些官庄开辟时由其他地区调入壮丁以从事农业劳动。如乾隆二年令盛京将军从盛京派出四百名"能种地壮丁"前往黑龙江呼兰地方开垦荒地。其组织办法是每十丁编为一庄，每十庄设领催一名管理，共设官庄四十所。这批壮丁全家自盛京迁往呼兰。办法规定，每家每名发给碾磨银五两，整备行装银二两，沿途各给口粮；拨驿站车辆及运粮船只将他们送到目的地。到达呼兰后，每丁发给冬夏衣帽。其家大口每月给粮二斗四升九合，小口半之。壮丁每名拨给土地六十亩。每开垦地六亩，给籽种二斗。每庄给牛六只；如有倒毙，动支库存牛价银买补。此外各多给二只，令全出己力垦种，其中如有倒毙毋庸补给。每半月给牛料粮一石二斗。其家口粮给一年，牛料粮给两月。每丁所受之地，岁纳粗细粮三十石，第一年免输，第二年交半，第三年全纳。每丁给盖草房二间，委官兵采木建造，每间各给饭银四两，动支库银仓粮。可见参加呼兰官庄开垦的盛京壮丁，除土地官有外，初去时所需籽种、牛只、牛料等生产资料以至路费、房屋、口粮、碾磨、衣帽等生活资料全由官中供给。这些自盛京调往呼兰的"能种地壮丁"到底是什么人呢？文件没有细说，我们从该件最后所讲

---

① 道光或咸丰《户部则例》卷3，户口3，第12页，保甲。
② 《东华续录》卷106，光绪十七年十月癸丑，盛京将军裕禄等奏。

的：这批官庄设置完竣以后，令盛京将军考虑"再于八旗开户人内询明有愿往呼兰垦种官地之人"，增设官庄若干的话中体味到，已去的和将去的人是一样的，"再"字意味着先去的"能种地壮丁"也是"八旗开户人"。①

四年以后，仍在呼兰增设官庄五所，壮丁来源是"将前设四十官庄之闲丁一百三十八名内选择五十名"。次年，即乾隆七年，又于附近增设官庄五所，仍从盛京"开户人"内选取。这两次的办法与乾隆二年所订全同。②

《大清会典》载明，"户下之开户者亦为另户"，③ 其身份已不是奴仆。虽然像前面已经论及的那样，开户人和主人间还保持着不平等的关系，但他们自盛京调往黑龙江，已经远离主人，情况自当不同。他们被选到呼兰耕种官地，缴纳定额租赋，从文献所描述的情况看，他们的身份并未下降到奴仆地位。至于另外的条例中所说的那些携带眷口给官庄内纳粮当差的"盛京旗人"，就更可肯定不是奴仆了。④ 因此不能说这类官庄全是使用身为奴仆的壮丁劳动力进行垦种的。

当然，以上结论也并不意味着凡官庄都没有奴仆壮丁。例如，康熙中叶边外积谷，达尔河北地方官庄由内务府派"壮丁"前往耕种；呼儿河地方由五旗王等"庄屯人"前往耕种；席喇穆伦地方派"盛京人役"耕种；各地均派官员监督。⑤ 乾隆间，有的吉林官庄就是由"盛京旗人并旗下家奴携带眷口在吉林地方种地，共四十户，一百八十二名。内除正身旗人仍解回本处，照例办理，其盛京兵部、工部、内务府之壮丁，并王公宗室之家奴及旗下家奴，请入于官庄耕种，纳粮当差"。⑥ 显然，这类官庄中的劳动力，包括分属盛京兵部、工部和内务府系统的壮丁、王公宗室的家奴和旗下家奴等都是奴仆壮丁，而非另户正身旗人。

---

① 《光绪会典事例》卷1119，八旗都统，田宅，页1—2；又见卷161，户部，田赋，第1页。
② 同上。
③ 卷84，八旗都统，第3页。
④ "盛京旗人并旗下家奴，携带眷口在吉林地方种地，准给官庄内纳粮当差，并饬该管官严加管束，毋许滋事。"见道光或咸丰《户部则例》卷2，户口2，第1页，官庄壮丁。
⑤ 康熙三十年十二月丁亥谕大学士。《康熙实录》，卷153，第25页。
⑥ 乾隆四十四年军机大臣等议覆。《清通考》卷20，户口2，第5040页。

还有一种官庄,以犯有流罪的发遣人犯(并非为奴遣犯)为壮丁,充当开垦耕种的劳动力。黑龙江、吉林等地均有这类遣犯及其子女被拣送安插于官庄为壮丁,按年照例缴纳粮食。①

例如,《宁古塔纪略》的作者吴桭臣之父吴汉槎因顺治十四年科场案戍黑龙江,到达宁古塔后,住郊区开办塾馆为生。康熙初年,"逻车国"人骚扰,边界不靖,为抗击侵略,清廷下令组织发遣流犯或参加水营兵勇;或召募为庄头、壮丁,利用这批犯人于黑龙江"立三十二官庄,屯积粮草"。其组织,"每一庄共十人,一人为庄头,九人为壮丁,非种田即随打围、烧炭。每人名下责粮十二石,草三百束,猪一百斤,炭一百斤,石灰三百斤,芦一百束。凡家中所有悉为官物。衙门有公费皆取办官庄"。②

原来作为一般流犯,可以自谋生理,甚至可以雇用佣工。③ 吴汉槎所遇到的是战备需要的特殊情况,必须于水军、庄头、壮丁中选择一项充当,带有强制性质。即使如此,"认工可代"。吴氏即以认工太常寺衙门得免。无银认工,不得不到官庄充当壮丁的犯人中,曾有一人之子得任拨什库(领催),后得实授八品笔帖式,并升县丞。④ 吴桭臣的描写如若属实,那就是说,这批官庄是以遣犯为壮丁的,其组织是和一般官庄一样:领催、庄头和壮丁。"凡家中所有悉为官物",说明壮丁的房屋、耕牛、种子、农具,甚至部分生活资料都是官家供给的。但不可忽略的是,这些壮丁的身份是犯人,他们和作为私人奴仆的屯居壮丁或内务府、王公宗室等所属壮丁都是有区别的。他们的儿子可以出仕就是一个重要的差别。

乾隆三十五年曾有一个定例反映官庄中遣犯壮丁和一般壮丁的差别:"官庄壮丁如有逃走,该管官即行具报缉拿;获日照例惩治。至发遣人犯入在官庄内者,如有逃脱,亦令报部缉获,究其有无行凶为匪,按其原犯罪名,照脱逃例分别议拟。"⑤ 这条定例说明,官庄内的遣犯充当壮丁,出

---

① 道光或咸丰《户部则例》卷2,户口2,第2页,官庄壮丁。
② 吴桭臣:《宁古塔纪略》。
③ 《黑龙江外纪》记载,"齐齐哈尔等城不过负郭百里,内有田土者,世守其业,余皆樵牧自给,或佣于流人、贾客,以图温饱"。
④ 吴桭臣:《宁古塔纪略》。
⑤ 《光绪会典事例》卷860,刑部,督捕例,第5页。

逃被缉，乃是由于执行刑法和保证治安的需要，而非由于他是作为壮丁的缘故。特别是流犯会赦，自然同时恢复了凡人身份；而这种机会，却又是奴仆壮丁所不可得到的。

雍正五年奏准，"凡拨发屯庄之犯，将伊妻及同居之子一并发往。其分居当差之子，准其存留"，严禁私逃。乾隆二年规定，"本犯病故，妻子可以回京"。① 这也和奴仆壮丁大不相同。

可见，分析官庄壮丁时，需考虑遣犯的这种特殊性。正因如此，不宜根据吴振臣所说的遣犯组成的官庄中的壮丁"凡家中所有悉为官物"得出结论说官庄壮丁都"与主人共财产"。至于论证官庄壮丁"是没有自己的独立经济的"，当然也不宜用这种描述特殊情况的资料。

总之，清代官庄中劳动力的组成是复杂的。他们的身份各不相同，不能凡见官庄就认定是使用奴仆壮丁进行生产；需具体分析其劳动力来源，分别弄清他们的情况。忽视这一点，就可能混淆官庄中不同生产组织的性质。

（三）奴仆壮丁的身份地位

清初，满洲八旗崇武习战，除围猎外，不事生产。"将佐层家皆弹筝击筑，衣文绣策肥，日从宾客子弟饮。"② 牧畜、手工以及农业生产全靠奴婢进行；至于生活服役就更不消说了。清代统治者视此为当然，从不讳言。顺治福临说，"向来血战所得人口，以供种地牧马诸役"。③ 康熙玄烨说，"满洲藉家仆资生"，④ 又说，"八旗官兵皆倚屯庄收获用以资生"。⑤ 乾隆皇帝也同意，"边地官员受田耕种，全赖奴仆力作"。⑥

总之，满人役使这些奴婢，"大事小事各得其力"。⑦ 他们不能想象，

---

① 《乾隆会典则例》卷164，内务府，慎刑司，第55—56页，发遣。
② 金德纯：《旗军志》。
③ 顺治十二年三月壬辰谕兵部。见《顺治实录》卷90，第4页。
④ 康熙四年正月甲午谕兵部、督捕衙门。见《康熙实录》卷14，第2页。
⑤ 康熙二十九年正月甲辰谕户部。见《康熙实录》卷144，第4页。
⑥ 乾隆三十三年二月乙丑。见《乾隆实录》卷804，第16页。
⑦ 魏际瑞：《旗丁所买小厮不宜与逃人同例》。见《四此堂稿》卷10，奏对大略，第18页。

如果没有这些奴仆，"驱使何人？养生何赖？"① 他们就要"失其所业"，② 就无法存活了。这些说法反映了这样一个事实：当时满族奴隶制的残余在生产关系中还占有相当地位。

八旗赖以养生的"壮丁"和前述作为丁壮的壮丁根本不同。这种壮丁是奴仆队伍的组成部分；但作为奴仆，又和在主人身边从事服役劳动的奴婢有别。他们屯居乡间，从事生产劳动，是生产者。所以我们称之为"奴仆壮丁"，以示其与丁壮、与服役奴婢有别。

那些因主人犯罪，被作为主人财产籍没入官、拨入皇庄劳动的奴仆，当然是奴仆壮丁无疑。③

奴仆壮丁不属正身旗人行列，他们在庄头名下进行生产。乾隆四十四年驻马口外革退庄头四名及家属一百四十余口"交该庄头张思载等名下充当壮丁"，张某不愿收留，呈称"无力养赡"。④ 可见有时壮丁是由庄头负责其生活的。正因如此，在清代文献中奴仆壮丁有时也称为"庄头属下壮丁"。⑤

奴仆壮丁没有独立的户籍，只附属在主人户下为"户籍内人"。⑥ 如主人是兵丁，则为主人屯种。所有奴仆壮丁既"不应考试秀才，亦不准食饷披甲"。⑦ 清律中有关奴婢的律文对他们统统有效。他们是奴婢队伍的重要组成部分，清代前期尤其如此。

壮丁分有（"赏给"）当差养家房地"一壮丁予田三十亩"。⑧ 但这些土地典卖"悉由本主自便"，⑨ 而壮丁无权将他们出典出卖。奴仆壮丁可以自己蓄有资财，甚至在主人败落的情况下，仍可能归他们自己保有。文献中有这样的事例：乾隆末年，三河县旗民何森"穷苦日甚"，将契买的

---

① 顺治十二年三月壬辰谕兵部。见《顺治实录》卷90，第4页。
② 顺治十一年九月乙丑谕汉臣。见《顺治实录》卷86，第2页。
③ 《乾隆会典则例》卷160，内务府，会计司，第33页，籍没家产。
④ 见《乾隆实录》卷1076，第32页，乾隆四十四年二月戊辰。
⑤ 可包括庄头价买的奴仆壮丁。
⑥ 顺治八年谕。见《清通考》卷20，户口2，八旗户口，奴婢，第5041页。
⑦ 《刑案汇览》卷7，户律，户役，第40页，人户以籍为定。
⑧ 《旗军志》。
⑨ 乾隆五十六年奏准。见《光绪会典事例》卷160，户部，田赋，第4页；又见卷1118，八旗都统，田宅，第4页。

"屯居旗下家奴"侯振极父子出卖。买主何阿林"贪图侯振极父子有资，应允承买，言定身价银两两次交足。立契钤印后，阿林随向侯振极声言契买缘由，即向侯振极索诈银两"。侯振极不给，何阿林将侯某之子侯添禄殴打致死，酿成命案。乾隆批谕：何"阿林贪图侯振极父子资财，用银置买，其居心已不可问。及至索银不遂，将侯添禄捆殴致毙，情节甚为可恶。若论旗下殴毙家奴，原无拟抵之例。但阿林以甫经置买主人，起意勒索，以致捆殴伤命，实属贪很〔狠〕，将来定案之时，自应照平人例拟抵，方足以昭平允"，"以为贪暴不法者戒，不得以阿林系属旗人稍从轻减也"。① 这一案件及其处理过程说明，第一，屯居家奴是可以拥有资财的。第二，奴仆壮丁的资财不与主人共有。奴仆壮丁人身被卖，其拥有的资财随身带走。主人可以出卖奴仆壮丁以得其身价，但不得卖其身而留其资财。第三，主人索诈自己所有的奴仆壮丁的资财是不合法的，乾隆帝为禁止这种行径，曾将犯者加重处理。可见，从一定意义上讲，屯居奴仆壮丁是可以拥有独立经济的。此案发生于乾隆五十六年；至于一个世纪之前，即清帝国甫建之时是否也是如此，尚需资料证明。但无论如何，到乾隆年间，在一定条件下，奴仆的身份和经济水平可以背离，这种现象是值得注意的。正因为可以拥有浮财，所以他们才具有摆脱奴仆地位（赎身）、置买包括土地在内的生产资料②等的可能性。当然，这并不是说绝大部分奴仆壮丁都能像侯振极父子那样拥有令其新主唾涎的财产；否则逃人问题就不会那么严重了。

奴仆壮丁是可以被买进卖出的。但清建国之初规定满洲壮丁只得在本旗范围内买卖，不得购买他旗壮丁，或将自己的壮丁卖给他旗属下。凡越旗买卖壮丁被人揭发首告，卖者所得身价银分作三分，一分赏给首告人作为奖励；二分没收入官；被卖的壮丁撤回本旗。此项交易，卖者所属佐领如不知情，则将该壮丁仍拨回本佐领下，另给贫苦旗民充当壮丁；如佐领

---

① 乾隆五十六年六月乙丑。《乾隆实录》卷1381，第8—9页。
② 定例，"旗下家奴以及民人典买旗房，除在（乾隆四十七年）定例以前仍准执业外，嗣后无论在京在屯，概不准典买。如有指房借银，倒提年月，以及借旗人名目典买者，一经发觉，照私典旗地例，将典买房间搬出，追价入官，仍按律治罪"。见道光或咸丰《户部则例》卷10，田赋4，第15页，违禁置买。

原知情，则该壮丁拨归本旗其他佐领，以示惩戒。① 可见，奴仆壮丁的买卖与土地的买卖无关。他们不是当主人出卖土地时被作为土地的附属物一道卖出，而是作为主人的一种财产单独出卖的。从这一点看，奴仆壮丁的身份具有浓厚的奴隶的特色。

清律规定的家长对"违犯教令"的奴婢"依法决罚""邂逅致死无罪"的律文，其适用范围包括奴仆壮丁。《清稗类钞》中关于康熙时纳兰明珠"广置田产，命诸仆主之"，"立主家长一人综理家务，不法者，许主家长毙之杖下"的故事是可信的。② 宗室王公对所属奴仆壮丁"随意苛征差银。有不允者，索群〔拿？〕到府，匪刑虐罚，增几倍而后已"；或者"偶有拖欠不齐者，立将壮丁索拿到府，任意虐待。当其冰天雪地之寒，以冷水灌顶之惨，夜间铁锁加头，缧绁床沿，便溺不已，辗转尤难"。③ 看来，这可能是相当普遍的现象而非特例。

更能标志奴仆壮丁身份的是，他们和服役奴婢一样受惩治逃人的《督捕则例》的约束；甚至应该说，清初有关惩治逃奴的条例，其主要的惩治对象就是他们。自康熙中叶督捕衙门撤销，至乾隆中叶逃人问题早已不像此前那样严重，但如奴仆壮丁逃跑仍要严惩。乾隆三十五年定例，"官庄壮丁如有逃走，该管官即行具报缉拿；获日照例惩治"，"该管各官按照逃人名数分别议处"。④ 这里所谓"照例"乃是照有关惩治逃人的条例。

奴仆壮丁的子孙也只能充任壮丁。如嘉庆十七年谕：吉林官庄"所缺壮丁二百三十四名，准其以现存幼丁于五六年后添补足数"。⑤

奴仆壮丁是否可以充任庄头，则有不同情况。旗众，如宁古塔之"大家"，拥有若干奴仆壮丁屯居乡间耕种，有的就从这些壮丁中"择一人为庄头，司一屯之事，群仆惟所指使"。⑥ 但在皇庄、官庄之中，只有"庄

---

① 《光绪会典事例》卷1116，八旗都统，户口，第1页，旗人买卖奴仆。
② 第39册，奴婢类，第7—8页，明珠驭家奴之严。
③ 《奉天省公署档案》关于清朝庄头差丁事项捆8672号。转自孔经纬文，见《历史研究》1963年第4期。
④ 《光绪会典事例》卷860，刑部，督捕例，第5页。
⑤ 嘉庆十七年五月丁丑。《仁宗睿皇帝圣训》卷60，第9页。
⑥ 《绝域纪略》。

头子弟"和"殷实壮丁"可以被派为庄头,①而奴仆壮丁是没有资格充当庄头的。嘉庆间,某庄已革庄头屈三德之子屈天府接充庄头,有人因此向内务府提出揭发控告,说他"因属壮丁,不准挑充"。②

前面讲到奴仆壮丁有时属于庄头属下,但庄头属下的并不都是奴仆壮丁,还有"该庄头之伯叔兄弟",有"异姓之另户"等他们"既非出身下贱,又非有罪为奴",③和原属俘虏的壮丁以及"庄头契买之人",当然是不一样的。

就一个庄而言,庄头对主子负有缴纳产品、银两的责任。因之,庄内不论属于何种类型的壮丁均要受庄头的节制。若壮丁"不服庄头管束,将壮丁治罪。仍不拆散支派,拨给善于管束之别庄头"名下管理。④庄头对同等身份的壮丁也好,对奴仆壮丁也好,彼此间的关系都是相当紧张的。庄头打死壮丁的事当不罕见。如李维钧密奏宝坻县庄头焦同璧的罪状中就有"打死壮丁常柱、李三"之条。⑤旗人主子以庄头为鹰犬对奴仆壮丁进行残酷的剥削和压迫,"庄头等役使壮丁颇多暴悍非理",甚至"肆行凌虐"⑥。正是奴仆壮丁大量逃亡的重要原因。

余 论

一、明末清初中国奴婢制度的衰与兴。明季高迎祥、张献忠和李自成等大规模农民武装斗争席卷黄河流域及长江中上游广大地区以来,大军未及的东南地区也受到起义声势的震撼。较小规模的农民斗争遍及全国,受尽苦难的奴婢当然地成为这场斗争的积极参加者。他们有的卷入农民斗争队伍,有的则以奴婢自身的要求如索契、削籍等为目的自立旗号。江苏的金陵、溧阳、金坛、宝山、上海、崇明、昆山、松江,浙江的常山、安徽

---

① 《光绪会典事例》卷1196,内务府,屯庄,第1页。
② 《刑案汇览》卷46,刑律,诉讼,第70页。
③ 《刑案汇览》卷39,刑律,斗殴,第39页。
④ 康熙三十年奏准。《乾隆会典则例》卷160,内务府,会计司,第18页,壮丁。
⑤ 雍正元年七月三十日奏。《雍正朱批谕旨》第五册,第10页。
⑥ 雍正二年五月庚戌谕。《雍正实录》卷20,第6页。

的黟县，江西的崇仁、奉和、龙南、安福，庐陵、永宁、永新、湖北的枣阳、麻城、黄安、江夏、应城、黄陂、黄冈、武昌，广东的顺德、新会、香山、开平、潮阳、高要、河南的光山、商城、固始等府州县的广大地区，自崇祯末至康熙初的二十余年间，以奴婢为主的斗争此起彼伏未尝间断。这种斗争给明代后期以来相当盛行的奴婢制度以很大的打击。奴婢所有者们坐卧不宁。"近俗仆隶都无良善，而主人养之深以为病"，① 正是这种状况的描写。奴婢斗争的发展，对淮河流域到珠江流域的广大地区汉民族在农业生产中使用奴仆的制度起了重大的抑制作用。这当然是历史的进步。

差不多就在同一时期，即努尔哈赤征明开始，到康熙初年的大约半个世纪内，八旗统治者在自东北地区开始直至关内特别是直隶地区的农业生产中组成了一支新的奴婢队伍。

明代的奴婢主要包括四种人：战俘、罪犯、投靠和卖身之人。到了清代，战俘成为早期八旗奴婢的主要部分；明令收纳投充，把明代的投靠合法化；繁多的新条例把判刑和缘坐为奴的罪行大大增加，把遣奴的接纳者从功臣之家扩大到驻防官兵；在镇压兄弟民族和农民起义过程中，官兵掠卖民人子女也成为良民陷身奴婢的重要途径；而设官局收孤儿任人领为奴婢则又是清代后期扩充奴婢队伍的一种新方式；当然，卖身之人仍是这支队伍普遍的、经常的、大量的来源。总之，至少从制度规定上讲，百姓从凡人等级沦入贱民等级，较诸前期蹊径大开。清王朝统治者为适应这一体制而制定的正式容许凡人庶民拥有奴婢的法律，以及满洲主奴关系原则在汉族中的普及，给中国封建社会增添了诸多更为残酷的内容。这无疑是历史的反动。

所以说，在清帝国建立之初的一段时期内，中国的奴婢制度发生着两种相反方向的运动。其中逆向的运动乃是新的统治者武力征服所带来的必须接受的赐予，它给中国原有的、衰老的、正在受到严重冲击的奴婢制度注射了一针强心剂，使之再度兴盛。不过，衰老的事物毕竟是要走向没落的。中国的奴婢制度到18世纪中叶后，主要保留在家内服役方面了。

---

① 张履祥：《杨园先生全集》卷19，议，第26页。

二、清代的奴婢制度和封建地主经济制相联系的。如胤禛所说，满洲"最严主仆之分"。但在入关前，八旗迄无系统的、成文的关于主仆关系的制度规定。所谓"严"，实际就是主人对奴仆随心所欲地剥削、压迫和残害罢了。入关以后，清王朝制定了《大清律》，其中也安排了奴仆的法律地位，确定了主仆关系的原则。有关律条，几乎都是承自明律；从这个意义上讲，又是按照汉族原有的主仆原则调整了八旗的主仆关系。这种关系，带有明显的宗法家长制的性质，已如前述。随后陆续制定的条例又把这种关系涂上浓厚的满洲色彩。在中国奴婢制度发展史上，清代的奴婢制度具有自己的特色。

清王朝建立后在关外及直隶地区形成的新的奴婢队伍，明显的特点之一是将奴仆运用于皇庄、官庄、旗地农业生产。这种奴仆壮丁制和封建地主经济制中的租佃制相较完全不同，甚为落后。它自产生伊始即与全国广大地区的租佃制相并存。皇庄、官庄、旗地内部也从建立时起就同时包括了租佃制的某些内容和形式。其后旗人因生计日益无着而陆续出卖旗地，奴仆壮丁的大量逃亡，使得落后的奴仆壮丁制无法和相对先进的租佃制竞争。因此，虽有禁卖旗地、严惩窝逃等一系列行政的、暴力的强大支持，使用奴仆壮丁进行生产的制度也难以维持。从事农业生产的奴仆的比例日渐缩小，最迟到乾隆中叶已经很少了。从这个意义上可以看到当时封建地主经济的生命力。

但在地主制经济下，沉重的封建剥削、无法克服的天灾以及经常发生的战乱人祸使得除卖身外无法生存的人不断增多；与此同时，不事生产的封建地主阶级正需大量劳动力为之从事各种服役。所以生产奴仆虽已消灭，而奴婢队伍却继续存在和扩大，朝廷法定的奴婢制度因之仍然有效。可见，恰又是封建地主经济制决定着清代奴婢制度的继续存在。清代后期雇佣佣人服役逐渐取代购买奴婢服役，使得奴婢制在趋向衰亡。不过这一过程相当缓慢，直至清季并未完成。

三、清代奴婢的性质。清代不同类型奴婢的身份地位各有差异。这些差异表现在是否可被买卖，妻及子女的身份，赎身、开户和放出的机会，离开主人以后的地位和权利等方面。如果从整体看去，他们都受奴婢律和督捕逃奴条例的约束。大体上说，清代的奴婢具有以下共同特征：

1. 他们是商品。除去作为罪犯的遣奴以外，清代奴婢均可买卖。这种人身买卖，既可经官印契，也可私下交易；既可在人市进行，也可只凭人媒；既可自身出卖，也可出售他人。他们的劳动力连同他们自身，甚至是全家人的劳动力和全家的人身一道永远卖出。

2. 他们是特定主人的财产。买者付出人身价格后，便合法地取得对卖者的人身和劳动力的所有权和使用权。主人可以命令他们做从侍候寝处直至上阵打仗，从处理公务到生产劳动等一切工作。主人可以用他们馈赠亲友、贿赂上司、陪女出嫁、准折债务或者将其转卖获利。主人犯罪应没收财产时，所属奴婢也被籍没发卖或由皇帝转赐臣僚。主人死后，奴婢作为遗产传给子孙或亲族，还可为自己看守坟墓。

3. 他们隶属于主人，不具独立的人格。清代奴婢没有独立的户籍，不得逃离主家。从法律上讲，他们以主人为"家长"，被编制在主人的宗法家长制体系之中，被置于主人家族中子孙卑幼的位置上，其法律地位低于家长所有有服亲属。法律保障主人及其有服亲族役使和体罚奴婢的权利，也保证主人及其有服亲族对奴婢的等级统治地位。在社会上，他们属于贱民等级，其社会地位低于一切其他等级的成员。

4. 他们与土地相分离。除部分投充人随带土地沦为奴婢外，清代少有买进土地而随带奴仆的现象。一般说来，奴婢买卖与土地买卖无关。例如主人有权将投充人带来的土地出卖而不必同时出卖该投充人。清代奴婢，包括从事生产的奴仆壮丁均不依附于土地而只隶属于主人。主人将奴仆壮丁束缚于土地的手段是占有他的人身。封建地主经济制决定了清代奴婢制的这一特点。

5. 他们的贱民身份一般世袭，并及妻子。主人的家长身份、奴婢的贱民身份以及主奴之间的全部关系均延及后代。只是为奴遣犯除刑律规定者外，不及妻子；为奴战俘也有例外。奴婢不得与主人、主人家族成员以至贱民等级以外的任何社会成员通婚姻。

6. 清代的婢女或奴仆之女婚配全由主人。她们可被主人收为妾媵。主人对她们拥有比初夜权更为彻底的权利；主人买得的"人身"包括肉体在内。

农奴主不能把农民看作自己的私有物品，而只能占有农民的劳动，并强迫他们担任某种劳役。农奴附属于土地，不能脱离土地而被买卖。从这些方面看，清代的奴婢更近似奴隶。但也须注意到以下各点：

1. 清代法典规定主人可以对奴婢"依法决罚"，并"邂逅致死"可以无罪，但没有赋予主人以任意杀死奴婢而不受任何处罚的权利；（特定条件下杀死遣奴是例外）从而在一定程度上承认奴婢是人而有别于牲畜。

2. 清代奴婢没有被规定不得拥有财产。有的奴婢拥有的财产可以包括浮财、土地、房屋甚至自己的奴婢；这当然是奴婢中的上层。一般奴婢中，有的也有积攒够自我赎身费用的可能。

3. 清代的部分奴婢有获得赎身的机会。虽然赎身奴婢及其三代内子孙仍不能得到与主家平等的法律地位，也不能获得完全的凡人等级地位，但从法律上讲，其中有的毕竟有赎身权利。

因之，清代的奴婢不是完整意义上的奴隶。其中从事生产的奴仆壮丁，也可像俄国农奴制那样，称之为同奴隶制区别甚少的、表现得最粗暴的农奴制下的农奴。这是分析清代法典规定的奴婢的身份特点所得的结论。至于这种农奴制经济的实际运转情况，以及其生产、分配的量的分析，容后再论。

四、从上文对清代奴婢制度的分析中还可提出以下两个问题：

1. 资本主义以前的阶级社会中，阶级总不是简单地表现为赤裸裸的两大阶级。这是规律性的现象。清代封建社会中的等级关系也在把阶级关系复杂化。确定一种生产组织的生产关系性质时，分析其间各个集团在生产中的地位及其相互关系是一个重要问题。那么，为了研究皇庄、官庄、旗地，则分析庄头和壮丁的身份当然是有意义的。上文对庄头的分析中得到这样的认识：内务府所属庄头和王公属下庄头各有不同身份，属于不同等级；对壮丁的分析中得出的认识是清代文献中"壮丁"一词含义不一。换言之，清代文献中的"庄头"和"壮丁"这两个词都不是单一的等级概念，也不是单一的阶级概念。所以不便将凡有庄头和壮丁的皇庄、官庄和旗庄统统看成是同一种类型。因为使用发遣罪犯、为奴遣犯以及使用统一在"壮丁"这个名称下的、包括了旗民中的一般旗众、他们的奴仆、已经离开主人的开户人等不同的劳动力，他们和不同类型的庄头所形成的关系不能不具有许多差别。再从分配关系上讲也还有不少问题有待弄清。历史现象既然是复杂的，历史研究也就不应简单化。所以说，对清代皇庄、官庄和旗地的生产组织的状况及其发展变化，还有进一步发掘资料深入分析的必要。

2. 从清代条例看，不是所有卖身之人都属于奴婢范畴。付出买价但契约未曾经官用印的买主，在一定条件下，官府是不承认他具有奴婢家长身份的。在法律上不具有奴婢身份的某些白契所买之人，被当作"雇工人"看待。而在实际生活中这部分雇工人与家长的关系却又跟红契奴婢与家长的关系很难区别。这样，在研究雇工人等级时就应注意它内涵的非单一性及其与贱民等级间的复杂关系。

（1981 年 4 月）

（原载《中国社会科学院经济研究所集刊》第 5 集，中国社会科学出版社 1983 年版。）

试论雍正五年佃户条例

——清代民田主佃关系政策的探讨之一

封建王朝制定的有关佃户的各项政策,反映地主和佃户之间关系的状况,并对主佃关系产生影响,这种影响也势必在生产中产生作用。清王朝是一个以满族皇帝为核心,以满汉地主官僚集团为主体组成的带有民族征服特征的封建政权。这样一个政权,制定了些什么样的有关民田主佃关系的政策呢?清王朝也是我国封建社会的最后一个政权,它的民田主佃关系政策和此前政权的相比又有什么特点呢?探讨这些问题,对于研究地主经济制发展到其成熟形态的清代社会经济是会有帮助的,也是必要的。清王朝制定过一系列民田主佃关系方面的政策,这些政策在不同时期曾陆续修改。限于篇幅,本文仅讨论其中之一,即雍正五年制定的关于佃户的条例,上述其他问题的讨论在另文中展开。

一 雍正五年佃户条例的制定和修改

清代关于民田主佃关系的政策,最重要的莫过于雍正五年所定的条例。让我们先考察一下这个条例的制定经过和历次修改的内容。

雍正五年夏,刚刚特授河南总督的田文镜上疏谴责该省虐佃积习。他揭露了绅衿地主将招为佃户的平民"视同奴隶",供其役使,私自扑责,甚至"淫其妇女霸为婢妾"的罪行,和地方官或者不能察觉,或者徇纵肆虐的狼狈为奸的现象,也指出了受害的佃户"势不与敌,饮恨吞声,不敢告究"的实际情况,他认为,这些现象"习俗相沿,恒难改易",因此建议"严加定例",以期"永远禁革"。①

此本上后,吏、刑等部议覆,完全同意田文镜的意见,认为绅衿私置板棍将佃户任意扑责,淫占其妇女霸为婢妾,均为"倚势肆恶目无法纪",应该定例严禁,草拟如下定例报批:"嗣后如有不法绅衿仍前私置板棍,擅责佃户,经地方官详报题参,乡绅照'违制'例议处,衿监吏员革去衣顶职衔,照'威力制缚人及于私家拷打者不问有伤无伤并杖八十'律治罪。地方官失于觉察,经上司访出题参,照徇庇例议处。如将佃户妇女淫占为婢妾者,俱革去职衔衣顶,照'豪势之人强夺良家妻女占为妻妾者绞监候'律治罪。地方官不能查察,徇纵肆虐者,照'溺职'例革职,该管上司不行揭参,照'不揭劣员'例议处。"②

吏刑等部议覆上呈数日之后,得到胤禛的批示。他对二部所拟例文并未提出反对意见,但质问道:"本内但议田主苛虐佃户之非,倘有奸顽佃户拖欠租课,欺慢田主者,何以并不议及?"③他之所以提出这个问题,是因他认为"凡立法务得其平",④ 必须在上述建议中补充禁欠租、禁欺慢田主的内容,"立法方得其平"。⑤ 在此,他是想摆平缙绅、绅衿地方和佃户间的关系,而不意味他打算把佃户置于低于凡人等级的地位上来对待。

本来,胤禛并不把比租看作是地方政权的任务之一。雍正四年九月,受命监视福建巡抚活动的布政使沈廷正上奏揭发闽抚毛文铨各款中,第一条就指责毛氏上任后通饬全省勒限拘追佃户欠租,"以致穷民不无嗟怨"。胤禛当时批道,毛文铨所为"甚属不妥"。⑥ 那么,一年以后田文镜上奏时究竟是什么事情触发胤禛改变看法,想到欠租佃户的问题呢?除一般地讲租佃关系矛盾尖锐这一总的背景外,其直接原因乃是二部议覆中的一句话。该题本为了论证田文镜所讲佃户不是奴隶的道理时写道:"查招募佃

---

① 转引自雍正五年九月十九日署吏部左侍郎查郎阿题本。中国第一历史档案馆藏:《(吏垣)史书》,雍正五年九月。

② 同上。

③ 雍正五年九月戊寅旨。见《雍正实录》卷61,第26页。

④ 同上。

⑤ 雍正五年九月二十二日胤禛曰。见中国第一历史档案馆藏《汉文起居注》,雍正五年九月下。

⑥ 《雍正朱批谕旨》第15册,第8—9页。

户本系贫民赁地耕种，原非奴隶。纵拖欠租课，亦宜呈禀地方官究追，何得倚恃绅衿，私置板棍，任意扑责？"①议覆所说"拖欠租课""呈禀地方官究追"，其实并无法律依据，地方官也没有这项职责。所以他们不是讲"依律（例）"呈禀，而是"亦宜"呈禀，不是命令地方官"比责"佃户，而是让绅衿要求地方官"究追"。现在，既然从法律上明确不准私置板棍擅责佃户，削弱了缙绅、绅衿超经济强制的能力，那么，地主阶级国家制定条例承担起保证其收租权得以实现的责任，就成为必要的了。

吏、刑等部奉旨再议，两个月后，根据胤禛意见拟定补充例文："奸顽佃户拖欠租课、欺慢田主者，应照不应重律杖责；所欠之租，照数追给田主。"②

一方面把"租置板棍、擅责佃户"的衿监吏员，比照"威力制缚人及于私家拷打者不问有伤无伤"治罪，另一方面把"拖欠租课、欺慢田主"的佃户，比照"不应重律"治罪。这两项罪名处刑一样，都是杖八十。以杖八十对杖八十，"于法得其平矣"。

是议，奉旨"依议"，时为雍正五年十二月初五日。③

最后修订的例文如下："凡不法绅衿私置板棍擅责佃户者，乡绅照违制律议处，衿监吏员革去衣顶职衔杖八十。地方官失察，交部议处。如将佃户妇女占为婢妾者绞监候。地方官失察徇纵，及该管上司不行揭发者，俱交部分别议处。至有奸顽佃户拖欠租课、欺慢田主者杖八十，所欠租课照数追给田主。"④这就是我们所说的雍正五年佃户条例。

清代关于主佃关系条例于雍正五年底产生后，曾经三次修改：乾隆五年、乾隆四十三年和宣统二年。

乾隆五年律例馆修例时，对雍正五年条例如下三点修正：

第一是关于"凡不法绅衿私置板棍擅责佃户者"，"衿监吏员革去衣顶

---

① 前引查郎阿题本。
② 雍正五年十一月二十七日刑部尚书德明等题本及批红。见中国第一历史档案馆藏《（刑科）史书》，雍正五年十二月（一）。
③ 同上。
④ 《雍正大清会典》卷176，刑部28，第30页，威力制缚人律附例。为行文方便起见，以下简称此例为"雍正五年条例"；例文"凡不法绅衿"至"俱交部分别议处"称"雍正五年条例前半"，"至有奸顽佃户"至"追给田主"称"雍正五年条例后半"。

职衔，杖八十"的规定。如前所述，当初制例时规定杖八十乃是比照"威力制缚人及于私家拷打者不论有伤无伤并杖八十"律拟定的。按律，这个杖八十应"的决"（即立即执行），并不准赎。①修例者认为，私置板棍擅责佃户罪比照"威"罪定刑罚是可以的，但是，犯罪绅衿既已革去职衔，功名，复又的决杖八十，处理过重。他们的意见是，犯者革去衣顶职衔后，杖刑不必执行，准以金赎，故增"准其收赎"数字、收赎，即准老幼、废疾，天文生及妇人犯罪者按照规定数额交银免刑，其用意是"悯老恤幼衿不成人，宽艺士而怜妇人也"，所以赎银数量极微。②雍正三年所定"纳赎诸例图"，为杖八十罪规定的收赎银仅六分而已。对于有力私置板棍擅责佃户的绅衿地主而言，区区六分银子恰似自牛身取一毛。可以说，这一条例增"照例准其收赎"字样，差不多就是取消对不法绅衿杖八十的规定，只剩下革去衣顶职衔了。更，原例"衿监吏员革去衣顶职衔杖八十"一句，在新定例文中还被删去"吏员"、"职衔"二字。这可能表示"吏员"已包括在"乡绅"之内，如犯照违制律议处，但仍保留"职衔"，那么只有"衿监"犯者才受革去功名的处分。

第二是关于绅衿占佃户妇女为婢妾绞监候的规定，"户律"婚姻条中强夺良家妻女为妻妾的罪行须分别是否犯奸。奸占者绞抵，未奸者罪较轻。律例馆认为，绅衿占佃户妇女为婢妾，不分犯奸与否，凡奸者均罪绞监候，处刑比占良家妇女为重，不妥。所以修例时将该条"占"字前增入"奸"字，再加"如无犯奸情事，照略卖良人妻妾律杖一百徒三年，妇女给亲完聚"。

第三是关于地方官失察议处的规定，律例馆认为，地方官不可能了解所属各家情况，对私设公堂责打佃户的绅衿虽有查拿之责，但未经查拿，亦不应一概坐以失察之罪。所以将该条改为地方官不预行严禁者议处。这一修改显然减轻了地方官的责任。在公布的新例中，又将原例中对失察的地方官及不行揭露的"该管上司"议处的规定删去了。从此以后，发生私

---

① 亦有例案可证。如乾隆八年生员郭之瑚主使家人殴人毙命，被拟威力主使殴人致死，其子郭玠要求以银一千二百两为父赎罪，未获准。(《成案汇编》卷1，名例1，第6页，"威力主使殴人致死不准赎罪案"。)

② 《大清律辑注》，转引自《读例存疑》卷1，名例律上。

责佃户案件时，除地方官无失察责任外，其上司官吏更加没有责任了。

这次修订的条例，有效期达三十八年。

乾隆四十三年律例馆修订条例时，又对该例进行两处修改。其一是将"收赎"改为"纳赎"。所谓纳赎，是为"有力者"免刑而设的规定，且"大抵指官员者居多"，① 其赎金定额较"收赎"为高。这次修改，可能是因为乡绅、绅衿乃为官员、前官员或准官员，他们既非老幼废疾，又非妇人、天文生，不符合"收赎"规定的衿悯条件的缘故。杖八十罪纳赎金额为银四两，折米八石或谷十六石，较收赎金额六分自然要多，但对缙绅、绅衿说来，也是无所谓的。修改后的条例与乾隆五年修订例相比，许犯者以金赎罪的精神仍然不变，与雍正原例自不相同。其二是在"奸占佃户妇女为婢妾"前加"强行"二字。这就意味着非"强行"者不罪，为乡绅奸淫、霸占佃户妇女的罪行辟一合法途径。这比乾隆五年规定走得更远了。

自乾隆四十三年至宣统元年该例条文如下："凡地方乡绅私置板棍擅责佃户者，照违制律议处，衿监革去衣顶，杖八十，照例准其纳赎。如将佃户妇女强行奸占为婢妾者，绞监候；如无奸情，照略卖良人为妻妾律，杖一百徒三年；妇女给亲完聚。该地方官不预行严禁及被害之人告理而不即为查究者，照徇庇例议处。至有奸顽佃户拖欠租课、欺慢田主者，杖八十；所欠租照数追给田主。"

宣统二年新修《大清现行刑律》仍将此例收入，只将刑罚随整个刑制的改革做了相应的变动，如"杖一百徒三年"改为"徒三年"，"杖八十"改为"八等罚"，即罚银十两，等等，② 而对原例并没有进行实质性的修改。

由上可见，雍正五年条例修改的趋势是在减轻对缙绅，绅衿的处罚。不过也可看出，雍正五年条例虽然屡次修改，其基本精神得以保存下来，即佃户是凡人，即使是缙绅或绅衿地主也无权擅责佃户、不得强行奸占其妻女为婢妾，否则就触犯刑律。

---

① 《读例存疑》卷1，名例律上，第80页。
② 沈家本等修：《大清现行刑律》卷24，斗殴上，威力制缚人律附例。

清廷多次修改雍正五年条例均未涉及"奸顽佃户拖欠租课、欺慢田主者，杖八十，所欠之租照数追给田主"一句。这就是说，它在产生后的184年间始终未变。从以下的分析中以看到，它曾产生了重要的作用。

二 雍正五年佃户条例的实施

明代以来直至清代前期，府州县衙肯定是受理地主呈控佃户欠租案件的。雍正五年正月，田文镜在河南发布告示，"佃户人等果系抗租、荒地之人，许送官责惩"。① 不过，如何处理这类案件，并无定章可循。官府主动催促佃户交租，尚非普遍现象。叶绍袁著《启祯记闻录》载，顺治二年，江南府县生员于巡抚土国宝前往玄妙观祈晴时，具呈要求发布命令促使佃户输租。土某同意，次日"遂放告示"。② 看来当时这类告示是应地主要求才予发布的。康熙间，佐贰等官追比佃租敲扑佃户，均属非法擅受民词，是要受到处分的。③ 雍正四年，福建布政使沈廷正奉命监视巡抚毛文铨揭参罪状之一是，毛文铨"或将穷民有拖欠地主租谷者，通饬地方官照依征比钱粮之例勒限拘追，以至穷民不无嗟怨"，胤禛认为毛文铨此举也如被揭其他各款一样，甚为"不妥"。④ 可见，至少直到这时，地方官员并不承担督令佃户交租的责任，不应主动地对欠租佃户"勒限拘追"。

雍正五年十二月定例以后，情况大不相同了。各地地方官发布强令佃户交租告示已成上任后的必行公事；而控租案则被视为"必须审理"的不同于其他的案件。⑤ 有的省份并规定，州县官如视控租案"为不急之务，一任蠹胥贿搁，准田主赴府控理；再不追给，赴司控追；即将该州县记大过一次。记过五次即行查参"。⑥ 乾隆二十四年江苏巡抚陈宏谋在《业佃公

---

① 《抚豫宣化录》卷4，第112页。
② 《启祯记闻录》卷6，第4页。
③ 《定例成案合镌》卷5，第16页，"追比田租"。康熙四十年十一月户部复奏：御史李某"所称佐贰等官视追比佃租以为利薮，敲扑之威甚于比较等项。查佐贰等官擅受民词，例有处分，应令该督抚严行申饬，如有此等情弊，即行查参"。
④ 《雍正朱批谕旨》第15册，第8—9页。雍正四年九月二十九日。
⑤ 乾隆十四年浙江台州府详文。见万枫江《成规拾遗》续增，第1页。
⑥ 《西江政要》卷4。

平收租示》中命令下属各官："凡有控告抗租者"，须"就近速准审追"，对为首抗租者"立即拿究，尽法惩处"。① 道光十一年武昌知府裕谦要求所属各县地方官，业户指控佃户欠租，须立即"代为追给"。② 这里虽然仅仅列举不同时间不同地点的几件告示，但它们却具有一般性和代表性，因为比租已成为地方官的一项重要职责，几成府县官考成内容之一了。

各级地方政府不断发出的勒令佃户及时交租告示中，关于惩治欠租佃户的办法，也往往超出雍正五年条例后半的规定，乾隆七年江阴县《严禁顽抗租告示》中说："尚有抗欠新租致业主具控者，定当立拿，游示各乡，仍押吐退，另行招佃。"③ 乾隆二十五年江苏巡抚陈宏谋限令佃户完租，"如有刁抗，呈官比追"。④ 乾隆后期江西甯都州宣布，凡佃户欠"现年之租，即将佃户责惩，勒限清还，欠至二年、三年者，枷号一月，重责三十板，仍追租给主，欠至三年以上者，将佃户枷号四十日，重责四十板，追租完日，驱逐出境"。⑤ 嘉庆四年江西还规定，佃户欠租，"该地方官立即差拿佃户到案，限十日内追租清给。如敢逾限，则主佃势不相安，即行取田，并将佃户驱逐出屋，仍照欠数追租还主"；"倘再刁抗，即将佃户枷号比追，完日再行释放"。⑥ 嘉庆间岳州知府张五纬宣布，佃户"如系积年惯欠及丰年抗欠并借贷积欠，即查照原有进庄银两抵偿，其余欠仍即追比，勒令出庄"。⑦ 道光七年，江苏淮安府山阳县规条侮佃户为恶、奸、顽、强、刁五类，逼令交租，不完者"从重治罪"。⑧ 道光十四年江苏昆山县署理知县孙某宣称，佃户欠租抗租，"许该业户指名禀县，以凭严拿，照例究办"。⑨ 道光末年，广东惠湖嘉道李方赤明令衿耆将抗租佃户按"比追治罪之例""指名禀道究办"。⑩ 光绪五年江苏上海县知县莫某告示，

---

① 《培远堂偶存稿》文檄，卷45，第26页。
② 《勉益斋偶存稿》卷8，第10页。
③ 《澄江治迹续编》卷2，集文告。
④ 《培远堂偶存稿》文檄，卷46，第34页。
⑤ 《民商事习惯调查录》第425页。
⑥ 《严禁佃户抗租等章程》。见《西江政要》卷4。
⑦ 光绪《巴陵县志》卷52，杂识2，第5页。
⑧ 《严禁恶佃架命招诈霸田抗租碑》。见《江苏省明清以来碑刻资料选集》，第435—437页。
⑨ 《奉宪永禁顽佃积弊碑》。见《江苏省明清以来碑刻资料选集》，第439页。
⑩ 《禁佃户吞租示》。见《视已成事斋官书》卷8。

抗欠佃户若"经出户指禀，定即提案押追，决不宽贷",①如此等等。所有这些，都是雍正五年佃户条例在地方的具体化。

自从雍正五年条例产生以后，清王朝的地方政权把保证地主收租作为一项主要任务，而且它和地主相互配合逐步形成一套官私结合的收租体系。清代各地农业水平之高，赋税之重，均莫过于江南，而江南又以长洲、元和、吴县为最。正是在这"缙绅士大夫肩背相望"②的苏州府，官私结合的这套收租体系发展最为完整，行动最为有力。就让我们以苏州为典型考察一下这套收租体系的组成以及它是怎样为地主服务的吧。

租栈。苏州府城居的所谓大户，即缙绅、绅衿地主，多仿效官署收漕办法，设立"租栈"。派"司账"，雇"栈伙"，每年阴历九月二十六日至十月初四日间，立冬前后，陆续择日开仓。各家租栈分别规定收租限期，着地方催甲发交佃户促交租。限分头、二、三卯；在限期以内完纳者可打折扣；交愈晚，数愈增。佃户逾限不能全完地租，租栈可要求县衙派差，随司账、栈伙放船下乡收取；并可要求府县衙门拘佃追比。③所以说，租栈乃是地主专为收租而暂设的账房，是得到地方政权支持和保护的地主私人经济组织。至光绪间，设栈收租办法已"相沿成习"，成为"常例"了。④

有时，地主为壮大声势而联合设栈。⑤光绪十六年秋，苏州三县二十四家缙绅地主为了联合对付佃户抗租，报请布政使黄彭年批准，于元和县城隍庙中设立"补收五成租米局"，或称"收租总局"，"行令各佃户照章以五成赴局还租。编立字号，各归各业，总收分派"。佃户"如有抗欠不还者，由局差追"、"收下之钱，以二成解地丁，二成交局，以六成归业主"。后因"立法未善"，又奉令撤销。⑥可见，关于租栈"是清代'收租局'演变发展而

---

① 《谕催完租告示》，见《申报》光绪五年十月廿七日。
② 沈寓：《治苏》。见《皇朝经世文编》卷23，吏政9，第21页。
③ 袁景澜：《吴门岁华纪丽》卷10，第15页，道光五年至廿九年间成书。苏州市图书馆藏钞本。《租䑕续述》，见《字林沪报》光绪十一年十二月十三日；《苏州府谕》，见《字林沪报》光绪十二年十月初五；《藉命滋书》，见《字林沪报》光绪十六年闰二月二十三日等。
④ 《租䑕续述》，见《字林沪报》光绪十一年十二月十三日，根据所见资料，至少鸦片战争前后苏州就已出现关于租栈的记载。所以"租栈创始于辛亥革命以后"的说法是不对的。
⑤ 《租䑕续述》，见《字林沪报》光绪十一年十二月十三日。
⑥ 见《字林沪报》光绪十六年正月二十日、二月初九日及闰二月二十三日等。

来"的说法是不对的。也有的地主为借戚友势力而两家共同设栈。①

"催甲"和"经造"。清代早定保甲办法,设甲长、总长之役。保有保长,甲有甲长,又称"牌头"。南方称保为"图",各省名称不尽相同。但"皆民之各治其乡事,而以职役于官",②其中工作人员"俱选之庶民"。③保甲名为治安,实是官以治民的工具。后来,其中有"催甲"、"经造"之设。"催甲"系乡设,专司催租。④每届秋成,他们负责向所属范围内所有佃户传达地方官的催租命令以及各租栈限期等,督促佃户早日完纳。催甲姓名陈入租栈所发"租由"。各业户按惯例给催甲以一定数量的酬劳,称为"脚米",催缴得力者另得奖赏。⑤"经造"系"地总"改称,与催甲相类似,专司田务,他们也来自百姓,权限较催甲为大。县衙责成他们代业主追租,他们对官府承担一定责任。业主若向官府控告佃户欠租,虽已奉有县牌,仍需经造印条方能将佃户拘交归案。此外,不具有催甲、经造头衔的地保也力争承担催租任务以肥己。可见保甲名为维护地方治安的政治组织,它实际上同时也起着保障地主收租的作用,担负着从政治上、经济上为地主阶级服务的双重任务。

府县衙门乃是行使国家权力的朝廷派出机构。它运用法律以及差役、监狱等国家机器强迫佃户交租,这种行动称为"比租"、"比追"或"比佃"。知府、知县公事繁冗之时,他们有权将比租的任务委托粮厅或其他佐贰衙门代行。⑥太平天国战后,在城居缙绅、绅衿建议之下,江南苏州府所属三县及浙江一些地区,于某些年份,曾设立"催租局"(一称"收租

---

① 《租莝续述》,见《字林沪报》光绪十一年十二月十三日。
② 《清朝文献通考》卷21,职役1,第5044页。
③ 《福惠全书》卷21,保甲部,第8页。
④ 乾隆五十三年,署江宁藩司仿苏藩司制定的征租规条中写道:"各图向有催甲,专司分散租田催完租米,本系为业户催租之役。""应请着令催甲实力催缴。如果完纳迅速,业户量勤情,于常额脚米之外,酌加奖赏。如仍患通地总,把持抗欠,许业户指明禀官。该催甲先行枷号,俟田租完清之日,始行开放。"(李程儒:《江苏山阳收租全案》)
⑤ 《江南征租规条》乾隆五十三年。见《江苏山阳收租全案》。
⑥ 所谓"佐贰",系清代地方衙门中未入流或从九品的最低级官吏。在府一级为书吏,包括治中、典吏、粮马通判、经历、照磨、攒典、司狱、满汉儒学等。州设典吏,包括州同、吏目、驿丞、儒学、攒典、巡检等。县设典吏,包括县丞、巡检、典吏、攒典、司狱、儒学、主簿等。(参阅《光绪会典》卷5)"虽设此官,实无所事。"(《正佐官论》,见《申报》光绪二年九月十九日)

局")委闲员专理其事。业户控佃户欠租,不必具禀于有司衙门,可直接送催租局办理。受委的粮厅、佐贰和收租局代行比租权力时,可以运用府县正堂有权运用的一切镇压手段,包括用刑在内。①

我们当然不会忘记知府以上的督、抚、藩臬的作用。他们是这个比租体系的靠山;知府衙门以下的活动,正是受他们督促查察的。前述许多比租饬令、告示不都是出自他们之手吗?从一定意义上来说,他们也应列在这个收租体系之内。因此我们可以说,此时参加比租的乃是自朝廷以下直至最基层机构的全套封建国家机器。

对佃户进行直接剥削的主体,当然是地主本人。但他借以获得地租的这套收租体系中任何一个环节的成员均把比租当作捞取油水的大好机会。

催甲在乡,"佃户利其照应,资助每至加倍"。② 经造"私向佃户按亩科敛,每亩收麦二升,收米三升,亦有收至四五升者,名为'小租',亦名'出乡'。又索取役费,每亩多至百数十文"。③ 衙门差役乐于出差比租,因他们"咸以此为常例之出息",④ 每比一佃,地主给予"例费"若干;同时,"索贿有于佃者,初无限量","一不如欲,则掌责鞭挞",甚至他们与租栈司账之徒一道,"有以私刑盗贼之法刑比佃农"者。⑤ 差役等一至佃户家,"凭陵吆喝,无所不为,饮之食之,各得所欲"。⑥ 他们在乡间将欠租佃户暂时羁押,也使得提供条件、参与调停、看守的总甲、图差之类(如保长、甲长,甚至轮值支更、看栅之役者)均有机会分得一杯血羹,受委于催租局的都是久未进财的闲员,只要地主对之贿足"规费",他们就"悉遵指教,收佃户而痛惩之"。佐贰衙门官员也是"实无所事"的闲员,对"比佃租"一事,"无不极力钻谋,视为利薮"。⑦

府州县官由于掌握着法庭和监狱,大权在握,地主收租正有求于他们,所以他们在比租中不从地主那里得到足够的经济上的好处不会干休,

---

① 《汇报》同治十三年十二月十四日;《租覈·流弊》;《申报》光绪十四年十月二十三日等。
② 乾隆五十三年江南征租规条。见《江苏山阳收租全案》。
③ 《苏绅公呈》,见《益闻录》光绪七年四月二十四日。
④ 《借庙催租》,见《字林沪报》光绪十三年十二月初五日。
⑤ 《租覈·重租论》。
⑥ 《书悯佃文后》,见《申报》光绪十四年十一月初五日。
⑦ 《悯佃文》,见《申报》光绪十四年十月二十三日。

这是不用多说的。更重要的是，他们受雍正五年条例规定的束缚，比租为其职责之一，故"往往自诩精明，专务严酷。借口于饷需之急，勒限比追，不遗余力。"①

至于地主私人拥有的租栈组织的成员，如司账之类，更不待言了。他们"欲求媚于主人，于佃农概不宽贷。恶声恶色，折辱百端。"②栈伙实是打手，下乡收租名曰"出账"，向佃户勒取鸡鸭布匹而肥己。③这批"豪门鹰犬，或包收肥私，或多收取媚，总以鱼肉乡农为得计。"④

就是这样一个官私一体的比租体系运用封建政权赋予的权力，每年一度地开展大规模的、残酷的比租活动。

道光间，被控官押缴的佃户"动辄至数十名及数百名之多。"光绪时，每至冬间，苏州各县被押佃户"缧绁盈廷，桁扬载道"。文献记载中，或称姑苏街头常见受比农夫成众结队而来，或称每冬"累累数十起"，或称三县头门左右"缧绁而荷校者以数十百计"，或称一县岁"为租受刑者奚翅数千百人，至收禁处有不能容者。"⑤总之，比租案件在当时各类案件中所占比例肯定是极大的。

大批受比的欠租佃户受尽酷刑，惨不忍闻。雍正五年条例规定佃户欠租者刑杖八十。实际情况远非如此，以至同治间江苏臬司不得不通饬限制比佃杖数。恰恰这个限令所限，也超出了杖八十，宣布不仅可以"满杖"（即杖一百），并且准许"枷示"。⑥通饬以前情况如何，可以想象了。而在通饬以后，府县大堂之上的佃户也非仅受"满杖"而已。下面让我们看看关于苏州府三县同光期间比租惨况的记载吧。

先说被押进县之前。栈伙、差役奉牌下乡之后，往往将久租佃户暂时羁押在地保、差役或经造、催甲家中，"鞭笞拳击"，进行逼勒，称为

---

① 《书苏州魁太守晓谕业户示后》，见《字林沪报》光绪十二年十月初七日。
② 《租覈·重租论》。
③ 《比佃陋俗》，见《申报》光绪三年十二月八日。
④ 《广劝江浙绅寓因灾减租说》，见《字林沪报》光绪二十年九月十五日。
⑤ 参阅《勉益斋存稿》卷8，江苏，第45页；《申报》光绪二年十二月初十日，十四年十月二十三日；《益闻录》光绪七年四月二十四日，《字林沪报》光绪十二年十月七日，以及《租覈·重租论》等。
⑥ 《江苏省例》臬政，同治七年十二月通饬。

"讲账",如不还租,再送城里禀官枷打。这是官方明令禁止的,是有官府差役参加或主持的非法行为,实是差役等人勒索佃户的手段。

再讲被押到县以后。光绪间,比租衙门对欠租佃户"或三日一比,或五日一比,比时或笞八百,或笞一千,惟业主之所欲","严刑敲扑动以千计","今日笞一千,明日笞五百、赭衣载道,怨气弥天"。有"'一板见血'等名目,俾佃农血肉飞流,畏刑伏罪",更有所谓"带血比",即"受笞之后两脚尚血液淋漓,复加重笞,使其痛上加痛也,受此刑者,即使壮盛之年,强悍之辈,亦必肢躯委顿,筋骨受伤"。是否施以血比,丞簿差役"悉视乎业户用费之轻重以为衡",而不论欠租数额之多少,"或仅系零星尾欠者",也打得"呼号惨目,血肉横飞"。面对这种残酷场面,"为业主者不啻熟视无睹"。打完不算,往往"击其臀复枷其颈"。同治间,有抗租佃户"身荷一枷历时五月"者。光绪间,佃户受比,"其枷也不用轻而用重"。光绪十二年"比责佃户,由长、元、吴三县会同设立一公所于园妙观之东狱庙,每届三四点钟,由差、保率领欠租佃户前赴庙中听候比责。每责以四百板为率。归元和县比责者,则于笞臀之外另加掌颊一百下,责后即请吃'独桌酒'(指带枷示众——引者注)于观门前"。经此拷打,欠租佃户被打得"血肉狼藉,因枷打而拖毙者不可胜计","以枷号为常事",脱枷自尽,到家咽气之事时有所闻。①

还应看到的是,拷比欠租佃户本人之外,更要蔓延株连。收租体系的成员为饱欲壑,将欠租无偿、极贫无措的佃户的父兄、邻居,以致亲戚族人均可作为勒索对象。②

以上就是苏州府的收租体系及其活动情况。苏州府的收租体系发展最为充分,最为完整,并且保留下来的记载较多。我们对其他地区情况的了解就没有这样清晰。看来,租栈和催租局是那里特有的,其他地区较为少见,催甲、经造等名目也不一定到处皆有。苏州府即使在江南各府中也是

---

① 引自蒯德模《吴中判牍》,第 11 页;《江苏省例三编》,第 1 页;《申报》光绪二年十二月初十日,三年十二月初五日,十四年十月二十三日。《字林沪报》光绪十一年十二月初十日、十三日,十二年四月初一日,十月初七日,十二月初五日,十六年闰二月二十三日、二十四日、十七年十一月二十三日,二十年九月十五日等。

② 《租覈·流弊》;《字林沪报》光绪二十年九月十五日。

突出的，之所以如此，是因为苏州绅权从来都是最为强大的。所以不能把上述情况作为全国普遍的情况的简单缩影来看待。不过，其他地区收租体系的形式尽管简单，地主当收不上地租时，总是可以根据雍正五年条例向府州县衙呈控，要求发牌派差，追比佃欠，这是毫无疑问的。所以说，地主的司账管家和县衙所派差役的结合，具体体现着这个官私结合的收租体系；或可称之为收租体系的最简单的、最基本的表现形式；而这一收租体系活动的法律依据正是雍正五年条例的后半部分。

三 对雍正五年佃户条例的一些看法

根据以上介绍的雍正五年佃户条例的制定、修改和施行的情况，可以得到如下两点看法。

第一，雍正五年条例后半是为了维护整个地主阶级利益的，但实际执行的结果证明，受益者主要是其中的绅衿、绅衿等级的地主。

在实际生活中和佃户形成严重不平等关系的地主主要是绅衿、绅衿等级的地主。凡人等级中大多数中小地主难以使佃户对之具有人身依附关系。当然，在凡人等级中财力特强的地主可用钱财交结官府从而得到保护和帮助，但这往往是一种暂时的、过渡现象。因为在清代社会的特定条件下，具有足够财力的地主及其子孙，均可容易地通过科举、捐纳等途径成为缙绅、绅衿，脱离凡人等级。因之，论述清代民田地主经济制下的主佃关系时，一般笼统地讲地主阶级的压迫、剥削尚嫌不够，而应进一步对地主阶级做等级的分析，区分地主中的缙绅、绅衿与凡人。这样有助于正确地估计各种佃农的不同状况，从而对清代封建经济及阶级状况做出更加接近于历史实际的判断。

雍正五年条例为比租确立了法律依据，督抚以下地方官据此屡颁催租告示，从而保护了地主阶级的利益。但如进而探究其施行情况则可看出，在实际政治生活中，官代比租并非无条件的。

清代吏治之败，始终是个严重问题；而到中叶以后更为突出。凡事，即使是法之所系，官吏的行动也唯财势二字是视。缙绅、绅衿具有顶戴功名，不论为官还是致仕，他们在朝有门生故旧可以通天，在野有同年乡谊能够结党，本地长官进行统治，全仗他们支持，不敢轻易得罪。"官压于绅势"，此之谓也。巨绅显宦之家要求衙门比租，地方官定会立即行牌派差，比佃户酷刑严比，这是不成问题的。但地方官对无势地主并不买账，他们"存一势利之见，非遇巨绅显宦之嘱托，则不肯出一票，发一差，拘一人，将一次"。① 一般的凡人地主控告佃户欠租，地方官即使收禀，也不见得动刑酷比，例如光绪九年九月二十六日上海《字林沪报》载，金山县朱泾有一丁姓地主，"家小康，有一佃户租种丁田五六亩，而欠缴租米至六七熟之多。屡经催取，屡经控告，而前任两邑尊随断随结，未即重惩。佃户乃任意反复，粒米不还"，正属这种情况。

比租一事为利薮之最，如前所述，整个收租体系中每个环节的成员都要捞到油水。他们除压榨佃户外，也要从地主手中分得一份。所以，禀官比租，地主也是要花钱的。"其进禀也，有出牌之费；其行牌也，有发路之费尤重；其到案也，有铺堂之费；其管押也，有饭歇之费；其结案也，则原差、图差、保正皆有酬劳之费。视租决之多寡为轻重焉。"田少地主如"以佃户欠租而至于提押比追，即使全数收清，犹恐不能偿开租之所费"，② 缙绅大户多半田连阡陌，富有资财，为了使佃户交租，他们是花得起钱的。官诱于贿，当然乐为他们服务。无势中小地主占田较少，租额有限，花费这笔费用，可能所获无几，得不偿失，官吏差役对这类油水不大的交易自然也不会卖力。

总之，地主阶级中的有力大户田多势强，很容易将欠租佃户送官追比，对之"敲扑叠加，必使鬻子卖妻清偿所欠而后已"。③ 无势力单的中小地主则"欲效上项大户之所为而不能也"。有时他们的佃户"明知业户无力能如大户之办人，使受缧绁鞭笞之苦"，④ 会有欠租的现象。所以说，就雍正五年条例实施的实际效果看，它更多地保护了缙绅地主、绅衿地主的利益。而这，正是由缙绅、绅衿具有的特殊等级地位所决定的。

当然，作这样的分析并不是说凡人中小地主就无法收上租来。比租法令的存在，自然地对所有佃户形成一种威慑力量，加之夺佃的威胁以及习

---

① 《字林沪报》光绪十六年闰二月二十三日。
② 《申报》光绪十四年十一月初三日。引文中"开租"即禀租。
③ 《申报》光绪十四年十月二十三日。
④ 《字林沪报》光绪十三年十月十四日。

俗的影响，使得大多数租种中小地主土地的佃户在正常情况下一般总要基本缴清租谷的。

第二，雍正五年条例产生的直接原因是统治阶级内部斗争的需要，它的后果却与最初的立意大相径庭。

雍正五年条例是清政府在对待民田主佃关系政策上的关键性条例。它是清政权此前对佃户的一系列政策的继续。是什么契机使得这个条例产生于雍正年间呢？除去由于前述清前期一般地打击汉族缙绅、绅衿地主的需要而外，世宗胤禛在巩固政权的要求方面还有其特殊原因，即对科甲朋党的防范，促使产生这一条例。

清制，官员由文进士、文举人除授者为科甲出身，①通称"科目"中人。科目中人师生同年相互勾结，拉拢照应，共同沉浮于宦海。他们自恃出身荣耀，轻视非科甲出身的官僚；同为科甲，又囿于门户之见，派系争斗不已。清初的最高统治者鉴于明季朋党之患，故对科甲结私防范甚严。康熙中，玄烨曾对当时内外各官间"彼此倾轧，伐异党同，私怨交寻，牵连报复"表示痛恨，宣称如不改正，将"穷极根株，悉坐以交结朋党之罪"，以整饬吏治。② 而行动更多的是世宗胤禛。他上台不久就明确指出，"朋党最为恶习"，"明季各立门户，互相陷害，此风至今未息"；③以后多次从打击科甲朋党的角度处理官吏人事，并不断揭露科目相结之弊。如雍正五年七月间批道："夫举人进士虽同考试出身，然举人从一省取中，其间文理荒疏而侥幸中试者甚多，是以进士目中往往轻忽举人。而举人又惟恐进士将伊摒弃于科甲之外，乃勉强攀援，相与随声附和，背公徇私，至于丧品招祸而不知悔。"④

另一方面，胤禛对敢于和科甲出身官吏做斗争的官僚则加以重用；田文镜能很快成为雍正重要宠臣之一，原因即由乎此。⑤

田文镜，原汉军正蓝旗人，虽为监生正途授县丞、迁知县、知州、郎

---

① 《光绪会典》卷7，第2页。
② 康熙三十年九月己未谕户部。见《康熙实录》卷153，第17—18页。
③ 雍正元年四月丁卯谕满汉文武大臣官员等。见《雍正实录》卷6，第17页。
④ 中国第一历史档案馆藏：《吏垣史书》，雍正五年七月。
⑤ 雍正初年重要宠臣有怡亲王允祥、张廷玉、蒋廷锡、查郎阿、岳钟琦、鄂尔泰、文乾等人，而以李卫、田文镜"受眷最厚"，其参劾科甲最力者又莫过田文镜。

中、御史等职，但非举、进科甲。雍正元年因办山西灾赈受胤禛赏识，擢布政使，升河南巡抚。他在豫抚任内揭露科甲出身的各级官吏和在野绅衿，胤禛对之大力支持。① 雍正四年，有人在皇帝面前参奏田文镜，数其罪状之一即弹劾科甲。田氏复奏反驳，说这种意见是"怀私挟诈，朋比为奸"，如准其奏，"则嗣后科甲之员万一贪污苟且，督抚诸臣断不敢再为题参矣"。② 雍正帝同意了他的申辩。次年，在田文镜特参确山县知县周知非"玩废不职"的题本上，胤禛批示："豫省科目出身之员被田文镜题参考，若有款迹，则照例审拟。其以废弛不职题参者，著该部将情由奏闻请旨，以为科目出身之员因结党怨望上司而废弛公事者之戒"；③ 此谕实即宣布，凡田某参劾科甲，有奏必准。既投最高之所好，田文镜弹劾科甲出身地方官员的奏章迭上，"诸州县稍不中程，谴谪立至。尤其恶科目儒缓小忤意辄劾罢"，④ 曾"一疏劾科甲牧令数十人"。⑤ 就这样，田文镜在打击科甲朋党、巩固雍正政权的斗争中成为胤禛的得力打手。广西巡抚李绂进京，途经开封，与田文镜"相见揖未毕，即厉声曰：'胡公身任封疆，有心蹂躏读书人何也？！'"⑥ 田、李因而成仇互劾。御史谢济世也劾田罪状十条，均被否。李、谢皆因之得罪，各受惩罚，而田文镜则青云直上。雍正四年，胤禛称其"为巡抚后三年以来"，"实为巡抚中之第一"。⑦ 康熙初叶以来，河南只设巡抚，不设总督。雍正五年，授田以"河南总督"衔，加兵部尚书。并将其自正蓝旗抬入正黄旗，以示恩宠。六年，再破例专设"河南山东总督"以授，使之兼管两省。胤禛特谕："此特因人设立之旷典，不为定例"。⑧ 七年，加太子太保，再兼北河总督，

---

① 如雍正四年正月二十一日奏府县劣迹彰著缮疏题参后，胤禛批语。见《豫抚田公奏疏》，上海图书馆藏钞本。
② 雍正四年四月二十七日"复被参各款"。见《豫抚田公奏疏》。
③ 《吏垣史书》，雍正五年八月。
④ 《清史稿》列传81，田文镜。
⑤ 陈康琪《郎潜纪闻》卷11，第13页。参阅《清史稿》列传81，田文镜。
⑥ 《郎潜纪闻》卷11，第13页。
⑦ 雍正四年十二月乙丑谕大学士等。见《雍正实录》卷51，第10页。
⑧ 《名臣传》卷33，第53页，田文镜列传。田文镜河东总督任中，于九年四月病休期间，由浙江布政使张元怀的巡抚衔署理；总督关防留省，待田病愈仍旧管理。（见《雍正实录》卷105，第1页。）十年十一月田文镜病逝，由王士俊接任河东总督。雍正十三年弘历登基后，王士俊密陈时政，触其怒，被解任下刑部议，拟斩候，改释为民。（见《清史稿》列传81，王士俊。）自此，裁河东总督，终清之世不复设。

田文镜达到其宦途中最为显赫的阶段。

　　田文镜死于雍正末年。乾隆弘历登基以后，在统治集团的舆论中，田氏成为一个有争议的人物。① 本文不准备对田文镜的一生功过做什么评论，仅通过他和胤禛两人对科目中人态度的一致性这一现象，从一个侧面来观察雍正五年关于佃户条例制定的特定背景。因为这个条例前部分的矛头正是指向科目中人。

　　田文镜和吏、刑等部官员最初提出的关于雍正五年条例前半的建议，显然是以如下两点作为前提的：第一，将佃户视同奴隶的现象虽然存在，但根据当时的律例，它们是非法的。他们承认赁地耕种仅应是一种单纯的经济行为，凡人平民在经治上、身份上不应因佃地而降低为贱民奴仆。第二，有能力将佃户视同奴隶的，乃是"绅衿"之家，并非一般地主都能做到。逻辑的结论只能是：即使是"绅衿"地主的佃户也应被视为"平民"，把他们当作奴隶来对待的现象应予消灭。如若消灭这种现象，矛头必须对准"绅衿"之家，即科目中人，而非泛泛地指向所有的土地出租者。

　　可见田文镜现在提出解决这个问题，和他前此屡上劾章，其动机是一致的，都是意欲遏制缙绅和缙绅势力，恰在迎合胤禛打击"科目中人"防止朋党为乱的要求。

　　吏、刑等部议复上呈数日之后，得到胤禛批示。他对二部所拟例文并未提出反对意见。这意味着他对于田文镜提出的建议所依据的前提是肯定的，对拟议的内容也是同意的。

　　田文镜关于雍正五年条例的建议的性成本与他前此劾奏科甲相同，但其意义则远非过去的弹章可比。因为它已不是参揭某几个缙绅、绅衿，而是针对河南全省的缙绅、绅衿；当建议成为定例通行以后，其效力更可及于全国了。

　　从前面已经介绍过的雍正五年条例的制定过程可以看出，条例后半部分，即惩治欠租条款，原不在田文镜建议之内，它的产生带有某种偶然性。可以设想，如果当时没有田文镜关于定例禁止缙绅、绅衿私刑佃户及淫占佃户妻女的建议，那么胤禛也并不一定要在雍正五年提出定例惩治欠

---

① 《名臣传》卷33，第58—59页，田文镜列传；参阅《清史稿》列传81，田文镜。

租佃户的条款：偶然之中，却体现着历史发展的必然。

如前所述，在这段时间之内，田文镜在胤禛面前红得发紫，有过免罚，有奏必准。但对于他的这次建议，胤禛却做出如此补充。这说明胤禛作为皇帝，作为地主阶级的总代表，没有忘记这个阶级的最根本的利益，即剥削地租。而这，和他要打击科目中人的目的又是完全一致的。他既不容许地主分子中的某些人朋党抗上，或将国家百姓当作奴仆，从而对中央集权制即皇帝本身的统治地位有所危害；又要保证地主阶级得到地租，从而保护封建地主经济制。从前一点出发，胤禛同意田文镜的建议内容；从后一点出发，他又要做出补充。可见，雍正帝在巩固政权的斗争中煞费苦心，不是碌碌无为的。

雍正五年条例产生以后的运用效果，远远出乎田文镜当初立意之所在，条例的前半于乾隆五年及四十三年两次修改，大大减轻了对侵犯佃户及其妻女的处分和刑罚，并实际上免除了地方官的察查之责。这和弘历改变蠲免粮漕中减免佃租政策[①]的趋向是一致的，是清政权与汉族缙绅、绅衿地主相勾结的需要。资料证明，与此相适应的、更为明显的现象是，雍正五年条例后半，即惩治欠租佃户的规定所起的作用非常突出。

由于惩治欠租佃户条款的确立，"赋由租出"之说大盛。统治机器借以维持的重要的正式经济来源之一是赋。在地主经济制下，地主所交的田赋从来都出自地租。雍正五年条例产生以前，统治者将这个道理用于蠲免粮漕时要求地主减免佃户地租。在雍正五年条例产生以后则反过来，绅衿、绅衿地主以同样的道理相威胁，要求地方官代为比租：不为比租，不完粮赋。

虽然某些地方官也以追租作为催粮手段。如道光十四年江西南康府都昌县知县彭寿山就曾用这样的道理劝谕地主积极纳粮："皇上取天下的财，设官养兵以教化保护天下，你们才能过太平日子"；如果你们不肯完纳钱粮，那么"你们的佃户不交租课，要求太爷代追"，"太爷究竟为何缘故管你们的闲事?!"[②]他这样对付地主，县太爷给地主追租，是因为地主交了粮；谁

[①] 关于这个问题，请参阅拙作《论清代蠲免政策中减租规定的变化——关于清代民田主佃关系政策的探讨之二》，见《中国经济史研究》1986年第1期。

[②] 《西江观政录》，第42—43页。

不交粮，就不为谁追租，但总的说来，主动权显然是在地主一边。因为雍正五年条例的存在就决定了：第一，从法律上讲，追租已成为官员本身的职务或责任，他受法律制约而不能不受理原对欠租佃户的控告。同时，地方官又迫于粮漕考成，受地主"粮从租出"理论所挟，也不得不竭力追租。第二，追租也成为清政府的职能之一。此前，衙门就像对待债务或其他案件一样，至少在形式上是以第三者的身份裁决控租案件的；现在由它出面向佃户追租，从而在事实上无异成为原告的代言人及追租的执行者了。就追租来说，这时的缙绅、绅衿地主已经可以不去冒犯法律自置板棍私刑佃户，因为整套国家机器已经成为他们的工具。从一定意义上来讲，国家已经介入主佃关系之中；主佃关系中的超经济强制是通过国家参与的形式实现了法制是阶级斗争的工具，是特定历史条件下的产物，它是反映统治阶级意志的。一般地说，统治阶级分子的思想反映本阶级的思想。但统治阶级的个别分子在一定条件下的思想并不等于阶级意志。他为特定目的建议制定的法令，可能符合统治阶级的需要，也可能不完全符合或完全不符合。不管属于哪种情况，法令一旦产生，则在阶级斗争的总体发展中发挥作用，其后果是远远超过了原制定者所能控制的范围。雍正五年条例就是样。

　　禁止缙绅、绅衿地主私设公堂刑虐佃户，由国家保证地租的实现，看来是中央集权制下地主经济制发展的必然。从法律角度看，雍正五年条例承认民田佃户具有凡人等级身份，而非地主个人私属，同时国家机器也保证地主拥有土地私有权和收租权得以实现。它的产生标志着我国封建主义时代中央集权制下地主经济制发展到了它的完成的、成熟的形态。

（1982年3月）

（原载《平准学刊》第二集，中国商业出版社1990年版。）

论清代蠲免政策中减租规定的变化

——清代民田主佃关系政策的探讨之二

关于清代钱粮蠲免政策，前人多曾论及，或褒或贬，颇有歧义。我们注意到，清代历次有关蠲免的政策中，对业主和佃户的减免前后不一；因此，本文准备着重对这些规定的变化进行考察，从中探讨一下清政府对待佃户的政策的发展，而不是全面评价蠲免政策。

封建政府下令豁除特定时期特定地区的地丁、漕粮，称为"蠲免"。蠲免内容可以是本财政年度应征项，也可以是历年积欠项或此后财政年度的待征项。享受蠲免的地区可以仅限某省或若干州县，也可偏及所有各直省。清代的蠲免分为两大类，即"灾蠲"和"恩蠲"。

"灾蠲"是免征灾区赋粮。它是清政府荒政十二项措施之一。《大清会典》规定了民田、屯田，八旗官地、公田等各类田地遇灾时蠲免地丁正耗和漕粮等项的比率。① 朝廷施行灾蠲，减少财政收入，理应对土地所有者是有利的；但在实施过程中往往弊端惊人。②

---

① 光绪《大清会典》（以下简称《光绪会典》）卷19，户部，第5页。《定例成案合镌》卷5，田宅，第11页，灾伤蠲免分数。

② 首先，报灾就是一种灾难。一般是土豪地痞"倡先号召，指称报灾费用，挨户敛钱"，是否能得蠲免尚未可知，百姓先被一层胶刮。（乾隆四年八月癸卯谕。见《乾隆实录》卷99，第25页。）成灾地亩"一经报荒之后，即不许种莳，谓之'指荒地亩'，以待州县勘灾出结，又候上司委员查验"。即使受灾较轻，如采取某些措施，虽减产还可有所收获，而此时也只能坐等了。报灾呈文经州县、道府、督抚、户部层层上报直至皇帝，蠲免谕旨再级级辗转下达地方，"动辄数月，虽有可耕之地，往往坐废"。所以，受灾百姓"常有不敢报灾，以图耕种收获者"。（《乾隆实录》卷119，第1—2页。）他们宁愿不要这种"恩惠"。其次，官吏书役侵渔，名蠲而实纳。按照规定，在蠲免令下以前已交纳的应免钱粮，应抵下年正赋。但实际上往往并不如此办理。"官差吏胥互相联络，游说饰词，巧为期蒙，倚势作威，肆其侵蚀。"（咸丰三年户部奏，转见谕文。见《光绪会典》卷281，户部，蠲恤。）官吏一面向上报灾请蠲，一面"于部文未到之前催比更急，私图肥己。且有奸猾书役借名垫纳，加倍索偿"。（乾隆十六年谕。见《清朝续文献通考》卷80，国用18，第8387页；嘉庆十六年谕，见《光

"恩蠲"是当朝廷财政充盈时皇帝为庆贺登基、生辰等大典或其他特殊原因免征钱粮。皇帝认为这是对百姓开恩赏赐，故称恩蠲。恩蠲无定制。

清代普免全国各直省钱粮的恩蠲，全在康熙、乾隆两朝，特别是集中在乾隆后期。康熙朝于三十一年普免漕粮一次，五十年普免地丁钱粮一次。乾隆朝于十一年、三十五年、四十三年、五十五年普免地丁钱粮四次；三十一年、四十五年、六十年普免漕粮计三次。[①]自乾隆三十年至嘉庆元年的三十年间恩蠲共计七次，平均每四年一次。如果按照这个频率搞下去，朝廷财政肯定是吃不消的。嘉庆六年，御史新柱抨击普蠲"徒为史册美观，只属虚名"而已，建议不要多搞，"请以三十年为率"。这个意见显然不无道理。皇帝见奏却勃然大怒，说普免"加恩海宇，至优极渥"，"岂可限以年载！"声称今后仍将"大沛恩膏"，"随时酌办"；并斥责新柱"意近言利"，传旨予以申饬。[②]其实这位皇帝只是色厉而已；国家财力日衰，普蠲从此无力再举。乾隆六十年宣布嘉庆元年各直省地丁钱粮通行蠲免，系乾隆退位时决定为庆祝颙琰登基而行。这是嘉庆朝仅有的一次，也是整个清王朝的最后一次全国性蠲免了。后来颙琰谈他不能再度"施恩"的原因是，"始缘教匪不靖，军兴孔棘；继以黄河泛滥，屡举大工。十余年间所费帑金数逾十千万"，朝廷财政"实有入不敷出之势"。[③]他终于懂得了"大沛恩膏"不能"随时酌办"的道理。道光以后财政更加困难，最多是以豁免钱粮积欠，即免追那些本来就收不上来的陈账，作为恩惠施行了。

新柱对普蠲的批评是尖锐的，也是有代表性的。清代之蠲免益少弊多，历来如是。顺治间就有人说，"上有蠲免之名而被恩者寡"。[④]康熙皇帝也知道蠲免结果"百姓不沾实惠"。[⑤]前期如此，后期尤甚。到光

绪会典事例》卷288，户部，蠲恤。）已交应免款项既无法索还，也不予抵赋。例如，道光三十年王庆云揭露，"据直隶册报旗租项下，道光五年减免重租案内，有花户长完之银应抵六年正赋，乃直至道光二十七年尚未抵纳。是州县所谓长完留抵者，大都虚语耳。近京如此，远省可知"。（《正本清源疏》，见《皇朝道咸同光奏议》卷3。）

① 参阅《光绪会典事例》卷265，户部，蠲恤，第1、3页；卷266，户部，蠲恤，第2、4、5、7、9、10、11等页。《成案汇编》卷6，田宅1，第47页。
② 嘉庆六年二月甲寅谕内阁。见《嘉庆实录》卷2，第7页。
③ 嘉庆二十三年谕。见《光绪会典事例》卷267，第3页。
④ 王命岳：《蠲恤议》。见陆燿《切问斋文钞》卷19。
⑤ 康熙十八年七月二十八日谕。见《康熙实录》卷82，第20页。

绪朝时，则"豫征在先，捏称灾歉，或将免征之款减价折收，或将缓征之项蒙蔽催交"，①"当歉收之日仍然照常完纳"。"朝廷有缓征蠲免之典，而闾阎不能少沾皇恩。"②总之，正如刘锦藻总结的那样：有清一代蠲免之法"积弊既久，终难挽回"。③

以上叙述了清代蠲免的大体情况。可以说，蠲免之举，户部确实减少了财政收入，而对于推动农业生产力发展未能充分发挥其应有的作用。这在很大程度上要归罪于清代吏治之腐败。

不过，我们对清代蠲免作上述描述，并不是说这项在全国范围施行多年的政策措施官吏书役中饱外，地丁钱粮和漕粮的承担者们完全无人受益。应该说，它还是起过一定作用的，不能完全否定。因此还需要进一步分析受益的分配情况。

乾隆初年，两江总督那苏图说，"乡绅富户虽遇歉收不过稍损其余盈，原未有伤其元气"，他们"资财饶裕，减免丝毫不见所免之益"；从来施行的"不论贫富一概计田派蠲"的办法是不公平的，蠲免对象应以贫民为重点。他把江南地区的土地所有者分为三类："一户额征银在五两以上者即属富户；自五两以下至一两者为小户；其至数钱、数分及一分数厘者实属贫民。"他建议额征银五两以上者不蠲免，以使五两以下的小户、贫户受益多些。④弘历对那苏图的建议似不反对。⑤乾隆二十二年河南夏邑等四县被灾蠲免积欠及应征次年地丁钱粮时，他也曾下令："其富家大族田连阡陌者，如亦一例邀恩，是国家旷典为若辈附益之资，殊非惠鲜本怀"，令"田逾十顷以上者不必蠲除"。如若富户作弊，将田"分寄各户，希冀滥邀蠲豁"，"即行按律治罪"。⑥这一措施实行的结果不详，以后也未见推广或重申；但可以设想，这种政策定遭大户反对，是难以顺利执行的。不过我们可以透过它看到历来蠲免政策的实际受益者主要是"富民"，即大土地所有者。

---

① 光绪二年谕。见《光绪会典事例》卷287，户部，蠲恤，第5页。
② 《论四川袁廷蛟事》。见《申报》光绪二年十月初二日。
③ 《清朝续文献通考》卷80，国用18，第8390页。
④ 《皇朝经世文编》卷44，户政9，荒政4。
⑤ 乾隆四年四月旨。见《乾隆实录》卷91，第81页。
⑥ 乾隆二十二年六月壬戌谕。见《乾隆实录》卷540，第3页。

一般说来，担负地丁钱粮和漕粮的个人占有土地越多，所受蠲免之益越多；在田地分等纳赋的情况下，拥有土地的质量越好，所受蠲免之益越大。反之，拥有土地越少，土地质量越次，受益于蠲免者越少。不过，即使如此，从政策本身考察，自耕农还可在一定程度上得到好处。

康熙间有人评论说，"今朝廷虽岁下捐〔蠲〕租之令，然适足以惠豪强，而不足以绥贫弱"，① 这是反映了实际情况的。特别在雍正之初，地丁合一以后，情况尤其如此。嘉庆间有人评论说，"有田富户可沾重恩，其无田贫民仍不能普沾恩泽"。② 蠲免政策对无田佃户有无影响，影响如何呢？下面，我们准备着重研究清代蠲免中业主和佃户受益分配政策的发展。

蠲免一事本来跟完全没有土地的佃户关系不大。但地主缴纳的赋粮全系收自地租。朝廷蠲免的目的是救灾以恢复农业生产，或是"施恩"以固民心；尽可能地扩大其受益面对巩固政权是有利的。所以清代统治集团的成员曾多次提出在蠲免时应使佃户也可一定程度受益的问题。兹将康熙、雍正、乾隆三朝约一百三十年间有关建议及定例列出，以便分析。（见附录《清代蠲免政策一览表》。）

从表中可见，康熙间有关议论凡五次。

康熙九年，给事中莽佳首先指出"灾蠲"时佃户纳租如故是不合理的。圣祖玄烨根据他的建议定一条例，令业主照蠲免分数征佃户租。定例并且规定，如不免租，"将业主议处；所收之租追出给还佃户"。③ "恩蠲"时如何减免佃户租额，康熙二十九年始由山东巡抚佛伦提出办法。定例"将蠲免钱粮之数分作十分，以七分蠲免业户，以三分蠲免佃种之民"。业户若不蠲免，"从重议处"；并规定，蠲租需报告地方官备案，以便监督检查。以上两例，于康熙四十二年及四十四年两度重申。

至康熙四十九年，由兵科给事中高遐昌建议再定条例："凡遇蠲免钱粮，合计分数，业主蠲免七分，佃户蠲免三分，永著为例。"这一例中没有指明是灾蠲抑或恩蠲，可以理解为兼二者言。

---

① 黄中坚：《蓄斋集》卷5，恤农。
② 嘉庆六年二月甲寅，御史新柱奏《普免钱粮》折，见《仁宗睿皇帝圣训》卷2，第7页。
③ 按，表中"定例"栏中的第2条，未详年代及奏请人。但从定例的立意精神看，可能就是莽佳建议的条文化。因此，我把它作为康熙九年定例处理，容后发现确切资料再做订正。

以上康熙朝所定各例值得注意的有三点：第一，康熙九年灾蠲例要求业户"照蠲免钱粮分数减免佃户"即业主应蠲赋三分，相应少收佃户租额的百分之三十；应蠲赋五分，相应少收佃户租额的百分之五十。从绝对量说，免租额大于免赋额。并且规定，当业主不按此执行时将受议处，多收租额追还佃户。这个条例对佃户肯定是有利的。

第二，康熙二十九年恩蠲例改变上述灾蠲例的规定，"将蠲免钱粮之数分作十分，以七分蠲业户，以三分蠲佃种之民"。不再免佃户地租额的百分之三十，而是地亩应蠲钱粮数额的百分之三十由佃户从应交租额中扣除归己。按照这个办法，佃户受恩蠲之益就比前述灾蠲办法受益少得多了。尽管受益微小，业户必须蠲除部分佃租，否则要受"从重处分"；蠲租情况尚需报官，接受官府的监督。这一条文的立意还是在一定程度上保护佃户利益的。此例可以与康熙九年例并行，不影响灾蠲减租比例。

第三，康熙四十九年据兵科给事中高遐昌提议定例，不论恩蠲、灾蠲，凡遇蠲免钱粮均按业七佃三分配。这样，原来佃户可在灾蠲中获得免租的百分之三十的好处全被取消了。与此同时，删去业户不减租要受议处的规定；换言之，业户是否按例减佃户租，官府不再过问了。

康熙帝及户部大员将蠲免业佃分配办法由按照蠲免分数减免改为蠲额业七佃三，理由有二：一则业户承担一应差徭，负担较重；二则山东、河南佃田"牛种皆出自业主，若免租过多，又亏业主"。他们认为，只有改变蠲免分配办法方才"均平无偏"。可见，他们修改定例的原因是感到原来的政策对业主不利，特别是对大地主不利。

雍正朝修改有关条例凡二次。

雍正三年户部议复杭奕禄建议，只是银米折算问题，不改变业七佃三的蠲免规定。雍正八年据广西布政使元展成建议所定条例则比较复杂。这个条例规定的办法，首先将各直省分为"赋重粮多"及"赋轻粮少"两类。赋重粮多的省份于蠲免十分时减租百分之十五，蠲免五分时减租百分之七点五。赋轻粮少省份于蠲免十分时减租百分之五。[①]按照这种办法，佃

[①] 雅尔图说，赋轻粮少省份蠲免十分时减租百分之十。这与原例不符，待查。见《心政录》卷2，第23页。

户得益虽较诸康熙九年例规定的为少，但比起蠲免额业七佃三的规定却又为多。这个条例还恢复了康熙九年例关于惩治不执行本例的业主的办法，明确地定以"照违制律定拟"，即杖一百，①多交租额追还佃户。更进一步的是，此例给地方官规定了监督之责，失察者与违例业主同罪。可惜未能查到制定此例的有关奏章、议复和谕旨，难以做进一步的分析。从立意看，此例与康熙九年例精神相符，在一定程度上保护佃户的利益。乾隆初年，湖南巡抚高其倬对该例提出反对，说明它在一段时间内、在某种程度上是有效的。高某的反对意见是，"民间地土每亩税银多者不过一钱有零"，蠲免时根据雍正八年例免租达百分之十以上，他认为"似佃户所得过多"，要求仍按蠲额业七佃三办法减租，不过，这已是在雍正十三年乾隆谕旨以后的事了。

乾隆朝关于蠲免中业佃分成的规定修改更多。

乾隆皇帝相当重视蠲免。他在位期内蠲免次数之多，蠲额之大，都达到清代的最高峰。他把蠲免一事提到如此高度："民为邦本，治天下之道莫先于爱民，爱民之道以减赋蠲租为首务。"②当其甫登帝位改元之前，他就免积欠以市恩。在宣布此事的谕旨中也颇有些动听的词句：蠲免一事，"无业贫民终岁勤动，按产输粮，未被国家之恩泽，尚未公溥之义"，受蠲免之业户"苟十损其五以分惠佃户，亦未为不可"，并声称要对蠲佃户田租的业主"酌量奖赏"，等等。但是，他认为按蠲数履亩除租必须建立在业主情愿的基础上，"绳以官法，势有不能"，只能由"有司善为劝谕各业户酌量宽减佃户之租，不必限定分数"，业户"不愿者听之，亦不得勉强从事"。相反，"若彼刁顽佃户借此观望迁延，仍治以抗租之罪"。

乾隆皇帝这道谕旨，第一改"限"业主减租为"劝"业主减租；第二取消官吏监督的责任，特别是第三改重杖拒蠲佃租的业主为惩治待蠲田租的佃户。这和其父祖所订有关条例的精神相去甚殊。尽管这位皇帝宣称"视天下业户佃户皆吾赤子，恩欲其均"，而运用国家力量保证业户得蠲免之益，强迫佃户按照业主的要求提供地租的意图则是十分明确的。他在业

---

① "凡奉制书有所施行而（故）违（不行）者杖一百。"见《大清律例》吏律，制书有违律。
② 雍正十三年十二月谕。见《光绪会典事例》卷265，户部，蠲恤，第6页。

主和佃户之间的"均"字就是如此解释，这也就是他所谓的"公溥之义"的含义。

雍正十三年十二月谕旨发出后，康、雍时期有关蠲免的各种规定全都自动失效。蠲额业七佃三的规定当然也不复执行了。

乾隆五年，河南巡抚雅尔图曾建议灾蠲时按被灾分数减佃户租，不按蠲免钱粮分数免租。这就是说，灾年交租成数与受灾程度成正比，可使佃农在受灾时的负担相应减轻。显然，这个建议比上述任何蠲免办法都更合理，即对佃农更为有利。河南道监察御史陈其凝予以反对，他认为，既不能按被灾分数减租，更不能官为立法。陈某的意见是符合雍正十三年十二月谕旨思想的，弘历当然完全赞同，令雅尔图"勿得拘泥原议"。

乾隆十年时，工科给事中卫廷璞、监察御史孙灏、江苏巡抚陈大受等多人建议制定蠲免减租办法，都未能改变这位皇帝的意见。其后所发的谕旨一再重申蠲赋时减租全由业主自愿，不可限定分数。①对业主强调"感发其天良"，对佃户则防其"挟制"与"苛索"业主这个基本观点，乾隆皇帝迄未改变。直至王朝覆灭，清代再也没有与此精神相悖的关于蠲免时业佃分成受益办法的新条例了。

乾隆十年宣布全免翌年直省钱粮。福建汀州府上杭县瀨溪乡佃民罗日光、罗日照等要求"业佃四六分租"，与地主发生冲突。地方官出面镇压，佃民拒捕。② 弘历谕旨强调"减与不减应听业主酌量"，"岂有佃户自减额数抗不交租之理"，令将抗租佃户"严拏，从重究处"。时隔不久，弘历再次联系上杭事件辱骂佃户"多属贫无聊赖"，"丰收之岁尚不免凌其田主，抗负租息"，蠲免之时"若明降谕旨令地方大吏出示饬遵"，则"顽佃更得借端抗欠"。主佃之间矛盾的尖锐化迫使封建政权抛弃恤佃的招牌，明确保护地主阶级的利益。

资料记载，乾隆三十一年蠲漕时，谕旨要求业户准佃户免交漕额的百分之五十；乾隆三十五年蠲免钱粮时，谕旨要求业户减佃户蠲额百分之四

---

① 在劝谕的情况下，也确有某些地主于蠲免时减免佃租。如乾隆十年，江苏江都县黄某全免佃租；娄县、金山二县王某等每亩减租四升等。(《成案汇编》卷6，田宅1，第53页"绅士减让佃租嘉奖案"。)

② 《东华续录》卷24；乾隆《上杭县志》卷12。

十的地租。蠲免时限定免租分数，而且免租分数定得如此之高，是与乾隆皇帝一贯思想不符的，只能看作是一种例外。不过虽然如此，其前提仍都是业户自愿。谕旨提出的这些百分比只是一种建议而已，对业户没有任何法律约束力。次年，广西某县僮族佃户潘扶迷、钟元保等以乾隆三十五年蠲免谕旨为根据，力争免租百分之四十。租未得免，最后被血腥镇压：斗争的领导者被处以死刑外，参加者刑罚有差，甚至"中途随往"的也受刑杖八十![1]在官吏启发业主"天良"自愿减租，同时国家机器强迫佃户交租的条件下，减租比例不论定得多么高，对佃户来说均为画饼。

乾隆四十一年底，浙江永嘉县佃民胡挺三等抗租殴官，被残酷镇压。[2]第二年普蠲地丁钱粮时，弘历生怕公开劝谕业主减租佃户"必以为奉旨减租"起而斗争，故令各督抚只将劝谕业户减租一事"密行札示"，连感发地主"天良"的号召也不敢公开发出了。至此，蠲免政策中的恤佃措施可以说已经全然乌有了。以致同治末年灾蠲减征时，劝令业主减租事尚不敢公开发布。[3]

从以上对历次规定的分析可以看出，清代蠲赋减租政策的变化反映了汉族缙绅、绅衿地主政治地位的上升。

康熙朝粮漕蠲免制度中关于减免佃户地租的政策所反映的倾向是和清代有关民田主佃关系的其他各项政策相一致的。清朝建国之初，全国疮痍满目，非得宽和仁政、与民休息，农业生产难以恢复。康熙朝蠲免政策中的恤佃方针就是诸种措施中的一项。同时，朝廷对佃户采取蠲免减租的宽恤政策，也期在主佃间控制一定的平衡状态，这对打击汉族缙绅、绅衿的豪强势力，对稳定社会秩序都有好处，[4]而对朝廷财政收入却无妨碍。

自康熙后期以来情况有了变化。汉族缙绅、绅衿地主对佃户的人身依附关系逐渐松弛；佃户欠租抗租斗争也有普遍化趋势。佃户起而斗争可不是最

---

[1] 《刑科题本》。转自《康雍乾时期城乡人民反抗斗争资料》，第151—152页。
[2] 乾隆四十一年十二月丙辰、乙未两谕。见《乾隆实录》卷1023，第6—7、12—13页。
[3] 《减赋尤宜减租议》："今者既定减漕之例，减米之条，犹当定减租之规，以示一视同仁，无令佃户向隅，徒益田主。所愿父母斯民者俯察民情，备陈宸听，使业主减租之诏布告天下。"（《汇报》同治十三年十月二十日。）要求布告天下，正说明当时是不公开宣布的。
[4] 有关这个问题，将在拙稿《清代民田佃关系政策的历史地位——清代民田主佃关系政策的探讨之三》一文中讨论。

高统治者所期望的那种平衡状态，因而必须采取措施加以制止。摊丁入地政策实施以后，地丁和粮漕全靠土地所有者缴纳了，其中缙绅、绅衿地主占有一定的重要地位。缙绅、绅衿地主与佃户间力量的消长以及朝廷财政上的需要，迫使统治者重新认识原来的政策。正是在这种背景下，弘历一改玄烨成法，制定了新的蠲免减租政策。这种政策不再勒令业户减免佃户地租，而突出所谓劝谕，即强调业户自愿减租的原则。其后，再将对业户的公开劝谕改为非公开劝谕，生怕佃户知道朝廷有令业户减租的意图而拒交地租，损及地主利益。因为这也直接关系着朝廷的收入。当佃户根据朝廷的劝谕向地主提出免租要求，抗拒交纳应减部分时，朝廷便完全站在地主一边，进行血腥的镇压了。

蠲免中减租政策经过了勒令、官督—劝谕、自愿—不公开劝谕—镇压拒交租额的佃户四个不同的阶段。这一发展说明，在18世纪最初三十年间，民田主佃关系在起着某种深刻的变化；这种变化要求为地主制经济的上层建筑的清政权在政策上做出调整。当时已不存在汉族缙绅、绅衿地主颠覆政权的危险；相反，他们还是这个政权的重要支持者。他们此时在自身对佃户的直接控制削弱以后，也需要在收取地租时得到国家机器的帮助。利益的一致性把二者联系起来，关系日趋密切了。顺治康熙年间政府跟汉族缙绅、绅衿之间在粮赋问题上的尖锐矛盾，至雍正以后大为缓和，转化为他们之间的联合跟佃户在地租问题上的尖锐矛盾了。如果说，清政权过去是由于巩固政权的需要，用经济上宽恤佃农、政治上解放佃农人身束缚的办法打击汉族缙绅、绅衿等级的地主的话，以后则用经济上支持汉族缙绅、绅衿等级地主收租，军事上镇压佃农抗租的办法换取汉族缙绅、绅衿地主对这个政权的支持。乾隆以后汉族缙绅、绅衿等级地主力量兴起，满族为主的政权越来越依靠汉族缙绅、绅衿等级进行统治，则是上述政策的结果。这个现象越到后期越加明显了。清代政策的这一实质性变化时间，大约可以雍正五年关于佃户问题条例的产生为界。之所以如此，笔者在《试论雍正五年佃户条例——清代民田主佃关系政策的探讨之一》[①]一文中已有涉及，这里就不重复了。

---

① 见《平准》第2期。

国家，总是在经济上占统治地位的阶级的国家。在一定条件下，国家权力可暂时处于相对独立的地位，仿佛成为两个对立阶级之间的中介人。但是一旦阶级斗争形式有了新的需要时，国家就要暴露其阶级本质。清代蠲免减租政策的变化就是很好的例证。

（1982 年 3 月）

（原载《中国经济史研究》1986 年第 1 期。）

附　　录

清代蠲免政策一览表

年代	奏请人	建议理由及办法	户部议覆	谕旨	定例
康熙九年八月（1670年）	吏科给事中莽佳	"遇灾蠲免田赋，惟田主沾恩，而租种之民纳租如故。""请嗣后征租者照蠲免分数亦免佃（户）之租"①	"应如所请"②	"从之"③	"灾份蠲赋，或有穷民租种官绅富户地，照纳租者合减租银，亦令地主照分数免征"④ "凡遇水旱灾伤蠲免钱粮，业户不行照蠲免钱粮分数减免佃户，或佃户告发勒取者，或佃户告发，或旁人告发，或科道纠参，将业主议处，所收之租追出，给还佃户"⑤
康熙二十九年八月（1690年）	山东巡抚佛伦	"东省康熙二十九年分地丁钱粮尚未得均沾圣泽"，"无地小民尚未得均沾圣泽"，建议"传集绅衿富室，将其地租酌谕绅衿富室，将其地租酌量减免一分五至五分不等"⑥	"应如所请。""嗣后直隶各省遇有特旨蠲免之省者，一应差徭，将蠲免钱粮之数分作十分，以七分蠲免业户，以三分蠲免佃种之民。此蠲免数目，被旁人首告，或被地方官首告出，将业主蠲免之处，仍报明该地方官"⑦	依户部议⑧	同户部议
康熙四十二年六月（1703年）	御史顾某	前述？年及康熙二十九年关于灾蠲及恩蠲之定例，"恐地方官日久玩忽，业主仍有照常勒取者，小民不能均沾实惠之处，亦未可定"⑨	"应将顾条奏之处，仍照前例通行直省遵行"⑩	依户部议⑪	

续表

年代	奏请人	建议理由及办法	户部议覆	谕旨	定例
康熙四十四年十一月(1705年)	御史李来	前述康熙二十九年定例,"恐地方官日久玩忽,业主仍有照常勒取,亦未可定"⑫	"应照前例通行各省出示晓谕,务使业主、佃户得沾实惠"⑬	依户部议⑭	
康熙四十九年十一月(1710年)	兵科给事中高遇昌	"凡遇蠲免钱粮之年,请将佃户田租亦照钱粮酌量蠲免,十著为例"⑮	"嗣后凡遇蠲免钱粮,合计分数,业主蠲免七分,佃户蠲免三分,永著为例"⑯	"蠲免钱粮但及业主,佃户不得沾惠。但山东、江南田亩多佃户耕种,牛种皆出自业主,若免租过多,又亏业主,必均分无偏。"⑰后从户部议⑱	
雍正三年四月(1725年)	光禄寺卿杭奕禄	"请勅下江南督抚于苏松二府州县,凡有田额征银数内,十分中减免佃户三分"⑲	"查二府免额征条条折银系米石,租田之人交纳皆系米算,所减三分应以米之例。如有田额征银一钱,条纳米一斗折银一钱之例。如有田额征银一钱,租人名下减免米三升。以此为准,圣恩蠲免二府额征三十一万五千两,业户两之恩,佃户亦分沾十三万五千石之恩矣"⑳	杭奕禄"此奏甚公,下廷臣议"㉑。户部"依[户部]议速行"㉒	"凡遇蠲免钱粮,合计分数,业主蠲免七分,佃户蠲免三分,永著为例"㉓

续表

年代	奏请人	建议理由及办法	户部议覆	谕旨	定例
雍正八年（1730年）	广西布政使元展成				"凡遇蠲免钱粮之年，蠲免十分之五者，江南、浙江二省赋重租多之地，佃民以应纳田主租粮一石均减一斗五升；蠲免七升五合者每一石减免五升；其余赋轻一石减免五升；其余赋轻粮少各省蠲免十分有零每石减免五升，照蠲免分数多寡均照此计算。偏加晓谕：若佃主阳奉阴违，照违制律定拟，追还；地方官失察者同罪。"② [雍尔图称，雍正八年定例，"特恩蠲免钱粮，如河南赋少粮轻各省分恩免十分者，佃户每石减租一斗，依此计算"④]
雍正十三年十二月乾隆即位后（1736年）					"蠲免之典，大概业户邀恩者居多，无业贫民终岁勤动，按产输粮，未被国家恩泽。""若欲照所蠲之数覆而除免租，绳以官法，则势有不能，徒滋纷扰。""然业户受朕恩者，苟十损其五以分惠佃户，亦未为不可。"其令所在有司善为劝谕各业户，酌量宽减佃户之租，不必限定分数，使耕作贫民有余粮以赡妻子。若有素封之业户能善体此意愿者听之，亦不得勉强曾赏从事。""若被刁顽佃户借此观望迁延，仍治以抗租之罪。"⑤

续表

年代	奏请人	建议理由及办法	户部议覆	谕旨	定例
乾隆元至三年间(1736—1738年间)	湖南巡抚高其倬	"民间土地每亩税银多者不过一钱有零。"根据雍正八年广西布政使元展成奏,户部定例,"今免一钱之银,似佃户所得过一斗以上。请仍照康熙四十二年旧例,将所免钱粮分作十分,以七分免业户,以三分免佃户"。①			
乾隆五年五月(1740年)	河南巡抚雅尔图	被灾地区地租"当照被灾之分数免租,不当照蠲免钱粮之分数免有限。"地主完纳正赋为数有限。蠲之典已极优渥。至于佃户,交租较正赋多至数倍,假如被灾五分亦照蠲免钱粮分数仅免租一分,则额租一石者佃交合九斗,力作劳佃安能为此无米之炊?""应请申明定例,酌收五分。如被灾五分,则收成本止五分,自应止收五分之租;被灾六分,则收四分之租;甚至被灾十分者,则地内一无所出,自应全免其租"。②		"著照所请行。至各省可否照此办理之处,大学士会同九卿议奏"。③	

续表

年代	奏请人	建议理由及办法	户部议覆	谕旨	定例
乾隆五年闰六月（1740年）	河南道监察御史陈其凝	反对雅尔图建议，称："天下之田地佃种交租，交纳之二法。旱干之收，田主亦不能收十分之租；若有荒歉，惟照收成分数交租，田主断不能收租十分之数之外，佃户亦不肯交租十分之数之中。若官为立法，强以分数之从，则挟制争夺，必滋抗累。请民田佃种照旧交收，不必官为定例"。	"该御史所奏似属平允。请饬下各省督抚仍照雍正十三年十二月内谕旨实力遵行，以杜纷扰。至该抚雅尔图原奏交租数目应照被灾分数蠲免，"恤贫富道在持平，仍应令该抚安富恤有司加意抚绥劝勉，务使主佃相安，闾阎不扰，勿得拘泥原议"。	从户部议	
乾隆十年七月（1745年）	工科给事中卫廷璞	"奏请蠲免钱粮酌量减租"，"立定减租分数"。	大学士讷亲等奏，"各省风俗不齐，田地多寡不一，业户置产则有分收包纳之殊，佃户偿租则有交谷交银之别。一经限定分数，业户滋苛索之弊"，"应将该给事中卫廷璞所请业户让租立定分数处办理之处，毋庸议"。	依大学士议	

续表

年代	奏请人	建议理由及办法	户部议覆	谕旨	定例
乾隆十年七月（1745年）	监察御史孙灏	"奏请田主酌减租银，即以应免银数为准。如免银一钱，主佃各沾五分，将所减五分租合，照依时价扣算"⑤	大学士讷亲等奏："若著此为令，则仍属拘定分数。仁让之举适形勉强。又况米粮时价扣算，佃户以贱价扣算，彼此纷争，转滋烦扰。诚不如钦遵［雍正十三年十一月］谕旨，勿拘分数，劝令欢欣从事之为便。应将该御史孙灏所奏酌减租粮照依所免银数主佃各分其半之意，亦毋庸议"③	依大学士议⑥	
乾隆十年（1745年）	江苏巡抚陈大受	"吴中佃户抗租人成锢习，况业户现邀恩免，顾佃尤得借词赖租。今酌议业户收租银照蠲免分数，酌免之银户蠲免一两者，应免佃户五钱"⑧		"所议尚属留心，行之则在人耳"⑨	
乾隆十年（1745年）				"各省蠲免之年"，"有田之家既邀蠲赋之恩，其承种之佃户亦应酌减租粮"，"著该督抚转饬州县官善为劝谕，感发其天良，欣然从事"。"均照雍正十三年谕旨行"⑩	

续表

年代	奏请人	建议理由及办法	户部议覆	谕旨	定例
乾隆十一年（1746年）		福建"汀州府上杭县因蠲免粮钱,乡民欲将所纳田租四六均分"。"罗日光、罗日照等聚众殴业主","聚众拒捕"①		"普免天下钱粮","佃户应交业主田租,惟令地方官劝谕有田之家听其酌减","初未尝限以分数使之宽减。""其减与不减,应听业主酌量,即功令亦难绳以定程也。""已有佃户自减额数,抗不交租之理。""罗日光等借减租之衅,逞凶不法,此风断不可长。著严拏重究处,以儆刁顽,毋得疏纵"②	
乾隆十四年三月（1749年）	山东学政李因培	山东连遭灾歉,令积欠分年带征。此举"仅及有田之人,而贫者未沾"。建议"令抚臣广行劝谕有田者,将本年粮粒与佃民平分,积年宿逋不得一概造索"③		"有田之户经营产业,纳粮供赋,亦能自赡身家,岂能迫以禁令,俾其推以子人。况佃民多贫无聊赖,之岁尚不免欠其田主,丰收之岁,何不凌其田主,抗负租息。今若明降谕旨,在地方大吏出示防遏以必行,而佃民更得借端抗久,则田主既不能得其积欠,而顽佃更得借债欠较重","国家尚缓其积欠,令州县示推惠于佃民,暂为权宜可通。""只可令州县因时酌情形,善于开导,使有田者好义乐从"④	

续表

年代	奏请人	建议理由及办法	户部议覆	谕旨	定例
乾隆三十二年四月（1767年）				"上年春初"，"将各省起运漕粮分年蠲免盖藏。""在有田业户于轮蠲漕米之年，已得倍倍格蠲米之益，而佃户等尚未得一体仰邀旷典。""著各省督抚等，通行晓示，劝谕各业户，照每亩应蠲漕米数内，亦令佃户免交一半。"⑮	
乾隆三十五年（1770年）				"今年朕六十诞辰，明年恭逢圣母八旬万寿"，"著自乾隆三十五年为始，将各省应征钱粮通行蠲免一次"⑯。"各省轮捐[蠲]之年，劝谕业户照蠲数十分之四减佃户租"⑰	

续表

年代	奏请人	建议理由及办法	户部议覆	谕旨	定例
乾隆四十二年（1777年）				"自乾隆戊戌[四十三]年为始,普蠲天下钱粮,仍分三年轮免",因念前次加恩普免,曾令该省抚,编行劝喻各业户就所蠲之数准值减租,"现在自应仍旧办理。但此等事不宜明张告示,致习佃借口抗租。止须密行札知各该州县,劝谕业户等量减佃租。或其中有不能分逮者,亦听其便,毋庸官为勉强。盖佃户俱系乡愚,倘出示晓谕,必以为奉旨减租,刁风渐长。现今浙省即有抗嘉佃民抗租聚众之案。所谓民可使由之,不可使知[之],大率如此"。	
乾隆五十五年（1790年）				"朕今岁届八十寿辰","将乾隆五十五年各省应征钱粮通行蠲免"。"今业主既概免征输,而佃户仍全交租息,贫民未免向隅。应令地方官出示晓谕,各就业主情愿","自行酌减",将佃户应交地租量子减收。""亦不必定以限制,官为勉强押勒"。	

续表

年代	奏请人	建议理由及办法	户部议覆	谕旨	定例
乾隆六十年（1795年）	御史甘立猷	普免天下漕粮，"请敕下各直省督抚，每户恩免漕粮之粮一石，酌减佃户额租若干。核议章程，奏明办理。"⑤		"普免钱粮皆系国家旷典。在蠲免之年，业主固可不征输，而在佃户秋，纳总输赋，仍当向佃户额按则输纳，不能食佃户之外多取。况佃户等或系雇佣工，或系分给租余，非徒用其力之所请，该御史所请，议定章程，子以限制，抑勒滋弊。且各省顽佃平日已不免有抗租之事，若再定有减租之例，更可得以借口抵欠不交，是足以推恩行庆之典，转启抗累之端，成何政体！"⑥	

注：① 《康熙实录》卷34，第1页。
② 同上。
③ 同上。
④ 《康熙会典》卷21，第8页。
⑤ 《定例成案合镌》卷5，第13页。
⑥ 《康熙实录》卷147，第25—26页。
⑦ 《定例成案合镌》卷5，第13页。

⑧《定例成案合镌》卷5,第13页。
⑨同上。
⑩同上。
⑪同上书,第15页。
⑫同上书,第15页。
⑬同上。
⑭同上。
⑮《康熙实录》卷244,第12—13页。
⑯同上。
⑰同上。
⑱同上。
⑲陶煦:《租覈》,"重租申言","稽古"。
⑳同上。
㉑《清史稿》列传78,第10287页。
㉒陶煦:《租覈》,"重租申言","稽古"。
㉓《大清律例通考》卷9,第13—14页。又见《大清律例按语》卷38,第7页。
㉔《心政录》卷2,第23页。
㉕《光绪会典事例》卷265,第6页。参见《乾隆实录》卷9,第2页。
㉖《大清律例通考》卷9,第14页。又见《大清律例按语》卷38,第7页。
㉗《心政录》卷2,第24页。
㉘《乾隆实录》卷118,第16页。
㉙《乾隆实录》卷120,第6页。
㉚同上。
㉛《成案汇编》卷6,第50—51页。参见《乾隆实录》卷245,第4页。

㉝《成案汇编》卷6,第51页。参见《定例续编》增补,户部,第6页。
㉞《成案汇编》卷6,第52页。
㉟《成案汇编》卷6,第51页。参见《乾隆实录》卷245,第4页。
㊱《成案汇编》卷6,第51—52页。
㊲同上书,第52页。
㊳《乾隆实录》卷120,第6页。
㊴同上书,第6页。
㊵《成案汇编》卷6,第50—51页。参见《乾隆实录》卷245,第4页。
㊶《成案汇编》卷6,第51页。参见《定例续编》增补,户部,第6页。
㊷《东华续录》乾隆24。
㊸光绪《山东通志》卷首,"列圣训典"2,第64—65页;《乾隆实录》卷336,第16页。
㊹同上。
㊺《乾隆实录》卷783,第21页。
㊻《乾隆实录》卷850,第3页。
㊼《东华续录》乾隆71。
㊽《乾隆实录》卷1025,第41—42页。
㊾《光绪会典事例》卷266,第9页。
㊿《租覈》"重租申言","稽古",第3页。
51 沈赤然:《寒夜丛谈》卷3,第13—14页。
52 同上。

清代民田主佃关系政策的历史地位

——清代民田主佃关系政策的探讨之三 ①

赵宋以降，租佃制在民田中始终占有相当大的比重而占主导地位。宋、元、明、清历代政权都曾制定了一系列关于主佃关系的政策，并不时加以调整。这些政策的产生和变化，反映着不同时期国家、地主和佃农三者之间关系的变化。有关这方面问题的探讨，对研究我国封建社会经济史来说无疑是重要的。因为有关生产资料所有者和生产者之间关系的各项政策，必然涉及双方的政治和经济利益，从而能对生产力的升降、社会安定程度和政治稳定程度产生不同程度的影响。

清王朝是一个以满族皇帝为核心，以满汉地主官僚集团为主组成的、带有民族征服特征的封建政权。在这个政权统治时期内的农业经营体制是多种并存的。既有使用奴仆壮丁为主的封建庄园制，如皇庄、旗地，也有数量庞大的农民自耕制，还有为数较少的佃仆制、雇工经营制等，最大量的、能决定这个历史阶段整个农业性质的，则是民田中的封建租佃制。清政府曾有许多关于民田封建租佃制中的主佃关系的政策；本文准备讨论这些政策并与以前王朝的相比，用发展的观点考察其历史地位。

一 清代有关佃户的律、例以及其他政策

首先应该看到，在清代（特别是清代前期），不少地区存在前朝早有的压佃为奴的现象。顺治末年至康熙初年，安徽北部地区称佃户为"庄

---

① "之一"题为《试论雍正五年佃户条例》，载《平准学刊》第二集（中国商业出版社1990年版）。"之二"题为《论清代蠲免政策中减租规定的变化》，载《中国经济史研究》1986年第1期。

奴"，田主禁止他们随意离土地而迁徙。南部的婺源县甚至有将佃户连同土地一道立契投献他人为仆，以毒打强迫服役，以及逼其重价赎身的事实。① 同一时期，湖南有的地主把佃户及其家属作为奴仆役使；还有地主当佃户死亡后嫁卖其妻、子，并掠其家资归己。② 康熙中叶，赣州、赣西南的吉州等府仍保有以佃为仆的习惯。③ 雍正年间，河南某些地区"田主如主人而佃户如奴仆，有事服役，不敢辞劳，有惟恐不当田主之患者"。④ 云南有的地主除进行沉重的经济剥削外，并责打凌虐佃户，命佃户当差服役，随意役使其妻子，使用其骡马牲畜。佃户死亡，田主索取"断气钱"，收其牲畜什物为自己有；亡佃孀妻弱女出嫁，田主勒交"出村礼"。⑤ 湖南郴州一带，佃户嫁娶，田主强征"挂红礼"。⑥ 至乾隆初年，湖南情况仍有如旧者。田主役使佃户抬轿、帮工，待之如"仆厮，稍有不如意，辄取批颊辱詈，及寻隙更佃"。西北边境的龙山县，腹心地区的安化县，直至南部地区的道州，尽有这种情况，"虽楚南有田之家未必人人若是，然陋习相承，大率类此"。⑦ 浙江太平县（今之温岭）于嘉庆十六年所修志书中仍有关于该县部分地区存在着佃户于田主被视为"有主仆名分"的记载。⑧ 北直隶所属沧州，乾隆年间也有关于"佃户见田主略如主仆礼仪"的记载。⑨ 即至光绪年间，还用"视之如奴隶，虐之如马牛"来描述苏州佃户状况。⑩ 如此等等，前人文章已经列举不少，类似的记载还可看到很多。

是否可以根据这些记载认为清代或清前期的主佃关系就是主仆关系呢？不可以。在清代的法制中，主仆关系是跨越良贱界限的等级关系。上述各种压佃为仆的现象反映了在实际生活中地主，特别是缙绅、绅衿地主压迫佃户的事实，但不能用以证明在清代佃户等于奴仆、属于贱民。可以

---

① 康熙《江南通志》卷65，艺文。
② 同治《长沙县志》卷20，政迹2，朱前诒：《条陈利弊详》。
③ 《碑传集》卷80。
④ 《湖南省例成案》工律，河防，卷1。
⑤ 陈宏谋：《培远堂存稿》文檄，卷2。
⑥ 《湖南省例成案》刑律，诉讼，卷9。
⑦ 《湖南省例成案》户律，田宅，卷5。
⑧ 嘉庆《太平县志》卷18，风俗。
⑨ 乾隆《沧州志》卷4，礼制附风俗。
⑩ 《悯佃文》。见《申报》光绪十四年十月二十三日。

肯定，清王朝的最高统治者无异于将佃户置于最低的法律地位上处理民田主佃关系。现在让我们将有关政策一一具体分析。

《大清律例》有关佃户的律、例各一条。有关佃户的律，见《兵律》"邮驿"门："凡各衙门官吏及出使人员役使人民抬轿者杖六十；有司应付者减一等。若豪富（庶民）之家（不给雇钱，以势）役使佃客抬轿者，罪亦如之；每名计一日追给雇工银八分五厘五毫。其民间出钱雇工者不在此限。"这条律文承自《大明律》[①]前朝以来，地主役使佃客进行各项劳役，自不待言；至明代，"以富压贫，专于佃客，而使令扛抬者有之"。[②]具体到抬轿这项服役，明代的立法者视之为应由仆役执行的低贱的服役项目，田主与佃户间没有主仆关系，故无权役使佃户抬轿。有令抬轿者，"虽势有相关，而分非所宜"，[③] 是"不依本分"的行为，[④]所以要定律禁止。至于佃户领取钱文服役抬轿，是为受雇，不属被迫，不在禁内。

明律取法唐律，而这一条却是唐律中所没有的。至少可以说明，自明代以来，佃户没有为田主抬轿的义务，换言之，田主不具有这种法定的权利，如需此项服役，当以雇佣劳动的形式进行。这条法律明显地反映了佃户的身份不同于任意役使的奴仆。清律继承这条律文，说明清代统治者完全接受这一观点。

有关佃户的例，见《礼律》"仪制"门"乡饮酒礼"后："凡乡党叙齿及乡饮酒礼，已有定式，违者笞五十。"注云："乡党叙齿，自平时行坐而言，乡饮酒礼，自会饮礼仪而言。"所谓乡饮的"定式"，自有一套繁缛的套仪；至于平时行坐相见叙齿，则附例说明如下："乡党叙齿，士农工商人等平居相见及岁时燕会，揖拜之礼，幼者先施，坐次之列，长者居上。"就在这里，也给佃户立下了规矩："如佃户见田主，不论叙齿，并行以少事长之礼；若亲属，不拘主佃止行亲属礼。"这就是说，人们平时起

---

① 明律规定："凡各衙门官吏及出使人员役使人民抬轿者杖六十；有司应付者减一等。若豪富之家役使佃客抬轿者罪亦如之；每名计一日追给雇工钱六十文。其民间妇女，若老病之人及出钱雇工者，不在此限。"见薛允升《唐明律合编》卷10。
② 《明律统宗为政便览》卷9，万历间刊本。
③ 《大明律集解附例》兵律，邮驿。
④ 《明律统宗为政便览》卷9，万历间刊本。

坐相见行礼，有三种不同情况，一是家族亲属相见，依尊卑长幼为序，卑幼先揖拜、坐居下；二是在社会上一般人相见，依年龄长幼定先后上下；三是主佃相见，不论年龄大小，凡佃户总是先揖拜、坐居下。根据这些规定，一个人在社会上可以因年长而受到尊重，但如果他是佃户的话，在田主面前，受人尊重的这一条件就不起作用。可见，在本家族以外的主佃关系中，礼仪是以身份为依据的。

清律关于乡饮及附例规定，全承明律。这条例文原系洪武五年朱元璋所发的"令"。①洪武末年最后厘定明律时，此令附于乡饮规定之后，示为乡党叙齿定式，令人遵守。顺治三年，此"令"以"例"的形式作为乡饮律的辅助条文固定在《大清律例》中，终清之世，亘未修改。

关于佃户见田主行以少事长礼例，我们从乾隆中叶吴光华的稿本《谋邑备考》所收"外结案"中发现了以此比附演绎的特例。该案情况如下：

乾隆十六年，河南省通许县张林租种员卓土地耕种。张林因故与田主员卓的胞兄员惠争吵，员卓出面责备张林"无礼"，张林"出言顶撞"，员卓将张林扳倒，以致张林小腿臁骨骨折。经邻佑调解，员惠先留张林在家调治，后给钱粮，张林回家养伤。二十余日之后，张林再向员惠借钱，不得，他具呈到县控告员氏兄弟。县衙门"先将员卓杖责，仍令员惠出银五两给予调治"。张林仍不满意，再赴开封府并按察司衙门上控。经司查验，"员卓将张林扳倒以致臌伤右臁胁，已成废疾。员卓合依折伤人肢体杖一百徒三年律，应杖一百徒三年"。这就清楚地说明，佃户和田主之间的纠纷，律无专条，应按凡人律条判处。但是，河南按察司②却别生枝节，在详文中写道："但查定例内载，佃户见田主不论齿叙并行以少事长之理[礼？]等语。细绎例意，主佃虽与良贱不同，实有长幼名分。如有相殴之处，若与凡殴一概拟罪，则主佃与平人毫无区别。"在这样的理解下，按察司衙门做出决定："查员卓系张林田主，应将员卓比照同姓服尽亲属相殴，尊长犯卑幼减凡斗一等律应减一等，杖九十徒二年半。"

光绪间，薛允升曾评论说，乡饮酒礼律及其有关的两个条例"均古法

---

① 《洪武实录》卷73，洪武五年五月廿日戊辰。
② 当时按察使为秦岕。

也，今不行矣"。他所谓的"古"，恐怕已非数十年内的意思。何况佃户见田主行以少事长之礼乃是礼仪上的规定，"犹以礼化民之意"，① 而不是用做判案依据的。用它来推论主佃间身份上的差异，并进而确定用刑等级的升降，显然不是该项规定的立意所在。河南按察司的这一"但"书，可能反映了办案人员具有佃户地位不得与地主平等的观点，故从律例中寻章摘句以轻纵地主；也可能是有关书吏、臬司等接受人情贿赂而设法减轻地主员卓应得的处刑。这种判决竟也得到河南巡抚②的同意。因该案属于外结案，不报朝廷审批，所以我们也就无法进一步看到刑部和皇帝对此判处抱什么态度了。不论如何，此案没有被列为通行全国的例案。

明清法律用语中，父祖为"尊"，子孙为"卑"；兄姐为"长"，弟妹为"幼"。所谓"少"与"幼"同，为弟妹行，与"长"相对。③所以说，条例关于佃户见田主揖礼先施，坐位居下的规定，确实反映了佃户的社会地位低于田主。不过它也反映出，佃户与田主的关系却也不像奴婢与家长之间如同子孙与父祖间那种辈分差别的尊卑关系。所以说，即使根据这一条例，也不能一般地说明清时代的田主与佃户间均具有像家长与奴婢间那种良贱、主仆名分关系。

除法典规定之外，朝廷也曾屡准廷臣建言，禁止压佃为奴。早在顺治十七年，江宁巡按卫贞元就曾提出严禁"凤、颍大家将佃户称为庄奴，不容他适"的行为。当时部臣表示支持这一建议，具体规定，"绅衿大户欺压佃户霸占妻子者，即行指名参处"，并认为，不仅安徽凤阳、颍州二府应禁，全国各直省均应照此规定行事。这一建议得到了最高批准。④过了二十一年，即康熙二十年时，安徽巡抚徐国相会同两江总督阿席熙，因前述立法"法久废弛"，共同题请再申禁止业主随田转卖佃户，不准田主勒令佃户服役。⑤据此，皇帝批准，"绅衿大户如有将佃户穷民欺压为奴等情，

---

① 《读例存疑》卷19，礼律，仪制。
② 时河南巡抚为陈宏谋。
③ 《大清律辑注》卷20，刑律，斗殴，殴大功以下尊长律。
④ 康熙《江南通志》卷65，艺文。
⑤ 同上。

各省该督抚即行参劾"。① 有的地方官吏也持同样态度。康熙二十二至二十六年间,长沙知县朱前诒认为,将佃户当作奴仆对待,"大拂人情",建议督抚对此"概坐重律"。② 江西大户将佃户视为贱民,不准佃户子孙参加考试。江西按察司佥事提调学政邵延龄以此为陋俗,勒石禁止。③ 雍正十二年,陈宏谋于云南布政使任上发布的禁约示中,有三条涉及主佃关系:"一、不许田主凌虐佃户,混加扑责。不许擅拿佃户当差。佃户亦不许抗欠租石"。"一、田主收租不许强用大斗。定租之外不许索派随田公费及猪、羊、鸡、酒等物"。"一、田主不许擅骑佃户骡驴马匹。佃户嫁女、寡妇改适,不许田主索取出村礼。佃户家丧事,不许田主索取断气钱。佃户遇有身死无后者,不许田头收其牲畜什物。"④ 内容都是禁止将佃户作为奴仆对待的。当时文人论及田主役使佃户如奴仆问题,一般也是持否定态度。⑤

尤为值得注意的是,雍正五年,根据田文镜建议,吏部和刑部再议,经胤禛于十二月初五日批准如下条例:"凡不法绅衿私置板棍擅责佃户者,乡绅照违制律议处,衿监吏员革去衣顶职衔杖八十。地方官失察,交部议处。如将佃户妇女占为婢妾者绞监候,地方官失察徇纵,及该管上司不行揭发者,俱交部分别议处。至有奸顽佃户拖欠租课、欺慢田主者,杖八十,所欠租课照数追给田主。"关于这个条例的产生及其意义,笔者在《试论雍正五年佃户条例》一文中已详细分析,兹不赘述。这个条例是以如下两点作为前提的:第一,将佃户视为奴仆的现象虽然存在,但根据当时律例乃是非法现象。朝廷承认赁地耕种仅应是一种单纯的经济行为,凡人平民在政治上、身份上不应因佃地而降低为贱民奴仆。第二,有能力将佃户视同奴仆的乃是"绅衿"之家,并非一般地主都能做到的。逻辑的结论只能是:即使是"绅衿"地主的佃户也应被视为平民,待之如奴仆的现

---

① 《例案全编》卷6,"禁佃户为奴"。
② 同治《长沙县志》卷20,政迹2。
③ 邵长蘅:邵延龄墓碑。见《碑传集》卷80。
④ 《培远堂偶存稿》文檄卷2。
⑤ 如顺治十八年张履祥《赁耕末议》,见《杨园先生全集》卷19,议;又如钱维城《养民论》,见贺长龄《皇朝经世文编》卷11,治体等。

象应视为非法。从法律角度看，雍正五年条例承认民田佃户具有凡人等级身份而非地主个人的私属。与此同时，国家也保护地主拥有的土地私有权，并助其实现收租权。

清代康熙、雍正、乾隆三朝粮漕蠲免制度中关于减免佃户地租的一系列政策反映出，清政府在保护地主土地私有权和收租权的同时，要求地主在经济上恤佃。说明清政府并不鼓励地主把佃户看作自己的奴仆私属而无限制地剥削，更谈不上准许随意处置其人身了。显然朝廷从未把佃户当贱民对待。有关这一系列政策的发展，笔者在《论清代蠲免政策中减租规定的变化》一文中业已详论，也可不必重复。

当然，在统治集团中，对于压佃为奴的若干表现，看法并不一致。例如乾隆十一年道州知州段汝霖条陈认为，湖南地主对佃户除要求交租外，其他诸如索取进庄银（即写田钱）以及勒收新米、新鸡、蛋品、柴薪、糯米、年节肉等项杂派，收租时使用大斛多收，收租人索取"执荡小利"，田主家平时唤令佃户帮工，婚丧等事唤佃民扛轿役使，等等，都是将佃户视同"仆厮下人"，应该禁止。但他的上司永州府知府只认为进庄银一项应予禁革；至于各项杂派，乃是"民间岁时伏腊，持鸡黍斗酒往来馈遗，以通情好，比闾皆然"的事。他更认为，"大斛"一说，斛大未必租多；收租人索执荡小利乃小事一桩，"其细已甚"；至于人身役使佃户，则属"至亲密友代为效劳执事者，身为佃户，偶一相帮，亦不得遽谓之役使，谓之仆厮"。总之，在永州府知府看来，道州知州所说应禁种种，根本不是压佃为奴的表现，而是主佃双方"酬酢之常，和好之意"，这类事情"于情理无伤"，不应由官方出面饬禁。臬司兼署藩周人骥、巡抚杨锡绂都同意永州府知府的意见。①

但应该看到，即使是反对禁止压佃为奴各种行为的永州府知府以及湖南藩、臬，巡抚等人，也并不公开认为佃户是可以任意役使的奴仆。他们在反对道州知州的意见时，把主佃关系比作宾主关系，称主佃之间有"宾主之谊"。正如清初张履祥称主佃为"主客"；② 也像乾隆初年郑燮所说

---

① 《湖南省例成案》户律，田宅，卷5。
② 《杨园先生全集》卷19，议，附"绍兴佃种法"。

的，佃户"称我为主人，我称彼为客户。主客原是对待之义，我何贵而彼何贱乎"。① 可见，统治阶级维护地主阶级，特别是维护缙绅、绅衿地主阶级利益的办法，也不是简单地把佃户置于奴仆贱民的地位上。

清代保甲编制和赈济办法中对佃户所做的安排，其出发点也和前述律例法令的立意相一致。

明朝万历年间吕坤为管理百姓而设计了"乡约"制度。他在"乡甲事宜"中规定，约中"乐户、家奴及佣工、佃户，各属房主、地主挨户管束，不许收入乡甲"。② 视佃户等同贱民、奴仆，不准独立列于乡甲之内，而将其附属于地主，这反映了明代尽管已有乡饮酒礼例规定佃户见田主均行少长之礼，不以佃户为贱，但对佃户的歧视仍然相当严重。

清代有所不同，顺治元年，在乡村中设甲长、总长之役，定保甲法。保甲法将城乡居民组织起来，令其互相环保监督，以维护地方治安。保甲虽不是政权的正式组成部门，却是封建政府对百姓进行有效统治的得力工具。保甲制度要求各城厢市镇乡村屯所一切"土著军民，自缙绅至商贾农工、吏役、兵丁、皆挨户编审"。灶户及其雇工、煤矿主及其佣工、僧道、棚民、寮民以及海船船主及其水手等一律编入。③《福惠全书》载各乡保甲册样式，其中要求填明一甲之中男女丁口、幼童数目，以及仆、婢、雇工若干，乡绅、举人、贡生、监生、文生、武生甚至僧徒、尼道各若干。须得注意的是，其中并没有要求把佃户像仆、婢、雇工那样单独列出。④

当然，清代有关保甲规定中，有的也提到佃户。如雍正十一年复准福建台属村庄流寓人口，"其并无家室产业如佃户、佣工、贸易之人，取具业主、房主，邻佑保结，附于甲牌之末"。⑤ 乾隆六年，河南要求保甲稽查流民，"令田主、佃主嗣后佣工、佃户必择诚实勤谨及有的保来历之人，

---

① 《范县署中寄舍弟墨第四书》，见《郑板桥全集·家书》。
② 《实政录》卷5，乡甲约。
③ 《光绪会典事例》卷17，户部，第2页。《清朝文献通考》卷21，职役1。
④ 卷21，保甲部。
⑤ 《光绪会典事例》卷158，户部，户口，保甲。

附入门牌"。①乾隆二十二年议准，外省入川"依亲佃种者，即附田主户内"。②不过，这些规定都是针对外地流入本地的无家流民而设，着眼点在于维护治安，而非歧视佃户。至于土著佃户，特别是有家室者仍同一般农户编入保甲，不作另行安排。

以上情况表明，清代统治者在保甲制度中，从考虑地方治安出发，把外来单身佃户交由地主控制，并不是有意地把一切佃户跟奴仆、贱民相混同，从而在保甲编户上表明佃户具有低下的身份地位。这一点比明代进步。

清代赈荒政策的变化反映着主佃关系的变化。

清代荒政制度要求地方衙门于水旱等灾荒年景对所属灾民（或称"穷民"、"饥民"）发放银、米，馈粥、给予赈济。灾赈政策规定，奴仆、投充人及雇工不赈。如顺治二年题准，"王、贝勒、贝子、公等府属人役，潦地赈米照例支给；其投充人带来地，不准给"。③顺治十年题准，"赈恤旱潦地亩，自王等府属佐领以下至所属旗人，令该旗都统确查口数"，"不得以投充人及佣雇人充数"。④顺治十三年题准，八旗满洲、蒙古、汉军各佐领给米，"其官员家人充兵者不给"。⑤这是因为他们的生活有人负责，不需国家赈济。⑥又规定，士子不与"穷民"同赈，由各省学政督令教官开列名单给散银米。这种特殊安排是因为他们"身列胶庠"，其社会身份高于凡人，虽然贫穷，也"不便令有司与贫民一例散赈"。⑦除以上特殊情况外，没有对贫困的佃户作另外的规定，似乎他们应该属于有司衙门的赈济对象之列。其实不然。

---

① 雅尔图："为指明保甲紧要规条严饬实力奉行以弭盗贼以安民生事。"见《心政录》卷6，檄示。
② 《光绪会典事例》卷158，户部，户口，保甲。同年，户部更定保甲法，将此条正式列入。见《清朝文献通考》卷19，户口1。
③ 光绪《大清会典事例》卷271，户部，蠲恤，第1页。参阅汪志伊《荒政辑要》，抚恤事宜。
④ 同上。
⑤ 同上。
⑥ 奴仆不赈，明末即有先例。崇祯三年浙江嘉善大祲，陈龙正办赈规定"有本身虽贫，现为殷户僮仆者，自有主翁赡养，不必开报"领赈。还规定，"僧道各有施主，不必开报领赈。"（《几亭全书》卷25，乡筹，庚午急救春荒事宜。)
⑦ 乾隆三年谕。见《光绪会典事例》卷271，户部，蠲恤。

乾隆元年，户部揭发散赈情弊之一是"印委各官点验灾黎，按户计口，每有豪绅劣衿将家人、佃户连名开送"，要求该督抚对此严考究处。① 乾隆二年，总理事务王大臣奉旨就山东巡抚法敏条奏赈恤事宜议决条款中规定，查造应赈户口时，"其商贾吏役、绅衿大户之庄佃，及家有储蓄者，不准入册"。② 乾隆四年以前，河南佃户"向不领赈"，③ 山东佃户也是"例不予赈"的。④看来不赈佃户是带有普遍性的惯例。道理也和不赈奴仆相似，因其"田主力能照管"，⑤ 或"力能养赡"⑥的缘故。

乾隆四年情况开始改变。三月，陕西巡抚张楷奏请"绥德州去年被旱，除有地而乏食者业已赈恤外，尚有赁种佃户与佣作之人觅食尤难，因照他省首查无业穷民之例，按名散赈"；得旨："办理甚妥。"⑦七月，护理山东巡抚、布政使黄叔琳奏，菏泽等六州、县、卫"被水户口，佃户居多，田主自顾不暇，势难赡及佃人"，"似应查明田主无力乏食之佃户，一律赈济"；得旨："所见甚是。"⑧十二月，河南巡抚雅尔图奏请后檄示所属地方，"从前未赈佃户，除田主力能养赡，及该佃户自能存活者无庸议赈外，务须查其实在乏食穷佃，酌量于明岁二三月间，其极贫者补赈两月，次贫者，补赈一月，以资接济"。⑨佃户领赈一事已开始得到皇帝的同意，但和赈济其他灾民不同，仍须上报备案。其后，大抵不再需要特别呈请了。

嘉庆十年时，江苏巡抚汪志伊所辑《荒政辑要》一书中，将乾隆二十年江苏布政使彭家屏刊刻《实赈章程》及《各省救灾事宜》汇编成册，其中已包括这样的规定："专靠租田为活之贫佃，田既遇荒，业主又无养赡，并查明极、次，及所种某某业主之田，按其现住灾地分数给赈"。道

---

① 乾隆元年九月庚申。见《乾隆实录》卷27。
② 乾隆二年五月戊申。见《乾隆实录》卷43。
③ 乾隆四年十二月初十日，河南巡抚雅尔图《为飞檄事》。见《心政录》卷1，檄示。
④ 乾隆四年七月，护理山东巡抚、布政使黄叔琳奏。见《乾隆实录》卷97。
⑤ 同上。
⑥ 同上。
⑦ 《乾隆实录》卷89。
⑧ 乾隆四年七月，护理山东巡抚、布政使黄叔琳奏。见《乾隆实录》卷97。
⑨ 乾隆四年十二月初十日，河南巡抚雅尔图《为飞檄事》。见《心政录》卷1，檄示。

光中,直隶总督琦善上"酌拟灾赈章程"疏,其后所附"灾赈总说"也将此条收入。①

富家为贫者衣食所赖,乃是中国封建社会的传统观念。佃户与地主之间原来存在经济上的联系,这一点和奴仆与主人间的关系有某种共同点。既然如此,朝廷考虑,由地主解决贫佃荒年之食问题,是可以理解的。仅这一点还不能说明乾隆三年以前佃户与奴仆同,只能认为那时的国家赈济政策要求地主负有这种责任。而这跟佃户见田主须行以长少之礼的社会地位间有着一致性。以后改变赈济政策,将遇灾佃户列入领取官府赈济者名单,可能因为佃农贫困化程度加深,灾年待赈者增多,社会治安受到威胁,朝廷需要采取措施缓和矛盾,同时也反映民田主佃间人身依附关系更趋松弛,佃农在经济上的独立性有所加强。

总之,清代统治者对待佃户的态度,是把佃户看作是"农"的一部分,即属于良民的社会成员,法律上属于"凡人"范畴,跟身为贱民的奴仆是有原则区别的。他们承认"佃户不过穷民,与奴仆不同",②"佃户原为力役之人,非同臧获可比"。③ 地无立锥的佃户"向大户富人佃种田土,本属良民,岂同仆厮下人!"④佃不等于仆,民田佃户是良民而非贱民,这一认识在清代统治者集团中是比较明确的,压佃为奴不是清政府的既定政策。

二 清代民田主佃关系政策的历史地位

自从宋代建国以来,地主将土地租给佃农以攫取地租的租佃制很快成为民田中普遍的、主要的剥削形式。其后的历代王朝都对主佃关系的发展不断做出政策反应。有关政策的变化过程,明显地反映地主和佃户间人身关系的发展过程。自赵匡胤黄袍加身至孙中山辛亥革命成功,将近一千年的时间内,鼎革者凡四,地主阶级始终占据统治地位。尽管这个阶级的历

---

① 盛康《皇朝经世文续编》卷44,户政16,荒政上。
② 康熙《江南通志》卷65,艺文。
③ 同治《长沙县志》卷20,政绩2。
④ 《湖南省例成案》户津,田宅,卷5。

代政权，在保障地主土地私有权和收租权这一基本点上做法一致，但各自制定的民田主佃关系政策并不尽皆相同。清王朝的民田主佃关系政策既如前述，它们在政策发展链条上居于何种地位？其历史意义如何？乃是下面即将探讨的问题，让我们从宋朝说起。

就已有的资料来看，宋朝最初的77年（960—1036年）间，"民殴佃客死"者，"论如律"，判田主以命抵，① 跟凡人之间相犯没有差别。仁宗朝廷颁布"新制"规定"凡主人殴佃客死者，听以减死论"。佃客的法律地位降了一个等差，相对地主而言，他们不再具有平等的地位。这一规定，原文已佚，仅见于《折狱龟鉴》及《宋史》二书的王琪传中。据朱瑞熙考证，它的产生当在宋仁宗景祐四年至宝元元年、二年（1037—1039年）这段时间里。② 易言之，11世纪30年代末，中国封建政权第一次把佃客降到低于平民的法律地位上。其后，嘉祐元年、二年（1056年、1057年）朝廷又有嘉祐法以代之，地主殴杀佃客再"无减等之例"，但是可以向朝廷申诉，请求赎罪宽贷，即所谓"奏听敕裁，取赦原情"。③《编资治通鉴长编》及《郧溪集》二书均记嘉祐二年李阮殴杀佃客，其子李杓"纳出身及所居官以赎父罪，朝廷遂减阮罪，免其决，编管道州"一事。这时对殴杀佃客的田主已非"以减死论"，而是判以死罪，只有在上奏陈情以求宽贷的情况下，得到皇帝批准，方得免予处决。李阮得以不死，是其子用放弃功名和官位换来的。杀佃客判以极刑，看来不可乱杀无辜，这和宋初立法相类。但"无减等之例"被同一条文中的"奏听敕裁，取赦原情"所冲淡或代替了。品其立意，仍在置田主法律地位于佃客之上。所以说，嘉祐法的基本精神还是和其前的"新例"是一致的。自神宗元丰年间（1078—1085年）开始，地主殴杀佃客时，"杀人者不复死"，仅减一等配邻州"；④ 至于佃客殴死地主，未见明文规定。哲宗元祐五年（1090

---

① 《宋史》列传第71，王珪，从兄琪。
② 《宋代佃客法律地位再探索》。见《宋史研究论文集》，第50—53页。
③ 《续资治通鉴长编》卷185及郑獬《郧溪集》卷12，二书均称李阮殴杀佃客案，系据嘉祐法判。据朱瑞熙考证，"嘉祐法"即《嘉祐编敕》，是法开始删定于嘉祐二年（1057年）八月，成于七年（1062年）。见《宋史研究论文集》，第53—55页。
④ 李心传：《建炎以来系年要录》卷75。绍兴四年四月丙午；据朱瑞熙考证，"元丰法"指崔台符等编《元丰敕令式》，颁于元丰七年（1084年）三月。参阅《宋史研究论文集》，第55—56页。

年）定，主殴佃客死，律仍"不刺面，配邻州"，殴不致死者，分别处理："佃客犯主加凡人一等；主犯之，杖以下勿论，徒以上减凡人一等。"虽然规定了，当地主因"谋杀、盗、诈、有所规求"而殴佃客者不减等判处，但主佃之间法律地位的等差已是十分明显的了。① 到南宋高宗绍兴年间，更进一步扩大了这个等差。田主殴佃客死不再远发邻州，"止配本城"了事。起居舍人王居正称之为"又减一等"，是谓佃客与田主法律身份相差二等。② 南宋宁宗时规定"佃客奸主，各加二等"，③ 也说明这个等差。这里的"各"字表明佃客法律地位比"旧人力"（即已离主家的人力）身份还低。因为，旧人力奸主，若旧主为"品官之家"，其罪方加凡奸二等，若旧主为"民庶之家"其罪只加凡奸一等。而佃客奸主，即使田主为"庶民之家"，其罪也加凡奸二等。④ 有了如此不平等的法律规定，当然佃客"人命寝轻，富人敢于专杀"。⑤ 有鉴于此，绍兴四年（1134年）时，起居舍人王居正建议恢复嘉祐旧法，田主殴佃客死者，凶手论如律抵，不予减等。但王氏建议没能获得最高统治者的批准，⑥此后一切仍旧。这样，自北宋神宗元丰年间开始，直至南宋王朝灭亡，这将近200年时间内，"主户生杀视佃户不若草芥"。⑦

关于佃客易主迁徙的规定。宋初数十年间，包括了江南及珠江流域绝大部分的江淮、两浙、荆湖、福建、广南等路广大地区内，佃客均不得随时离开本土。如要迁徙，必须得到主人的同意，并发给凭由方可。在这种条件下，地主自会充分运用法定的权力，控制劳动力，故分田客"多被主人折〔抑〕勒，不放起移"。⑧ 仁宗天圣五年（1027年）诏令对此似有放宽，其后佃客迁出可不必取得凭由，如主人非理阻拦，可报官断。但这并非允许佃客无条件地随时移动。佃客如欲脱离田主移居他乡，须于田地收

---

① 《宋史》志第152，刑法1。
② 《建炎以来系年要录》卷75。
③ 《庆元条法事类》卷80，诸色犯奸。
④ 同上。
⑤ 《建炎以来系年要录》卷75，绍兴四年四月丙午。
⑥ 《建炎以来系年要录》卷75。
⑦ 《元典章》42，刑部4，杀奴婢娼佃。
⑧ 《宋会要辑稿》食货1之24。

获完毕，与地主"商量去往"后方可。①至于因人口稀少而缺乏劳动力的夔州、施州、黔州（即今之川东南及鄂西）等地，仁宗皇祐四年（1052年）更加严格地控制佃客外流，给地主以准通过官府差人追回他迁佃户的权力。②孝宗淳熙间（1174—1189年）又曾将皇祐法做进一步的发展，外地田主强搬或引诱佃客迁移者，比附卖人和诱他人部曲等重法判处。③淳熙十一年（1184年）再将此法适用范围扩大到忠、万、归、峡、澧等州、（即今之川东、鄂西及湘西北）广大地区，并具体规定，此前逃移客户"移徙他乡三年以下者，并令同骨肉一并追归旧主。出榜逐州限两月归业。般〔搬〕移之家不得辄以欠负妄行拘占。移及三年以上，各是安生，不愿归还，即听从便。如今后被般〔搬〕移之家，仍不拘三年限，官司并与追还。其或违戾强搬佃客之人，从略人条法比类断罪"，④甚为严格。宁宗开禧元年（1205年）政府根据夔州路转运判官范荪的建议，停止上述已行二十余年的淳熙比附法，恢复至皇祐间施黔佃客迁移法。⑤那就是说，虽对收留者不再依比附略人条法惩治，但逃移的佃客还是要追回的。这些法律的立意，在于禁止强夺或诱引属于他人的佃客为己有，目的是解决地主之间争夺劳动力的矛盾；客观上也为佃客依附于田主，从而依附于土地确立了法律依据。根据这个精神，规定准否佃客迁移，只是确定他的归属问题。至于佃客脱离田主而获得独立的法定人格，成为独立的社会成员，那是根本谈不上的。所以说，整个两宋时期，在江南大部地区，特别是川、鄂、湘交界地区，佃客并无离开地主土地而迁移的自由；皇祐以后的二百余年间，束缚尤紧。

规定佃客不能脱离田主自由移动，即国家承认地主对佃客的某种程度上的占有权。土地是可以买卖的。土地买主不得旧主同意而将土地佃给原耕地佃客，即属非法。故而买主在取得土地所有权而缺乏劳动力的情况下，必须设法从旧主手中同时取得役使该地佃客的权力。正因如此，绍兴

---

① 《宋会要辑稿》食货1之24。
② 《宋会要辑稿》食货1之69。
③ 同上。
④ 同上。
⑤ 同上。

年间虽曾诏令民间典买田地时，不准"以佃户姓名私为关约"，① 但实行皇祐法、淳熙法的峡州等地区，后来一直存在"将佃客计其口数立契，或典或卖，不立年分，与买卖驱口无异"②的现象。只是这种佃客转移方式未得朝廷正式认可，故"有略畏公法者，将些小荒远田地夹带佃户典卖，称是'随田佃客'；公行立契外，另行私立文约"。③ 所谓"立契"，就是立土地买卖之契；所谓"文约"，当为出让佃客的文约，这是要"私立"的。佃客佃地不是自己与地主立约，而是由土地的旧主与新主立约。佃客不是订立契约的一方，而是该约的内容对象，哪里还谈得上他具有什么独立的地位呢。

又有资料反映，宋代在司法中严行惩治告主之佃，称"告主之罪大"④即使田主有"诡名挟户"侵及官府财政收入等犯法行为，佃客也跟人力一样，"不许首告"揭发。⑤这和以后明清两代为主人和奴婢间所规定的法律相类似。⑥

佃客家属的身份问题。未见宋代明文规定。前述绍兴法，田主殴杀佃客其罪"止配本城"的规定，同时写明：佃客的"同居被殴至死，亦用此法"。⑦可见佃客家属身份与佃客同。这自然也就决定了佃客妻子儿女与田主的关系：男为役使，女为婢妾，婚姻时需向田主交纳币帛礼数以求得同意，如此等等。从前述淳熙法关于将逃移佃客连"同骨肉一并追归旧主"的规定中，也可看出，佃客家属同样依附于主家。开禧元年（1205年）夔州路运判范荪建议，不准田主将佃客家属充当役作使唤，不准田主干涉佃客的遗孀、女儿的婚嫁，俾"使深山穷谷之民得安生理，不至为彊有力者之所侵欺"，以缓和主佃矛盾。⑧这种建议的收效当然是很可怜的。

---

① 《建炎以来系年要录》卷164，绍兴二十三年六月庚午。
② 《元典章》卷57，刑部，禁主户典卖佃户老小。
③ 同上。
④ "里人周竹坡守产闲居，颇涉猎方册。为佃客者告其私酒，签厅照条拟罪。公判曰'私酿有禁，不沽卖者罪轻。然告主罪大，此风不可长。周某杖八十赎铜；佃者杖一百'。闻者快之。"见盛如梓《庶斋老学丛谈》卷下。故事发生的时间当为南宋，地区为澧州。此判所据之条，未见原文。
⑤ 《宋会要辑稿》食货66之24。
⑥ 乾隆《大清会典则例》卷124，刑部，听断。
⑦ 《建炎以来系年要录》卷75，绍兴四年四月丙午。
⑧ 《宋会要辑稿》食货1之69。

十分显然，那些被田主杀死时凶手只受轻惩、外逃定被田主追回的佃客们，遭受田主的任意奴役，吮血剥削，以致人身鞭笞，看来是无须过多的文字去证明的了。

赵宋私田佃客的法律身份大抵如此。

元朝的私田佃客（地客）在很大程度上继续了南宋统治时期所处的状态。在实际生活中，田主强索种种科派，任意驱使，迫其代讼替刑，以致其妻子儿女也受田主的役使或淫占。前述宋时买卖佃客的川东、鄂西地区，在元军占领三四十年后，情况仍大体相似。

元代地主和佃户间的法律身份关系不是十分明确的。律定杀人者偿命。田主殴死佃客却和良人殴死他人奴婢一样，断杖一百七，征烧埋银五十两。①这说明佃客的法律地位虽高于奴婢，但相对地主而言，甚为低下。而在司法过程中，却有如下事例，即田主殴佃户伤未致死，判处杖一百七，给付伤者养赡之费，并将该田主迁徙他处；②比律定的殴死佃客处分更重。这一判例并未受到中央政权驳回，反被列为例案。

《元典章》、《通制条格》等书所收统治阶级人物关于佃客问题的讨论，对某些地区自南宋时留下的诸如买卖佃客、随意打死佃客、役使并淫占佃客子女、佃客及其家属婚姻主户常行索取钞贯、布帛方准成亲等视佃客如奴隶的现象，均持否定态度，以其为应革之弊政。这些舆论在法律上反映为"诸典卖佃户者禁"、"佃户嫁娶从其父母"，以及"诸佃客盗地主财同常盗论"，③等等。这些舆论和法律，显然是建立在承认"所谓地客即系良民"④的前提上的。

从以上所讲可以看出，元代关于主佃关系问题、佃客法律地位问题，其立法思想和法律本身，以及立法和司法之间，都存在着明显的矛盾。这可能反映了僵化的法律条文和实际生活中已在一定程度上出现的主佃关系

---

① 《元史》刑法志4，杀伤。
② 延祐七年（1320年）饶州路鄱阳县豪民陶孟方因故凌虐拷打佃户程万二等各家夫妇六人，损伤肢体，"依饶州路所拟，此例断杖一百七下，迁徙广东地面，仍于本人名下追征中统钞四十定给付"伤者。见《元典章新集》刑部，诸殴毁伤肢体。
③ 《元史》刑法志2，户婚；刑法志3，盗贼。
④ 《元典章》卷57。

有所松弛的现象之间的矛盾。

佃户的法律地位是到明朝才大为改变的。

13世纪中叶朱明王朝建立伊始，佃户摆脱了比地主低下的法律地位，甚至出现了禁止地主役佃户抬轿的法律。政府在一定程度上保护佃户利益。朱元璋把宋、元两代所有关于佃户身份低于田主的法律全部删除，从而置佃户于凡人等级之中，这是非常值得注意的重要事件。没有这关键性的一步，就谈不上佃户走上摆脱对地主的人身隶属关系的道路。

当然，强调上述现象并不是说整个明代主佃完全平等了。佃户见田主需行以少事长礼、佃户不得入乡约等规定，都表明他们的社会身份仍然低下。①特别是明代中叶以后，缙绅、绅衿地主势力兴起，压佃为奴现象大增，并日趋严重。朱明王朝对此从未进一步采取有力的政策措施加以制止或纠正。

明末农民大起义曾给缙绅、绅衿势力以沉重打击。清帝国建立之后，汉族缙绅、绅衿地主仍逐渐恢复战前压佃为奴的长年恶习，以超经济强制的力量控制佃农。在这类民田主佃关系中，佃农虽然不是佃仆，但实际上与地主间具有不同程度的封建人身依附关系。清政府反对这种关系。继承了明朝的政策，承认佃户为凡人而非贱民，②将其作为清代法制的出发点之一。在这项政策的贯彻上，清政权比明政权较为彻底。清政府实行禁止压佃为奴的政策，它曾多次指出社会上存在着的将佃户视同奴仆现象的非法性。从顺治末年到雍正五年初的六十余年，其间陆续禁止地主不准佃户迁移、随田买卖佃户、霸占佃户妻女、勒令佃户服役、反对佃户子孙参加考试以及私刑佃户，等等。朝廷曾给地方官加上责任，若所属范围内发生此

---

① 这里所谓"低下"，是就相对明代一般凡人而言。尽管如此，明代佃户相对宋元佃客而言，身份仍然提高了。

② 雍正五年条例于乾隆五年、四十三年修改，总的趋向是减轻对绅衿侵犯佃户的惩罚。乾隆五年修改时提出的理由是："佃户虽与奴仆不同，而既有主佃之分，亦与平人有间。"（《大清律例通考》卷27。）刑部和律例馆的主持人提出的"主佃之分"，以及由这种所谓名分而确定某种特定的法律身份关系，未曾见诸清代法典。这种将主佃关系区别于凡人之间平等关系的提法，反映了地主阶级鄙视佃户社会地位的一种观点，但无法律依据。即使是根据这个观点修改的条例，也仍不能成为佃户在自己的业主面前处于低下法律地位的依据。因为这个新改条例规定，地主奸占佃户跟凡奸处刑是一致的。所以，不能根据所谓"与平人有间"一类的议论否认清代佃户的凡人等级身份。参阅拙文《试论雍正五年佃户条例》。

类事件时，官受议处。清代在保甲制度中也不像明代乡约规定那样歧视佃农。康、雍、乾间各地陆续施行了的摊丁入地政策，使得佃户迁徙有了更大的可能性。乾隆初年将报灾时不赈佃户改为赈济佃户，也表明清政府进一步承认佃户作为国家臣民而非地主私属的独立性质。明初以来就存在的佃户见田主不论齿叙行以少事长之礼的规定，自顺治初年全文搬入清律后，从未见其重申；根据光绪间薛允升所谓这一规定乃"古法也，今不行矣"的说法，它大抵也在雍乾之际渐成具文了。

清政府之所以这样做，既不是为了反对地主制经济，更不是出于对佃户的怜悯，而是由于最高统治集团巩固国家政权的需要。清王朝也是一个个人独裁的中央集权制的政权，立法、司法大权均归朝廷，最后集中于皇帝手中。这个政权建立之初，满族统治者着重打击汉族缙绅、绅衿地主。而民田中压佃为奴的，主要恰是汉族缙绅、绅衿地主。满族统治者正利用了不容许地主个人占有佃户、私自掌握对佃户施行非法权力的原则，强调禁止将作为良民的佃户压为贱民奴仆的规定。这样既维护了封建法制，又削弱了汉族缙绅地主的势力。此举对新政权的巩固显然十分有利。这种做法，和利用科场案从政治方面、奏销案从经济方面打击汉族缙绅、绅衿地主，均出于同一目的，具有同一性质。田文镜奏请议定雍正五年条例，其背景也正相同。关于这一点，前文已经论及。①

明清两朝同为中央集权制的封建政权，而清朝政府比明政府更注意屡申禁令反对压佃为奴，还有一个原因，即新的统治者认识到了农民战争的力量，感受到了这种威胁。清初比较频繁的，有的也具有一定规模的奴变，随时有掀起这类佃农大规模地参加到这一斗争行列的可能。采取一定的措施缓和主佃矛盾，减少这种威胁，也有利于新政权的巩固。

除上述各种政治上的原因外，尚有更为深刻的经济原因，即整个农业生产力发展的要求。明末清初战乱之后，生产亟待恢复。要想生产有所发展，单靠对佃农进行压迫是不行的。比较开明的、懂得农业生产的地主们认识到这一点，"不敢为秦越之视以重困乎耕人"，试图用主佃之间的协调来发挥佃农的生产积极性，以利于地主经济的发展，"庶几厥业可永"，地

---

① 请参阅拙文《试论雍正五年佃户条例》。

主"子孙与有赖已"。张履祥设计的主佃关系正是代表着这种倾向。反对压佃为奴的政策符合这种倾向。①关于禁止压佃为奴政策实施情况的资料，我们看到的不多。可以想象，这种政策的执行定会遇到很大的阻力。主要是缙绅、绅衿地主的强烈阻挠。但它也不是毫无作用的。从清代全朝来看，压佃为奴现象主要是在前期。这反映缙绅、绅衿地主对佃户的人身控制能力是在逐渐削弱。康熙开始的经济高潮的发展，应该说跟这些顺乎潮流的政策之逐步确立和实施有着一定的关系。

如果我们把宋代法律所规定的佃客对地主的关系看作是一种人身隶属关系的表现，把明代以来缙绅、绅衿对其佃户间实际存在的不平等关系看作是一种人身依附关系，那么可以说，近十个世纪中，主佃关系由人身隶属关系发展为人身依附关系，而人身依附关系又在逐步松弛。这个过程是缓慢的、逐步的。洪武初年是一个明显的阶段，到雍正五年，它达到了中国封建社会所能达到的空前高度：佃户在法律上、政治上具有了当时"凡人"这个等级应该享受的主要的权利。雍正五年条例中，规定佃户对地主缴纳地租这一经济义务不能实现时，地主个人无权对之私行处置，而由政府干涉处理。这也意味着佃户和地主间已不是私人间的人身依附关系。被胤禛视为"适得其平"的雍正五年条例恰是一道分水岭，它从中国封建法制方面完成了佃农对地主个人之间人身隶属关系、依附关系的解放过程，开始了确立主佃之间以纳租为主要表现的经济关系的时代。

当然，以上结论只是就政策法令的文字规定的意义进行分析得出的。在实际生活中，尽管法令明禁，缙绅、绅衿地主利用具特权地位对佃户非法地私刑强取，仍然时有所见。资料中不乏实际生活和法律两者背离的事例。②但是，不能由此认为这些政策全无意义或意义不大。因为不能设想，实际存在的压佃为奴的行为，遇到一个实行支持政策的政权一个

---

① 《杨园先生全集》卷19，议。
② 例如，直至光绪年间仍可看到乡居地主将欠租佃户并不送诸官府，而以所谓"采木犀"即"私设刑具，自行吊锁"的办法肆虐逼租，甚至将佃户吊打致死，其罪行"世济其恶，余威震俗"的事例。(《益闻录》，光绪七年四月二十四日；《字林沪报》光绪十二年十二月二十六日，二十年九月十五日等等。)

对之不表任何态度的政权或一个采取政策措施加以反对的政权，其结果都是一样的。清王朝作为一个封建政权，其本质是代表地主阶级利益的，它制订的某些政策法令如果反映出地主阶级的对立面——佃农的利益时，必然有其政治的、经济的或舆论方面的必要性和必然性。这类政策的实施会遇到地主阶级分子的反抗，从而其作用有限或缓慢，自不待言。作为上层建筑的法令的修订，无疑是社会经济发展变化的反映。但是它一经确立，对社会经济实际生活将产生作用。政府作为权力机构，它的态度定会在相当程度上左右社会的行为、舆论或风气，至少是发生某种影响。因之，既要研究社会经济历史的实际情况和政策法令施行的实际后果，也有必要对政策法令本身进行历史的考察，实事求是地加以评论。简单地认为封建政权的任何政策法令只能统统是反动的，未必就是马克思主义的观点。

无论如何，清代政权是地主阶级的政权，它维护的是封建土地私有制，代表的是地主阶级的利益。清代社会仍是等级的社会，经济剥削和超经济强制仍是这个社会的特征，在这些方面，它和宋、元、明三朝相比，本质毫无二致。所以，站在佃农和劳苦人民大众立场上，无论是从反对封建主义经济制度、反对封建政权的角度，还是就要求民主、自由、平等，要求保障人权的意义，这种经济、社会制度和这个政权都是应该彻底否定的。对它只能有血泪的控诉而难以称赞褒扬。

但是，封建经济制度以及封建政权，作为一种社会形态来说，其存在于中华民族的历史是有其客观必然性的。在它的发展过程中，各个王朝的政策并不尽皆相同。当我们把清代民田主佃关系政策以及有关佃户政治权利的政策法令放在这类政策的整体发展过程中来考察的时候，发现应该得出这样的结论：自宋以来，佃户的法律地位经历了一个降升过程，到了清代，佃户的法律地位达到在中国封建社会所能达到的最高点。清代政策，是近千年来有关政策中最进步、最开明的政策。唯其如此，笼统地说中国封建社会的农民都是没有任何政治权利、没有人身自由的农奴，恐不恰当。

在论述清代佃户遭受地主阶级的剥削和压迫的同时，对这些比较进步的政策给以足够的注意，就突出了清政府的民田主佃关系政策与前朝的不同之处，从一个重要的方面摆正清朝的历史地位；同时也可以找出清朝封建经济史，特别是农业经济史发展的阶段性。

前面叙述的清代有关佃户的各项政策的发展表明，18世纪前三十年是清代农业或土地关系发生重要变化的时代，主佃关系的变化对国家的某些政策和阶级关系上产生内在的、深刻的影响，从而也在政治生活中产生一定作用。因此，这是一个很值得注意的时代。这个时代可以把清代土地关系史区分为前后两个各具特点的时期。为了叙述方便和明确起见，不妨把雍正五年条例出现的时间，即1727年，作为划分阶段的一个标志年。

此外，从对宋、元、明、清四朝民田主佃关系政策发展的探讨中还可以看到如下两点：

第一，从长期看，中国地主制经济和封建王朝政策都不是僵死的，它们在不断地发展变化。二者都能允许从比较严格的佃户人身隶属关系发展到相当松弛的一般关系，可见其宽容度相当之大。重要的是，形式不断发展的经济关系及随之而放宽的王朝政策，始终坚持了一个原则，即保持经济关系及其上层建筑的封建主义性质。在主佃关系上是保证封建租佃关系的核心内容——土地私有制和地主的收租权——得以实现。这种原则性和灵活性的结合，使得封建政权和地主制经济得以长期地保持协调状态。

第二，历史事实证明，我国封建政权制定、修订政策能在相当程度上适应经济关系发展的要求。封建王朝对经济关系的适应性反应往往是迟缓的。在特定条件下，当它在某些问题上的反应迟缓到矛盾尖锐化或处理错误时，这个政权便要被推翻。但是，某个王朝的垮台并不一定等于封建制度的终结，新王朝的建立却使这个制度又能得到一次适应性的调整。从我国封建主义制度整体看，可以说封建政权具有相当强的调节功能。封建政权能做出适应性调整，当然不能离开农民的从怠工直到战争等各种形式的斗争的背景；特别是改朝换代的调整，更不能忽视农民战争的作用。但这不等于说封建政府的每项有关政策都是农民直接斗争的产物。前述历朝民田主佃关系政策的调整，几乎都不是封建政权直接受农民运动或农民战争提出的要求而做出的。解除佃户人身隶属关系的政策主要是封建政权自身按照巩固政权的要求而逐步制定、修订的。而这恰又适合封建经济关系发展的要求。可见，历代封建政权的这种调节功能在相当程度上是内在的。

应该说，王朝政权具有内在的适应经济关系发展要求的政策调节功能，乃是封建主义制度在中国得以长期存在的重要原因之一。

（1982年3月稿，1987年11月改定）

（原载《中国经济史研究》1988年第2期。）

《病榻梦痕录》札记
——清代塾师收入状况一瞥

汪辉祖（1730—1806）籍隶浙江萧山，字焕曾，因住镇龙庄，故自号龙庄，乾隆乙未科进士。尝从章实斋、纪晓岚、邵二云、茹三樵等著名学者交游。善诗文，有《龙庄四六稿》、《骈体钞存》、《词律选钞》等诗稿多种。更勤于治史，著《元史正字》、《读史掌录》、《过眼杂录》；编有《二十四史同姓名录》、《辽金元三史同名录》等书。

辉祖五十七岁（乾隆五十一年）时任湖南永州府宁远县知县，署道州知州，后因事革职归里，为官仅四载余。此前，他曾先后受聘于江浙府州县衙为师爷，长达三十四年之久。长期做幕的实践经验，使他所写的《学治臆说》、《学治续说》、《学治说赘》、《佐治药言》以及《续佐治药言》等书，成为清代幕学诸书中极为重要的著作，为其后习幕者所必读。

此外，汪还著有《双节堂庸训》（以下简称《庸训》）六卷、《病榻梦痕录》（以下简称《梦痕录》）二卷、《梦痕录余》一卷。其子继坊、继壕兄弟将上述幕学诸书并《庸训》、《梦痕录》等合刻一函，名以《汪龙庄先生遗书》刊行于世。《病榻梦痕录》及《梦痕录余》是汪辉祖的自叙年谱。二书以编年体记录其一生主要活动经历，写下了自己为人处世的准则，当官做幕的经验，定案推理的方法；同时也记载了不少关于江浙，特别是萧山一带的地方旱涝灾情、银钱比率变动、地价物价实况，乃至消费习惯变迁、风俗人情变化等资料，颇有史料价值。夜读是书，见其所记塾师、幕友收入情况，饶有兴趣，故札记如下。

一

汪祖辉的家境本来是不错的。其父汪楷以贾起家，置田百余亩；雍末乾初，还曾在河南淇县做过六七年典史，家中小有赀财。只因辉祖的叔父好赌，汪楷为弟偿还赌债，田产斥卖几尽，家道中落，资用日绌。辉祖十一岁时，其父已不得不再度外出谋生，不幸当年客死南海。遗孀王、徐二氏，守节持家，靠纺绩及糊制锡箔元宝出售以为生计，勉强供辉祖就塾。辉祖觅得一馆，权做了私塾先生，期以束脩减轻家中负担。

乾隆年间，为童子师者"数月之止数金，多亦不过十数金"。① 乾隆十二年，辉祖应王氏聘，课徒七人，"馆脩十二缗"。② 十二缗即12千文。乾隆二十六年前，库平银每两约值制钱780—790文；12000文折银15两。王某是辉祖的母舅。由于亲戚关系，所付脩金在蒙师中可能是比较优厚的。汪氏记载，他的老家浙江萧山县，于乾隆年间，如果每斗米价达到150—160文，就会有人饿死。乾隆二十年绍兴秋收大歉，次年春夏之交斗米需钱300文，"丐殍载道"。乾隆五十七年以前的十余年间，米价常在280—300文间；或有斗米200文时，就被认作是很便宜的了。③ 姑以最低米价每斗150文计，12000文可买米8石。若以此供养五口之家，每人每月平均13.3斤。假定本人由馆东供膳，家中四口每人每天可得大米半斤，其他开支一概无出。设若仅靠这些收入为生，家人虽不至于饿死，但穷得着实可怜。

居于如此收入水平的塾师，如遇荒年，生命就要受到严重威胁。乾隆五十一年，辉祖自萧山进京，途经苏北宿迁县洋河镇的时候，偶遇一位伛偻枯瘦的行乞老塾师，向其哭诉大旱之年他的家乡以及他本人被辞馆之后的悲惨近事。辉祖"戚然哀之，做诗以记"："眼中万黔首，耘籽苦失时，丁壮力转徙，老羸乞浆糜。""百呼无一应，活命树上枝，渐渐及土草，未

---

① 《佐治药言·范家》。
② 《梦痕录·乾隆十二年》。
③ 《梦痕录·乾隆五十七年》、《梦痕录余》。

易逢浮茨。腊尽惨严冬,春月雨雪霏,僵化十四五,悬喘争早迟;岂惟困冻饿,疫气连路逵,不见道旁屋,毁坏无几遗。即今麦在眼,入口尚无期,斗米钱千余,蔬菜如灵芝;有儿适异县,生死久不知,有女年十五,无家安所归。六月断浆水,气息在依稀,女死我宁活,谷贱究何裨;所痛委沟壑,合眼饱鸢鸱,君看市上俎,强半死人臡!"①儒士落泊如此,再值灾年,其状怎不令人鼻酸。

一般习惯,塾师的些许报酬要到年底一次付给。辉祖在族伯汪锣家"为童子师",年三十晚拿到区区银两,"急偿米欠,复赊斗米度岁"。② 年关难过,平日生活状况可想而知。

辉祖为提高自己的八股水平,从所收入的十二缗中,拿出三缗作为四个月的束脩送给山阴张嗣益,"从论文焉"。③ 张嗣益所得的三两多银子,大约不会是他的唯一收入,可能是搞点外快补贴生活费用吧。果真只靠这三两银子为生的话,他老先生断然没有气力去与汪辉祖论文。当时,在京候选的寒士也颇不少,他们"率授徒自给",④ 也属补贴生活性质。

总而言之,清代前期私塾先生的收入菲薄到难以糊口的程度,肯定是实。雍正乾隆年间,湖南、湖北的失业塾师竟成流丐。失馆贫士生活无着,外出行乞,经过蒙塾,向馆中塾师乞钱,吃一餐饭,住上一宿,明日再行。他们就像庙里挂单的游方僧,名曰"游学"。这已成为一种社会现象,不是个别的塾师贫困了。⑤清代后期河南省的地方塾师"岁馈数十千便为极丰,饥寒之躬,难云壹教",⑥ 待遇很低。四川李榕说,"乡邑之俊秀者,学业方半,每以贫困授徒自给"。⑦ 看来,士子只有穷得实在没办法了,才去充当塾师,清代前期后期都差不多。

义学的塾师比家塾塾师待遇好些。各地义学教职的束脩多少不等。少者只 20 两;如道光间山东泰安县义学、菏泽县义学等。多者可有五六十

---

① 《梦痕录·乾隆五十一年》。
② 《梦痕录余》。
③ 《梦痕录·乾隆十二年》、《双节堂庸训》卷6。
④ 《梦痕录·乾隆五十一年》。
⑤ 徐珂:《清稗类钞·乞丐类》。
⑥ 光绪《鹿邑县志》卷9。
⑦ 李榕:《十三峰书屋全集》卷6,书札4,《致程馥卿太守》。

两;如雍正间天津城东北隅义学、东门外南斜街义学,乾隆间山东惠民县义学,道光间济南义学等。

设若被聘为书院山长(院长、掌教)束脩实属优厚了。乾隆间江苏泰州胡公书院的住院山长束脩为240两,每月外加薪水3000文。咸丰间山东惠民敬业书院的山长年脩为360两。同光年间,李榕在其家乡剑州和江油主讲两县书院,"间月往返","生徒百余人"。两处束脩共"得钱五十万",李氏"亲丁四十余口","合之佣雇,食指殆将盈百。每岁度支之数,极意节缩,非百万钱不能,弥其缺"。他自称年收入八十万钱,束脩占了62.5%。①光绪年间,李慈铭主讲天津问津书院,年脩竟达一千一百余两。②

书院束脩较高,原因之一是书院经费来自官、商捐赠,数量较大,既不像官俸之有定额,也不像私塾东家支付不起。原因之二是受聘者多为饱学文人,至少是在本县本府最负盛名之士。如李榕,身为进士,曾任湖北按察使,湖南布政使。李慈铭曾为山西道监察御史,官位虽不甚高,但为当时文坛名士。这些人非一介寒儒可比,他们见过世面,挣过大钱,都不是三五十两银子打发得了的。同治十年前,山东陵县的三泉书院掌教束脩定为40万文,节礼3万文,应聘者尚嫌"馆谷过微",以致"掌教多不住院"。同治十年后,读学院由官捐廉加送供馔20万文及聘金、川资各若干,"专请掌教住院督课"。③聘金虽然较高,但是学院毕竟有限,故此山长一席并非易得。以李榕的资历,还曾在信中发过这样的牢骚:获得主讲一席,非走县太爷的后门不可。某年江油、锦州两处士绅曾力举李榕出任各该学院山长,"江令称言:'素不相识,不敢冒昧',延兄〔李榕〕之门人凌生主讲。绵牧面谕举者:'某公名高位尊,不敢以三百金奉渎。'世情如此,于我何涉!"④所以,书院山长们的束脩,肯定不能用作代表清代一般塾师的收入水平。

---

① 《十三峰书屋全集》卷6,书札4,《复张大人》。
② 《越缦堂日记》,参阅张德昌《清季一个京官的生活》。
③ 道光《陵县志》卷11,学校志·书院。
④ 《十三峰书屋全集》卷5,书札3,《致眉生五弟》。

二

汪辉祖一心想考取功名，光宗耀祖，并报答二母含辛茹苦的养育之恩。功名一时难就，不得不考虑挣钱养家。两度执教私塾，使他得到了切实的经验："概知授徒之不足为养"，① 必须寻找另外的机会。

乾隆十七年，辉祖的舅父署松江金山县令，聘其为幕友，掌书记之职。他随舅到任后，工作之余，仍可读书准备应考。从此开始了他一生的幕友生涯。

清代地方官聘请的参谋行政班子，统称幕府，入幕者称幕友，或称幕宾、幕客、幕僚、西宾。上自总督、巡抚，下至府州、县治，政务繁简不一，故各地各级地方官所需幕宾人数不尽相同。多者十余人，各当一面；少者二三人，人兼二三事。以知县为例，通常要聘五名。一名"征比"，又称"征收"，专管查核赋役中各项弊端。一名"挂号"，或者"号件"，负责往来文件，将收发文件分类处理，随时记录刑、钱各案的应报、应催、应解日期，以免官员因托期迟限而受惩。一名"书启"，又叫"书记"、"书禀"，专代官员起草函件及处理文字应酬事项。三位之外，最为重要的当属"刑名"和"钱谷"。刑名师爷主管命盗田土等大小诉讼案件。钱谷师爷专司赋税钱粮及职掌会计主管。事简小县虽可少聘师爷，而刑、钱二幕一般是非有不可的。

幕友脩金没有定额。既因地区而异，也因幕主官阶不等而不同；同佐一官，各席所得也有很大差别。乾隆十九年，辉祖在常州知府胡文伯幕中任书记，收入仅24两而已。② 一年以后，胡文伯到任江苏督粮道，坚留辉祖，每月增脩8两，汪氏感到满意，与前相比，脩金"一岁不啻倍蓰矣，逐同之常熟"。③ 前者脩金低于金山幕席，汪也愿就，是因"脩虽少，太守当礼宾我也"，自己觉得初出茅庐受到尊重，脩金多少可以不必考虑。

---

① 《梦痕录余》。
② 《梦痕录·乾隆十九年》。
③ 《梦痕录·乾隆二十年》。

后来胡氏愿出高金聘任，是因为他特别赏识辉祖，认为汪"必不久于人下，异日国家有用材也"，① 有意结交于他。可见，确定幕友脩金的因素是很复杂的。一般地说，乾隆初年时，挂号、书记、征比三幕，岁得"不过百金内外，或止四五十金者"。②

刑名，钱谷二幕任重事繁，所以聘金也高；其中尤以刑席所得为厚。乾隆初年，一位钱谷师爷可得 220 两，而一位刑名师爷 260 两，被视为幕中"极丰"。③ "刑、钱一岁所入，足抵书记、征比数年。"④ 名幕松江人董某"非三百金不就，号称'董三百'"。⑤

乾隆中叶（约二十七年）后，幕友脩金渐次增加。至乾隆五十年前后，刑名、钱谷等席，"月脩或至数十金"，⑥ 岁脩有达 800 两者。⑦ 乾隆三十一年时，台湾知府邹应元曾拟以岁脩 1600 两的高薪聘请辉祖入幕。⑧ 嘉庆五年时，如福建之漳浦、侯官、广东之番禺、南海等府县衙门幕席，每位岁脩皆在 500—650 两之间。⑨

汪辉祖在金山县入幕，充当书启，月脩三金，⑩ 每岁可得 36 两，在幕职中，这个数字是比较低的。原因有二，一则因为他只是书记而非刑名、钱谷；二则他刚从事这一职业不久，还是新手。即使如此，比他课徒所得已丰厚多了。

一般来说，幕友的生活都是相当不错的。读书人入幕之后，功名虽然未就，但能混迹官场之中。为此，衣着需讲究，行动有随从，而这些都是要花钱的。再加之庆吊往还、亲友假乞等，日常开支自然不菲。实则幕友往往在岁脩之外还有其他收入。汪辉祖说，幕友"幕脩之外又分毫无可取

---

① 《梦痕录·乾隆二十年》。
② 《佐治药言·勿轻令人习幕》。
③ 《梦痕录·乾隆五十年》。
④ 《佐治药言·勿轻令人习幕》。
⑤ 《梦痕录·乾隆五十年》。
⑥ 《佐治药言·范家》。
⑦ 《梦痕录·乾隆五十年》。
⑧ 《梦痕录·乾隆三十一年》。
⑨ 张鹏展：《清厘吏治五事疏》，见《皇朝经世文编》卷 20，吏治 6。
⑩ 《梦痕录·乾隆十七年》。

益"。① 作为幕友的职业道德来说，这样是对的。个别耿直廉洁者也可能确有其人。若认为一般幕友都能做到，显然是美化了他们。清代议论吏治的文章中，讲幕友、书吏、长随通同作弊受贿者屡见不鲜，胤禛谕文中也提到，幕宾中的"不肖之徒勾通内外，肆行作弊"，"清浊混淆"，"曲直倒置"，败坏幕主本官的名节，而他们自己却"置身事外，饱橐而去"。② 幕友聘金而外的收入实难计算。即使是只拿脩金，并无其他，幕宾收入也比那些私塾先生多"数倍焉，或十数倍焉，未有不给予用者"。③

只要应聘而为幕友，即使自觉守廉，也肯定可以大大提高生活水平。所以汪辉祖以一介寒士，当初"颇不欲以幕为业"，但自从做了书启，更想当刑名师爷去赚大钱，以后从事斯业者竟达三十余载。

三

幕友待遇如此优厚，各级官衙的行政费用中并无该项开支，这笔钱乃是幕主官员自己掏腰包支付的。之所以如此，不无原因。

清代地方行政，包括政治、经济、司法、文化、军事以及公共事务等，分隶、吏、户、礼、兵、刑、工等科办理，但全归各级最高行政长官对上负责。省一级建置在总督和巡抚衙门外，另设布政使司和按察使司分别管理财政和司法事务，有所分工。府、州、县衙门事务的综合性之强就很突出了。知府、知州、知县既审理人命、盗匪大案，又要判理婚姻、田土细事，还得负责收赋敛税，解送漕粮、军饷，管理驿站、仓库，以及组织考试、祈神祭祀，等等，六科事务集于一身。这种行政体制，对地方官才能的要求很高。实际上，官员难以具备完成如此复杂任务的素质。培养官吏的办法以及选择官吏的标准，跟行政体制对官吏的能力要求之间存在很大矛盾。

正途出身的官员，有的因科举得中而除授，有的以荫生、贡生而入

---

① 《佐治药言·勿轻令人习幕》。
② 《雍正实录》卷5，雍正元年三月乙酉。
③ 《佐治药言·自处宜洁》。

仕。他们在做官之前，一直埋头儒学，苦读经书，能文八股，写得一笔好字，以应对科举，而对律例和各种则例大都不甚熟悉，一旦得中，做了地方官，难以处理各项公务。再者，清代官府文牍程式要求相当烦琐而且严格。往来公文稍不如式，轻则开罪同僚，重则受到上级的批驳、申斥。此外，处理与上司间的关系，也是复杂而微妙的难事，搞得好的，可以平步青云，处理不妥，动辄得咎，其中手腕、权术、非熟悉个中诀窍者莫办，出身儒士者往往穷于应付。那些通过捐纳获得实缺的官员中，经商致富而目不识丁者大有人在，更不具备做官的条件了。因此，清代各级地方最高行政长官都要聘请师爷出谋划策，帮办事务，处理各种关系。清代地方官"势必延请幕宾相助，其来久矣"。[①] 清代有人说，实际上朝廷和幕友、书吏共天下。邵晋涵说"今之吏治三种人为之，官拥虚名而已。三种人者：幕宾、书吏、长随"。汪辉祖认为"诚哉言乎！"[②]

朝廷从不把幕友列入文官编制之内，国帑开支项下也就没有幕友的酬金。幕宾只是地方行政长官自己请来帮助做官的，聘金概由幕主自付。是谓幕宾之"脩出于官禄"。[③]

对于地方官来说，官不倒则可得利。而幕友是做官所必不可少的左右手，从这个意义上说，幕脩支出也是地方官必付出的款项，它成了地方官的"成本"费用之一。他们以这笔"投入"能换得更大的"产出"。"宾利主之脩，主利宾之才"，[④] 双方实为"利交"。问题在于幕主的官俸能否支付偌大一笔开支呢。

清代官员俸禄，依品级定高低。知县为正七品，年俸45两；知府为从四品，年俸105两；正二品的总督和从二品的巡抚，年俸155两。[⑤]按汪辉祖所说，乾隆初年时通常的幕脩数额，刑名师爷脩高者260两，钱谷师爷220两，其余挂号、书启、征比各50两。各用一名，幕主每年支出聘金达630两之巨。如此高额幕脩，莫说知县，就是总督、巡抚，仅靠俸禄

---

① 《雍正实录》卷5，雍正元年三月乙酉。
② 《学治续说·用人不易》。
③ 《学治臆说·幕宾不可易视》。
④ 《佐治药言·就馆宜慎》。
⑤ 光绪《大清会典》卷21。

也支付不起。动用自己祖遗家资,赔本做官的,毕竟罕有。嘉庆五年,有人计算:"如福建之漳浦、侯官、广东之番禺、南海等缺,每缺须用幕友四五人,每人束脩至千五六百、千八九百不等。一缺之束脩已近巨万,即小缺亦不下数千。官廉本有定制,此种出于何项?不得不朘削民间。"①可见,仅为支付幕脩这一项支出,制止官员贪污、受贿,已势不可能。

雍正年间,朝廷采取一项措施,"于俸禄之外加给外吏养廉"以"杜止贪墨"。②这笔养廉钱银两,从本地田赋耗羡中留取。每官所得数额,按职务分等;同一职务,各地又有差异。各省养廉银,总督每位 13000—30000 两不等;巡抚每位 10000—15000 两不等;知府每位低者 1500 两,高者 4000 两,一般在 2000—3000 两之间;知县每位低者 400 两,高者 2000 两,一般在 600—1200 两之间不等。③与正俸相比,大体上,总督的养廉为正俸的 9—19 倍;巡抚养廉为正俸的 6—9 倍;知府养廉为正俸的 14—38 倍;知县养廉为正俸的 13—26 倍,高者达 44 倍。外官收入骤增,从道理上讲,从此可以廉洁奉公,杜绝贪墨了。实际效果如何,人所共知,姑置不论。从我们现在讨论的问题看,巨额养廉使地方官确实具备了支付幕友脩金的经济实力。

如前所述,乾隆后期以降,幕友脩金猛涨,但是官员的俸饷和养廉却是定额不变。据说有的官员"所入廉俸即尽支领,亦不敷延请幕友"。④过去的状况重复出现,官员仍需自筹资金以支付幕友束脩,必去额外加收钱银,⑤并满有理由地去贪污受贿了。

幕友是外吏不可缺少的助手,他们的收入不管怎样总是有保证的。朝廷给官员以养廉也好,不给也好,都不影响幕友的脩金。所以汪辉祖"辞馆司幕"毅然摆脱那充当私塾先生"不足为养"的经济窘境。

---

① 张鹏展:《清厘吏治五事疏》,《皇朝经世文编》卷 20,吏治 6。
② 《清朝通志》卷 71,职官略 8。
③ 《清朝文献通考》卷 42,国用 4,俸饷。
④ 姚文田:嘉庆十八年十一月疏,见《清史列传》卷 34,《姚文田传》。
⑤ 同上。

四

上面提到官员俸禄，使我们想到，官员中亦有教职，即受聘于官学的儒士。在官学教书的儒士，亦有品级，算是官员队伍的成员。官学的最高学府是国子监。国子监设祭酒（从四品）、司业（正六品）、监丞（正七品）、博士（从七品）、助教（从七品）、学录（或称正学录、正八品）典簿（从八品）、典籍（从九品）等官职。其中祭酒、司业及监丞，大致相当于后来的校长、教务长或训导长一类职务。典簿及典级则相当于总务行政人员。真正"职在教诲，务须严立课程、用心讲解"的教员是博士、助教和学录。①地方上，各省设"提督学政"，掌一省学校士习文风之政令；各府、州、县学设教授（正七品）、学政（正八品）、教谕（正八品）和训导（从八品）。②所有上述人员，都在官员编制之内。照说，在官学中教书的儒士既然成为官员，他们当然应和同级官员享受同等的待遇。其实不然。朝廷只承认官学中教书先生的官员身份，发给他们的俸禄却远远低于同品官员。

在京官员，年俸及禄米均按品级发给，唯独学官教职是"两官同食一俸"。③按照规定，从七品官员年俸应为45两，而从七品的博士、助教年俸只得22.5两；正八品官员年俸40两，正八品的学录年俸只得20两。相应地，按俸给予的禄米也比同级其他官员少得百分之五十。直到乾隆元年，清王朝建国将近百年之际，才发现这个办法"未免不敷养廉"，允以改变，赏给教职全俸了。但到那时，京官于正俸之外，又加领与正俸相等的"恩俸"，收入又增加了一倍。④

教职"两官同食一俸"，在地方上也是同样。依此规定，乾隆以前，正七品官员（如知县）年俸45两，县学教授也是正七品，年俸只得22.5两。八品官员年俸40两，八品的县学学正，教谕和训导只得20两。雍正以后，地方官应领养廉银。作为一省最高教育行政长官的学政领有这项津

---

① 《清朝文献通考》卷65，学校3。
② 《清朝文献通考》卷85，职官9。
③ 《清朝文献通考》卷42，国用4。
④ 同上。

贴，而且相当不低。①至于那些执教于基层的教员，是得不到养廉银的。在县里，知县的正俸为45两，养廉高者达2000两以上，最低为400两，两项相加，高者达2045两以上，最少的也有445两。县学教授与知县同级，都是七品，一个教授与知县年收入的比，有的县为1∶10，另一些县竟达1∶45。县里八品以下乃至从九品的佐贰等低级官僚，除正俸外，可得养廉银60—200两不等；教学第一线的教谕、训导和教授先生们的收入，不抵其二分之一，低者乃至六分之一！

五

　　为幕做官乃是儒士的生财大道。当初"颇不欲以幕为业"的汪辉祖，在体验了塾师清贫生活之后"慨然知授徒之不足为养"，终于转而入幕，并努力成为幕席中挣钱最多的刑名师爷。同时，他也从不放弃功名之志，边做幕，边读书，四次京考，终成进士，放了一次外任。他的自叙年谱没有详载财产状况，但从只言片语之中可以发现，"读律糊口，寄迹官中"终于使之根本改变了家庭经济的窘境。

　　汪辉祖"二十岁贫惟壁立"，"衣食出两母十手指力"。② 二十二岁时，家中举债，应付利钱多达七百余两。③二十五岁入幕上任时，"孑身襆被""附溏板船房舱"去常州。④一生幕脩所入，不敢妄费一钱。⑤至三十岁，"脩尚不满百金"⑥数十年间，先后两次娶妻，又收婢为妾，养育五男四女，供应诸子读书应考，安排子女婚嫁，维持了一个大家庭相当不错的生活。早年，他见人穿件新衣都十分羡慕；到三十九岁时，为二母立双节牌

---

① 学政养廉：甘肃为1600两，广西为2000两，江西、陕西各2400两，浙江为2500两，贵州为2700两，湖北、四川各3000两，湖南为3600两，直隶、江南、安徽、福建、山西、山东、云南各4000两，广东为4500两，河南为6666两。见《清朝文献通考》卷42，国用4，俸饷。
② 《梦痕录·乾隆十七年》。
③ 《双节堂庸训》卷1。
④ 《梦痕录·乾隆十一年》。
⑤ 同上。
⑥ 《双节堂庸训》卷1。

坊，一次花费数百两银子（相当十亩田资）已不成问题。① 以前为叔父偿抵赔债而典出的十数亩地已全部赎回，更置新田七十亩，以四十亩为祭产外，其余由五子均分，② 又于萧山城南汪家巷购新屋一所，额题"树滋堂"，供全家居住。③

辉祖的收入，有相当部分用于购买图书。他早年因贫"不能置一卷"。三十九岁后，在浙江游幕七八年间"聚书数十百种"，又从京师"增所欲备，约载一车"运回萧山。他买书均有复本，其一送回老家庋藏，另一随身携带，便于阅读。家藏书籍，按四库总目编次收贮。六十三岁罢官回乡，于宅后筑楼三楹，题名"撰美堂"，中奉祖先牌位，两侧尽皆图籍。他亲手严立规条，把这些藏书留五个儿子中的老大、老四、老五"三房共守"，作为共有财产，相互监督，谁也不得赠借他人，严防散失。"撰美堂"成为当地小有名气的藏书楼。④ 创建并维护一座藏书楼，没有相当的财力是绝对办不到的。

辉祖为人正直不阿，非贪墨庸吏可比。他自称"四年为吏，禄羡无多"，⑤ 游幕数十年，确未成为巨富。不过，他的生活水平显然不是岁脩十余金，荒年可能成为饿殍的私塾先生们所能企及的了。

六

汪辉祖的著作中对清代读书人经济状况的描述，引笔者对清代社会的一些联想，试散论之。

学而优则仕。在清代，读书是疗贫治生的手段之一，同时也是等级成员上升的阶梯。清代士子致力于科举，大多数是为了争取进入缙绅等级，成为官僚队伍中的一员，取得政治上的特权和经济上的利益。实际上，他们中的大多数不可能达到这个目的。读书人中获得取功名而未出仕的，仍得进入绅衿等级。科举不售者，转而攻读律令，"治法家言"，出而择游幕

---

① 《梦痕录·乾隆三十三年》。
② 《梦痕录·乾隆五十八年》。
③ 《梦痕录·乾隆五十七年》。
④ 《梦痕录·乾隆六十年》。
⑤ 《梦痕录·乾隆五十八年》。

一途，这对改善自家的经济状况来说，也不失为良策。正如辉祖所说，"幕曰砚田，寒士资以治生"。"吾辈以功名未就，转而治生，惟习幕一途与读书为近，故从事者多。"①

幕友待遇优厚，皆因他们的工作是那些未尝"治法家言"的官僚们所离不开的。官僚聘请幕友，需相当大的一笔开支。官员们领取养廉，付出束修自不作难。雍正之前无养廉银时，他们也可用贪污受贿刮地皮的办法来补偿。可见幕友修金实是从官僚碗里分食的民脂民膏。不论从工作性质来看，还是从收入来源来看，身为幕友的读书人，尽管在等级身份上属于凡人，但同时又是统治阶层的一分子。那些精于利用自己手中笔杆权力肆行敲诈勒索的刑名师爷们，更是统治者的凶恶走狗。凶恶走狗也罢，如汪辉祖之为良幕也罢，他们都是这部统治机器上不可缺少的零件。这一点，幕友和官僚是一样的。

虽经努力而没能挤到上升阶梯上的人，还要另谋他路。教职是又一选择。

可见，读书人都用读书的办法去追求做官的目的，这个手段却把他们送入不同的等级，各置于悬殊的经济地位上。他们虽然有共同的指导思想——儒学，但因分别处于统治者与被统治者、剥削者与被剥削者的对立地位，而没有共同的立场。"劳心者"未必皆治人，治人者仅为"劳心者"中的少数。

清代教书人束修的差异，是个很特殊的问题。本文所引教职束修资料表明，地方学院高于义学，义学高于私塾。私塾先生是由私人雇请的，一般情况下，束修很低，这是可以理解的。但私塾束修低到难以养家的程度，实在令读书人心寒，但凡有点办法的读书人，绝不愿就。义学经费来自捐赠，通过土地收租、银钱生息支付束修，塾师的收入比较稳定；因其是集资，数量较大，故而束修较高。书院的经费也是一样，出面筹资的大多是地方官和本地头面人物，集资更多。出任山长、掌教的学者，身份地位高或学术名气大，所以在各类教职中束修最高。然而，这个职位为数极少，非一般儒士可轻易谋得的。

照说，学校有高有低，其资金有盈有绌，塾师的学问上下参差，他们

---

① 《佐治药言》。

的脩脯随之多寡不等，本不足怪。地方集资聘请或私人雇佣，均属民间性质，其脩金或多或少，并不反映朝廷对教职人员的态度。但在官学中执教的儒士俸金之低却全然不同，它体现了朝廷对读书人的一项政策。

上自国子监的祭酒、司业，下至州县儒学的教谕、训导，都是朝廷命官，吃国家俸禄。他们之中，绝大多数也是通过科举取得功名而荣获斯职。但他们的俸禄却比同品其他官员少50％。各级学官，乃是著名的"清水衙门"，不像其他衙门有许多贪墨、搜刮的机会。清朝建国大约一百年，朝廷终于取消了教职半俸的规定，但此时应领养廉银的外任官员名单中又恰恰没有他们。他们的正俸加了一倍，跟其他官员的收入差距却拉得更大了。总之，教职各官头顶乌纱，像个品官的样子，其实他们的经济生活比起三家村中的私塾夫子好得有限。

由于官学教职的俸禄领自国帑，人员排在品官俸禄系列之内，两官同食一俸的措施就不是什么官学经费盈绌或塾师水平高低的问题，而是反映了清政权对这类职位的鄙视和压制。清王朝把孔夫子升到至圣先师的崇高地位，把孔子几十代的后裔封为世袭的衍圣公，使之成为具有特殊等级地位的人物。清政权以士为四民之首，把弘扬儒道的老师们放在仅次于天、地、君、亲之后的高位上，令学生晨夕膜拜，在精神上把教职抬得至高；恰恰就是这个政权，给予他们的物质报酬却压到最低。这种做法对所谓崇儒尊师，真是绝大的讽刺。难道是清王朝的统治者蓄意成全教职儒士们不与同污、清高自诩的洁身之志吗？

可惜我们尚未发现制定这项政策的有关奏折或谕旨，故对其中原委不得其详而知，说不清楚皇帝们的思想底蕴，只是从顺治以来，朝廷于奏销案、科物案、文字狱等大案所采取的高压手段，以及玄烨、胤禛、弘历等对科甲结党防范之严来看，除去其中包括满汉民族斗争的因素之外，还包括了皇帝们对儒士的看法抱有很深的偏见。这种偏见，是皇帝们总感到读书人对政权的巩固构成一种潜在的威胁而引起的；或许还有其他原因，令人难以说清。这是从政治方面看。就经济方面而言，小农生产力的发展对科学没有提出要求，相应的政权对教育事业的重视程度当然无法和以大生产为经济特征的资本主义国家相比。只有当统治者真正认识到理论、科学、技术对生产力发展的重要意义的时候，该政权才能给从事这类事业的社会成员以及培养这类社会成员的教职以较高的社会地位，并给予相应的报酬，使其生活水平高于社会平均水平。这个问题是清政权不可能认识到的，当然也是不可能做到的。清王朝统者考虑的问题重点总是如何维护政权的巩固和保住既得的权和利，而少及其他。

现在看来，尽管清王朝的半俸政策是不尊重知识的突出表现，对教职极不公平。但我们却又不必过多地责备这个政权，因为清政府是处于愚昧的时代。愚昧时代的统治者轻视知识、压制知识分子，是不足为怪的。清代统治者怎能超越历史的局限呢？怎能要求愚昧的政权行明智之政呢？

笔者谫陋，尚未看到清代有关经世之学的文章以及奏疏公牍之中有人对教职半俸一事有何微词，果真如此，说明当时全社会都视此为当然。这可能是屈于强权，敢怒而不敢言；也可能是人们认为，包括教职们自己也认为，"君子固穷"，理应言义而耻言利。不幸而身沦教职，只怪自己学而不优，不善钻营之道。既已如此，虽饘鬻之不供，也只得清高而自鸣。怨天尤人，何益之有！总之，清代从来没有发生教职罢教的事，也不可能发生那样的事。要求那时的儒士们进行争取自身权利的民主斗争，未免过分了。他们同样不能超越历史的局限。

所以，"学而优则仕"的行动规范在指导清朝一代又一代的读书人。莘莘学子致力于科举，以出仕为第一奋斗目标。试而不第，下届再来，好在没有年龄限制。耄耋之年提篮入场者也大有人在。屡试不中，及时转而读律佐幕者，是其中的灵活人物。他们发现，当不成官僚而做"准官僚"，也不乏受用。汪辉祖就是这么干的，他的疗贫之路看来是走对了。在那个时代里，如果像汪辉祖那样为官清廉，为幕不贪的话，当官僚也好，当准官僚也好，作为一种职业，儒士们选择这个奋斗目标又有什么可非议的呢？问题在于，那时清官不易得，循吏亦难求，这个奋斗目标往往意味着压迫与剥削。

［本文成于1988年9月10日。同年10月提交由江苏省社会史学会及南京大学主办的第二届中国社会史学术研讨会。后载于《南京大学学报·社会史专辑》(1989年3月，题为《读〈病榻梦痕录〉札记》)及《上海社会科学院学术季刊》(1989年第4期，题为《束修与俸禄——读〈病榻梦痕录〉札记》)。两刊均有删节，故录原稿于此。］

关于明清法典中"雇工人"律例的一些问题

——答罗仑先生等

中国资本主义萌芽是20世纪五六十年代史学界最热门的问题之一。今天学者们对于这场讨论的看法仍然其说不一。① 不论对这场讨论评价是高是低，肯定还是否定，由于"萌芽"问题引申出来有关中国封建经济史乃至中国历史的许多问题的探讨，在众多学者的研究进程中得到很大的发展和明显的深入，则是为大多数学者所承认的事实。例如土地制度问题、农业经营问题、手工业经营问题、行会问题、农业和手工业生产力发展问题、城市及市镇发展问题、商品经济发展问题、区域经济问题、市民社会问题，等等，莫不如是。雇佣劳动性质问题也是其中之一。

明清两代律例中的"雇工人"问题的研究对明清时代的经济史、法制史、社会史都有比较重要的意义。从20世纪40年代开始，中日两国学者已提出了明清两代"雇工人"问题。例如仁井田陞、瞿同祖两位就有拓荒性的重要著作问世。50年代以降有关资本主义萌芽问题、土地制度问题、农业经济史等研究讨论中，这个问题的研究有了进一步的开展。60年代初，笔者在前辈学者研究的基础上，通过分析明清时代的"雇工人"身份对雇佣劳动性质的判断问题提出一些看法，并由此提出清代的等级问题。② 笔者的意见简单概括如下：第一，雇工人法律地位低下，与雇主（家长）之间相互侵犯，同罪而不同罚。家长（即雇主）及其期亲对之"依法决

---

① 参阅赵晓华《中国资本主义萌芽的学术研究与论争》，百花洲文艺出版社2004年版。
② 《明清两代"雇工人"的法律地位问题》（原载《新建设》1961年第4期，署名欧阳凡修）、《明清两代农业雇工法律上人身隶属关系的解放》（原载《经济研究》1961年第6期，署名欧阳凡修）。二文均收入李文治、魏金玉、经君健《明清时代的农业资本主义萌芽问题》（中国社会科学出版社1983年版。以下简称《明清农业萌芽》）一书。在该书中，二文署名改为经君健。

罚邂逅致死"者无罪。雇工人的法律地位仅比奴婢略高，与雇主（家长）及其家族形成隶属关系；但他不是贱民。雇工人身份随雇约期满而解除，不具继承性。明清时代法典所规定的法律地位表明雇工人是被编制在雇主的宗法家长制体系以内的一个社会等级。明清法典对不同社会集团具有不同特殊法律地位的规定，反映出当时存在着一个等级阶梯，而雇工人是这个等级阶梯中的一级。从明洪武至清宣统，雇工人的法律地位一直不变。这个事实提醒我们，明清两朝的雇佣劳动者群中始终有一部分与雇主具有人身隶属关系。在那个时代里不是所有雇佣劳动者都是"自由"的，只有非雇工人身份的凡人雇佣劳动者，才可以说是法律形式上的"自由"雇佣劳动者。研究者若想在明清时期的农业中寻找资本主义的影子，首先要排除雇工人这种雇佣劳动者。第二，明清时代雇工人的身份由专门的条例认定，凡人受雇并符合法典规定的条件者为雇工人。雇工人条例确认雇工人的原则和条件曾经多次修改。因此在不同时段里，有雇工人身份的雇佣劳动者不尽相同。雇工人条例的修改，前后跨越长达两个世纪（1588—1788年）之久。条例的修改涉及雇工人身份的确立原则；修改的后果，影响到农业雇佣劳动者法律形式上人身隶属关系的某种程度的解放。

　　文章发表后，同行学者对笔者的观点提出过商榷或批评意见，对笔者很有启发，对其中某些意见业已敬复。[①] 20 世纪 80 年代以后，有的学者从根本上否定笔者的看法。经过认真分析，窃以为这些看法未能说服笔者放弃基本观点；但由于种种原因，20 多年来一直没有机会作答。时至今朝，这个问题已是明日黄花，大家的学术热点早已不在这里，尽管如此，由于它自有其学术价值，回顾一下有关的争论焦点或许是有益的。本文这里将重点讨论罗仑、高桥芳郎和赵冈三位先生的观点，谨以就教。

一

　　1983 年，罗仑先生在《"农民佃户"所雇农业长工社会性质的问题——

[①] 20 世纪 80 年代以前有关的讨论意见，已有归纳。请参考裴轼《关于中日学者对明清两代雇工人身份地位问题研究的评介》，载《中国社会科学院经济研究所集刊》第 3 辑，中国社会科学出版社 1981 年版。

明清法典上的"雇工人"问题》①一文中批评笔者对"新题例"的看法。他说笔者"把'农民佃户'雇倩的农业长工与万历'新题例'上的'雇工人'扯在一起"了。②他提出，1. "新题例"中，"官民之家"的"民"不包括"农民佃户"；2. 明清法典中的"雇工人"不包括"农民佃户"所雇农业长工；因此 3. "农民佃户"所雇倩的农业长短工没有所谓从"雇工人"等级中解放出来的曲折历史过程。下面我们就讨论这三个问题。

（一）万历"新题例"中"官民之家"的"民"包括作为百姓的"农民佃户"

万历十六年正月，明王朝的刑部、都察院和大理寺奉皇帝命，会同酌议都察院左都御史吴时来上奏的建议，订出一个条款，置于《大明律》"斗殴"门"奴婢殴家长"律之后，被称为"新题例"。③

此例前一部分，"今后，官民之家凡倩工作之人，立有文券、议有年限者，以雇工人论；止是短雇月日、受值不多者，依凡［人］论。"是我们现在讨论的重点。这段文字只有两句话，没有很深奥难解的字句。"官民之家"是指该例所涉行为主体涵盖一切雇主，既包括官宦人家，也包括庶民人家。"凡倩工作之人，立有文券、议有年限者"是确立雇工人身份的基本条件，将"雇工人"限制在受雇而立有文券、议有年限的雇佣劳动者。这句话既阐明一切够条件的人都是"雇工人"，同时也指出只有够条件的人才是"雇工人"。第二句话"止是短雇月日、受值不多者，依凡［人］论"，是将短工排除在雇工人范围之外；更加强调不能把所有雇工都视为"雇工人"。

"新题例"所规定的内容应该理解为：雇佣劳动者的身份有两类，一

---

① 罗仑：《"农民佃户"所雇农业长工社会性质的问题——明清法典上的"雇工人"问题》，原载《学术月刊》1983年第7期，是节录稿。1985年全文收入罗仑等著《清代山东经营地主经济研究》，齐鲁书社新一版（以下简称《山东经营地主》），为第七章，题为"一个涉及'农民佃户'所雇农业长工社会性质的问题——明清法典上的'雇工人'问题"。本文以下讲到《山东经营地主》一书时仅涉及第七章，所以只提罗先生。

② 《山东经营地主》，第272页。

③ 由于本文讨论的内容大多涉及明清两代历次雇工人条例，为避免反复全文引用，故将所有条例作为附录列于文后。

类是"凡人"，另一类是"雇工人"。任何人家（是缙绅地主、凡人地主也罢，是"农民佃户"也罢）雇来干活的人（包括从事农业生产的），只要与雇主"立有文券、议有年限"，就自动具有"雇工人"身份，在法律上和雇主处于不平等的地位。至于"短雇月日、受值不多"者即短工，身份为"凡人"，与雇主在法律上地位平等。

按照"新题例"的规定，从雇主方面来说，官员缙绅之家以及平民百姓之家都在其内；从雇工方面来说，服役劳动者和生产劳动者也未区分。界定雇工人的标志只有文券、年限以及是长工还是短工。换言之，雇主的身份、劳动的性质都不是雇佣劳动者身份的决定性因素。[①]

罗先生反对这样理解"新题例"。他说，"一些研究者之所以十分肯定地把'农民佃户'雇倩的农业长工包括在'雇工人'等级之内，实起源于对上述万历十六年'新题例'中所说的'官民之家'和'工作之人'作了如下的流行的诠释，即一方面把'官民之家'诠释为'官'户（即官僚地主）＋'民'家（即农民佃户和一般的庶民地主）"。[②] 他认为，"新题例"中作为雇主的"官民之家"不包括"农民佃户"，农民佃户雇倩的生产劳动者不包括在"新题例"的雇工人中。理由是，早在明帝国建立之前和建立之初，农村中自耕农雇工和佃户雇工的情况并未较多地出现，采用雇工经营的富农经济和经营地主经济也没有较大的发展。"新题例"与实际生产水平不相符合。

这种推断似乎是有理，但从"新题例"的产生过程看，就不一定正确了。我们现在且不必讨论万历时期农业中雇佣关系、富农经济、经营地主经济发展到了什么程度，只需指出一点就够了，即当初提出"新题例"的目的并不是解决主雇矛盾。明代制度规定缙绅之家不得蓄养奴婢；而事实上缙绅之家蓄养奴婢的现象大量存在。朝廷不得不承认这种现象存在，又必须严格维护等级制度。正是为了解决谁有权收养奴婢这个难题，"新题例"应运而生，找到了一种方法，一个平衡点。"新题例"的提出与当时农民佃户雇工现象的多寡，与"实际生产水平"都没

---

① 《明清农业萌芽》，第268页。
② 《山东经营地主》，第279页。

有直接的联系。

罗先生认为,"既然把'新题例'上'官民之家'一语中的'民'家解释为包括'一般地主'(我们理解:欧氏这里所说的'一般地主',自然包括庶民类型的经营地主)和'农民佃户'在内,又把'新题例'中的'工作之人'解释为包括'生产性'雇工在内,那么一般庶民地主中的经营地主所雇佣的农业长工,以及农民中的富农所雇佣的农业长工和自耕农、佃户所雇佣的农业雇工,自然就被纳入明清法典中的'雇工人'等级之内了。这样一来势必……又产生另一个结论,即:'如果说明清时代某种形式的雇佣关系带有资本主义性质,构成资本的历史前提的话,那么那种形式下的雇佣劳动者必须不属于雇工人的范畴,必须是已经从雇工人的身份束缚中解放出来的雇佣劳动者'的结论"。"于是一种流行的观点便这样产生。"①

罗先生详细地重复叙述了"新题例"的制定过程,并分段分析了新题例的文字以后得出结论:"'官民之家'中的官户,应该是指拥有法定特权的'功臣之家',而'民'家,则是指的尚无法定蓄奴特权的'缙绅之家'和'庶人之家'。""新题例中的'官民之家',乃是指的功臣之家、缙绅之家和绅衿(即士庶)之家";② 进而阐释"绅衿之家"即"士庶之家",只包括"由文武举人、监生、生员等构成的虽已有功名和一定政治特权(如优免丁徭杂役等)、但尚未做官的绅衿之家"。③

罗先生关于"庶"不包括百姓的看法,没有进行令人信服的论证。笔者同意"民"中包括"绅衿"等级,但"民"不仅只有绅衿等级,还要包括农民佃户在内的所有"凡人"。④ 在明清文献中"官民"二字连用的情况甚为常见。举个极端的例子吧,明清时代的重要府第门前往往立一块石碑,上镌"官民人等至此下马"一类字样。难道说,庶民百姓、农民佃户们经过府前就不必下马吗?

---

① 《山东经营地主》,第279—280页。
② 同上书,第283页。
③ 同上。
④ 《论清代社会的等级结构》附"清代等级结构示意图",载《中国社会科学院经济研究所集刊》第3辑,1981年版,第53页。

罗先生认为，"把属于'凡人'等级的'农民佃户'（包括自耕农、佃农、富农和庶民地主中的经营地主）纳入上述'官民之家'中，说他们在雇倩农业雇工后，享有'功臣之家'、'缙绅之家'和'士庶之家'（即绅衿之家）对待'雇工人'时所享有的同等法律特权，这显然是明清时期森严的封建等级制度所不能允许的，也是与明清时期封建统治者的立法宗旨相违背的"。①

如果真像罗先生所说"农民佃户"不包括在"官民之家"之内的话，在此后跨越明清两朝的170年间，官府是怎么处理"农民佃户"与其雇佣工人间刑事案件的？是否因为雇主是农民佃户，就不把其雇工定性为雇工人？我们从判例可以找到答案。

直隶新城县时毛儿案具有典型意义。案子发生在雍正十三年，是"新题例"有效的时期。时毛儿给刘玉佣工，"议定每年工价钱七千文"，"未立文契，已经两载"。有一天，刘玉的儿子刘七达子和时毛儿同去"赶集，因值天冷，一齐赴店沽酒御寒"。回家的路上，刘七达子殴打时毛儿致死。此案，直隶总督意见，将刘七达子按殴死雇工人罪判决。刑部不同意，认为"刘七达子雇时毛儿，并未立有文券、开明年限，该督照殴死雇工人定拟，与例未符。"直隶总督辩称："乡间风俗，雇外来之人恐其来历不明，必须写立文券为凭。今时毛儿系同村素识，彼此相信，其〔雇佣〕年限、工价即以口议为定"，"虽未立有文券，但雇工已经二载，初非短雇月日可比；每年给工价七千文，又与受值不多者有间"，"实系长年雇倩"，所以力主维持原判。②最后的判决，以及此案判决所产生的影响，我们暂且不论，只要指出如下事实就够了：（1）直隶总督和刑部辨别时毛儿是不是雇工人，双方尽管意见相反，但都是以"新题例"作为判断准绳的。（2）本案雇主刘玉父子是跟雇工一道去赶集、同桌喝酒、结伴回家一般农民，既非"功臣之家"，也不是"缙绅之家"或"绅衿之家"。（3）断案中各持不同意见的双方只考虑是否立有文券、议有年限，并没有讨论雇主是何等人家的问题。显然，他们都认为雇主刘玉和他的儿子刘七达子的身份包

---

① 《山东经营地主》，第284页。
② 洪弘绪等辑：《成案质疑》卷20，乾隆三十一年刊。

括在"官民之家"范围之内是当然的,无须论证。由此可见,当时官方的理解,包括凡人等级以上各色人等统统在"官民之家"之内,并无歧义。

陕西魏俊案发生在乾隆二十二年,也是"新题例"生效的年代。魏俊自幼给翟邦直佣工,既未"立有文券"也未"议有年限",娶妻后仍和翟姓住在一起。雇主之弟翟邦英,风闻魏俊和翟的三嫂孙氏通奸,便砍杀孙氏以及扑上救母的侄女等二人,然后自杀。三条命案,雇工魏俊不是凶手,但官方认定他是祸首,惩以刑罚。在辨别魏俊的身份是否为雇工人时,陕西巡抚认为,"魏俊年甫十四即受雇翟邦直家,迄今三十九岁,复经帮娶妻室,相依附居,恩深义重,自不应拘泥例文仍以凡论"。所谓"不应拘泥例文仍以凡论"的意思是,按照律文,魏俊与主人翟家没有"立有文券、议有年限"不符合雇工人条件;只因魏俊附居主家,雇主为其娶妻,"恩深义重",所以按雇工人律判刑。不"拘泥",实际是违犯条例。刑部对此没有提出不同意见。所不同的是,陕西巡抚判照雇工人"奸家长期亲之妻律拟绞监候",而刑部认为此案魏俊所犯之罪比奸家长期亲"罪情尤为重大",仅拟"绞监候""不特轻重无所区别,更觉无以正名分而惩淫凶",必须从重判处,把陕西巡抚所判的"绞监候"改为"绞立决"。① 该案有几个情况是可以肯定的:第一,陕西巡抚和刑部官员的判词辨别魏俊身份的依据都是"新题例"。"不拘泥"三字表明他们违犯"新题例"的规定是有意的,是特例,而非不承认"新题例"的内容。第二,案中的雇主翟邦直兄弟的身份并非公侯官宦而是平民。陕抚认定此案按雇工人律处刑,理由是"恩深义重",刑部加重处刑的理由是"罪情重大",他们都没有考虑雇主的身份问题。他们没有因雇主是凡人而认定魏俊不是雇工人。

还有,雍正八年广东英德县陈贱祥短工案、乾隆二十二年直隶张狗儿案以及其他几个案件,② 都是平民百姓雇佣长短工的案子。不论对"新题例"的理解有何分歧,司法官员都用"新题例"来辩明受雇者身份以定刑。如像罗先生所说,包括自耕农、佃农、富农和庶民地主中的经营地主

---

① 同德《成案续编》卷6,乾隆二十年刊。
② 兹不详述,详情请参阅《明清农业萌芽》,第275—276页。

的"农民佃户"都不包括在"新题例"的"官民之家"的范围之内，官员为什么还要用"新题例"来断这些案件呢？迄今为止，好像还没有看到处理主雇案件不引用"新题例"而直接按凡人处理的案例。罗先生说"不能把没有政治特权的、基本上属于'凡人'等级的'农民佃户'纳入'官民之家'的行列"。① 希望罗先生举示案例以证之。

  罗先生并非没有看到根据"新题例"判案的案例，他也认同"在乾隆三十二年以前的封建法庭上，确有将'农民佃户'所雇农业长工按'雇工人'判刑的实际案例"；可他认为这是封建法庭"上下其手"，"不按条例办事"，"立论时当然不能以封建法庭上变化多端的案例为依据，而应该以明清法典上的条律和条例为依据"。② 罗先生这个意见令人很难理解。前面所举的案例都是按条例办事的。如果官员不按条例办理，把本不应该算作雇工人的雇工断为雇工人，这可能意味着他怀有某种不可告人的目的有意曲解条例，我们可以称其为"上下其手"。可条例上写得明明白白，审案断案时又按条例的规定办理了，这不是很正常的吗，"上下其手"从何谈起呢？

  我们在研究律例时，必须要研究条文产生的原因、根由，研究其所以提出的道理，了解其背景才能更好地理解它，这是当然的。我们也尽可能这样做了。但必须同时注意到，条文一旦形成，只能按照它的行文字面的含义去解释。"缙绅之家"没有蓄奴权，但又大量蓄奴。为了从法律上解决这一违法现象，才产生了"新题例"。"新题例"条文确立之后，其中有关"雇工人"的规定以及"官民之家"的提法，就具有一般的通用性了。在没有当时的立法者或者权威的注释的情况下，不能对"民"字做随意的解释，赋以超出通常意义的含义。我们只能简单地将其理解为相对于"官"的群体，而"农民佃户"是包括在这个群体之内的。

  罗先生认为"官民之家"一语在"新题例"中就已出现，而"农民佃户"一语，在万历十六年的"新题例"中没有出现，乾隆二十四年的"条例"中也没有出现，直到乾隆三十二年才以"若只是农民雇倩亲族耕

---

① 《山东经营地主》，第 298 页。
② 同上书，第 299 页。

作（之人）"的行文方式，首次在"条例"中与"官民之家"一语同时出现。罗先生以"官民之家"比"农民佃户"早出现了将近180年作为"农民佃户"并不包括在"官民之家"中的补充例证。① 其实"农民佃户"一语在条例中晚出，并不能证明早出的"新题例"中的"官民之家"一语就不包括农民佃户。乾隆三十二年条例中将农民佃户雇倩单独提出，一方面反映当时农业中的雇佣关系日趋增多，民间主雇之间的矛盾已成为比以前更值得注意的现象了。另一方面，从"雇工人"条例自身的发展看，判定"雇工人"身份的原则改变了，由文券、年限转为是否具有主仆名分、是否从事服役劳动，使得立法者将"农民雇倩亲族耕作"之人另列出来。"耕作"二字强调了被雇者的工作性质有别于服役。

以农民佃户的生产状况、生活状况及其财力而言，他们雇人干活的目的主要是农业生产的需要，而不是生活服役。他们雇工的时候与被雇者订立、约定年限，是有可能的；但是和雇工之间以老爷、下人相称，绝不同住同食，具有主仆名分的情况则是极少可能的。所以，当仅以文券、年限为判定标准时，即使是农民佃户雇主也可能成为立券长工的"家长"，当以主仆名分和是否服役劳动为判定标准时，农民佃户成为"家长"的可能性就很小了，他们的雇工也就不成其为雇工人了，即使是立了文券、定有年限也不会是。所以条例中提出"农民佃户雇倩"，一则是强调"主仆名分"在雇佣关系判定中的作用，再则也是将条例进一步细化的结果。这也表明，在"新题例"中不是"'农民佃户'并不包括在'官民之家'"，恰恰相反，"民"字里面原来就是包括农民佃户的。

通过以上分析可见，罗先生所提出的"新题例"中作为雇主的"官民之家"不包括"农民佃户"的看法是难以成立的。

（二）明清"新题例"的规定适用于农业雇工

万历"新题例"中"官民之家"雇倩的"工作之人"是否"既包括从事服役性劳动的雇工，也包括从事生产性劳动的雇工"？罗先生认为，"从明律上首次出现的'雇工人'一词的历史渊源来看，是从《唐律》中

---

① 《山东经营地主》，第284页。

的'部曲'一词演变而来，可见其含义应与从事服役性劳动的'家仆'有关，而与从事生产性劳动的受雇于'农民佃户'的农业长短工无关"。① 不错，明律中有关雇工人的律条的确与唐律中有关部曲的条文有不少一致之处。清代法学家薛允升就曾说过"唐律之所谓部曲，明律大半改为雇工人"；可他没说明律的雇工人就是由部曲演变而来。不论是《大明律》还是《大清律》从来都没有雇工人即为家仆一类的提法。何况，中国古代部曲情况相当复杂，论者很多。古代的部曲绝不是简单的"从事服役性劳动的'家仆'"所能概括的。我们只能通过对"新题例"本身的文字去分析雇工人是否包括受雇于"农民佃户"的农业劳动者。

早在"新题例"产生之前，有关雇工人的法律就运用于一般百姓雇主和雇工的案件。当时的一种解释是，"用钱雇募在家佣工者"都算雇工人，没说什么人雇的不算。另一解释是，"雇工人者，乃受雇长工之人，或雇出外随行者，不论年月久近皆是，若计日取钱，如今之裁缝、木匠、泥水匠之类，皆不得为雇工人。若前雇工人年限已满出外，有犯者亦不得为雇工人"。两种解释都没有规定只有服役性劳动者才是雇工人，而生产性劳动者不是。②

万历十六年"新题例"规定"今后官民之家凡倩工作之人，立有文券，议有年限者，以'雇工人'论；止是短雇月日，受值不多者，依'凡[人]'论"。③ 这里为雇工人设立的条件有三：文券之有无、年限之长短和工钱之多少；既没有指定某些行业，也没有排除某些行业。没有理由认定它不适用于农业雇工。

当初制定"新题例"的目的在于解决缙绅之家是否准许蓄奴的问题，并不是考虑农民雇工的事。但"官民之家雇倩工作之人"一词没有冠以劳动性质的定语，这就是说，既没有指定只包括服役劳动者，也没有刻意排除生产劳动者，不管条例制定者当时是怎么想的，条例被批准后，其解释只能是从事服役和从事生产的两类雇工都包括在内。所以，在"新题例"

---

① 《山东经营地主》，第 287 页
② 《明清农业萌芽》，第 265—267 页。
③ 《明律集解附例》卷 20，光绪三十四年清修订法律馆重刊本。参阅《明神宗万历实录》卷 194，十六年正月庚戌。

有效期内，官员在判处任何有关雇工案件时，必然首先运用这个条例去判别案中主雇关系的性质，以确定涉案的雇工是"雇工人"还是"凡人"，然后才能选定适用于该案的条律定罪。前面所举示的案例都可证明。

为了论证"新题例"中不包括农民佃户雇佣的农业雇工，罗先生再举出笔者曾引用的3条材料：一是：乾隆八年江苏巡抚在处理江苏阜宁县张廷鉴一案时，曾发表过张廷鉴"虽曾立契佣工，但已被主逐回，与现在供役者不同"的议论；二是：乾隆十年直隶总督在处理李天宝一案时，曾发表过"奴仆之与雇工，一系终身服役，一系限年服役，乃均属听遣驱使，同为下役之人，未可以'奴婢'为贱而以雇工为良也"的议论；三是：在陆燿《切问斋集》上载有一则反映18世纪50—70年代间统治阶层看法的议论，说："查雇工人例以文契为凭，但此辈朝秦暮楚，久暂不拘，为家长者亦以偶发任使，类不责立文契。乃有服役数年之后，犯事到官，仍以'未立文契'论比平人者，适启若辈忽视家长之心。并请嗣后雇工人服役三月以内无文契者，准照平人论；三月以外，即无文契，均照雇工人问罪。"罗先生认为，"上述司法界的议论，对于说明乾隆三十二年以前'雇工人'的劳动性质是服役性的，不失为是一个值得注意的旁证"。①

其实这些资料对罗先生论点是无助的。列举的这两个案例，乾隆八年江苏阜宁县张廷鉴案的讨论重点是已辞出雇工是否应判为雇工人的问题；②乾隆十年直隶李天宝的讨论重点是雇工在社会上与非雇主家族成员的关系问题。③两个案例的资料都没有详细描述雇工的劳动性质。即使这两案子的受雇者都是从事服役性劳动的仆人，难道只凭这两个案例就可以证明"乾隆三十二年以前所有'雇工人'的劳动性质是服役性的"吗？前面已经列举了的那些生产劳动者的案例就可以无视吗？罗先生的这种论证方法似乎尚可斟酌。至于陆燿的议论，他是要求确立一个新的判定雇工人的标准，即以实际的雇佣时间以3个月为准，不以文契为辨别标志，他并没有涉及劳动性质问题。④即使以其中"有服役数年之后"字样而断定陆燿指

---

① 《山东经营地主》，第289页。
② 《条例（附成案）》卷6。请参阅《明清农业萌芽》，第278—279页。
③ 《成案续编》卷9。请参阅《明清农业萌芽》，第277—278页。
④ 陆燿：《切问斋集》卷13。请参阅《明清农业萌芽》，第281页注②。

的是生活服役之人，也只能理解为他认为生活服役之人不可轻慢家长，而难以证明"新题例"的雇工人不包括生产性雇工。所以陆燿的话不能"说明乾隆三十二年以前'雇工人'的劳动性质是服役性的"。

罗先生又把明清两朝历次雇工人条例中的各种规定集中到一起，把雇工人归纳为8种人，用以证明"新题例"中的雇工人不包括农业生产劳动者：①

> 从明清法典上"雇工人"等级所包括的各种社会成员来看，也可以说明"雇工人"所从事的劳动性质是服役性的。在明清法典上可以清楚地看到，按"雇工人"等级判刑的包括以下八种人：其一是在"官民之家立有文券，议有年限"或"虽无文契而议有年限，或不立年限而有主仆名分""受雇在一年以上"，或"犯奸、杀、诬告等项重情"受雇在"一年以内"的"雇倩工作之人"（参看万历十六年"新题例"、乾隆三十二年"条例"）；其二是"士庶之家恩养未久，不曾配合"的"财买义男"（参看万历十六年"斯题例"）；其三是在"官民之家素有主仆名分"的"车夫、厨役、水火夫、轿夫及一切打杂受雇服役人等"（参看乾隆五十三年"条例"）；其四是在："官民之家""甫经契买、未配室家"的"白契所买奴婢"（参看嘉庆六年"条例"）；其五是在"官民之家"甫经典买或典卖，隶身未及三年，并未配有妻室"并无典卖字据"的"典当家人"（参看嘉庆六年"条例"）；其六是与上条情况相同的"隶身长随"（参看嘉庆六年"条例"）；其七是在"官民之家""议有年限"的"典当雇工人"（参看嘉庆六年"条例"）；其八是"官民之家""从前契买（不论红契白契）"的"奴婢"（参看宣统二年"条例"）。②

罗先生归纳明清两朝所有有关雇工人的条例以说明雇工人所从事的劳动性质是服役性的，这种方法令人未敢苟同。

---

① 《山东经营地主》，第290—291页。
② 同上。

如前所述，在长达两百余年的时间里，雇工人条例多次修订。历次雇工人条例确定雇工人身份的条件（方法、原则、标志）有着很大变化。在一定时期内被划为具有雇工人身份的雇佣劳动者，在另一时期内并不成其为雇工人；反之亦然。官府审理雇工人案件只能使用当时有效的条例。正是根据这个具体情况，我们分析了历次条例，找出它们的差异，考察不同时期因条件的差异而形成的雇工人范围的不同。①

罗先生根据"新题例"以后修订的以"主仆名分"和服役劳动原则规定的各类雇工人，说他们都不是生产劳动者，由此推定"新题例"的规定不包括生产劳动者。这就是说，用以服役劳动为认定雇工人标准的条例，来证明条例规定的雇工人都是服役劳动者，这种循环论证有什么意义呢？再者，怎能用18世纪后期制定的条例证明16世纪中期制定的"新题例"里"立有文券、议有年限"的雇工人肯定不包括农业雇工呢？

不论如何，用后出的条例诠释此前的条例是不妥的。乾隆三十二年条例、乾隆五十三年条例跟万历十六年"新题例"的内容混编在一起也是不妥的，因为它们规定雇工人条件的原则有了重大改变，从强调文契、年限，转向强调主仆名分。无视这些重要的差别而得出的结论，恐怕难以成立。

罗先生还引用《明实录》② 和赵翼《廿二史札记》③ 等资料，用以说明"义男"、"家人"和"长随"的劳动性质与生产无关而明显地属于服役者类型。④"义男""家人"和"长随"的劳动性质是服役劳动，前人已多探讨，谁人曾有歧议？可这又与以文券、年限为判定标准的"新题例"中的"雇工人"可以包括生产劳动者有什么关系呢？总之，罗先生在这里没有摆出足够的、能够成立的论据证明自己的观点。

---

① 有关历次条例的分析，请参阅《明清农业萌芽》，第261—291页。由于讨论的是雇工人问题，所以在此只摘取与雇工人直接有关部分，其他如隶身长随、典当家人等均略。
② 《宣宗实录》卷6："常、镇、苏、嘉、湖、杭等府巡检司弓兵，不由府县金充，多是有力大户令义男、家人营谋充当"，"专一在乡设计害民，占据田产、骗要子女，稍有不从，辄加以拒捕私盗之名，各执兵杖，围绕其家擒获，以多桨快船装送可监收，挟制官吏，莫敢准何，必厌其意乃已。不然即声言起解赴京，中途绝其饮食，或戕害致死，小民畏之甚于豺虎"。
③ "今俗所谓'长随'，则官场中雇用之仆人，前明谓之'参随'。"
④ 《山东经营地主》，第291页。

如果"新题例"真的与农民佃户、与农业劳动者了无关系,那么官府在接到民间雇工案件时,根本用不着搬出它来分辨是不是"雇工人"。反之,凡运用这个条例来审判的案件,其雇主必然是"功臣、缙绅、绅衿"。事实并不如此。如果"新题例"真的与农民佃户、与农业劳动者了无关系,那么以后的条例中就没有必要加入有关农业雇工的条文,提出从未涉及的"农民雇倩亲族耕作〔之人〕"、"农民佃户雇倩耕种工作之人"岂非画蛇添足?

附带提一个问题:罗先生考察了所有雇工人的"条律"以后说,"十分肯定地把明清两代的'农民佃户'所雇佣的长工纳入'雇工人'等级的这种说法,在法典上所载明的有关'条律'中是找不到文字根据的"。① 这个看法是对的,因为"条律"本来就是判决主雇相犯案件的法律依据,不是谁应该纳入雇工人等级的辨别依据。条律规定的雇工人与其他等级同罪不同罚,具体地体现出雇工人法律地位低于凡人。这也正是笔者在《明清两代"雇工人"的法律地位问题》一文中所讨论的问题。② 管见所及,没发现此前的讨论中有谁认为确定某雇工的雇工人身份需以"条律"为根据。令人不解的是,罗先生竟然在同一段落中否定了自己的正确意见,说"上引'条律'可以作为应否将'农民佃户'所雇农业长工纳入明清法典上的'雇工人'等级之内的重要论据之一"。③ 这个看法显然是不妥当的,因为什么样的雇工应该纳入雇工人等级,并不是由雇工人"条律"决定,而是由雇工人"条例"决定的。

(三)明清两代关于雇工人条例的历次修订反映了农业雇工法律身份的解放过程

罗先生既然认为"新题例"中的"民"不包括百姓农民,其后的条例中提出的"农民佃户雇倩工作之人"有犯"俱依凡人科断"也就没有新意,因为这一内容从来就包含在以前的条例之中,由此得出结论:"对

---

① 《山东经营地主》,第275—276页。重点是引者加的。
② 《新建设》1961年第4期。收入《明清农业萌芽》,第243—260页。
③ 《山东经营地主》,第275页。

于受雇于'农民佃户'的农业长短工来说,事实上并不存在一个所谓从'雇工人'等级中解放出来的历史过程的问题。"①

罗先生认为,如果十分肯定地说农业雇工中的长工就具有"雇工人"身份,短工就不具有"雇工人"身份的话,"在明清时代凡受雇于'农民佃户'的农业雇工其工期满一年者通常均称之为长工或'年工'","新题例"规定,"凡'立有文卷,议有年限'满一年者,即可称之为长工,并被纳入'雇工人'等级。可是,在乾隆二十四年的'条例'中却出现了凡'计工受值已阅五年以上者,于'家长'有犯,均依'雇工人'定拟'的条款,从而把计工受值在五年以下者排除在'雇工人'等级之外,按'同凡'处理;而在当年山西按察使永泰建议修改万历'新题例'的奏折中,又曾予拟了'如受雇在十年以上者,恩义并重,无论有无文卷,均照"红契奴婢"定拟'的条款,从而企图把计工受值在十年以上的也排除在'雇工人'等级之外,按'红契奴婢'处理。这不是矛盾吗?"②

其实,乾隆二十四年条例中的"已阅五年以上"云云,是没有摆脱"新题例"中"议有年限"原则的影响。当时的立法官员不会不知道在习惯上一年以上就算长工吧,他们偏偏要把长工的概念从一年延长为五年。已雇一年以上长达五年以下的长工不算雇工人,这只能理解为他们在试图缩小雇工人的范围,减少雇工进入雇工人范围的人数。这正是雇工人法律身份解放过程的一个表现。至于十年以上按"红契奴婢"处理的说法,只是永泰的个人建议,当时就被刑部否掉了。刑部的反驳意见说:"雇工则仅资力作,来去无常,民间经营耕获,动辄需人,亲属同侪相为雇佣情形本难概论。定立有文券、议有年限方作雇工[人],若随时短雇、受值无多者即同凡论,法至平也。……若无文券而年份稍久者反与奴婢同论,殊与义不符。"③ 在正式颁行的条例中,罗先生所谓的矛盾并没有发生。

罗先生特别论证了乾隆三十二年条例中"若只是农民雇倩亲族耕作[之人],店铺小郎,以及随时短雇,并非服役之人,应同凡论"一句,

---

① 《山东经营地主》,第298页。
② 同上书,第293—294页。引文中重点是原有的;"卷"应作"券"。
③ 《刑名条例》"名例"乾隆二十四年,"命盗"。转见《明清农业萌芽》,第283页。

译成白话后"该条款有关农业雇工的部分将成为：'凡是农民雇请的农业长工……以及随时雇请的农业短工，并不是服役的人，应按照凡人处理。'"① 其实，乾隆三十二年条例最值得注意的是提出了"主仆名分"作为确认雇工人身份的标志。它的后半部分中，"农民雇倩亲族耕作［之人］"应该突出强调的有两点：一是"亲族"；二是"耕作［之人］"，即生产劳动者；"店铺小郎，以及随时短雇"所强调的是"并非服役之人"。条例是在确认亲族、耕作之人和非服役之人都与雇主没有主仆名分。劳动性质对雇工人身份的确立起到了突出的作用。② "主仆名分"原则在条例中出现具有重要意义，因为它把一部分生产劳动者，即被亲族雇佣的农业长工、所有非服役性短工和店铺小郎，都从雇工人等级中剥离出来了。这也是雇工人法律身份解放过程的一个表现。

把"农民雇倩亲族耕作［之人］"诠释成"凡是农民雇请的农业长工"而忽视"亲族"二字，是不可以的。条例的前半部分中"立有文契、年限之雇工仍照例定拟"，以及"其余雇工，虽无文契而议有年限……如受雇在一年以内，有犯寻常干犯［家长之罪］，照良贱加等律再加一等治罪，若受雇在一年以上者，即依雇工人定拟；其犯奸、杀、诬告等项重情［者］，即一年以内，亦照雇工人治罪"等规定，都没有把农业长工排除在雇工人之外。"立有文契、年限之雇工"、受雇在一年以上"犯寻常干犯［家长之罪］"的雇工，甚至"犯奸、杀、诬告等项重情"的一年以内的雇工（即短工）都在雇工人等级之内，条例没有排除农业长工。所以说，"农民雇倩亲族耕作［之人］"理解为包括农业长工是可以的，但必须指出，这里只包括"雇倩亲族"，不包括所有的农民雇佣农业长工。按照条文字面解释，大量的非亲族雇佣的农业雇工仍为雇工人。这对雇工身份解放过程来说不能称为进步的发展。所以，对这个条例的理解，既不能不顾"亲族"二字，也不能不考虑条例的前半部分。

罗先生说，他关于乾隆三十二年条例中"'农民佃户'所雇请的农业长工和农业短工均不包括在'雇工人'等级之内的看法，在乾隆五十三年

---

① 《山东经营地主》，第297页。
② 请参阅《明清农业萌芽》，第286页。

的'条例'中,可以得到进一步验证。因为在乾隆五十三年的'条例'中,清代的立法者进一步用明确的文字规定:凡'农民佃户'雇倩的农业雇工,'无论其有无文契、年限,俱依凡人科断'"。① 窃以为,乾隆五十三年条例确定雇工人身份的原则是"主仆名分",凡与主人有主仆名分的雇工都属雇工人,凡与主人无主仆名分的雇工都不属雇工人;以前条例中的文契、年限以及是否亲属等条件都不再起作用了。从这一点说,乾隆五十三年条例比三十二年条例有了很大的进步,而不是"进一步验证"了三十二年条例"'农民佃户'所雇请的农业长工和农业短工均不包括在'雇工人'等级之内"。特别应该注意,乾隆五十三年条例对无主仆名分的雇倩耕种工作之人非雇工人的规定,对雇主的限定只是"农民佃户",不包括非"农民佃户"的官僚缙绅之家。一般说来,官僚缙绅之家"雇倩耕种工作之人"与雇主必然是"平日起居不敢与共、饮食不敢与同,并不敢尔我相称",具有主仆名分的内容,当然也就成为雇工人了。薛允升对这个条例的后果概括得颇为恰当:"有力者有雇工人,而无力者即无雇工人矣。"②

为了能比较清楚地看出历次条例所规定的农业雇工的雇工人条件,列了两个表:(见下页)

从表中可以直观地看出,历次条例对雇工人界定的原则从文契、年限到主仆名分,是有替代性的。因其有效期前后有差,自然导致了在雇工群体中被划入雇工人的成员随之变动。前后变动呈交叉、反复之势,其总趋势是农业生产劳动者进入的减少,平民百姓农民佃户雇佣农业生产劳动者进入的减少以及长工进入条件的改变。

如果我们把多次条例所呈现的复杂变化加以简化,抓住最突出和最主要的表现,那就是万历十六年"新题例"和乾隆五十三年条例所规定的雇工人条件。万历十六年(1588年)的"新题例"以"立有文券、议有年限"为界定雇工人的标准,大体上是把长工(不论是生产劳动者还是服役劳动者)都划为雇工人;而短工非雇工人。对农业雇佣劳动者来说,长工

---

① 《山东经营地主》,第297页。
② 《读例存疑》卷36,光绪十三年刊本。

350　清朝社会等级制度论

表1　明清历次条例中确立雇工人身份条件比较（表中"√"代表雇工人）

	万历十六年新题例（1588—1759年）	乾隆二十四年、二十五年例（1759—1767年）	乾隆三十二年例（1767—1788年）	乾隆五十三年例（1788—1801年）	嘉庆六年例（1801—1901年）	宣统元年例（1901—1902年）
官民之家凡倩工作之人立有文券议有年限者	√	√	√			
虽无文契而议有年限	√					
计工受值已阅五年以上者于家长有犯	√					
家长杀雇工必立有文契，议有年限		√				
虽无文契而立有年限，不立年限而有主仆名分受雇一年以上，犯奸、杀，诬告等项重情[者]			（照良贱加等再加一等）	√		
虽无文契而立有年限，不立年限而有主仆名分一年以内，其犯			√			
官民之家车夫、厨役、水火夫、轿夫及一切杀受雇服人等平日起居不敢与共，饮食不敢与同，并不敢尔我相称，素有主仆名分者无论其有无文契、年限				√	√①	√②

① 嘉庆六年条例中，a"官民之家"四字无；b"无论其有无文契、年限"改为"并无典卖字据者，如有杀伤"。
② 宣统元年条例中，"无论其有无文契、年限"删。

关于明清法典中"雇工人"律例的一些问题　351

表2　明清历次条例中确立非雇工人身份条件比较(表中"×"代表凡人)

	万历十六年新题例 (1588—1759年)	乾隆二十四年、二十五年例(1759—1767年)	乾隆三十二年例 (1767—1788年)	乾隆五十三年例 (1788—1801年)	嘉庆六年例 (1801—1901年)	宣统元年例 (1901—1912年)
短雇月日,受值不多者	×	×				
家长杀雇工人无文契,年限		×				
若只是农民雇倩亲族耕作[之人]			×			
随时短雇,并非服役之人			×			
农民佃户雇倩耕种工作之人,平日共坐共食,彼此平等相称不为使唤服役,素无主仆名分者,无论其有无文契年限				×	×①	×②

① 嘉庆六年条例中,删"无论其有无文契年限",增"如有杀伤"。
② 宣统元年条例中,"不为使唤服役","无论其有无文契年限"删。

都是雇工人，短工都不是雇工人。乾隆五十三年条例强调主雇间的主仆名分，从而产生两个实际的雇工人划分标准，一个看雇工是否从事服役性劳动，另一个看雇主的身份等级的高低（勋戚、贵族、缙绅、绅衿之类还是农民佃户）。根据这两个标准，大体上可以说，服役雇工全部成为雇工人，凡人等级的农民佃户所雇佣的长工和短工都不成为雇工人了。

我们当然无法据此做出数量变化的估计。从界定原则上的变化上看，平民百姓、农民佃户雇佣农业生产劳动者被划入雇工人等级机会的减少，意味着农业雇佣劳动者身份的解放。条例的修订过程呈现了更多民间雇佣的生产劳动者脱离雇工人等级身份的过程。

这个缓慢的、曲折的过程并不是王朝统治者自觉地解放农业雇佣劳动者，也不是什么雇佣劳动者群体直接斗争的胜利果实，而是王朝统治者根据情况调整法典等级秩序的结果。也许可以说这是明清雇佣劳动者身份解放进程的特点之一吧。无论如何，这一系列政策调整对农业雇工等级身份的变动产生了很大的影响。

总体来说，罗先生否定明清两代农业雇工法律身份有一个解放过程，也就反对了拙稿对明清时代雇佣关系性质的界定性的看法。他在《山东经营地主》第299页说，"以欧文为代表的流行观点""最终旨在说明'从法律形式上看，越是大地主（主要指：'利用了雇佣劳动进行农业经营'、'所集中的土地越多，其经营越大'的大地主——引者注）他对雇工的等级关系就越是显著，因而他的农业经营也就越具有封建性，而不是越具有资本主义的性质。'"这是笔者分析雇工人条例得出的结论之一。笔者在《明清农业萌芽》第303页的原话是："从法律形式上看，越是大地主，他越有可能和雇工间形成等级关系，因而他的农业经营也就越具有封建性，而不是越具有资本主义的性质。"这里有3个问题：第一，这里所说的封建性关系，是指等级关系，而明清时代农业主雇之间是否有等级关系，决定于主人的等级身份，并不是决定于主人土地拥有量的大小、多少。第二，笔者只讲"可能"，至于特定时间、特定地点的情况，要具体分析。第三，越是大地主"越有可能和雇工间形成等级关系"的意思是说，占有大量土地的地主，具有更高等级身份的可能性越大，从而和他的雇工之间形成不平等的等级关系的可能性也越大。不能简单地认为土地越多、经营越大，就一定资本主义性质越浓。笔者的研究重点在于说明明清时代由法律规定了的身份等级制度的存在，以及其对经济关系的影响和制约。离开这点就无从理解笔者对"雇工人"条例分析得出的所有结论。

二

高桥芳郎先生从另一角度否定明清时期历次"雇工人"条例反映雇佣劳动者的法律身份解放过程。他的《明末清初奴婢、雇工人等级的重修和特点》①一文，认为明清两代对雇工人条例的修改，只是对"由于种种原因形成的私人支配隶属关系下的私人隶属民的法律身份，结合实际情况进行整序、细分、规定的过程"；②雇工人条例的历次修改只是"法律技术领域内的改革"，而"在法律等级体系方面没有什么质的变化"，"没有从变质到解体过程"；要想根据这种修改过程来"表明雇佣劳动者法律身份上获得解放，应该说是十分困难的事情"。③笔者理解高桥先生的意思是说，明清两代雇工人条例的历次修改都是技术性的调整，雇佣劳动者没有一个法律身份解放问题。

研究明清雇工人条例的修改必须探讨三个方面的问题：第一，立法原则的发展变化；第二，由于立法原则的变化而引起的文字差异；第三，这些文字差异所涵盖的人群的变化。笔者认为，高桥先生的结论，问题出在只看到了条例修改的技术方面，即只看到了历次条例在表面上的文字差异，并把这些差异全看成是技术性的修改，忽视了这些文字差异是由于立法者改变了立法原则而形成的。更没有深究这些文字上的差异所反映的"雇工人"所包括的范围的变化：在一定时期属于"雇工人"的雇工在另外的时期已经不属于"雇工人"了。看不到这些问题，当然看不到不同条例所表现的质的不同，要理解雇佣劳动者的法律身份上的解放，当然"是十分困难的事情"了。但是，其中表现的质的变化却是不容忽视的。

清代法学家薛允升针对乾隆五十三年条例评论说，"奴婢有定，而雇工人

---

① 1982 年发表，2001 年收入《宋——清身份法の研究》，北海道大学图书刊行会版（以下简称《身份法研究》）。本文承邓亦兵同志提供译本，高淑娟同志校对，谨致谢。
② 《身份法研究》，第 310 页。
③ 同上书，第 310、311 页。

无定，屡次修改。遂以起居饮食不敢与共、不敢尔我相称者为雇工人，否则无论服役多年俱以凡论。是有力者有雇工人，而无力者即无雇工人矣"。① 基于条例本身内容以及薛氏的解释，小山正明认为"被一般农民佃户雇佣的人，无疑适用凡人律"。② 笔者也同意这个意见。对此，高桥先生持反对意见。尽管他承认"在当时，通常情况下，农民、佃户们与雇工人之间并不存在'主仆名分'这种身份差别"，但他认为乾隆五十三年"条例不排除，也不否定农民、佃户与雇佣人之间存在的'主仆名分'的现实可能性的东西。而这种可能性，借用薛允升的话说，就是无力者有雇工人"。③ 不过高桥先生既没有举出理由，也没有举出农民佃户的雇工被定为雇工人的事例来证明这一点。

主雇之间有无主仆名分，是与雇主身份的高低密切相关的。在乾隆五十三年条例中，"主仆名分"的内容被具体化为"平日起居不敢与共，饮食不敢与同，并不敢尔我相称"。在清代实际生活中，农民，特别是佃户，乃是薛允升所说的"无力者"，在经济上属中下层，在政治上是凡人等级而不是高等级，他们与雇工的关系，普遍的、正常的现象是"平日共坐共食，彼此平等相称，不为使唤服役"是属"素无主仆名分"。这是历史的实际。即使是从条例的文字层面理解，也排除农民、佃户与其雇工间实际上存在"主仆名分"的可能性。离开历史实际去理解或解释当时的条文，是不可靠的。

高桥先生把明清法律中有关雇工人条例和雍正五年对奴婢律④的修改

---

① 《读例存疑》卷36，嘉庆六年修并条例后之薛允升按语。
② 《关于明清时代的雇工人律》，收入《明清社会经济史研究》，东京大学出版会1992年版。转引自高桥书第309页。
③ 《身份法研究》，第309页。重点是引者加的。
④ 雍正五年条例：凡汉人家生奴仆、印契所买奴仆、并雍正五年以前白契所买，及投靠养育年久，或婢女招配生有子息者，俱系家奴，世世子孙永远服役，婚配俱由家主，仍造册报官存案。其婢女招配，并投靠及所买奴仆，俱령立文契，报明本地文官钤盖印信，如有事犯，验明官册印契，照例治罪。其奴仆诽谤家长，并雇工人骂家长，与官员、平人殴杀奴仆，并教令、过失杀，及殴杀雇工人等款，俱有律例，应照满洲主仆论。若犯该黑龙江当差者，照名例改遣之例问发。至不遵约束、傲慢顽梗、酗酒生事者，照满洲家人吃酒行凶例，面上刺字，流二千里，交予该地方官，令其永远当苦差。有背主逃走者照满洲家人逃走例，折责四十板，面上刺字，交与本主，仍行存案。容留窝藏者，照窝藏逃人例治罪。如典当雇工限内逃匿者，照满洲白契所买家人逃走例责三十板，亦交予本主。若典当立有文契、议有年限，不遵约束，傲慢酗酒生事者，听伊主酌量惩治。若与家长抗拒殴骂者，照律治罪。再，隶身门下为长随者有犯，亦照典当雇工人治罪（《大清会典事例》谨案：此条系雍正五年定。乾隆四十二年将"雍正五年"改为十三年。"教令"上增"违犯"二字。四十八年删去"照满洲白契所买家人逃走例"十二字）。（光绪《大清会典事例》卷810，刑部，刑律，斗殴，奴婢殴家长。）

联系起来考察，这是很新颖的。他认为，雍正五年制定的有关奴婢的条例承认了从缙绅阶层到士庶家都存在存养奴婢的事实。他分析这一条例有两个"划时代的意义"：第一，国家权力以不限定存养主人的法律形式正式确认了奴婢的保有，同时，通过买卖良民转变为奴婢的途径也被公认了；①第二，"基于与中国社会传统的奴婢等级制定原则不同的异质的身份制定原理，创造出了新的奴婢身份"。② 不过，笔者对此不敢苟同。

我们应该注意到，高桥先生所说的"承认从缙绅阶层到士庶家都存在存养奴婢的事实"这一点，远非始自雍正五年。早在顺治初年在《大清律例》卷8"户律"，"户役"，"立嫡子违法"的律注中就已认可了。明律的户律中"立嫡子违法"条规定"若庶民之家存养奴婢者杖一百，即放从良"。清律全抄此条，只在"存养"二字后加了五个字的小注："良家男女为"，使全条变为"若庶民之家存养（良家男女为）奴婢者杖一百，即放从良"。这是极其值得注意的。因为从此以后，庶民之家只"存养良家男女"为非法，而"存养奴婢"不再违法了。③ 这五个字，是在《大清律》第一次颁布时加入的，时间为顺治三年。基于清与明两代法律规定的这个差异，"清代正式准许庶民使用奴婢和准许买良为贱，较诸明代，特别是明代前期，是一次反动。这是生产关系落后的民族征服汉族的结果之一"的说法，④ 恐怕也不像高桥先生说的"是非常片面的评价"⑤ 吧。

高桥先生所谓"通过买卖良民转变为奴婢的途径被公认"，笔者理解是指官府通过条例承认了"白契所买之人"的合法性，或者确定了"白契所买之人"的身份与"红契奴仆"同等低下。如果笔者的理解不错的话，那么这类条例既不始自雍正五年，更不仅只雍正五年一条。顺治十年规定八旗民人买卖人口须注册钤印，"如不注册、无印契者，即治以私买

---

① 《身份法研究》，第299—300页。
② 同上书，第301页。
③ 经君健：《关于奴婢制度的几个问题》，载《中国社会科学院经济研究所集刊》第5辑，中国社会科学出版社1983年版，第64页。
④ 经君健：《论清代社会的等级结构》，载《中国社会科学院经济研究所集刊》第3辑，中国社会科学出版社1981年版。第24页。
⑤ 《身份法研究》，第319页注25。

私卖之罪"。① 雍正五年以前的康熙十一年、康熙十九年、康熙二十二年、康熙五十三年、雍正三年，以及雍正五年以后的雍正十三年、乾隆五年、乾隆七年、乾隆二十四年、乾隆二十五年、乾隆五十三年、嘉庆六年，都有有关条例产生。② 雍正五年条例只是一系列条例中的一个而已。

高桥先生指出的第二点，雍正五年条例"创造"了"新的奴婢身份"的说法也还值得商榷，因为上述有关条例，包括雍正五年条例，大多是追认既成事实，准确地说，应该是陆续承认前一阶段未经官注册的"白契所买之人"买卖的合法化，只是奴婢队伍的扩大问题。它们毫不影响奴婢的性质及其在主人、主人家庭以及社会上的地位。所以，并没有一个与原有的奴婢有原则差异的"新的奴婢身份"由于这些条例的产生而被"创造"出来。

高桥先生提出，应该注意"奴婢和雇工人法律等级的性质差异"，"两者间的法律行为能力，量刑差异，是质的不同"。他指出，奴婢是国家剥夺其良民身份，将其与良民对立的等级，并在此前提下规定其法律行为能力。他认为，"奴婢的法律等级，是附着于奴婢这一实际状态的表现"，而"雇工人等级，是从人身租赁契约到买卖等多种途径变成私人支配的隶属关系，是由于国家法律允许雇佣关系存在而产生的"。"在当时社会中，是存在着雇工和被卖身者的，但并不存在所谓的雇工人者。"所以雇工人等级"毫无依附雇工或其他别的实态的表现"，"说明雇工人等级不是政治的、社会的身份，只是单纯的法律等级"。③ 高桥先生看到了奴婢和雇工人等级形成的差异。很有启发，但仍有问题。

笔者认为，如果说奴婢和雇工人等级的形成有差异的话，那也只是事情的缘由，而不能到此为止。第一，当雇工人律形成以后，它和奴婢律同时并列在律法中，两类法律差异形成的原因已经不重要了；而重要的是雇工人和奴婢一样，成为法律规定的特定等级了。第二，社会上存在符合雇工人条例所规定的雇佣劳动者，是客观事实；他们受雇工人条律的约束，就是雇工人。如果像高桥先生所说"奴婢的法律等级，是附着于奴婢这一

---

① 《光绪会典事例》卷1116，八旗都统，户口，旗人买卖奴仆。
② 《关于奴婢制度的几个问题》，载《中国社会科学院经济研究所集刊》第5辑，中国社会科学出版社1983年版，第64、109—118页。
③ 《身份法研究》，第287—288页。

实际状态的表现"的话，同样，雇工人的法律等级，是附着于雇工人这一实际状态的表现，而不是"雇工人等级对雇工或其他实态来说毫无依附雇工或其他别的实态的表现"，也不能说雇工人等级对雇工来说是不存在的。

等级制度的存在，有社会多方面的特征，最基本的特征是法律规定。法律待遇或权利的差异形成等级间的基本差异。但是社会等级的差异不仅表现在法律上。"雇工"和"雇工人"是两个不同的概念。"雇工人"是"雇工"中的特定群体。正因为"雇工"不一定是"雇工人"，所以才有如何区分的问题。在不同时期有不同的区分标志，这些标志就体现在各该雇工和雇主（"家长"）的关系上。相对"家长"而言，"雇工人"等级具备诸如生活（平日起居不敢与同，饮食不敢与共）、称谓（不敢尔我相称）等多方面的不平等关系，即所谓具有"主仆名分"。在乾隆五十三年后，具有主仆名分的雇工就属于雇工人等级。从特定的意义上说，明确地写在《大明律》和《大清律》中雇工人的法律方面的不平等地位，正是家长和"雇工人"这类"雇工"实际状况的反映。所以说，雇工人是一个法律等级，但不是一个脱离社会存在的抽象的等级；不能说"雇工人等级"只是"毫无所依附的表现"。这个等级"依附"在一部分雇佣劳动者身上。

明清法律条文规定，奴婢的法律地位在家长家族之外低于凡人，"雇工人"则与凡人等，两者的差别是极大的。这个差别正是两个等级各自的特点，是这个等级在等级系列中的定位标志之一。不能以此证明"雇工人等级不是政治、社会的身份，只是单纯的法律等级"。也不能认为"这反映了奴婢和雇工人等级不同的制定原则"。

归根结底，应该承认"雇工人"是一个等级，它在明清社会等级阶梯序列中有其独特的地位。不论法律制定的出发点如何，一旦成为法律条文，它的后果已不以制定者的意志为转移。在明清法典中，可以把雇工人与奴婢放在同一标准上相对待、相比较，因为他们都和"家长"有着从属关系。但他们各自有其不同的法律地位。

高桥先生在他的文章中有这样一段话：

> 奴婢与雇工人身份上的性格差异以及等级原则的不同，是以往的研究几乎没有注意到之点。仅有重田德指出："雇工人律，固定于雇

工人，可以说不是身份的定位，但对个别人之间的关系每每成立。"
"明清律中的所谓雇工人律，本来不是与现实社会存在的雇工人密切相关的，其适用上也不是规定身份的东西，具有所谓相对的性质，在与奴婢本律的关系上，具有补充和次要的地位。"雇工人律本不是以人身租赁契约的雇庸劳动为基础制定的，其具有相对和归纳性质的法律等级，重田氏的认识正欲接近这一事实。最近裘辄针对重田德的观点批评说："一个劳动者只要他符合规定的雇工人的条件，就要受雇工人律的约束，怎么能说雇工人律与作为现实社会中存在的雇工人不是密切相关的呢？……奴婢律规定了奴婢的法律地位，雇工人律规定了雇工人的法律地位，两者各自确定一个等级的身份，无所谓主要、次要。"裘氏把奴婢和雇工人放在同一标准上比较，又主张"两者属于各自一个等级身份"，这种观点极力坚持的不过是法律身份只在所限定范围内的有效性。如果注意到重田德指出的奴婢与雇工人等级特点的差异，即雇工人身份所具有的法律等级与政治的社会的身份两者相乖离的问题，裘氏的批评应该说是极为片面的。①

高桥先生引用裘辄的话中用删节号"……"略去一句话："重田氏之所以称雇工人律只具有相对性格，是因为雇工人只在受雇期内与雇主及其家族构成雇工人身份，其实，雇工人仅在受雇期内与雇主及其家族构成雇工人身份正是雇工人等级法律身份的特点，不能由此得出结论说雇工人'具有相对性格'，雇工人律只是奴婢本律的'补充'，或是'居于次要地位'的法律。"② 其实这句话是不该被删略的，因为它所强调的就是"雇工人仅在受雇期内与雇主及其家族构成雇工人身份正是雇工人等级法律身份的特点"。既然是特点，当然不能用它证明雇工人律比奴婢律"次要"。雇工人和奴婢作为两个不同的等级来说，不同的法律反映他们各自的地位，是没有什么主要、次要之分的。就这一点而言，裘辄的意见也谈不上"极为片面"。

---

① 《身份法研究》，第 289 页。
② 裘辄：《关于中日学者对明清两代雇工人身份地位问题研究的评介》，载《中国社会科学院经济研究所集刊》第 3 集，中国社会科学出版社 1981 年版，第 253 页。

高桥先生对乾隆二十四年到五十二年的三个条例探讨分析的结果是"并不存在所谓雇佣劳动者身份解放的轨迹"。① 笔者的看法是：雇工人条例的修改是明清两代的农业雇佣劳动者脱离雇工人等级取得与雇主平等的法律地位的历史过程中的重要现象。这个历史过程是缓慢的、曲折的，从短工的解放到部分长工的解放，前后历史长达两个世纪（1588—1788年）之久，"而在清朝灭亡以前，这个法律上的解放过程始终没有完成"。这里所说的"解放过程"，就是通过条例的修改所反映出来的"农业雇佣劳动者法律形式上的人身隶属关系的解放"。② 对于明清时代雇佣劳动者的身份解放过程，我们二人一个认为存在，一个认为不存在，可见分歧是根本性的。但高桥先生却说"完全赞同"笔者的结论。③ 笔者想也许是因为高桥强调的是统治者修改条例的主观动机；而笔者所强调的是条例修改后雇佣劳动者身份变化的实际后果。所谓实际后果，是指各个条例生效后，雇工人的范围在扩大或缩小；范围的变化反映了"雇佣劳动者身份解放的轨迹"。笔者想重复地说，当条例在法典中确立以后，有意义的是它的实际后果而不是修改它的动机。不管修例的主观动机如何，明清两代法典中雇工人条例的存在，客观上决定着雇工人等级身份解放的过程，不能认为"并不存在所谓雇佣劳动者身份解放的轨迹"。

三

赵冈、陈钟毅先生所写的《中国历史上的劳动力市场》④ 一书第九章，讨论了雇佣劳动的身份问题。其内容与笔者讨论的问题直接相关，故就其中关于明清雇工人订立契约问题提出商榷。

区别前资本主义和资本主义生产关系的核心问题是雇佣劳动性质。雇佣劳动是跨社会形态的现象。雇佣形式因雇佣条件不同而多种多样。不同

---

① 《身份法研究》，第309页。
② 《明清两代农业雇工法律上人身隶属关系的解放》，《明清农业萌芽》，第301页。
③ 《身份法研究》，第309页。
④ 《中国历史上雇佣劳动的身份》，原载《大陆杂志》第73卷第2期。收入《中国历史上的劳动力市场》，台湾商务印书馆1986年版（以下简称《劳动力市场》）。

的雇佣形式体现在雇主和雇工双方的身份，主雇双方约定的雇佣条件、时限，乃至当时政权为雇佣关系做出的规定等方面。当然雇佣关系最直接的、最简单的或者说最典型的表现还是资本主义下的雇佣劳动。

资本主义是这样一种人对人的剥削制度，在这种制度之下，资本家阶级"要购买别人劳动力来增殖自己所占有的价值总额"，① 即从事于剩余价值的生产。在资本主义关系下，资本家是向劳动者购买"在一定时间内对他的劳动力的使用"，② 马克思说："货币所有者要把货币转化为资本，就必须在商品市场上找到自由的工人。这里所说的自由，具有双重意义：一方面，工人是自由人，能够把自己的劳动力当作自己的商品来支配，另一方面，他没有别的商品可以出卖，自由得一无所有，没有任何实现自己的劳动力所必需的东西。"③ "自由劳动和这种自由劳动对货币的交换……是雇佣劳动的前提与资本的历史条件之一。"④ 这一理论可以作为区分资本主义性质和前资本主义性质雇佣劳动的基本标志。

"自由劳动"的双重意义可做进一步的理解。第一，劳动者已从前资本主义的人身隶属关系中解放出来，成为一个有权出卖自己劳动力的"自由"的人；第二，劳动者已被夺去生产资料，"自由"得一无所有。前者使劳动者出卖劳动力成为可能，后者使劳动者出卖劳动力成为必要。当这种"自由"的劳动者在劳动力市场上和资本家进行交易时，双方"彼此作为身份平等的商品所有者发生关系，所不同的只是一个是买者，一个是卖者，因此双方是在法律上平等的人"。⑤ 这里的"平等"，当然就是买卖双方都有根据自己的"自由意志"成立交易契约——雇佣契约的同等权利的意思。双方直接的劳动力买卖不需其他条件。

"自由劳动""自由得一无所有"，是指他既"没有别的商品"，也"没有任何实现自己的劳动力所必需的东西"，即没有任何生产资料。没有任何生产资料，最为典型的是大机器生产的资本主义工业。因为资本主义

---

① 马克思：《资本论》第 1 卷，见《马克思恩格斯全集》第 23 卷，第 782 页。
② 马克思：《资本论》第 2 卷，见《马克思恩格斯全集》第 24 卷，第 42 页。
③ 马克思：《资本论》第 1 卷，见《马克思恩格斯全集》第 23 卷，第 192 页。
④ 马克思：《资本主义生产以前各形态》，人民出版社 1956 年版，第 3 页。
⑤ 马克思：《资本论》第 1 卷，见《马克思恩格斯全集》第 23 卷，第 190 页。

大机器工业生产所需的生产资料不是任何劳动者都能拥有的，流水作业的生产方式也使得单个工人不可能完成整个生产过程，获得产品。所以他们只得把自己的劳动力出卖给生产资料所有者。中国的前资本主义社会，特别是在农业生产中，生产条件与这种典型状态全然不同。马克思分析自由劳动针对的是资本主义雇佣现象，是以劳动力所有者个人为基础进行考察的。中国古代农业的雇佣现象却往往是以一个家庭为背景的。那时的农业生产力水平低下，所需生产资料简单，劳动者家庭可能拥有一块土地和简单的劳动工具，可以独立完成全部生产过程。有的农民家庭只因所拥有的生产资料较少，或因天灾人祸出现困难，不足以维持生存，也没有什么别的商品可以出卖，出现这种情况时，只有出卖劳动力可以补充家庭成员生存所需。劳动者出雇为短工，即出卖部分劳动力；成为长工的劳动者，从他个人来说，出卖全部劳动力；但就其家庭而言，他只是劳动力之一，只是出卖了家庭的部分劳动力，长短雇工都与自己的家庭密切联系，从而也与生产资料没有完全脱离。因此没有生产资料这一条件不是中国前资本主义社会中出卖劳动力绝对条件，换言之，贫苦农民拥有少量生产资料并不成为不必要出卖劳动力的原因。可见，出卖劳动力并非必然"自由"得一无所有。唯其如此，中国历史上的雇佣劳动现象出现极早。

"自由劳动"劳动者已经从前资本主义的人身隶属关系中解放出来，成为一个有权出卖自己劳动力的"自由"的人，这一条对辨别雇佣劳动性质来说，则是绝对重要的。如果劳动者自身隶属于他人，没有人身自由，劳动力不属自己所有，他就没有被雇佣的权利，不能成立与他人形成雇佣关系。只有那些已经从人身隶属关系中解放出来的劳动者才有权处置属于自己的劳动力，才把自己的劳动力出卖给他人，才有可能与作为资本的生产资料相结合形成资本主义的雇佣关系。

对"两个自由"还应有进一步的阐述。

资本家购买劳动力，并不购买劳动者本身；资本家需要的是劳动者以"法律上的平等"地位和他成立雇佣契约关系，而不是使这种劳动者在雇佣期间和资本家发生人身隶属关系。劳动力购买行为贯穿在整个生产过程当中，说资本主义关系中劳动力的买卖双方是在法律上平等的人，就意味着双方不仅在契约订立之时是平等的，而且在生产过程中也是平等的。如果劳动者本来是身份上自由的人,由于劳动契约的订立,与生产资料结合后,却与生产资料所有者产生了人身占有关系或隶属关系,双方不再有身份上的平等和法律上的平等,这种雇佣关系显然就不是资本主义雇佣了。这种现象,正存在于明清社会之中。明清时期有关"雇工人"的规定决定了某些雇佣关系一旦成立后双方不再有"法律上的平等"。因此,我们在分析这个时期的雇佣关系时就不能无视这种现象。

赵先生认为,"中国社会上雇佣劳动者的身份与地位颇多变化,而总的趋势是每况愈下";雇佣劳动者的法律地位,与工资一样"是雇用条件之一部分","都是受市场情况变化之影响"。[①] 关于明清律中将立有文券作为雇工人条件,赵先生说,明代的"受雇人接受了此项条件,签立了雇约,则在合同期内,其法律地位临时降低,合同期满后又恢复其原地位与身份。这是双方约定的临时性变化,从经济学的观点来看,这就是雇用条件之一。雇工人愿意接受这些条件,便可签约受雇,雇工人律条便生效,如果他不能忍受这种歧视,便可不签约受雇,雇工人律条便无法生效"。并且说,"近年来有许多论者不了解这一点,认为明清的雇工人是一个社会阶级,对他们的法律歧视便是阶级特征。这样的看法显然是错误的。只要雇工人能够自由就雇,自由签约,自由辞雇,则雇用条件(terms of employment)不管多么苛刻,都不应视为阶级的表征。雇用条件是多方面的,只要有一点无法接受,雇工人便可以拒绝签约受雇。他可以因工资太低而不受雇,工作环境不佳而不受雇,工作太危险而不受雇,同样的,他也可以因不能忍受被歧视而不受雇。反之,如果将自愿接受歧视性身份而受雇之人视为一个社会阶级,则依同理,自愿接受低工资的人也自成一个社会阶级,自愿接受风险工作之人又自成一个社会阶级。显然这是说不通的"。[②]

自愿就受雇,不自愿就拉倒,在中国前资本主义社会里,问题恐怕没这么简单。其实,更应该强调的着眼点是,自愿也好,不自愿也罢,只要你签了约,雇工就失去了与雇主平等的法律地位,其身份和奴婢差不多

[①] 《劳动力市场》,第207页。关于雇佣劳动者身份是怎样"受市场情况变化之影响"的提法,赵先生似乎没有详加证明。在此暂置勿论。

[②] 《劳动力市场》,第200—201页。

了。何况对中国古代的贫苦农民来说，他们大多全家生活无着，为了有饭吃，为了能活下去，急于待雇，无法计及后果，实际上不存在什么自愿不自愿的问题。这和现代社会的自由雇佣劳动者不可同日而语。赵先生说"雇工人所受法律之歧视待遇是契约所赋予的，是双方约定的条件之一部分"。① 其实，雇工人所受法律之歧视不是双方约定的条件，不是双方在法律地位平等的条件下订立的经济合同，而是朝廷对立券者的法律规定。问题并不在契约本身有多么苛刻，而在于立了契约以后身份立即呈现等级的下降。这和当今社会"自愿接受风险工作之人"是不能相提并论的。

窃以为，明清时代是前资本主义时代，如果用资本主义社会的契约关系来理解明清时期的法律与社会，理解"雇工人"身份的意义，以无视等级雇佣关系而强调自由雇佣关系的观点来研究明清时期的劳动力市场问题，那么前资本主义社会和资本主义社会雇佣劳动性质差别也就不存在了。这样恐怕很难接近前资本主义的实际情况了。

以上就是对三位所赐批评意见迟到的回应。

附：明清两代"雇工人"条例

万历十六年（1588 年）"新题例"

今后，官民之家凡倩工作之人，立有文券、议有年限者，以雇工人论；止是短雇月日、受值不多者，依凡［人］论；其财买义男，如恩养年久，配有室家者，照例同子孙论；如恩养未久、不曾配合者，士庶之家依雇工人论，缙绅之家比照奴婢律论。

（《明律集解附例》光绪三十四年清修订法律馆重刊本，卷二十"斗殴"门"奴婢殴家长"律后。《大清律集解附例》顺治年间刊、康熙年间修补本，"律附"。）

乾隆二十四年、二十五年（1759、1760）条例

除"典当家人"及"隶身长随"俱照定例治罪外，其雇倩工作之人，

---

① 《劳动力市场》，第 200 页。

若立有文契、年限，及虽无文契、年限，或计工受值已五年以上者，于家长有犯，均依雇工人定拟；其随时短雇、受值无多者，仍同凡论。

(《大清律例通考》卷28。)

乾隆二十五年（1760）条例

家长杀雇工人，必立有文契、议有年限，方依雇工人定拟；如无，同凡论。

(《大清律例全纂》嘉庆六年刊，卷22"斗殴"。)

乾隆三十二年（1767）条例

官民之家，除"典当家人"、"隶身长随"及立有文契、年限之雇工仍照例定拟外，其余雇工，虽无文契而议有年限，或不立年限而有主仆名分者，如受雇在一年以内，有寻常干犯［家长之罪］，照良贱加等律再加一等治罪；若受雇在一年以上者，即依雇工人定拟；其犯奸、杀、诬告等项重情［者］，即一年以内，亦照雇工人治罪。若只是农民雇倩亲族耕作［之人］，店铺小郎，以及随时短雇，并非服役之人，应同凡论。

(《大清律例集注》卷22"斗殴""奴婢殴家长"律后。)

乾隆五十三年（1788）条例

凡官民之家，除"典当家人"、"隶身长随"仍照定例治罪外；如系车夫、厨役、水（夫）、火夫、轿夫及一切打杂受雇服役人等，平日起居不敢与共，饮食不敢与同，并不敢尔我相称，素有主仆名分者，无论其有无文契、年限，均以雇工［人］论。若农民佃户雇倩耕种工作之人，并店铺小郎之类，平日共坐共食，彼此平等相称，不为使唤服役，素无主仆名分者，亦无论其有无文契年限，俱依凡人科断。

(《大清律例》乾隆五十五年刊，卷28"刑律""斗殴""奴婢殴家长"律后。)

嘉庆六年（1801）条例

白契所买奴婢，如有杀伤家长及杀伤家长缌麻以上亲者，无论年限及已未配有室家，均照奴婢杀伤家长一体治罪。其家长杀伤白契所买、恩养年久、配有室家者，以杀伤奴婢论；若甫经契买、未配室家者，以杀伤雇工人论。至典当家人、隶身长随，若恩养在三年以上或未及三年、配有妻室者，如有杀伤，各依奴婢本律论。倘甫经典买，或典买、隶身未及三年，并未配有妻室，及一切车夫、厨役、水火夫、轿夫、打杂受雇服役人等，平日起居不敢与共，饮食不敢与同，并不敢尔我相称，素有主仆名分，并无典卖字据者，如有杀伤，各依雇工人本律论。若农民佃户雇倩耕种工作之人，并店铺小郎之类，平日共坐共食，彼此平等相称，不为使唤服役，素无主仆名分者，如有杀伤，各依凡人科断。至典当雇工人等，议有年限，如限内逃匿者，责三十板，仍交本主服役。

（《大清律纂修条例（律例馆进呈按语册稿）》嘉庆七年刊）

宣统二年（1910）条例

从前契买奴婢，如有干犯家长，及被家长杀伤，不论红契白契，俱照雇工人本律治罪。其一切车夫、厨役、水火夫、轿夫、打杂受雇服役人等，平日起居不敢与共，饮食不敢与同，并不敢尔我相称，素有主仆名分者，仍依雇工人论；若农民佃户雇倩耕作之人、并店铺小郎之类，平日共坐共食，彼此平等相称，素无主仆名分者，各依凡人科断。至未经赎、放之家人不遵约束，傲慢顽梗，酗酒生事者，仍流二千里。

（《大清现行刑律》宣统二年刊，卷25"刑律"，"斗殴"下。）

（原载《中国经济史研究》2007年第4期、2008年第1期。）

《清代社会的贱民等级》[①] 一书重印后记

20世纪50年代后期,学术界关于"中国资本主义萌芽"问题的讨论进入高潮。所谓资本主义萌芽,并没有权威的科学界定,它的内容、标志、状况、产生的条件及其发展等几乎所有有关问题,学者们都是根据各自的解释进行论述。虽然其说不一,终无定论,这场历时长久的讨论对史学界、经济史学界确实有过不容忽视的影响。

笔者理解问题的核心在于雇佣劳动性质。雇佣关系不是唯有资本主义独有的社会现象。它在我国也是古老的、长存的,从前资本主义直至当代一直存在。不同性质的雇佣关系反映不同的生产关系,并且两者相互作用。确认雇佣关系的性质对确认生产关系性质应该具有关键性的意义。研究所谓中国资本主义萌芽问题,最重要的莫过于具体地分析当时的雇佣关系。从某种意义上说,雇佣关系的非资本主义性决定性地否定资本主义关系的存在。

已有学者在探讨清代雇佣劳动问题时指出,明清两代有专为"雇工人"制定的法律,说明这一类雇工与雇主是不平等的。60年代初,笔者在前辈研究成果的基础上,对明清两朝的雇工人"条律"做了进一步的分析,确认明清两代有一种名为"雇工人"的雇佣劳动者,在雇约生效期间,主雇之间的关系非但不是自由的劳动力买卖关系,甚至与主奴关系甚为相近。他们跟"萌芽"不沾边。明清两朝多次订定的有关雇工人身份"条例"规定了确认雇工人身份的条件。条例内容多次修订决定了雇工人群体范围不断变化,被纳入这个群体范围的人,不同时期是不一样的。条例的修订呈现了雇工人身份缓慢的解放过程。尽管雇工人只是雇佣劳动者

[①] 中国人民大学出版社2009年版。

中的一部分而不是全部，可是正因为有这类雇佣劳动者的存在提醒我们，不是任何时候任何记有"雇"、"佣"字样的资料都能证明存在资本主义关系。我们在研究明清时期各阶段"资本主义萌芽"论据资料时，首先要剔除这类非自由雇佣劳动。

将明清法典规定的雇工人、奴婢、凡人等不同群体条律加以比较后即可看出，"雇工人"具有特殊的法律身份，是一个由法律规定了的社会等级。等级是全社会的现象，孤立群体不成其为等级。既然认定雇工人是一个等级，那么必须回答清代社会存在些什么等级？各个等级是怎样的序列关系？以及一系列相关问题。由此，笔者的注意力已经不是所谓资本主义萌芽，而转向清代的等级结构了。

等级是前资本主义社会中阶级的重要表现形式。西欧中世纪经济史和马克思、恩格斯的著作中不少有关前资本主义社会等级制度的论述。20世纪五六十年代是阶级斗争理论统治中国史学研究的时代，学术研究由唯一的思想指导，评人必称阶级，论事唯有斗争。这种情况下，研究前资本主义社会的等级似乎是应有之义，因为等级正意味着压迫和不平等。有关中国封建社会，特别是明清社会的论著中，论述社会等级结构的却很罕见，着实令人费解。妄自揣测，可能是因为关于中国"古代的封建社会"的"最高指示"只讲"封建社会的主要矛盾，是农民阶级和地主阶级的矛盾"而未及等级之故。清代明明是存在等级的。清代的社会等级制度是怎样的？它在清代社会起着什么样的作用？这个问题不由得萦回脑际。这就是笔者探讨清代社会等级制度问题的缘起和背景。全民的浩劫阻断了学术的进程；在荒废十余年后，70年代末始得继续致力于这方面的探索。

社会等级的基本特征在于法的规定性。等级制度是有法律保障的，它的存在是当时全社会认可的，人人必须遵守的。与"法律面前人人平等"相反，通行两百多年的清代法典基本原则是"同罪而不同罚"。法典对各个群体的法律待遇迥异。法律身份差异决定各群体社会地位的高低，具体地体现出统治与被统治的关系。尽管清代当时并没有"等级制度"这一名词或概念，法典本身却清晰地描画出一整套等级结构，将社会上各个阶级、各种职业的各色人等统统涵盖其中，分别放在规定的位置上。社会上人与人之间、群体与群体之间的不平等性是公开的、明确的、有法律为根据的。因此我们不可因为当时没有"等级制度"这一名词或概念而否定清代等级制度的存在，无视它的影响和社会意义。

笔者在分别研究不同等级的基础上，探讨清代等级体制问题。70年代末所写《试论清代等级制度》①一文考察了清代等级结构的状况和特点。把清代的等级阶梯归纳为皇帝、宗室贵族、缙绅、绅衿、凡人、雇工人和贱民七个等级以及若干等第；描述了各等级的特定的权利、义务及其法律身份和社会地位；分析了建立在土地可以自由买卖的地主制经济基础上的清代等级制，与建立在领主制经济基础上的西欧等级制度的不同特点。1981年4月完稿的《关于清代奴婢制度的几个问题》②对清代的各类奴婢的身份从制度上做了比较全面的分析。在此基础上，对清代的各类贱民又作进一步探讨，形成了《清代社会的贱民等级》一书。所以这本书重点虽为贱民等级，实际包括了我对清代等级制度的基本看法。

以上就是这本小册子的由来和思路。

清代等级制度是研究清代社会不可或缺的一个重要方面。迄今对许多相关问题研究还很不够。除各社会等级本身的问题外，诸如社会等级制度和亲族制度的关系、等级制度利民族等级制度的关系、等级制度和行业职业的关系、清代社会等级制度的前史以及清代社会等级制度与同时期的东亚、东南亚诸国的等级制度的比较等方面，都有广泛探讨之余地。这显然需要众多学者的长期努力。希望这些问题将来能够进入学者们的视野成为一个兴奋点。近年来笔者试图通过考察历朝等级制度以探讨清代等级制度的渊源。

笔者的研究只是初步的、概括的。90年代以后有的清史和清代社会史、经济史著作中使用或修正地使用上述等级框架，虽然不一定注明了来源。也有的学者则对其中某些问题提出质疑，比如清代社会的等级到底应该怎样划分，"雇工人"到底应不应该算作一个等级，等等。这都是笔者所欢迎的，因为这有助于把问题引向深入。近年出版了若干关于贱民群体的专题研究，大大丰富了对贱民等级的认识，尤其令人高兴。相比之下笔

---

① 载《中国社会科学》1980年第6期。
② 载《中国社会科学院经济研究所集刊》第5集，中国社会科学出版社1983年版。

者的这本小册子已经很单薄了，它根据的只是当时看到的资料，反映的是当时的认识水平。由于它已是其后不同意见的靶的，只有保持原状，方可呈现学术进展的历史过程，所以这次重印只纠正一些错字而不做大的修改和补充。

原载《关于清代奴婢制度的几个问题》一文中插有六张文字表格，它们是："清代关于投充人放出问题条例一览"、"清代关于确定白契所买之人身份的条例"、"清代关于印契奴仆赎身问题的条例"、"清代关于白契所买之人赎身问题的规定"、"清代关于赎身奴婢及其子女法律身份的规定"以及"清代关于八旗奴仆开户的有关规定"，都是我花了一些时间汇集起来的基本资料。补充进来不会影响本书的原貌，但却可能为研究有关问题的读者节省一些查找时间。

2008 年 7 月 27 日

（原载《清代社会的贱民等级》，中国人民大学出版社 2009 年版。）

附录　浅谈元代驱奴的来源及其法律地位

　　元朝存在蒙古、色目、汉人、南人四个极不平等的族群。关于蒙古、色目、汉人、南人四个名称，未见明确的文字界定。①其中除蒙古范围比较容易划定而外，"色目"、"汉人"都不是单一的民族或种族。而"南人"中的汉民族成员除居处南方地区，被征服的时间较晚以外，与北方的汉人并无不同。可见，这四个人群的不平等关系虽然具有浓厚的民族压迫色彩，但又不是简单的民族关系。

　　至今保存比较完整的元代法典，主要就是《元典章》、《通制条格》以及《元史》中的刑法志。从这些法典以及《元史》的记载中可以看到元朝还存在着超越四个等级的人与人之间的不平等关系，构成一套社会等级制度。这套等级阶梯的顶端是皇帝，其最底层则是驱口。

　　蒙古进入中原之前就是驱奴制度的游牧民族。在南下征战过程中，驱奴数量剧增。建朝百年间，特别是前期，驱奴的使用遍及生产、生活各个方面。总括全国的情况来说，元代的农业生产和经济生活，北方远逊于南方，而掳掠大量驱口之蒙古贵族，与世袭的官吏，亦多局限于北方，所以北方奴隶的数目较多，其使用亦广。② 有元一代，驱奴对蒙元社会经济的发展起了重要的作用；但他们始终是在奴主的压迫与剥削之下，受尽屈辱

---

① 蒙思明先生说，"有元一代，政治简陋，法令粗疏，惟以判例惯例为典制，而无系统精密之律文。(《历代名臣奏议》卷67。) 其对一切律令皆如此，对种族之区分，又何独不然"。他认为自13世纪末成宗大德年间而后"蒙古、色目、汉人、南人四名称之应用，已代列举部族之例而普遍于文书诏令之中；是其所包之内容及其区分之标准，在吾人虽因文献不足，无由週知；而在当时，则必家喻户晓，无庸疑义者也"，存在着法定的"种族四级制"。(《元代社会阶级制度》，哈佛燕京学社1938年版。)

② 梁方仲：《元代社会经济史》，《梁方仲经济史论文集集遗》，广东人民出版社1990年版，第51页。

的一群。本文主要拟就元朝驱奴的来源及其法律身份地位做概括的描述。

"蒙古色目人之'臧获',男曰'奴',女曰'婢',总曰'驱口'。"①元代称驱口者,沿于金代。②驱口即驱丁,或称奴婢;"驱"亦书为"駈"。为行文方便,本文以"驱奴"一词简代"驱口"和"奴婢"

一 元代驱奴的主要来源

元代驱奴来源是多样的,大抵有五。

建元之初,最主要的来源是俘虏和降民。蒙古游牧民族本不以农事为重,在长期的征战过程中,蒙族各级奴隶主铁骑横行无阻,所到之处,掳掠大量战俘及"贼属"即抗元官兵家属,作为战利品被王公、将军以及战士占有,有称军驱。军驱在驱奴中所占数量极大。身强力壮的驱口,还可随军协助征战,从而加大了主人立功的机会。如至元二年(1265)脱脱从忽必烈征乃颜,阵前"擐甲率家奴数十人疾驰击之",脱脱战胜,受到忽必烈的奖赏。③ 蒙古、汉军各级官兵应役出征,其一切军需物品均由自己的家庭及驱奴负责供给。④这样的战斗组织方式和后勤制度,强烈地刺激军人的驱奴占有欲。

此外还有一种违禁的现象,即有的蒙古人逃避军差,以驱奴代役。世

---

① 陶宗仪:《(南村)辍耕录》。
② 清代法学家沈家本写道,"按,'驱口'者,军行所驱获者也;或曰'驱使'之义,未详孰是。金代已有驱名。《金史·食货志》有为良为驱之分。《太宗纪》亦有良人被略为驱之诏。又称'驱丁';见《兵志》'以驱丁充阿里喜'。元时亦有'驱丁'之名。至元九年五月敕,诸路军一户驱丁,除至元七年前从良食籍者当差,余虽从良,并令助本户军力。又称'婢',见《章宗纪》。是元之称'驱口'沿于金也。智耀云'以儒为驱',犹言'以儒为奴'耳。"(沈家本:《历代刑法考》分考卷15,奴婢。中国书店1990年影印本,第179—183页。)
③ 《元史》卷119列传第六脱脱。
④ "蒙古、汉军分戍江南,全籍各家駈丁供给一切军需。"《元典章》卷34,兵部一,军役,军驱。至元"十四年,诏上都、隆兴、西京、北京四路编民、捕猎等户,签选丁壮军二千人防守上郡","仍处备鞍马、衣装、器仗"。(《元史》卷98志第四十六兵志一。) 延祐"三年,命伯颜都万户府及红胖袄总帅府,各调军九千五百人,往诸侯王所更代守边士卒。其属都万户府者,军一名,马三匹,令人自为计"。(《元史》卷98志第四十六兵志一。)"蒙古军在山东、河南者往戍甘肃,跋涉万里,装橐鞍马之资皆其自办,每行必鬻田产,甚则卖妻子。戍者未归,代者当发,前后相仍,困苦日甚。"(《元史》卷134传第二十一和尚传。)

祖至元十年（1273）时，李忽兰吉奏称，当时蒙古、汉军多非正身，"半以驱奴代"，以致影响战事，建议严禁之。① 世祖至元十五年（1278）再申严禁应役军以"虏掠及佣奴"代应军役。② 至元二十三年（1286）时，吐土哈"求钦察之为人奴者增益其军"。③ 成宗元贞二年（1296）又强调禁令，有擅自以家奴代役待卫军、蒙古军者，其主资产半数给予家奴，该奴别入兵籍；军将敢有纵之者，罢其职。④ 成宗大德三年［1299］《晓谕军人条画十四款》中要求，"管军官不得作弊受钱放军离役，私令弟男、驱口冒名代替"。⑤ 成宗大德七年（1303），再次强调"禁诸王、驸马等征北诸军以奴为代者罪之"。⑥

驱奴代役的现象不仅在一般军队中有，甚至在专门保卫皇家的大内宿卫武士中也不乏人。文宗至顺元年（1330）八月，中书省、枢密院及御史台奉旨裁省卫士，于万人中裁减四千人"归本部著籍应役"，建议，"自裁省之后，各宿卫复有容匿汉、南、高丽人及奴隶滥充者，怯薛官与其长杖五十七，犯者与曲给散者皆杖七十七，没家赀之半，以籍入之半为告者赏。仍令监察御史察之"。⑦ 禁令虽频，以奴代军的现象并不能止。

有规定，"诸蒙古、回回、契丹、女直、汉人军前所俘人口，留家者为奴婢，居外附籍者即为良民。已居外复认为奴婢者，没入其家财"。⑧ 谁把俘获人口留在家中，就成为自己的奴婢。这种政策自然也大大鼓舞了争占俘虏和降民的积极性。

以上多方面的原因使得军将奴主们竭力掳获更多的俘虏作为驱奴。蒙元征服战争中战俘与降民人数众多，动辄以万千计。例如，太宗七年（1235）冬，木华黎之子塔思引兵攻打郢州，城池未能攻下，但"俘生

---

① 《元史》卷一六二列传四十九李忽兰吉。
② 《元史》卷十本纪第十世祖七。
③ 《元史》卷一三〇列传第十七不忽木。
④ 《元史》卷十九本纪第十九成宗二。
⑤ 《元典章》三十四，兵部，军役，正军。
⑥ 《元史》卷二十一本纪第二十一成宗四。
⑦ 《元史》卷三十四本纪第三十四文宗三。
⑧ 《元史》卷一〇三志第五十一刑法二户婚。

口、马牛数万而还"。① 宪宗九年（1259）四川侍郎杨大渊攻合州，"俘男女八万余"。② 至元四年（1267），阿术入南郡，"俘生口五万"。③ 宪宗九年（1259），刘整"钞略沿江诸郡"，"俘人民八万"。④ 蒙元王朝建立后，诸将官以降民为奴的现象并未停止。至元九年（1272），塔出"攻下濒淮堡栅，略地涟海，获人畜万计"，十年（1273），他又攻下安、丰、庐、寿等州，"俘生口万余来献"。⑤ 十四年（1277），"荆湖行省阿里海牙以降民三千八百户没入为家奴，自置吏治之，岁责其租赋，有司莫敢言"。荆湖北道宣慰使张雄飞向阿里海牙建议，"请归其民于有司"。阿里海牙不从，张雄飞上奏，忽必烈"诏还籍为民"。⑥ 还是这位阿里海牙，于征战中"占降民为奴"达一千八百户。十九年（1282）时，江南诸道行台御史大夫相威将此事参奏，阿里海牙则辩称这是自己征讨所得。忽必烈下令，"降民还之有司"；将"征讨所得"者，均登记入册，作为奴婢酌量赏赐给有功之臣。⑦

　　太祖铁木真时［约于庚辰年（1220）后］，沃州民寨天台为盗，被攻破投降。征服者诸将"利其子女，欲掠之"，龙虎卫上将军董俊加以制止说，"城降而俘其家，仁者不为也"。南征时，百姓投降，董俊命令"愿为奴者，既全其家，归悉纵为民。邻境人有被掠卖者，亦与直赎还之"。⑧

　　壬午年（1222），同知节度使事赵迪随铁木真西征时，将校"豪横俘掠"。攻破真定后，赵迪抢先进城，"索藁城人在城中者，得男女千余人"。"诸将欲分取之"，迪曰："是皆我所掠，当以归我"，得到诸将的认可。赵迪对这千余男女说，"吾惧若属为他将所得，则分奴之矣，故索以归之我。今纵汝往，宜各遂生产，为良民"。⑨ 至元十四年（1277）前，荆湖行省

---

① 乙未，公元 1235 年，元朝建立前三十六年。《元史》卷一一九列传第六木华黎附子塔思。参阅卷二本纪第二太宗纪。
② 《元史》卷三本纪第三宪宗。
③ 《元史》卷一二八列传第十五阿术。
④ 《元史》卷一六一列传第四十八刘整。
⑤ 《元史》卷一三五列传第二十二塔出。
⑥ 《元史》卷一六三列传五十张雄飞。
⑦ 《元史》卷十二本纪第十二世祖九，及卷一二八列传第十五相威。
⑧ 《元史》卷一四八列传第三十五董俊。
⑨ 《元史》卷一五一列传第三十八赵迪。

阿里海牙"以降民三千八百户没入为家奴，自置吏治之，岁责其租赋，有司莫敢言"。① 同年（1277），"江南新附，诸将市功，且利俘获，往往滥及无辜，或强籍新民以为奴隶"。雷膺"得还为民者以数千计"。②

世祖至元四年（1267），曹州吉四儿原本是投拜新民户计。所属本营头目余洪，将四儿作为驱口入簿，转卖给陈百户为驱。本案因吉四儿砍伤新主陈百户罪而被处死刑。但审案过程中，并没有确认吉四儿的身份究竟应属驱奴，还是本应属于良民。营头余洪把投拜户计作为驱口入簿，并将其转卖，这种抑民为奴的罪行，并没人去追究。而吉四儿却不明不白地被以"驱奴砍伤本使"的"恶逆"罪处死。此案竟也作为事例收入《元典章》。③ 投拜新民户计，作为驱口入簿，再被转卖他人为驱。这是很典型的强压降民为驱奴的事例。元军征服江南以后，"诸将市功，且利俘获，往往滥及无辜，或强籍新民以为奴隶"。④ 这些都是作为宽待降民的特例载入史册的。大概其中"诸将欲分取之"一句恰恰反映了当时带有普遍性的情况。⑤

降与俘界限难分。上述列举的数字，或为约数，或者人畜混计，难以确切说清俘虏和降民究竟各占多少。应该说，降民的数字会远远大于战俘。所以将降民充俘虏而迫其为驱奴的人数之多肯定是惊人的。

大量良民为奴当然大有利于奴主的财富扩张。但是无限制的掠民为奴，对最高统治者来说，严重影响赋税收入和差役征发，必须加以遏制。所以在建元以后，蒙元皇帝多次下诏。如宣慰使失里贪暴，掠良民为奴，世祖至元十四年（1277），江南浙西道提刑按察副使张础劾黜之。⑥ 至元十七年（1280），中书左丞行省荆湖李恒禁掠民为奴婢者。⑦ 同年有旨，"命相威检核阿里海牙、忽都帖木儿等所俘三万二千余口，并放为民。"⑧ 至元三十年

---

① 《元史》卷一六三列传第五十张雄飞。
② 《元史》卷一七〇列传第五十七雷膺（雷为山南湖北道提刑按察副使）。
③ 《元典章》四十一，刑部三，页二十，恶逆。
④ 世祖至元十四年，雷膺"出令，得还为民者以数千计"。《元史》卷一七〇列传五十七雷膺。
⑤ 《元史》卷一五一，列传第三十八赵迪。
⑥ 《元史》卷一六七列传第五十四张础。
⑦ 《元史》卷一二九列传第十六李恒。
⑧ 相威时任江南诸道行台御史大夫。《元史》卷一二八列传第十五相威。

（1293）时，江南平定已经十有八年，圣旨规定，"若后捕叛贼军官军人虏到人口，本管出征军官，与所在官府，随即一同从实分拣。但系良人，就付完聚；委系贼属，从本管万户千户出给印信执照"。掳获的这些"贼属"是可以买卖的，"其有欲将驱口转行货卖之家，须赴所在官司给到公据方许货卖。违者，买主、卖主、牙保人，俱各断罪"。① 至元间，"都元帅塔海，抑巫山县民数百口为奴，民屡诉不决"，四川提刑按察使王利用"承檄核问，尽出为民"。②

被占为奴的俘虏中，儒人、士族颇不乏人。"贵胄儒生夷为奴，含垢忍辱，其惨有不忍言者。"③ 太宗窝阔台丁酉年（1237）准耶律楚材的建议考试取士，"儒人被俘为奴者，亦令就试"，并严禁奴主阻拦，"其主匿弗遣者死"。这次活动"得士凡四千三十人，免为奴者四之一"，从所掳掠的驱奴中选得大量人才，为蒙古统治者南下扩张效劳。④ 自此，为士者不入奴籍，可能已成为不成文法，或称之为"国制"之一。但众多奴主是不愿认真执行这个规定的。⑤ 所以，其后仍然不断有有识之士为脱儒人于奴籍而努力。世祖时，"淮、蜀士遭俘虏者，皆没为奴"。高智耀"力言儒术有补治道"，指出"以儒为驱，古无有也。陛下方以古道为治，宜除之，以风厉天下"。忽必烈接纳了高智耀的建议，"命循行郡县区别之，得数千人"。⑥ 廉希宪治京兆时，也强行将豪强占为奴籍的士人"著籍为儒"。⑦ 中统二年（1261）四月，诏军中所俘儒士听赎为民。至元十年（1273）四月，敕南儒为人掠卖者官赎为民。⑧ 得到大量读书人，蒙元统治人才队伍有所充实。

驱奴的第二来源是籍没。和前代一样，籍没为奴者并非获罪之人，而是受到株连的罪人家属。如至元三十年（1293）孙民献助要束木为恶，

---

① 《元典章》五十七，刑部十九，诸禁，禁诱略，第7—8页。禁乞养过房贩卖良民。
② 《元史》卷一七〇列传第五十七王利用。
③ 沈家本：《历代刑法考》分考卷十五，奴婢。中国书店1990年影印本。
④ 《元史》卷一四六列传第三十三耶律楚材。
⑤ 《元史》卷一二六列传第十三廉希宪。
⑥ 《元史》卷一二五列传第十二高智耀。
⑦ 《元史》卷一二六列传第十三廉希宪。
⑧ 《元史》卷八本纪第八世祖五。

"诏籍其家赀、妻、奴"。① 天历二年（1330）六月，文宗图铁睦尔接受陕西行台御史孔思迪的建议，此后"凡负国之臣籍没奴婢财产，不必罪其妻子"。孔思迪建议的理由是，"内外大臣得罪就刑者，其妻妾即断付他人，似与国朝旌表贞节之旨不侔、夫亡终制之令相反。况以失节之妇配有功之人，又与前贤所谓'娶失节者以配身是己失节'之意不同"。② 由于贯彻贞洁观而使得大量罪人的妻女免于沦为奴婢，这似乎是别的朝代少有的事。

在民事纠纷中，也有类似朝廷籍没的小法，使得无辜良民家属一夜之间变成驱奴。如世祖至元二十九年（1292）规定，蒙古偷盗他人牲畜，责罚七十七下；每盗一头牲畜，断没赔偿九个头口。这九个头口，可以用偷盗者的女儿、驱人顶替。十五岁以下十岁以上的女孩可抵五个头口，十岁以下的女孩儿或驱人可抵三个头口。③偷盗者本人应该承受的惩罚，却由他的无辜女儿以人身来抵偿。这种把凡人良民的女孩儿当成了牲畜等价物的做法，实际上是没有把她们当作人来看待。

如果说籍没为奴是官府行为，收战俘为奴是官府默认行为的话，临民官吏和豪强之家、强迫奴役良民百姓，将其收为私有驱奴，则纯属非法行径了。按照规定，"诸守宰抑取部民男女为奴婢者，杖七十七，期年后降二等杂职叙"。④ 但这种行为在元代并不少见。例如，太祖铁木真时，燕京路"豪民冒籍良民为奴者众"。⑤ 世祖中统三年（1262）时，山西宣慰使李德辉"咸按而免之，复业近千人"，足见数量之多。⑥ 至元初年，中书左丞行省西夏中兴等路张文谦反映，"诸势家言有户数千，当役属为私奴"。⑦ 河东南北路宣抚使张德辉反映，"兵后孳民多依庇豪右，及有以身

---

① 《元史》卷十七本纪第十七世祖十四。
② 《元史》卷三十三本纪三十三文宗二。
③ "十五以下身材到底他的女孩儿有呵五个头口里准折断没，十五岁以下十岁以上三头个口里准折断没，十岁以下或女孩儿或驱人他的有呵，断事的札鲁花赤忽酌断没者商量么。"《元典章》四十九，刑部十一，二十一页，偷头口，达达偷头口一个赔九个。
④ 《元史》卷一〇三志第五十一刑法二户婚。
⑤ 《元史》卷一五三，列传第四十刘敏。太祖癸未（1223）安抚使，兼燕京路征收税课、漕运、盐场、僧道、司天等事的刘敏，曾将被籍为奴的良民，"悉归之"。
⑥ 《元史》卷一六三列传五十李德辉。
⑦ 《元史》卷一五七列传第四十四张文谦。

佣借衣食，岁久掩为家奴"。① 至元十四年（1277）宣慰使失里贪暴，掠良民为奴。② 武宗至大初年，已被占领四十年的江南，"其富室有蔽占王民奴使之者，动辄百千家，有多至万家者"。③ 下至士卒也在强取民人为奴、为妾。至元十五年（1278），江西士卒入民家，诬人有罪，"取人子女为奴妾"。④ 仁宗末年，建宁路建安县土豪魏智夫与其子魏畴一家，父子兄弟夫妻倚恃富强所做的多种恶行之中，就有"抑良为驱"一条。⑤

建元之后，朝廷制定了对违法官员的惩罚办法："诸守宰抑取部民男女为奴婢者，杖七十七，期年后降二等杂职叙。诸妄认良人为奴，非理残虐者，杖八十七，有官者罢之。诸诉良得实，给据居住，候元籍亲属收领，无亲属者听令自便。"⑥ 但是实际生活中，大量良人被强占为奴。例如，中统初年，"南京总管刘克兴掠良民为奴隶"，刘某因罪被"籍其家"，"奴隶得复为民者数百"。⑦ 中统年间，"都元帅塔海，抑巫山县民数百口为奴"。⑧ 这两条史料都可证明，禁令作用不大。刘克兴和塔海都没有因抑民为奴而领受什么罪罚。

第三个来源是债务人用自己家属人身抵偿高利贷，使良人无辜沦为驱奴。元律禁止监临官向百姓放贷取利，或借贷予民，"取与俱罪之"；至于放债取利"或占人牛马财产，夺人子女以为奴婢者，重加之罪，仍偿多取之息，其本息没官"。⑨ 重罚的规定也挡不住官员们的欲壑。"州郡长吏，多借贾人银以偿官，息累数倍，曰'羊羔儿利'，至奴其妻子犹不足

---

① 河东南北路宣抚使张德辉"悉遣还之为民"。《元史》卷一六三列传五十张德辉。
② 《元史》卷一六七列传五十四张础。江南浙西道提刑按察副使劾黜之。
③ 《元史》卷二十三本纪二十三武宗二武宗至大二年［1309］十月，乐实奏。资料中所说的"奴使"可以理解为役使，但不能排除其中有强占为驱奴者。
④ 《元史》卷一五三，列传第四十贾居贞。时任江西行省参知政事贾居贞对此不法行为"皆痛绳以法"。
⑤ 英宗至治元年［1321］福建廉访司奉江南行台札。《元典章新集》刑部，诸殴，富强残害良善。
⑥ 《元史》卷一〇三志第五十一刑法二户婚。
⑦ 《元史》卷一七〇列传五十七袁裕。
⑧ 《元史》卷一七〇列传五十七王利用。
⑨ 《元史》卷一〇五志第五十三刑法四禁令。

偿。"①例如，诸王阿济格岁支廪饩，和市于民，或不能供，辄为契券，子母相俟，则没入其男女为奴婢。②世祖至元十九（1282）年四月中书省奏中讲到，"随路权豪势要之家举放钱债，逐急用度，添答利息，每两至于五分或一倍之上，若无钱归还呵，除已纳利钱外，再行倒换文契，累算利钱，准折人口头疋事产，实是于民不便"。对于这种情况，下旨同意中书省的建议：以后取借钱债每两出利超过三分者，告实，"即将多取利息迫还借钱这人，本利没官，更将犯人严行断罪"。③ 二十年（1283）十一月定，"禁云南权势多取债息，仍禁没人口为奴及黥其面者"。④ 二十九（1292）年十月，中书省御史台呈称，"比年以来水旱相仍，五谷薄收，阙食之家，必于豪富举借饚粮。自春至秋，每石利息重至一石，轻至五斗，有当年不能归还，将息通行作本，续倒文契，次年无还，亦如之。有一石还数倍不得已者，致使无告贫民准折田宅，典雇儿女，良为可惜。"⑤ 成宗大德二年（1298），由于诸王投下取索钱债人员"经直于州将欠债官民人一面强行拖拽人口、头匹，准折财产，搔扰不安"。下令禁止，止许"依一本一利归还"。⑥

至元二十年（1283）十一月，中书省奏折中反映，官豪势要人们放利钱，"限满时，将媳妇、孩儿、女孩儿拖将去，面皮上刺着印子做奴婢用"。⑦ 同年，"禁云南权势多取债息，仍禁没人口为奴及黥其面者"。⑧ 可见当时官豪势要不仅放高利贷，强将债务人家良人"拖"去为奴婢，而且将其颜面刺字，使之永远难脱贱民身份。

没人口为奴，乃是权势债主多取债息的手段，甚至是高利贷的目的。债权人与债务人双方的经济关系，要以债务人的人身来支付，或者以与此

---

① 《元史》卷一四六列传第三十三耶律楚材。太宗窝阔台丁酉［1237］年时，耶律楚材"奏令本利相俟而止，永为定制，民间所负者，官为代价之"。
② 《滋溪文稿》卷二十三，第38页《参政王公行状》。转自蒙思明书第124页注791。
③ 《通制条格》卷二十八，杂令，违利取息。
④ 《元史》卷十二本纪第十二，世祖九。
⑤ 《通制条格》卷二十八，违利取息。
⑥ 八月二十日江西行省。《元典章》卷二十七，户部十三。
⑦ 《通制条格》卷二十八，违利取息。
⑧ 《元史》卷十二本纪第十二世祖九。

债务无关的第三者的人身来支付。显然已经不是经济问题了。这种现象之所以存在，根本原因是驱奴制度的存在。只要驱奴制度不消灭，再多的禁令也不能解决问题。从上述不断发出的禁令中，恰可以看到高利贷将良民变为驱奴的普遍性和长期性。

价买良民沦为驱奴的另一重要途径。元朝时，驱奴买卖是合法行为。官府对此类交易收取费用，借以增加税额。建元之前曾有旧例，"私相贸易田宅、奴婢、畜产及质压交业者，并合立契收税，违者从匿税科断。"世祖至元七年（1270）十月，依尚书省建议重申此例，要求各路施行。① 同年，尚书省提出，上都遥远，商旅往来不易，给予特殊政策，免除各种税收；但是庄宅、奴婢、孳畜等三项交易不予优惠，要"例收契本工墨之费"。② 奴婢买卖和牲畜买卖一样，需要经官、收税。可见官府对于此项交易的重视程度；也可看出见其交易数量之多。

成宗大德七年（1303）五月又再重申此例。真定路普州知州赵仁举建议说，"今后相贸易田宅、奴婢、畜养，依例从本立便换估价立契收税。既非典卖，亲邻难以争论"。③ "亲邻难以争论"表明，奴婢买卖作为一种自主的私有财产交易行为，亲戚和邻居都无权利干涉。最后的行文条例内容为"诸私相贸易田宅，即与货卖无异，拟合给据，令房亲人画字估价，立契成交"。④ 私人之间进行，只需交税，并由官府发给凭据即可，完全是土地房屋买卖一样的合法交易。唯一的限制是，只能出卖自己拥有的，不得略诱货卖他人的驱奴。"略诱奴婢，货卖为奴婢者，各减诱略良人罪一等。"⑤

存在驱奴制度的社会保护奴主利益势所必然。买卖驱奴的行为受到政权的保护。另外，良人是王朝子民，承担着各种贡献义务；私属驱奴只服役于主人，并不直接为朝廷服役。从这个意义上说，良人变成私有驱奴对朝廷没有好处。元廷规定买卖良民为非法行为，禁止无限制地将凡人变为

---

① 《元典章》二十二，户部八，课税，杂课，贸易田产收税，第97页。
② 《元史》卷七本纪第七世祖四。世祖至元七年［1270］，尚书省臣言。
③ 《元典章》十九，户部五，田宅，典卖，贸易田宅，第28—29页。
④ 同上。
⑤ 《元史》卷一〇四志第五十二刑法三盗贼。

驱奴，也是当然的。世祖至元十五年（1278）八月，"诏谕军前及行省以下官吏，抚治百姓，务农乐业，军民官毋得占据民产，抑良为奴"。① 元朝定有条文，"诸妄认良人为奴，非理残虐者，杖八十七，有官者罢之。诸诉良得实，给据居住，候元籍亲属收领，无亲属者听令自便"。② "江南平定之后悉为吾民。今十有八年，尚闻营利之徒以人为货。"圣旨命令，"今后南北往来返〔贩？〕人客旅并行禁止，钦此"。③

此外还有一些禁止抑良为奴的规定。如先娶后卖，将良人卖为奴婢，是违法的。江南官员、客旅、军人并诸色人等，在名义上将良人妇女娶为妻室，而后"私下作驱货卖"。针对这种情况，至元十三年（1276）诏谕禁止："今后于迤南求娶妻室，依例凭媒写立婚书，无得朦胧娶嫁。如有将求到媳妇为驱卖，随即改正，价钱没官，卖主买主治罪。"④

至元三十年（1293）十月，再就诱卖良人为驱奴的罪行制定了惩治法规："该强掠者以强盗例科断，人归本家。和诱者各断一百七下。""诸掠卖良人为奴婢者，（'略'，谓设方略，不和而取。十岁以下，虽和亦同略去。）一人断一百七，流远。二人以上处死。为妻妾子孙者，一百七徒三年。因而杀伤人者，同强盗法。（见血为伤，因掠伤杀旁人亦同。）若掠而未卖者，减一等。和诱者（'诱'谓和同。）又各减一等（谓诱一人卖为奴婢者，于流罪上减二等。一人以上，于死罪上减三等。为妻妾子孙者亦准此。），及和同相卖为奴婢者，各断一百七。"对给予办理手续的有关官员也要惩罚："有司不应给据而辄给者，依务司断罪。及陈告不即追捕者决四十七。关津过所主司知而受财纵放者减犯人罪三等，仍除名不叙。失检查察者笞二十七。（谓关津渡口应盘去处）如能告获者，略人每人给赏三十贯，和诱每人二十贯，以至元钞为则，于犯人名下追征。无财者征及知情安主牙保。应捕人减半给之。其事未发而自首者，原其罪。若同伴有能悔过自首捉获徒党者，免罪，仍减半给赏。再犯，及因掠伤人者不在首原

---

① 《元史》卷十本纪第十世祖七。
② 《元史》卷一〇三志第五十一刑法二户婚。
③ 《元典章》卷二七，户部十三，干脱钱为民者倚阁。成宗大德二年〔1298〕八月二十日江西行省引前圣旨。
④ 《元典章》十八，户部四，驱良婚。驱口不娶良人。

之例。"① 武宗至大初年（约1308）时，"军官或抑良为奴"，四川肃政廉访使赵世延因"皆除其弊而正其罪"的事迹入传。② 总之，对掠卖者、诱卖者和诱者，以及所有涉案官员，统统给以处刑，阻止将良民卖为驱奴。

成宗大德八年（1304）三月，中书省认为，"若不严切禁治呵，贼人每日渐的多去也"，所以再次重申上述办法。③ 揭发告获者官府给赏。④ 官员诱略良人为奴者，革职。⑤

豪强地痞们抑良为奴的办法是很多的：抵债、为妻、诱骗乃至掳掠强占，各种手段无所不用其极。按照规定，官府的处置办法，都要恢复原来身份。将被买良人发还原籍，给亲完聚，办法虽然合理，却难以执行。因为被卖到北方的多为南人，"其间自腹里至江南或至闽广动数千百里之远，官司往复行移数年，于内纵有勘当得实者，其亲属惧惮地远不能前来识认，更兼被卖人口自幼离乡，经隔年深，不能省记原籍住贯、父母亲属姓名，多有供指争差，无可著落。又有父母亲属逃亡不存者数多"。拦挡到官的被掠卖者，"积年在官，为无供膳"，养活不起，于是"发付所属坊郭职役之家收管，其职役人等转行依散民户轮日供养"，甚是扰民，救民于水火的行动反而成为当地百姓一大负担。成宗大德十年（1307）中书省、刑部要求地尽快发落，"不得坊正民家寄养。如有违犯，从廉访司究治"。但是朝廷始终没有拿出具体可行办法，被掠卖者很难返籍与亲人团聚，无法摆脱继续充当驱口奴婢的命运。⑥

元代惩治买卖人口的法规不谓不严，但人口贩卖行为从未停止过。驱奴是财产，也是利益的来源，势家官僚人等总要设法扩大自己拥有驱奴的数量。由于个中利益甚大，极具诱惑，加之因各种干扰而禁令执行不力，

---

① 《元典章》五十七，刑部十九，诸禁，禁诱略。略卖良人价钱。
② 《元史》卷一八〇列传六十七赵世延。
③ 《元典章》五十七，刑部十九，诸禁，禁诱略。略卖良人新例。
④ "如能告获者，略人每人给赏三十贯，和诱每人二十贯，以至元钞为则，于犯人名下追征，无财者征及知情安主，牙保应捕人减半。"《元史》卷一〇四志第五十二刑法三盗贼。
⑤ "诸职官诱略良人为奴，革后不首，仍除名不叙，所诱略人给亲。"《元史》卷一〇四志第五十二刑法三盗贼。
⑥ 《元典章》五十六，刑部十八，阑遗，字兰奚，人口不得寄养。

所以犯者屡屡不绝，抑良为奴在元代不仅是常事，①而且是驱奴队伍扩大的一个重要来源。

导致良人卖身的原因很多。重赋乃其一。元律规定，由于"有司治赋敛急"的缘故，导致贫民为输赋而鬻男女者，"追还所鬻男女，而正有司罪，价勿偿"。② 在当时的实际生活中，课税重负常常迫使贫苦百姓卖儿鬻女以偿。

《元史·食货志》记载，在忽必烈时期及铁木耳时期，元朝财政尚知节用，所以"世称元之治以至元、大德为首"。③尽管如此，至元九年时，北方如顺德路，"有寡妇鬻子以偿转输之直"。④ 南方情况，至元二十九年（1292）御史中丞崔彧奏言所说的情况很是典型：贪劣官员如纳速剌丁灭里、桑哥等人，"恣为不法，楮币、铨选、盐课、酒税，无不更张变乱之"。清理积欠的官员，"期限严急，胥卒追逮，半于道路，民至嫁妻卖女，殃及亲邻。维扬、钱塘受害最惨，无故而殒其生五百余人。近者阁里按问，悉皆首实请死"。百姓对贪官恨之入骨，"士民群众对桑哥及其凶党之为也，莫不愿食其肉"。⑤

仁宗延祐元年（1314），中书右丞相铁木迭儿说，当时的课税额，"比国初已倍五十矣"。⑥ 仁宗以后，"国用寖广"，朝廷费用不能量入为出，唯有大量增加课税，以满足需要。到了天历年间，课税额比"至元、大德之数，盖增二十倍矣"。⑦ 至元时贫民已经鬻子以纳课，此时课赋如此沉重，百姓怎堪其负，故而大批良民子女被父母忍痛卖为驱奴。

残酷的剥削，尤其在水旱蝗雹等天灾时期，使得大量贫困农牧民衣食无着，饥寒交迫，只得出卖妻子儿女，乃至出卖自身以求苟存于一时。这是他们度荒存活的最后无奈之举。他们成了和平时期最主要的驱奴后备

---

① 参阅洪用斌《元代的奴隶买卖》，《内蒙古社会科学》1982年第5期。
② 《元史》卷一〇三志第五十一刑法二户婚。
③ 《元史》卷93志第四十二食货一。
④ 《元史》卷一六九列传第五十六谢仲温。
⑤ 《元史》卷一七三列传第六十崔彧。
⑥ 《元史》卷二〇五列传第九十二奸臣传铁木迭儿。
⑦ 《元史》卷93志第四十二食货志一。

军。世祖至元二十六年（1289），通州河西务饥馑，"民有鬻子去之他州者"。① 大德元年（1297）六月，汴梁、南阳大旱，民鬻子女。② 武宗至大元年（1308）八月，"夏秋之间，巩昌地震，归德暴风雨，泰安、济宁、真定大水，庐舍荡析，人畜俱被其灾。江浙饥荒之余，疫疠大作，死者相枕籍。父卖其子，夫鬻其妻，哭声震野，有不忍闻"。③

元廷也曾采取措施，试图解决良民因灾荒而陷身驱奴的困境。世祖至元十八年（1281）六月，"敕赛典赤、火尼分管乌木、拔都怯儿等八处民户，谦州织工百四十二户贫甚，以粟给之，其所鬻妻子，官与赎还"。八月，"开元等路六驿饥，命给币帛万二千匹，其鬻妻子者官为赎之"。④ 至元二十七年（1290）桓州饥民鬻子女以为食。司农特尔格奏以官帑赎之。⑤

元代出卖老婆孩子的不只是汉人、南人，即使是社会地位最高的蒙族人，命运悲惨者也大有人在。所以朝廷曾多次下令官司收养被卖蒙古人口。延祐四年（1317）仁宗皇帝谕旨"比闻蒙古诸部困乏，往往鬻子女于民家为婢仆，其命有司赎之，还各部"。⑥ 当时蒙古地区"朔漠大风雪，羊马驼畜尽死，人民流散，以子女鬻人为奴婢"；金紫光禄大夫加开府仪拜住认为，这里是"兴王根本之地，其民宜加赈恤"，建议成立"宗仁卫"总其事，命各地县官将赎回被卖为奴婢的蒙古子女安置其中。⑦ 又如，英宗至治改元（1321）诏书内列有一条："回回、汉人、南人典买蒙古子女为驱者，诏书到日，分付所在官司应付口粮收养，听候具数开申中书省定夺。"⑧ 十月，又"敕蒙古子女鬻为回回、汉人奴者，官收养之"。⑨

元代更有将人口贩往外洋的事发生，"缘有一等下海使臣并贪之徒，

---

① 忽必烈命"发米赈之"。《元史》卷十五本纪第十五世祖十二。
② 《元史》卷五十志第三上五行一。
③ 中书省臣言。《元史》卷二十二纪第二十二武宗一。
④ 《元史》卷十一本纪第十一世祖八。
⑤ 《续通考》（十四）转自《历代刑法考》分考卷十五，奴婢。中国书店1990年影印本。
⑥ 《元史》卷二十六本纪第二十六仁宗三。
⑦ 《元史》卷一三六列传二十三拜柱。
⑧ 延祐七年十一月至治改元诏书内一款。《元典章》五十七，刑部十九。禁典卖蒙古子女；参阅《元典章新集·至治条例》至治二年新集，国典，诏令，"至治改元诏"[1320]。
⑨ 《元史》卷二十七本纪第二十七英宗一。

往往违禁，本船稍手人等容隐不首，通同私贩番邦"，"一等不畏公法之人，往往将蒙古人口贩入番邦博易"。为此曾下圣旨严禁，但仍时有发生，大德七年三月重申"男子、妇女一口并不许下海私贩诸番"，要求市舶司官员于下番船只开洋之际，"用心搜检"。①

色目百姓的贫困情况差不多，特别是站户，尤为困窘。例如，世祖至元二十七年（1280）三月，"永昌站户饥，卖子及奴产者甚众"。朝廷"命甘肃省赎还，给米赈之"。②武宗至大四年［1311］，河西陇西道官员描述道："近年以来，田禾薄收，人民缺食，其间清苦不可胜言。""河西地面，按连途陲，人烟凋零，站户数少，又系色目之家应当，所立站赤地面窎远，比之中原霄壤不同，使臣频併，马疋倒死，必须督责补买，及供给一切诸物。"当地百姓"因而逼临破家荡业，无可展免，以至于愿将亲属男女于权豪声势富实之家典卖为驱使，不能完聚"。色目人站户也"将亲属典卖他人，作为驱使"。该道提出要求，"若将权豪声势诸色目人等应典卖站户亲属，若依已降诏旨，管站头目典卖站户一体完聚，及合无官为收赎"，"给亲完聚，免征征元价外，据河西站户消乏空为赈恤"。③英宗至治二年（1322）十一月，"站户贫乏鬻卖妻子者，官赎还之"。④

元代更有一个特殊情况，即戍兵辎重自备。这种军需供应办法使得贫困百姓当不起兵，以致出卖妻子以应征。大德七年［1303］，通议大夫同佥枢密院事和尚的奏折讲到，"蒙古军在山东、河南者，往戍甘肃，跋涉万里，装橐鞍马之资，皆其自办，每行必鬻田产，甚则卖妻子；戍者未归，代者当发，前后相仍，困苦日甚。今边陲无事而虚弹兵力，诚为非计，请以近甘肃之兵戍之。而山东河南前戍者，官为出钱赎其田产、妻子，庶使少有瘳也"。成宗铁木耳同意了他的建议。⑤军兵妻子因夫、父应征而被卖为驱奴，又由官府出资以赎。

---

① 《元典章》五十七，刑部十九。禁下番人口等物。引者按，这里所说"蒙古人口"是指蒙古族人还是指包括各民族在内的蒙古王朝所属人口，有待进一步考证。
② 《元史》卷十六本纪第十六世祖十三。
③ 《元典章》五十七，刑部十九，诸禁，禁诱略。
④ 《元史》卷二十八本纪第二十八英宗二。
⑤ 《元史》卷一三四列传第二十一和尚传。

驱奴的第五个来源是所谓家生（或称家生孩儿、奴产子。），即驱奴婚配而生的子女。驱奴身份世代相袭。驱奴属于主人所有，所生的子孙也永为驱奴。主人为驱奴婚配，实际成了驱奴队伍扩大的手段。①

以上种种情况产生了元代庞大的驱奴群体；其主体为汉人和南人。

二　元朝驱奴的法律地位

1. 驱奴的法律地位

元代规定，"诸蒙古、回回、契丹、女直、汉人军前所俘人口，留家者为奴婢，居外附籍者即为良民"，"诸收捕叛乱军人，掠取生口，并从按治官及军民官一同审阅，实为贼党妻属者，给公据付之"，②换言之，一、军前俘虏留家者；二、收捕叛乱军人之妻属，经审阅确认并领有公据者，是为驱奴。

驱奴户籍落于主家，依法纳丁税，民户成丁每"岁科粟一石，驱丁五升；户丁驱各半之，老幼不与"。③

元代主奴关系的法定性质是十分明确的，驱奴"与财物同"，④就是说，其身份的基本定位，是属于主人的财产。驱奴供主人驱使，无条件地为主人提供生产及服役性劳役。主人也将驱当作有价载体，将其赠予、买卖、转让或抵债以及继承。驱奴的人身和劳动力都归主人占有和支配。

主家父子、兄弟分家时，驱奴作为一类财产，与房屋、土地、牲畜一样成为析产对象。例如，仁宗时，进荣禄大夫平章政事商议中书省事察罕"天性孝友，田宅之在河中者，悉分与诸昆弟。昆弟贫来归者，复分与田宅、奴婢"。⑤

驱奴可以作为礼品赏赐或赠予他人。例如，天历元年（1329）十月，文宗图铁睦尔"以宦者伯帖木儿妻及奴婢田宅赐撒敦"，同月又"以宦者

---

① 《（南村）辍耕录》卷十七，"奴婢"。
② 《元史》卷一〇三志第五十一刑法二户婚。
③ 《元史》卷九十三志第四十二食货一税粮。
④ 《元典章》十七，户部三，籍册。元世祖至元八年［壬申，1272］"户口条画"中之一条。
⑤ 《元史》卷一三七列传二十四察罕。

米薛迷奴婢家赀赐伯颜";十一月,再"以王禅奴婢赐镇南王铁木儿不花及燕铁木儿"。① 皇帝用没收的奴婢慷他人之慨。以奴婢行贿者也是有的。如文宗至顺元年(1330),陕西行省左丞怯列"坐受人僮奴一人",因而受惩,诏曰:"位至宰执,食国厚禄,犹受人生口,理宜罪之。"②

奴婢行窃被捉,失主可将其扣留抵赃。[世祖]至元三十年(1293)规定,驱口奴婢如果偷盗他人牲畜被捉,"别无梯已头匹,亦无女孩儿合追赃无可追给",失主以其抵赃,或者以其为质,从他的主人那里讨回失物赔偿。③本主如果不愿失去这个奴婢,可以赎回。④对于主人而言,奴婢、牲畜和钱币都是一样的财产,用任何一项都可以抵赔。

当主人犯法,罪应抄家、罚没,他拥有的驱奴和其他财产一并籍没。贪官污吏被惩退赃,也可"将奴婢、财产准折入官"。⑤ 例如,如成宗铁木耳元贞元年(1295)时,饶州路达鲁花赤阿剌红、治中赵良行为不法,金江东廉访司事昔班、季让接受贿赂将其放跑,事发后,"昔班自杀,杖季让,除名,仍没其财产、奴婢之半"。⑥ 又如文宗图铁睦尔至顺元年(1330),将作使锁住与其弟观音奴、姊夫太医使野理牙等人,坐"怨望、造符箓、祭北斗、咒咀"等罪,连及刑部尚书乌马儿、御史大夫孛罗、上都留守马儿及野理牙姊阿纳昔木思等,全部处以死刑。锁住、野里牙等所有奴仆,与他们的库藏、田宅、牲畜等一道被籍没,"给大承天护圣寺为永业"。⑦

驱奴可以合法地买进卖出。

驱奴既然是合法财产,被剥夺了人的基本权利,从而在法律上跟主人全无平等可言。也可以说,正是法律中一系列的不平等规定剥夺了驱奴的

---

① 《元史》卷三十二本纪三十二文宗一。
② 《元史》卷三十四本纪三十四文宗三。
③ 《元典章》四十九,刑部十一,诸盗,偷头口,驱奴就断与头口的主人。
④ "其主愿赎者听。"《元史》卷一〇四志第五十二刑法三盗贼。
⑤ 成宗大德十一年[1307]诏书:"官吏人等侵欺滥用系官钱粮,可征。无可征者,将奴婢、财产准折入官";《元典章》典章二,圣政二,贷逋欠,仁宗延祐七年圣旨;《元典章新集·至治条例》至治二年新集,国典,诏令,"至治改元诏"[1320]。
⑥ 《元史》卷十八本纪第十八成宗一。
⑦ 《元史》卷三十四本纪三十四文宗三。

基本权利。

主人绝对优势的法律地位。元代法律中有许多适用于驱奴的专门条款。有司审讯涉及驱奴的案件，第一件要做的就是辨别并确认当事人驱奴身份，要求提供奴贱身份的证据。案卷格式中，样板如下："据。一、某指某人元系本家在逃驱奴，照过元买文契无伪，照过户籍俱各相同"；"申。一、某指某人系是本家在逃驱奴，追到元申官判凭，委某官验得，别无诈冒及在逃拐带物色，与某处元申相同。……一、某指系某家驱奴，勾到本主当官认得，委是本家在逃驱奴，别无诈认"；"同。……一、某指系某处某家驱奴，行下本司县勒合干邻首人等勘会得，委是某人驱奴，照籍相同"；"估。……一、将某略到某人家奴行下本属官司勒合干牙保，依犯时月日估到实直若干，取到，并无高抬小估，执给文状"；等等。①在"正犯人招款"中，要写明涉案人"是何色目人氏"，以及是否"奴贱及倡优之家"。如是"奴贱"，就要写明："一名奴婢某，见年若干，身无疾病，系某处是何人户某人元买、元房家主驱奴，几年月日本使配到家婢，或赎到驱妇某人为妻，生到男女各各年甲，除外别无梯己人口、财产，备有邻人主首，并青册谙显与一干人无仇、不亲，今据实招说责同前"，等等。"干连人词因"要写明："一名奴主某人甲，疾状同前。今据分析云云。所通前项词因并不诣实，今当官认得某人委是本家无逃驱奴，别无诈认。备有申官判凭左邻人主首谙显见招罪犯并不知情。若蒙官司依法裁断，准伏无词"，等等。②样板格式是不可省略的统一要求，其内容确定了涉案人的驱奴身份。以此为据，案件审判的依据就不是一般凡人的条文了。

元代许多条文专为驱口奴婢而设，体现了他们与主人、与主人家族、与凡人的差异。这些差异体现着驱奴们身份的低微和法律地位的低下。

让我们首先考察驱奴与主人的关系。

豢养驱奴是蒙古的传统。太宗四年（辛卯，1231），即元朝建元前约

---

① 《元典章》十二，吏部六，吏制，儒吏，审案证据。按，同时并列的正是有关财物、牲畜的条文，由此可见驱奴地位之低下。

② 《元典章》十二，吏部六，吏制，儒吏，府司勘责到逐人文状。

三十年，"是时法制未定，奴有罪者，主得专杀"。① 所谓"专杀"，可以理解为主人有任意处置奴婢的权力，对"有罪"驱奴，可自行处死，无须任何审批手续。在没有法律条文的时代，奴主的这个权力受到习俗的认可，由当时的制度给予保障，可以看作是一项不成文法或习惯法。处死驱奴是主人拥有的私权力，与所属官家无涉。有罪"主得专杀"明确无误地反映了驱奴的非人属性。蒙元王朝建立后，逐步建立了系统的主奴关系条文保证奴主对驱奴的统治。

元朝法律中，驱奴杀主罪比凡人犯罪处刑严厉得多。以杀伤罪为例。处置百姓（良人）杀人案件，规定"诸杀人者死，仍于家属征烧埋银五十两给苦主，无银者征中统钞一十锭，会赦免罪者倍之"。② 如果伤而未死，则依受伤轻重程度分别处以不同等级的刑罚。③ 就是说，良人杀伤案区别轻重，查清首从，分别处以不同的刑罚；可以以银抵罚。奴婢杀伤主人，则不管伤之轻重，一律罪至处死。④ 多个奴婢同案杀死主人，凡参与者不分首从一律斩首。⑤

凡人故杀罪，处以死罪。奴婢故杀其主，身首异处还不足以惩，要凌迟处死。⑥ 罪罚之重无以复加。反之，设若本主诸故杀无罪奴婢，仅刑杖八十七，⑦处罚之轻，也是十分突出的。

驱奴杀主属于遇赦不赦的"大恶"罪行之一。一般的死刑犯遇到朝廷大赦时得以减刑免死，而杀主的驱奴不存在因赦获释的希望。如世祖至元十九年（1283）十一月定，一般死罪的犯人，"令充日本、占城、缅国军"。充军意味着可以活命免死。但这个规定对谋反大逆，杀祖父母、父母，妻杀夫，因奸杀夫等"天下重囚"无效，犯者必正典刑，不得免死；

---

① 燕南诸路廉访使兼断事官布鲁海牙"知其非法而不能救，尝出金赎死者数十人"。《元史》卷一二五列传第十二布鲁海牙。
② 《元史》卷一〇五志第五十三刑法四杀伤。
③ 《元史》卷一〇四志第五十二刑法三大恶。
④ "诸奴杀伤本主者，处死。"《元史》卷一〇四志第五十二刑法三大恶。
⑤ "旧例奴婢杀主者皆斩。"《元典章》四十一，刑部三，恶逆，奴杀本使二起，路驴儿案。
⑥ 《元史》卷一〇四志第五十二刑法三大恶。
⑦ 《元史》卷一〇五志第五十三刑法四杀伤。

驱奴杀主之罪也在其中。① 驱奴杀主者不赦,在多次诏令中一再重申。如成宗于世祖至元三十一年(1294)登位诏、成宗大德元年(1297)诏、大德六年(1302)诏、成宗大德十一年(1307)武宗即位诏、武宗至大元年(1308)肇建中都诏、武宗至大四年(1311)仁宗即位诏、皇庆元年(1312)诸王入觐诏、仁宗延祐元年(1314)改元诏;② 仁宗延祐七年(1320)英宗登位诏,③ 泰定帝致和元年(1328)九月明宗即位诏;④ 至顺三年(1332)十月宁宗即位诏;⑤ 等等。

也曾有过极特殊的情况,"自世祖皇帝时分,不拣那个赦里不曾放来的谋反大逆、杀祖父母父母、妻妾杀夫、奴婢杀主的,都交放了"。至大二年(1309)时,也曾因天灾而行赦,"中外罪囚大辟以下,已、未发觉,并从释免"。但后来武宗海山认为不妥,于至大四年(1311)三月下诏,"各处似这般不合放的罪囚,教拿了",⑥ 已经放了的,又都抓了回来。

杀死主人的驱奴在监狱中也不得与其他囚犯同等待遇。"诸狱囚有病,主司验实,给医药,病重者去枷锁杻,听家人入侍"。杀主的驱奴在狱中和"犯恶逆以上,及强盗至死"的犯人待遇一样,即使是病已垂危,仍要戴着枷锁杻械,虽给医药,其家人不得入侍。⑦

再如斗殴罪。凡人互殴成伤,依伤势轻重拟罪各异,轻者如"以手足击人伤者,笞二十七",最重者"即损二事以上,及因旧患,令至笃疾,若断舌及毁败人阴阳者",也不过笞一百七,致死者方以命抵。⑧ 但是,"诸奴杀伤本主者,处死"。⑨ 简言之,奴婢杀伤主人,不论伤势轻重,一律处以死刑。反之,诸奴殴詈其主,主殴伤奴致死者,免罪。⑩

---

① 《元史》卷十二本纪第十二世祖九。
② 以上均见《元典章》三,圣政二,需恩宥。
③ 《元典章新集·至治条例》至治二年新集,国典,诏令。《元典章》一。诏令一。
④ 《元史》卷三十二本纪三十二文宗一。
⑤ 《元史》卷三十七本纪三十七宁宗。
⑥ 《元典章》三,圣政二,需恩宥。
⑦ 《元史》卷一〇五志第五十三刑法四恤刑。
⑧ 《元史》卷一〇五志第五十三刑法四斗殴。
⑨ 《元史》卷一〇四志第五十二刑法三大恶。
⑩ 《元史》卷一〇五志第五十三刑法四斗殴。

又比如，良人酒醉杀人罪以命抵。主人酒醉杀死奴婢是没有死罪的，杖七十七而已。①

奴婢对主不恭也是有罪的，规定"诸奴诟詈其主不逊者，杖一百七，居役二年，役满日归其主"。②或者奴主自行惩治，"诸奴殴詈其主，主殴伤奴致死者，免罪"，③可以理解为格杀勿论。

史料又曾记载了元代有过这样的法律："旧例，奴婢有罪不请官司而杀者杖一百，无罪而杀者徒一年。"改变了早期"奴有罪者，主得专杀"的规定，似乎主人已经不得自行杀死奴婢了。但是，随之而来的一句，"若有惩罪决罚致死者勿论"。④必须指出两点：第一，并没有规定"惩罪决罚"必须上请官司；第二，"决罚致死"与"杀"难以界定，实质是一样的。所以"奴婢有罪不请官司而杀者杖一百，无罪而杀者徒一年"的规定是没有实际意义的。我们不太清楚此"旧例"何时作废。但是在元代，实际上主人对驱奴的确是有生杀予夺之权，这也是有案例可以证明的。至元五年〔1268〕，东平路住坐探马赤张歹儿打死无罪驱妇燕粉儿，私下将其家属放良，刑部没有给予凶手任何处罚。⑤至元十一年（1274）神木县军户王美打死驱口王锦一案，驱口王锦打死主人亲属及另一驱口，主人王美采取报复行动，将其打死。官府判定，驱口打死二人，已犯有死罪，主人"王美不请官司将王锦致打因伤身死，难拟定罪"。⑥"不请官司"的行为，"难拟定罪"，即无此律条，不能定罪。换句话说，奴婢有过，主人可以格杀勿论，无须通过官府。

元朝建元之初，驱奴盗窃主人财物"于法当死"。⑦以后，盗窃律改为，一般盗窃案的处理，分首从，按赃值，分别处以刑罚不等；而奴婢偷

---

① "诸醉中误认他人为仇人，故杀致命者，虽误同故。""因醉杀之〔无罪奴婢〕者，减〔故杀无罪奴婢〕一等〔折杖七十七〕。"《元史》卷一〇五志第五十三刑法四杀伤。
② 《元史》卷一〇四志第五十二刑法三大恶。
③ 同上。
④ 《元典章》四十二，刑部四，杀奴婢娼佃，殴死有罪驱。
⑤ 《元典章》四十二，刑部四，杀奴婢娼佃，打死无罪驱。
⑥ 《元典章》四十二，刑部四，杀奴婢娼佃。
⑦ 《元史》卷一二六列传第十三廉希宪。

盗主人财物当判"流远",① 不再处死了。但是仍比对常人盗窃罪的处罚严厉得多：第一，处罚不论赃值，不分首从。规定中处刑流远，可以"免刺",②但在司法中对驱奴犯者仍有刺字者。例如，仁宗延祐七年［1320］，广德路达鲁花赤瓜都充面前使唤的沈阿寅偷了主人的东西，"断讫拟本贼依例刺字徒配"。③如若盗主人财而自首，可以免刺字，也不征倍赃，"仍付其主为奴"。④ 犯盗窃应判"流远"的驱奴，"主求免者听",⑤ 是否发配，由主人决定。估计主人求免的可能性很大。因为既然奴婢本身是财富，其身价可能比被盗财物价值更大；何况被盗财物尚可追回，而流放远地的驱奴对主人来说则没有任何使用价值了。

奸罪。元律规定，凡人男女"和奸者，杖七十七"；有夫者，八十七。诱奸妇逃者，加一等，男女罪同，妇人去衣受刑。未成者，减四等。强奸有夫妇人者死，无夫者杖一百七，未成者减一等，妇人不坐。⑥ 可见，凡人奸罪是根据不同情况分别轻重做不同判处的。驱奴奸淫主人妻女，所受罪罚极重。"诸奴奸主女者，处死。"⑦"诸强奸主妻者，处死。""诸奴与主妾奸者，各杖九十七。"⑧

"勾当"、"傔从"［官员手下的从人］与品官之妻通奸，处刑加重。律定，"诸以傔从与命妇奸，以命妇从奸夫逃者，皆处死"。⑨ 如世祖至元十八年，河间路马芦马头镇抚勾当邓海，与提举刘五的妻子阿孙通奸，二个逃到大都，事发到官。中书省及刑部议得，奸夫邓海"若依常例，决杖八十七下"。但因他是"勾当"，与本官正妻阿孙通奸，所以处死。⑩

---

① 《元史》卷一〇四志第五十二刑法三盗贼。
② 同上。
③ 《元典章》新集，刑部，刑制，诸盗，偷盗。页十三。
④ 《元史》卷一〇四志第五十二刑法三盗贼。
⑤ 同上。
⑥ 《元史》卷一〇四志第五十二刑法三奸非。
⑦ 同上。
⑧ 同上。
⑨ 同上。
⑩ 《元典章》四十五，刑部七，主奴奸。至元十八年案。

奴仆与主人的女儿奸，则没有强、和之分，一律处以极刑。①至元五年，济南路王来兴状招，将本使梁祐未曾婚配十二岁女儿强行奸，法司拟王"合行处死"。②同为和奸罪，处死与杖七十七相比，不同主体的处刑相差十等以上，且有生死之别。婢与奴的身份本无差别，但婢成为主人之妾后，与奴的关系有所不同，"诸奴与主妾奸者，各杖九十七"。③处罚重于凡奸者二等。这条规定看起来像是妾的地位高于奴仆，但实际上是反映了奴仆与主人的等级差异；是在保护主人的"利益"。

主人奸淫奴仆之妻无罪："诸主奸奴妻者，不坐。"④主人奸污奴仆的女儿，则分别情况处理。下文还将谈及。

驱奴告主要受严惩。主人有过或犯罪，驱奴告发，被视为犯上，是为元律不容许的行为。按照太宗窝阔台的说法："奴不忠其主，肯忠他人乎？"⑤所以尽管主人触犯国法，也禁止驱口奴婢揭发，"以厚风俗"。⑥驱奴诉告主人，就跟儿子证明其父有罪一样，"干名犯义，为风化之玷者"。⑦杨桓于成宗即位时（1295）上疏建议"禁父子骨肉、奴婢相告讦者"，"帝嘉纳之"。⑧

元法规定，驱奴告主私事，所告属实，有罪的主人等于自首，可以减免罪罚，奴却要受杖七十七。⑨例如，仁宗延祐二年（1315）山东探马赤索郎古歹的驱口吴自当揭发其主私自煎熬私盐之罪。判决结果，"违别禁例，不应告讦本使索郎古歹扫刮减土煎熬私盐情罪，其索郎古歹合同自首，原免；吴自当所犯量情拟决七十七下，分付伊使"。⑩成宗时，有奴告主者，主被诛，皇帝铁木耳下诏，"以其主所居官与之"，奖励了这个奴仆

---

① "诸奴奸主女者，处死。诸以傔从与命妇奸，以命妇从奸夫逃者，皆处死。诸强奸主妻者，处死。"《元史》卷一〇四志第五十二刑法三奸非。
② 《元典章》四十五，刑部七，主奴奸。
③ 《元史》卷一〇四志第五十二刑法三奸非。
④ 同上。
⑤ 《元史》卷一二一列传第八速不台。
⑥ 武宗至大二年诏书。《元典章》典章二，圣政一，厚风俗。
⑦ 《元史》卷一〇五志第五十三刑法四诉讼。
⑧ 《元史》卷一六四列传五十一张桓。
⑨ "诸以奴告主私事，主同自首，奴杖七十七。"《元史》卷一〇五志第五十三刑法四诉讼。
⑩ 《元典章》五十二，刑部十五，诉讼，驱口首本使私盐。

的行动。平章政事不忽木上奏称："若此必大坏天下之风俗，使人情愈薄，无复上下之分矣。"皇帝遂"追废前命"，撤销对这个告主之奴的奖励。① 还有规定，凡有教令奴婢告主者，"减告者罪一等"治罪。② 也有很特殊的情况鼓励驱奴告主。世祖至元七年（1270）圣旨，"禁地内除狼虎野狐外，如有围猎的人，奴婢首告出来断为良着"。③ 这是为了保护禁地而采取的特别措施，显然不是对待奴主关系一般原则的体现。这条规定体现出来的精神实质是等级关系不得超越皇家利益。

驱奴诬告主人是不可饶恕的行为，"诸奴婢诬告其主者处死"。④ 不过最后的处理决定于主人的态度："本主求免者听减一等。"⑤ 世祖至元三年［1266］奴婢高德禄告发主人"本使金宣差使令张弹压齎文字并玉带前去南界进奉蛮子皇帝罪犯"，纯系诬告，按律当斩，但因"本使告乞，减刑合徒五年，部拟决一百七下"。⑥

主奴之间法律关系的反差如此巨大，表明朝廷承认主人对驱口奴婢的绝对权威地位。主人凭借法律的威慑力量，迫使驱奴绝对服从，不敢轻易犯主。

尽管法律为主人对驱奴的占有权和管理权做出了绝对的保证，当驱奴有过错时，主人们似乎更愿自行随意处置。至大元年［1308］时，就在帝辇之下的大都，"富势之家"对待犯有过错的驱奴，"并不经官言理。往往用铁枷钉项"，乃至"擅自刺面"，私刑残虐。当时一位监察御史上呈指出，"凡奴隶之数，贵贱虽殊，亦皆人之子也。设有愆过，若本使不恕，理宜送官惩戒，岂有法外凌虐伤残之理，甚伤风俗，拟合禁止"。刑部议得："奴隶有罪，本使自当依理决罚。若擅自刺面者，即系不应。合准台呈，遍行禁治，相应都省准拟咨请依上施行。"⑦

从这件事情的经过可以看出，监察御史认为"凡奴隶之数，贵贱虽

---

① 这条史料没有进一步说明是否对他惩罚。《元史》卷一三〇列传第十七不忽木。
② 《元史》卷一〇五志第五十三刑法四诉讼。
③ 《元典章》卷三十八，兵部五，捕猎，第9页。
④ 《元史》卷一〇五志第五十三刑法四诉讼。"旧例，奴婢应告主事而诬告，皆斩。"
⑤ 《元史》卷一〇五志第五十三刑法四诉讼。
⑥ 《元典章》五十三，刑部十五，诉讼，诬告，奴诬告主断例。
⑦ 《元典章》五十七，刑部十九，诸禁，禁豪霸，第33页。

殊，亦皆人之子也"，表明当时人的道德观念也以"人"作为驱口奴婢身份底线，即使是主人也不应任意残害他们。但是，"贵贱"之殊又是不可动摇的原则，所以他们对富势之家的非法行为只斥为"不应"，有"伤风俗"，并没有提出给以刑责以儆效尤。在那合法占有驱口奴婢的时代，这样的禁令对遏制富豪之家、权势之族凌虐驱奴起不了多大作用，是可想而知的。

驱奴法律地位低于主人家属。驱口奴婢作为主人的个人私财，他们的法律地位不仅低于主人本人，而且低于主人的家庭成员，特别是近亲。在一定意义上驱奴相对于主人的家族近亲也是从属关系。这一点，我们从元律中没有看到明确的相关规定，但有案例可循。至元十年（1273），有名叫唐太的人，买龙嫂为婢，后收为妾并生一子。因龙嫂骂了唐太的母亲，唐母令唐太之弟唐忠伏将龙嫂打死。中书省及刑部对此案的结论是"难拟治罪"。① 判词运用"诸奴殴詈其主，主殴伤奴致死者，免罪"②的律文结案。此案可见，第一，官府认为已收为妾的婢女，其身份仍是驱奴；第二，龙嫂是唐太所买，唐太是她的主人，唐太的母亲和弟弟打死龙嫂也是无罪的，可见亲族的法律身份与本主同。

《元史》中记载一个故事，成宗大德十一（1307）年，宗王兄弟从军守边，两人因意见不合，引起争斗，弟弟将兄长的驱奴射死；"兄诉，囚其弟，狱当死"。刑部尚书王约认为，"兄之奴，即弟之奴，况杀之有故"。将其弟立即释放。③ "兄之奴，即弟之奴"应是当时的观念，在这个案件中则已成为处理的依据。可见驱奴与主人的近亲不是一般关系；奴仆在主人家族中的地位，并不仅仅低于本主一人。

元律中还有一条："诸奴殴死主婿者，处死。"④ 如果主人要求对凶手减免处罚的话，可以从宽发落。如世祖至元九年（1272），大名路驱口张保儿、阿都赤等五人杀害主人次妻一案，苦主求免。大名路官员拟断杖刑，执行后"付本主收管"；得到中书兵刑部都堂的批准。该案判处减免，

---

① 《元典章》四十二，刑部四杀奴婢娼佃。
② 参见《元史》卷一〇四志第五十二刑法三大恶。
③ 卷一七八列传六十五王约。
④ 《元史》卷一〇四志第五十二刑法三大恶。

是有中书省案例为据的。此前，益都路奴仆黄伴哥等共同谋杀本主忒木儿妻男三口一案，中书省按照本主要求，将谋杀者减死。① 苦主之所以不要求严惩，是因为官可以判"决责付本主收管"。犯罪驱奴本来是主人的财产，杀死他们对主人来说是一笔财产损失，从这个角度考虑，是可能要求杖惩以后保其性命，留待以后使用或者出卖换钱。

婢女被收为妾，并不能取得与主人家庭成员平等的地位。上述龙嫂一案已可证明。婢妾所生子女也和嫡出有别。世祖至元十一年（1274）时大名路"绣女匠"孙伴哥、孙成兄弟争夺其父遗产房院一案，弟孙伴哥仍是其父孙平所买婢女阿於所生。中书、户部对争产一案的判决是，"孙成，妻之子，孙伴哥系婢生之子，据所抛房屋事理，以十分为率，内八分付孙成为主，二分付孙伴哥为主。外据孙成等户下匠役，亦验上项分数应当"。② 妻生之子遗产房院的百分之八十，婢生之子只能得到百分之二十。可见，阿於虽然是孙成的续妻，终因她原来身为婢女，所以其子在家中地位低于嫡子。

驱奴法律地位低于凡（良）人。良人杀死他人驱口奴婢，"减凡人二等合徒四年，依例于本人名下征银五十两"。③ "减凡人二等"，意味着奴婢的法律地位低于凡人二等。良人间"因斗殴，以刃杀人，及他物殴死人者，并同故杀"，④ 即处以死刑。良人斗殴杀他人驱奴，仅"杖一百七，征烧埋银五十两"，⑤ 无死刑。至元六年（1269）八月，中都路苏三五因争扑肉踢死王小狗一案，苏三五的身份为良人，王小狗是周仲义的"驱男"，苏某将王小狗踢死，刑部只"拟量决一百七下征银"⑥了事。良人之间"诸因戏言相殴，致伤人命者，杖一百七"。⑦ 而良人戏杀他人奴者，"杖七十七，征烧埋银五十两"，⑧ 比戏杀良人罪轻。简言之，良人杀死他人奴仆要

---

① 陈垣：《元典章校补》四十一，刑部三，奴杀本使次妻。
② 《元典章》十九，户部五，田宅，家财。
③ 《元典章》四十二，刑部四，杀奴婢娼佃。
④ 《元史》卷一〇五志第五十三刑法四杀伤。
⑤ 《元史》卷一〇五志第五十三刑法四斗殴。
⑥ 《元典章》四十二，刑部四，杀奴婢娼佃。
⑦ 《元史》卷一〇五志第五十三刑法四杀伤。
⑧ 同上。

受一定的惩罚，但在诸多情况下都没有死罪。

如果犯罪者是蒙古人，罪过更轻，规定"诸蒙古人斫伤他人奴，知罪愿休和者听"，① 实际等于无罪。

据元代法律，图财害命的罪罚是极重的："诸图财谋故杀人多者，凌迟处死，仍验各贼所杀人数，于家属均征烧埋银。诸图财陷溺人于死，幸获生免者，罪与已死同。"②图财而害他人驱奴，不论此财属于该奴还是属于奴主，都要受到与因图财而杀凡人同样的严惩："诸图财杀死他人奴婢，即以图财杀人论。诸奴盗主财而逃，送其逃者，辄杀其奴而取其财，即以强盗杀人论。"③良人杀他人驱奴有各种原因，凶手被判死刑的只有这一种。细品律意，要严惩的重点在于图财害命这种行为，而不是意在提高持财驱奴的身份。

最为特别的一项法律是"诸奴婢盗人牛马"罪。如果奴婢偷盗别人的牛马被捉获，奴婢的主人退不出赃物，则可"以其人给物主"，即以该奴婢作为抵偿物，成为被盗者的奴仆。奴婢原主，如果愿意的话，可以将其赎回。④这条规定显然是把奴仆作为与牛马一样活的财产看待，他偷了牛马牲畜，可以其身相抵。如果奴仆盗他人财物，主人出首揭发，"断罪免刺，不征倍赃，仍付其主为奴"。⑤

驱奴彼此身份相同。不同主人的驱奴相互侵犯，适用凡人法处置。"诸异主奴婢相犯死者，同常人。"同主驱奴"相犯至重刑者，仍依例结案"。⑥杀死对方者也要抵命。如至元二十九年（1292）广平路黑厮打死同驱刘狗儿，犯人"理合处死，烧埋银即系同居相犯不须追理"。⑦ "诸同主奴相盗，断罪，免刺配，不追倍赃。"⑧

---

① 《元史》卷一〇五志第五十三刑法四。
② 《元史》卷一〇四志第五十二刑法三盗贼。
③ 同上。
④ "其主愿赎者听。"《元史》卷一〇四志第五十二刑法三盗贼。此例定于［世祖］至元三十年［1293］，见《元典章》四十九，刑部十一，诸盗，偷头口，驱奴就断与头口的主人。
⑤ 《元史》卷一〇四志第五十二刑法三盗贼。
⑥ 《元史》卷一〇五志第五十三刑法四杀伤。
⑦ 《元典章》四十二，刑部四，杀奴婢娼佃打死同驱敲了者。
⑧ 《元史》卷一〇四志第五十二刑法三盗贼。

驱奴相互侵犯，如果主人出面求免，可减免罪行。至元五年正月，龙兴路李含儿驱口王宜儿打死另一驱口黄头一案。"法司拟，同主奴婢相犯致死而主求免者，听减本罪一等，合徒五年，决徒年，杖一百。"但刑部令该路再勘"当得本主愿求免，拟杖一百七下"。①"诸奴殴死其弟，弟亦为同主奴，主乞贷死者听。"②这种情况下，主人主动要求不杀凶手的可能性极大，因为他已经失去一个驱口，宁愿保住另一个，以缩小损失。驱口奴婢毕竟是作为财产而存在的。

有些罪行另设专门条款，处理不同于凡人。例如，"诸奴婢相奸，笞四十七"。③ 相比凡人和奸，刑杖七十七，女方有夫者杖八十七的规定要轻得多。有的案例反映，衙门并不严格依此判案。如世祖至元五年（1268）耶律丞相家的驱口王布与奴妻张赛儿夜通奸，按照上述法律，与有夫妇人和奸，应判杖八十七。但法司却认为，按"旧例良人奸他人婢者杖九十，奴婢同；又和奸本条无妇人罪名，与男子同。其王布并张赛儿各杖九十，内张赛儿去衣受刑，部拟四十七下"。④ 张赛儿"笞四十七下"这一判定，虽与《刑法志》所述相同，但其依据也不是奴婢相奸律。至于男方王布本为驱口，不按与婢相奸笞四十七，却按"良人"奸他人婢杖九十，更是不知何故了。我们也无法证实"诸奴婢相奸，笞四十七"是在至元五年以后制定的。

法律严惩驱奴外逃。在元廷充分保护奴主利益的情况下，豪强之家对驱奴的残酷剥削和凌虐伤残乃是常事。⑤ 驱奴实在难以忍受，往往不惜冒险，伺机外逃，以期获得自由。他们"往往逃匿寺观为道为僧，或于局院佣工，或为客旅负贩"。⑥

驱奴外逃和其他财产被窃一样，是主人的损失，朝廷为保障奴主的利益制定了一系列措施，缉捕逃奴，严惩外逃者、窝家以及有关的邻人、社

---

① 《元典章》四十二，刑部四（页二十四），杀奴婢娼佃，打死同驱。
② 《元史》卷一○五志第五十三刑法四斗殴。
③ 《元史》卷一○四志第五十二刑法奸非。
④ 《元典章》四十五，刑部七（二十页），奴婢相奸。
⑤ 参阅《元典章》五十七，刑部十九，诸禁，禁豪霸。
⑥ 《元典章》卷三十四，兵部一，军役，军驱。

长、里正，并奖赏告发者和缉获人等。

"诸奴婢背主而逃，杖七十七。"① 仁宗延祐六年（1319）十二月三十日规定，"探马赤的驱口逃走了，捉获呵教杖断八十七，捉获人根底于逃驱家私内断没一半充赏"，窝家以及知情不报的两隣主社长都有责任，揭发、捉获者有奖赏，"同主驱获十口以上者，即放为良，仍赏中统钞一百贯"。不行依限发落而放驱的有关官员受刑罚。② 至元年间，宗室公主有一个家奴逃到渭南民间，入赘人家为婿。被经过临潼的主人发现，"捕其奴与妻及妻之父母，皆械系之，尽没其家赀"，女方全家受累。同知京兆总管府事张雄飞"与主争辨，辞色俱厉。主不得已，以奴妻及妻之父母、家赀还之，惟挟其奴以去"。③ 也在至元年间，平凉府有南人驱奴二十余人"叛归江南"，都被捉回，"治以本罪而付其主"。④ 对窝藏逃奴的人以及知情不报者严加处置，给揭发者以奖赏，以断逃奴去路。

"诱引窝藏者，[杖]六十七。邻人、社长、坊里正知不首，捕者，笞三十七；关讯应捕人受赃脱放者，以枉法论。寺观、军营、势家影蔽，及投下冒收为户者，依藏匿论，自首者免罪。诸告获逃奴者，于所将财物内，三分取一，付告获人充赏。诸逃奴拒捕，不曾致伤人命者，杖一百七。"⑤ 至元九年（1273）四月施行的规定："今后沿边巡哨军人捉捕逃驱，如本主认识，令本处管民官司，估计逃驱实该价钱，以五分内拟给一分充赏，若无管民官司去处，则移邻近州县，依上估价理赏。"⑥ 成宗元贞元年（1295）规定，"收拾孛兰奚据州县收拾到人口头匹，依例体交主人识认。无人识认的，开坐数目，起赴省部交纳。若有人收著不行赴官申告，许两邻并诸人首告的实，将犯人断罪，告人给赏"。成宗大德七年（1303）再次强调元贞办法，意在严惩此类事件。⑦ 大德八年（1304）三月，"敕军民逃奴有获者即付其主，主在他所者，赴所在官司给之，仍追逃奴钞充

---

① 《元史》卷一〇五志第五十三刑法四捕亡。参阅《元史》卷一〇三志第五十一刑法二户婚。
② 《元典章》新集，刑部，人口，逃驱。
③ 《元史》卷一六三列传五十张雄飞。
④ 《元史》卷一六八列传五十五何荣祖。
⑤ 《元史》卷一〇五志第五十三刑法四捕亡。参阅《元史》卷一〇三志第五十一刑法二户婚。
⑥ 《元典章》卷五一刑部十三。
⑦ 《元典章》五十六，刑部十八，阑遗，孛兰奚。

获者赏；逃及诱匿者，论罪有差"。① 大德十一年（1307）、武宗至大四年（1311）都曾有类似的规定。② 仁宗延祐七年（1320）十一月，重申"禁民匿蒙古军亡奴"。③

官府承担搜索逃奴的责任。世祖至元十六（1279）年五月，"以五台僧多匿逃奴及逋赋之民，敕西京宣慰司、按察司搜索之"。④ "今后沿边巡哨军人捉捕逃驱，如本主认识，令本处管民官司，估计逃驱实该价钱，以五分内拟给一分充赏，若无管民官司去处，则移邻近州县，依上估价理赏。"⑤

查获的逃奴，有的无主认领，则由官府负责管理。有的驱奴外逃成功，可能有相当一段时间没被主人或官府发现，甚至在外已娶妻生子。其后一旦事情败露，被主人认出，虽已生育子女，也要被强行分开，各归其主；无本主者，被官发现，"官与收系"成为官奴。⑥ 世祖至元十一年十二月，"以诸路逃奴之无主者二千人，隶行工部"。⑦ 世祖至元二十九年（1282）十月，命赵德泽、吴荣领逃奴无主者二百四十户，淘银、耕田于广宁、沈州。⑧ 被捉获的无主逃奴变成了官奴。

尽管朝廷采取了许多措施，元代驱奴逃亡还是相当普遍的现象。在司法公文示范中，有专门的套写格式。如"一名奴主某人甲，疾状同前。今据分析云云。所通前项词因并不诣实，今当官认得某人委是本家无逃驱奴，别无诈认。备有申官判凭左邻人主首，诸显见招罪犯并不知情。若蒙官司依法裁断，准伏无词"。⑨ 在审案证据格式中，也有相关内容。⑩ 编制

---

① 《元史》卷二十一本纪第二十一成宗四。
② 大德十一年（1307）枢密院奏准。《元典章》卷三十四，兵部一，军役，军驱，第29—34页。参见《元典章》三十四，兵部一，军役，正军。武宗至大四年［1311］八月枢密院奏《拯治军官军人条画》。
③ 《元史》卷二十六本纪二十六仁宗三。
④ 《元史》卷十本纪第十世祖七。
⑤ 《元典章》卷五一刑部十三。
⑥ 《元史》卷一〇五志第五十三刑法四禁令。
⑦ 《元史》卷八本纪第八世祖五。
⑧ 《元史》卷十七本纪第十七世祖十四。
⑨ 《元典章》六，吏制，儒吏。
⑩ 同上。

这类套用格式，官府凡是遇有逃奴案件，只需照抄一份，填上姓名就是了。只有经常发生的案件才需要有套写格式，可见元代的逃驱案是相当不少的。

逃奴及其子女永远无法改变身份；原主始终拥有对他们的占有权。"诸逃奴有女，嫁为良人妻，已有男女，而本主觉察者，追其聘财归本主，妇人不离。"①"诸阑遗奴婢，私相配合，虽生育子女，有主识认者，各归其主，无本主者官与收系。"②

缉捕和惩治逃奴政策的依据就是驱奴属于主人的财产这一基本定位；反映了元廷保护奴主利益私有制的基本国策。

2. 驱奴妻女的法律地位

驱奴的婚姻。本来，元代规定不准驱奴与良人通婚。"公事旧例，妄以奴婢为良人而与良人为夫妇，徒二年；奴婢自娶者亦同；各还正之。"③ 不论是主人的主张还是奴婢自行主张都不准。正如陶宗仪所说，元代"奴婢男女止可互相婚嫁，例不许聘娶良家"。④

后有定律，"诸良家女愿与人奴为婚者，即为奴婢"。⑤ 良家女本人情愿，是可以嫁给驱奴的；不过，她因此而失去良人身份，成为奴婢。根据这条规定，并不绝对禁止驱奴娶良人为妻。又规定，"娶良家女为妻，以为奴婢卖之者，即改正为良，卖主买主同罪，价没官"。⑥ 因嫁给驱奴而降低身份的女子，主人不得将其作为奴婢出卖，可见其身份跟本来意义上的婢女有所差异。原为良人的这一背景，决定了她不是其夫主人的完全所有物；主人不能将其任意处置。我们不知道此律订定于何年，但此律一出，前述"妄以奴婢为良人而与良人为夫妇，徒二年；奴婢自娶者亦同；各还正之"的规定显然已被代替，所以《元典章》称之为"公事旧例"，记载

---

① 《元史》卷一○三志第五十一刑法二户婚。
② 《元史》卷一○五志第五十三刑法四禁令。
③ 《元典章》十八，户部四，驱良婚，逃驱妾冒良人为婚。
④ 《（南村）辍耕录》卷十七，奴婢。
⑤ 《元史》卷一○三志第五十一刑法二户婚。
⑥ 同上。

存案而已。

以上所说，是指男女双方驱奴、良人身份明确的情况而言的。若男方隐瞒了驱奴身份而娶良女，是不准许的。世祖至元二年（1265），中都路王纳单术，系王伯术户下附籍驱口，外逃后冒充良人娶良人杨粉儿为妻，至元八年（1271）尚书户部终判王纳单术"作良人求娶杨粉儿为妻，即系男家妄冒，依例合行听离归宗，不还聘财，所生男女随母为良"。①隐瞒为奴身份，自行骗娶良人，夫妻必须分离，妇女良人身份不降，子女身份随母为良。王纳单术娶杨粉儿已经六年之久，官府也要将其拆散。

良人愿娶驱奴之女，是可以的。②在《元典章》中可以看到另一条规定："自至元六年（1270）正月初一日已后，诸奴婢不得嫁娶招召良人；如委有自愿者，各立婚书，许听为婚。"③这个条文中也没有规定要强迫与奴婢为婚的良人改变身份。

上述良贱为婚，是指驱奴与主人无关的人联姻。设若驱奴收娶主人妻女，则为犯罪，有规定，"诸奴收主妻者，以奸论；强收主女者，处死"。④

主人童养未成婚男妇也不得配给驱奴，违者"笞五十七，妇归宗，不追聘财"。⑤已成事实的良贱婚姻，当该驱奴死后，"良人所生男女另立户名收系为民。如军籍内有姓名者，为良作帖户"。⑥至元六年曹州路来申，探马赤军人陈牌子的驱妇张七姑逃跑，被主捉回，在外奸生二子，被判"随母还主"。⑦可见子女身份随母而不随父。母为良，子女仍为良而不随父为奴；母为婢，子女亦随母为奴婢。"诸良民窃奴婢生子，子随母还主，奴窃良民生子，子随母为良，仍异籍当差。"⑧窃人之子被发现者，被窃子

---

① 《元典章》十八，户部四，驱良婚，逃驱妾冒良人为婚。
② "若良家愿娶其女者，听。"《（南村）辍耕录》卷十七，奴婢。
③ 《元典章》十八，户部四，驱良婚。奴婢不嫁良人。
④ 《元史》卷一〇三志第五十一刑法二户婚。
⑤ 同上。
⑥ 《元典章》十七，户部三，籍册。元世祖至元八年［壬申，1272］"户口条画"中之一条。
⑦ 《元典章》四十五，刑部七，奸生子。
⑧ 《元史》卷一〇四志第五十二刑法三奸非。

身份之良贱随母。"奴婢过房良民者，禁之。"①不准过房也是为了保证良民身份及其等级地位的"纯洁性"。

奴仆之妻和女儿的身份不同。奴仆之妻，尽管如上所说不一定就是婢，但是法律规定，主人奸淫奴仆之妻无罪："诸主奸奴妻者，不坐。"②世祖至元九年（1273），延安路忽鲁忽都强奸奴仆靳全之妻一案，审理中辩明忽鲁忽都的身份是主人，中书省、刑部认定规定中"不见主奸奴妻罪名"，"主奸奴妻难议坐罪"，所以尽管是强奸也不予追究。③至元九年，延安路驱奴靳全告本使之子强奸其妻阿杨，中书省和刑部意见一致，也是"主奸奴妻难议坐罪"。④ 这两例案都没有说明奴妻的身份。如果她出嫁前原为婢女，被奸判主无罪，从当时法律看是可以解释的。如果她出嫁前原为良民，照理说主人是奸良人，应按凡奸治罪。但官府并没有去辨别女方是否良民，就按奴妻定案，主人无罪。这样的判决就意味着嫁给驱奴的良人已经不同于良民，法律身份有所下降了。

主人奸污奴仆的女儿，则分别情况处理："诸奴有女，已许嫁为良人妻，即为良人，其主辄欺奸者，杖一百七，其妻纵之者，笞五十七，其女夫家仍愿为婚者，减元议财钱之半，不愿者，追还元下聘财，令父收管，为良改嫁。"⑤如果奴仆之女没有被许配给良为妻，被主人奸污应该如何处置，法律未作规定，也未见判例；可以认为，没有规定就意味着无罪。总之，在主人面前，驱奴的妻、女都谈不上平等的法律地位。

3. 放良驱奴的法律地位

（1）驱奴放良

元朝的驱奴有可能取得主人许可放出为良。驱奴经主人给予"良书"后，得以为良，成为民户，可"任便住坐"，"收系当差"。⑥ 放出为良的

---

① 《元史》卷一〇三志第五十一刑法二户婚。
② 《元史》卷一〇四志第五十二刑法三奸非。
③ 《元典章》四十五，刑部七，主奴奸，主奸奴妻。
④ 《元典章》四十五，刑部七，主奴奸。
⑤ 《元史》卷一〇四志第五十二刑法三奸非。
⑥ 《元典章》十七，户部三，籍册。元世祖至元八年［壬申，1272］三月"户口条画"中之一条。

奴婢，必须进入民籍。如有"未入于籍者"，"民有敢隐藏者，罪之"。①一则便于户籍管理，更重要的是防止他们逃避差役。

实际上，收系当差并不是容易做到的事。因为被放出的奴仆，"此等多系南人，终恐不能安居。一旦流移四方，徒令有司受脱户之责。"②官方为了免受脱户之责，多事不如少事，不会痛快地为奴仆完成放出的手续的。

武宗至大四年（1311）再次明确驱奴的放良手续。"今后诉良之人，勘会明白，委令为良。事发到官，先行出给公据，止于所在地面权且羁留，即行移元籍取发亲属，赍公文前来，即便给亲完聚。如无亲属男子者，就从本人所愿，妇人愿招嫁者亦听自裁。"③

元朝驱奴放良，有多种情况：

一种是官府要求奴主解除某些人的奴婢身份。战乱之后的中原大地，"遗黎稀少，农事遂荒，饥馑间作，赈贷不及。故当日之君臣蒿目情形咸知，以放赎良民为要政"。④

蒙元时朝廷曾多次画定势家所占私奴的身份界限。势家占有的奴婢是不应役的。民户人口越多，应差者越多；私属驱奴越多，应差者自然越少。元代初年，势家强占良民为奴婢的现象很普遍。官僚势家自然与朝廷利益直接冲突，因而明确划分当役者与私奴的界限就是非常必要的了。有关的划分标准，曾多次规定，多次重申，也多次修改。

驱口、良口的区分以太宗乙未（1235）年籍册为据。元世祖至元三年（1266）时，官居中书左丞行省西夏中兴等路的张文谦向朝廷反映，诸势家言有户数千，其中当役者和属为私奴者难以区分，久议不决。他建议"应以乙未岁户帐为断"，在该登记册上未曾占籍的奴婢，归势家所有，"其余良民无为奴之理"。"议遂定，守以为法。"⑤这是以乙未籍册为驱口与良口区分依据的开始。

---

① 《元史》卷一〇三志第五十一刑法二户婚。
② 《元典章》五十七，刑部十九，诸禁，禁诱略，人口无亲属者从其所愿。
③ 《元典章》五十七，刑部十九，诸禁，禁诱略，第9页。人口无亲属者从其所愿。
④ 沈家本《历代刑法考》分考卷十五，奴婢。中国书店1990年影印本。
⑤ 《元史》卷一五七列传第四十四张文谦。

至元八年规定，将以下三种驱口改为良口：一是乙未附籍民户，或壬子年（1252）于他人户下作驱，抄上或漏籍者；二是乙未、壬子二年，本使记下附籍驱口，因而在外另作驱口，或寄留种田等附者；三是本使户下不曾附籍，其驱口在外抄过者。①

有关驱、良界限的具体划分标准如下：

驱	良
乙未、壬子二年本使户下附籍驱口在外不曾另籍，今次虽称宅外另居，及好投拜民户，依旧为驱； 乙未年本使户下附籍驱口，壬子年户下不曾抄上，仰作漏籍户收系当差，主人不得识认； 乙未、壬子二年主奴俱各漏籍，即日另居，今次取勘到官，不在当差额内者，依旧为驱。	乙未年（太宗1235）附籍民户，壬子年（宪宗1252）于他人户下作驱抄上或漏籍； 乙未、壬子二年本使户下附籍驱口，因而在外另作驱口，或寄留种田等附籍，依例收系科差，仰于本使户下除重籍人丁差役； 乙未、壬子二年本使户下不曾附籍，其驱口在外抄过者，仰依例收系科差。 乙未、壬子二年主奴俱各漏籍，今次取勘到无使驱，虽称他人驱，不见本使下落，收系当差，以后主人识认，照勘是实，吩咐本使。

资料来源：《元典章》十七，户部三，籍册。元世祖至元八年（壬申，1272）"户口条画"中之一条。

根据这些规定，凡不符合条件的私有驱口，官府不承认其驱口身份，

---

① 《元典章》十七，户部三，籍册。元世祖至元八年（壬申，1272）"户口条画"。

一律收系当差。朝廷强制解放那些主人籍册不著、手续不全而占有的一部分驱奴。

第二种情况是官府下令放出原为降民而非俘虏但被非法占有的驱奴。元朝初年，曾有多次这样的命令：世祖中统四年（1263）"以马合麻所俘济南老僧口之民文面为奴者，付元籍为民"。① 至元十四年（1277）时，"江南新附，诸将市功，且利俘获，往往滥及无辜，或强籍新民以为奴隶"，山南湖北道提刑按察副使雷膺"出令，得还为民者以数千计"。② 十九年（1282），江南诸道行台御史大夫相威参奏阿里海牙，指责他把一千八百户降民当作自己征讨所得，全占为奴。皇帝有旨："果降民也，还之有司；若砂早征讨所得，令御史台籍其数以闻，量赐有功者"，③ 不准全部占为己有。俘虏可以收为驱奴；以降民为驱奴者应放出。至元中，经荆湖北道宣慰使张雄飞建议，忽必烈下诏命将三千八百户没入为家奴的"降民"，"还籍为民"④。二十六年（1289）五月，"尚书省臣言：'括大同、平阳、太原无籍民及人奴为良户，略见成效。益都、济南诸道，亦宜如之。'诏以农时民不可扰，俟秋冬行之。"⑤ 后来，文宗时也曾令送还被兵士掠为奴仆的良民。如天历元年（1329）十一月，"京畿及四方民为兵所掠而奴于人者，令有司追理送还"。⑥ 顺帝至正五年（1345）五月，诏以军士所掠云南子女一千一百人放还乡里。不愿归者听。⑦

第三种情况是地方官员为打击豪强，放奴为良。这也是强迫权势富豪放驱奴为良，是官府行为，并非驱奴主人的自愿行动。如中书左丞李某为山西宣慰使，"罪权势之籍民为奴，免而〔为〕良者将千人"。⑧ 太祖时，"豪民冒籍良民为奴者众"，安抚使便宜行事兼燕京路刘敏"悉归之"。⑨

---

① 《元史》卷五本纪第五世祖二。
② 《元史》卷一七〇列传第五十七雷膺。
③ 《元史》卷一二八列传第十五相威。
④ 《元史》卷一六三列传五十张雄飞。
⑤ 《元史》卷十五本纪第十五世祖十二。
⑥ 《元史》卷三十二本纪三十二文宗一。
⑦ 《续通考》（十四），转见《历代刑法考》分考卷十五，奴婢。中国书店1990年影印本。
⑧ 姚燧：《中书左丞李公行状》，《牧庵集》卷三十。
⑨ 《元史》卷一五三列传第四十刘敏。

世祖中统初（1260—），南京总管刘克兴掠良民为奴隶，后获罪，"当籍孥、产之半"。中书右司掾袁裕言于中书，建议"止籍其家。奴隶得复为民者数百"。① 中统三年（1262），山西宣慰使德辉将"权势之家籍民为奴者，咸按而免之，复业近千人"。② 至元元年（1264）冬，张惠"拜参知政事，行省山东。以银赎俘囚二百余家为民，其不能归者，使为僧，建寺居之"。"李璮之乱，山东民被军士虏掠者甚众，惠至，大括军中，悉纵之。"③ 至元八年（1271），西夏中兴等路新民安抚副使袁裕，建言："西夏羌、浑杂居，驱良莫辨，宜验已有从良书者，则为良民。"皇帝同意。"得八千余人，官给牛具，使力田为农。"④ 同年"兵后孑民多依庇豪右，及有以身佣借衣食，岁久掩为家奴"。河东南北路宣抚使张德辉在其辖内"悉遣还之为民"。⑤ 世祖至元十七年（1280）正月，"敕相威检核阿里海牙、忽都帖木儿等所俘丁三万二千余人，并放为民"。⑥ 至元十九年（1282）五月，"籍阿合马妻子亲属所营资产，其奴婢纵之为民。"⑦ 二十二年（1285）十一月，"籍重庆府不花家人百二十三户为民"。⑧ 二十七年（1290）三月，"杨震龙余众剽浙东，总兵官讨贼者，多俘掠良民，敕行御史台分拣之，凡为民者千六百九十五人"。同年十一月，御史台言："江南盗起，讨贼官利其剽掠，复以生口充赠遗，请给还其家。"得到皇帝的认可。⑨ 成宗大德五年（1301）七月，籍安西王所侵占田站等四百余户为民。⑩ 文宗天历元年（1328）十一月，"京畿及四方民为兵所掠而奴于人者，令有司追理送还"。⑪

第四种情况是奴主主动放弃对驱口奴婢占有的权利，放出奴婢。例如，

---

① 《元史》卷一七〇列传第五十七袁裕。
② 《元史》卷一六三列传第五十李德辉。
③ 《元史》卷一六七列传第五十四张惠。
④ 《元史》卷一七〇列传第五十七袁裕。
⑤ 《元史》卷一六三列传第五十张德辉。
⑥ 《元史》卷十一本纪第十一世祖八。
⑦ 《元史》卷十二本纪第十二世祖九。
⑧ 《元史》卷十三本纪第十三世祖十。
⑨ 《元史》卷十六本纪第十六世祖十三。
⑩ 《续通考》（十四）转自《历代刑法考》分考卷十五，奴婢。中国书店1990年影印本。
⑪ 《元史》卷三十二本纪第三十二文宗一。

太宗乙未年（1235）括户，史天祥曾"纵其奴千余口，俾为民"。① 定宗时（1246—1248），赵州庆源军节度副使王玉，曾"出家奴二百余口为良民"。② 龙兴新建人赵一德，于（世祖）至元十二年（1275）被俘至燕为奴。三十年后，其主阿思兰母子主动"裂券纵为良"，放他回家。③ 仁宗皇庆时（1312—1313）任平章政事、商议中书省事的察罕"纵奴为民者甚众"。④

第五种情况是驱口奴婢赎身。元代允许驱口奴婢拥有自己的一份财物，且得为独立生产者，故大部分已取得了与佃户相同之经济地位。⑤所以有的驱奴能用积攒起来的钱物向主人要求赎身。⑥例如，至元年间，在战争中被俘的颍州人硃喜就曾出资得以自赎。⑦ 可以设想，驱奴想要攒够赎身所需的数额，也不是件容易的事。有的主人久已觊觎，想方设法把驱奴辛苦积攒的财物弄到手。正如陶宗仪描绘的，"主利其财，则俟少有过犯，杖而锢之，席卷而去"。这种行为还有个专门名称："抄估。"⑧

也有由他人出资代赎的。景州人翟彝，因河南战乱，被掠为人奴。他每年向主人缴纳丁粟，以免体力劳动。泰定元年（1324）县尹吕思诚了解到翟彝很好学，是个人才，不应久为人奴。于是跟翟彝的主人约定，他代纳粟米三十石作为终身价，赎翟彝为良民。⑨ 金末时，永清人史伦，"以侠称于河朔"。他因盖房挖土得金，发了财，为义举，"士族陷为奴虏者，辄出金赎之"，救人于苦难之中。⑩

此外，法律中还有个别条文，以放出为良作为鼓励奴婢某种行为的手

---

① 《元史》卷一四七列传第三十四史天倪。
② 《元史》卷一五一，列传第三十八王玉。中统元年二月卒，年七十。
③ 《元史》卷一九七列传八十四赵一德。
④ 《元史》卷一三七列传第二十四察罕传。
⑤ 梁方仲：《元代社会经济史》，《梁方仲经济史论文集集遗》，广东人民出版社1990年版，第51页。
⑥ "亦有自愿纳其财以求脱免籍，则主署执凭付之，名曰'放良'。"《（南村）辍耕录》卷十七，奴婢。
⑦ 《元史》卷一五一，列传第三十八王玉附王忱。
⑧ 《（南村）辍耕录》卷十七，奴婢。
⑨ 《元史》卷一八五列传七十二吕思诚。
⑩ 《元史》卷一四七列传第三十四史天倪。

段。如奴婢揭发他人溺女者，放出为良。①

虽然驱口奴婢有上述多种可能脱离原有低下的身份，不过得到放出待遇的驱奴要想保持已经取得的独立并非能轻易实现的。他们会受到贫困的折磨，差役的烦扰。上述颍州人硃喜，虽然有了一些积蓄，付身价自赎后，"主家利其货，复欲以为奴"。② 谁也无法保证他从此不会再次沦为奴仆。正如武宗至大四年（1311）御史台所说，"人之有生，愿适其安；不幸陷而为驱，累世难伸。况改正为良之后，复陷为驱，诚可哀悯"。③

（2）放良驱奴的法律地位

元代驱奴放良后，其法律地位并不与凡人全同。元律中不少条文都反映了他们仍然处于不平等的地位。

以谋杀罪为例，法律虽然规定主人不可谋杀放良奴婢。但规定，诸谋杀已放良奴婢者，与故杀常人同。④谋杀罪重于故杀罪，元律规定主人谋杀已放良奴婢按故杀罪判处，显然没有把两者放在同一法律地位上。

刑法规定，主人"殴死拟放良奴婢者，杖七十七"。⑤ 这个刑等，比故杀无罪奴婢还要轻一等，与醉杀无罪奴婢处刑相同。所谓"拟"放良，未见注释。如果"拟"是"打算"或"准备"将其放良的意思，似乎已与其他奴婢已经有所不同了；但是还没有办理放良手续，其法律身份还是驱奴，仍与凡人差距极大。因为殴杀作故杀处理，很明显地在以"拟"放良奴仆的性命来体现主人的身份地位，并无平等可言。

至元三年，旧主杨珍打死已放良驱口，中书省准刑部拟判仅杖七十七下。⑥ 这比凡人殴死他人罪要轻得多；甚至比主人殴杀奴婢罪都轻得多。⑦

放良驱奴往往因身份初变，关系不清，脱离主人之后没有承担朝廷差役。朝廷针对这种情况做出相应规定，以放良书为据。最基本的要求是凡

---

① 《元史》卷一〇三志第五十一刑法二户婚。
② 《元史》卷一五一，列传第三十八王玉附王忱。
③ 《元典章》五十七，刑部十九，诸禁，禁诱略。人口无亲属者从其所愿。
④ 《元史》卷一〇五志第五十三刑法四斗殴。
⑤ 《元史》卷一〇五志第五十三刑法四杀伤。
⑥ 《元典章》四十二，刑部四（第23页），杀奴婢娼佃，杀放良奴。
⑦ "旧例，奴婢有罪不请官司而杀者杖一百，无罪而杀者徒一年。"见《元典章》四十二，刑部四，杀奴婢娼佃，殴死有罪驱。

在放良书上写了"任便住坐"或"为良"字样的，就要根据良书收系差役；同时还对许多种具体情况做出规定，以制止应役者不役。① 实际上，收系当差也并不容易，因为蒙元官方认为，"此等多系南人，终恐不能安居。一旦流移四方，徒令有司受脱户之责"，所以"必欲配户收系"。②

放良驱奴就其实质而言，只是比存在于主人籍册中的驱奴地位略高的人，他们对官府的义务已等同于凡人，但是其法律地位，相对原来的主人而言，仍是低下的，并不同于凡人。

4. 义男的法律地位

过继，本是中国古代家族传承的制度之一。无后者将本族近支侄辈过房承祧，以继香火，视同户主己出。元代《户婚律》中明确规定准许收养他人之子。③ 所收者称为"义男"。

元朝时收领"义男"者并不都是为了后继有人，承续香火，更多的是以领养为名，实则买进劳动力。"名为养子，实为奴也"，远距离乞养，如江南人把人卖到北方，更是如此。④ 这是变相的人口买卖。《元典章》中曾对此做过较为详细的描述："其间一等不务生理男子妇人作牙，多于贫穷之家诱说男女，指乞养过房为名，得到钱物，中间分要入己，却将人口转贩他处营落利息。又有一等安停人家，揽载舡户，相为奸谋，寅夜行舡，装载人口，透越关渡顺江而去。"有关衙门官吏，"纵有拦当，亦不送官，贪图赂贿，私下脱放"。⑤ 世祖至元年（1264）间，河北河南道提刑按察副使王忱曾奏请禁止。⑥ 至元三十年（1293）圣旨中也提到：江南"营利之徒，以人为货，公然贩鬻，因而强掠良人，及指以乞养过房，夹带货卖，奸伪非一"，对这种行为规定了具体的惩罚办法。⑦ 同年十月制定的卖

---

① 《元典章》十七，户部三，籍册。元世祖至元八年（壬申，1272）"户口条画"，"放良民户"条。
② 《元典章》五十七，刑部十九，诸禁，禁诱略。人口无亲属者从其所愿。
③ "诸乞养过房男女者，听。"《元史》卷一〇三志第五十一刑法二户婚。
④ 《元史》卷一五一，列传第三十八王玉附王忱。
⑤ 《元典章》五十七，刑部十九，诸禁，禁诱略。禁乞养过房贩卖良民。
⑥ 《元史》卷一五一列传第三十八王玉附王忱。
⑦ 《元典章》五十七，刑部十九，诸禁，禁诱略。禁乞养过房贩卖良民。

良人为驱奴罪行惩治法规中也规定："假以过房乞养为名因而货卖为奴婢者，（杖）九十七。"①

买卖义男的事并没有因为各种禁令的发布而停止。仁宗延祐年间记载，"中原江南州郡，近年以来，良家子女假以乞养过房为名，恃有通例，公然展转贩卖，致使往往陷为驱奴"，有的竟然贩卖出境，"车里船里多载着往高丽等地面里货卖去"。延祐二年、三年（1315、1316）都曾再有诏书申禁。②

同时也禁止将奴婢过房给良民。③这无非是为了防止奴婢通过这种方式成为凡人，紊乱良贱等级秩序。

由此可见，元朝的法典中的"义男"一词已经异化，失去其原有的"养子"的含义，成为驱奴的代词，或者说是驱奴的一个类别。尽管官府不准买人为义男，但义男身份一旦确立，就和驱奴等同，得到法律的认可了。例如，成宗元贞元年（1295）时发生这样一个案件，袁州路民人曹应定对待他的义男曹归哥"嗔责不时，锁打无度"，以致曹归哥逃走。曹应将其捉回，并在他脸上刺一"曹"字。曹归哥忍无可忍，砍伤曹应定。可见，在曹应定的眼中，义男和奴婢是同等看待的，可以任意处置，更不准逃走；面上刺字，用以标明是属于自己的财产。在曹归哥脸上刺字的行为，是违法的，曹应定被判"量拟二十七下"；但是由于曹应定在本案中是受伤者，所以判其免于科罪。曹归哥则因"刃伤凡人加等论罪，决杖九十七下"。④ 这就很清楚地表明，官府认定义男曹归哥的法律地位低于凡人，所以要在凡人应得的刑罚上"加等论罪"。

官府对义男法律身份的认定，决定了主人对义男的高势地位。虐待、残害义男的事时有发生。例如，仁宗皇庆元年（1312），镇守常州万户府申镇抚刘世英"将过房义子李丑驴抑良为躯，遍身雕青"，并且"强将李

---

① 《元典章》五十七，刑部十九，诸禁，禁诱略。略卖良人价钱。
② 《元典章》五十七，刑部十九，诸禁，禁诱略。过房人口。
③ "奴婢过房良民者，禁之。"《元史》卷一〇三，志第五十一，刑法二，户婚，禁奴婢过房为良民。
④ 《元典章》四十一，刑部三，不义，义男面上刺字。

丑驴执缚，亲手用刀割去囊肾"。① 又如仁宗延祐三年（1316）台州路过房义男张寿孙偷窃鸡只和剜耳银锟，被主人董孝英残忍地"用刀刈断左脚筋"成为残废。②

竟然还有职官收买养男，将其去势，以充阉官进纳者。对这种行为，该官员受"杖一百七，除名不叙，记过，义男归宗"。对于那些"以微故残伤义男肢体废疾者，加凡人折跌肢体一等论，义男归宗，仍征中统钞五百贯，充养赡之赀"。③ 制定惩治虐残义男的这些条文，正反映当时将义男等同于驱奴，二者的处境是相同的。

三　对元朝驱奴的几点认识

上文把元代驱奴的来源及其法律身份地位作了一些描述。概括地说，元代驱奴是主人的财产之一，驱奴可以作为礼品被馈赠，可以作为财物被抵押，可以作为私产被籍没，可以根据主人的需要而被买进卖出，也可以作为遗产被继承。更重要的是，其劳动力由主人支配。主人对驱奴的占有权是绝对的。法律保障主人对驱奴的占有权，官府管理驱奴买卖手续，惩治犯主之驱奴，承担缉拿逃奴的责任。朝廷订定的一系列律条剥夺了驱奴作为一个社会人的基本权利，置之于社会的最底层。驱奴不仅没有自由和平等，连生命也得不到应有的保障。驱奴虽有放良的机会，但并不能因而取得与主人完全平等的凡人法律地位。

以下着重谈几个问题：

1. 俘虏和降民是最主要的驱奴来源

元代驱口奴婢来源是多样的。建元之初，最主要的来源是俘虏和降民。蒙元特有的参军辎重自备制度，以及违规的以驱奴代役行为，都强烈地刺激蒙古王公大臣及各级将士们的驱奴占有欲。蒙古游牧民族的王公大臣及

---

① 《元典章》四十一，刑部三，不义，割去义男囊肾。
② 《元典章》四十一，刑部三，不义，割断义男脚筋。
③ 《元史》一〇五，志第五十三刑法四斗殴。

各级将士铁骑所到之处,将大量俘虏及"贼属"即抗元官兵家属作为战利品占为己有,成为驱奴。虽然元廷不准强占降民为奴,但在实际生活中被占领地区也有相当数量的当地居民被强制为奴,而且是相当普遍的、长期存在的现象。被掳掠为奴的,主要是汉人和南人。

　　这使我们联想到清代早期,也以俘虏和降民为奴婢的主要来源。① 清朝和元朝虽然都是北方少数民族统治,其典章制度所受汉文化影响程度却颇有不同。清律中的奴婢律,具有浓厚的满族特色的,其基本制度却承自明律,明律又以唐律为渊源。元朝的驱奴律则与唐宋有很大差异。但在掠地过程中强掳人口为奴这一点上,蒙满的行径完全一致。八旗统治者在入关以前对东北地区及朝鲜等其他少数民族的征伐,以及对朱明王朝的战争中,都得到相当大量的俘虏以及降民,是为将士"血战所得"人口,② 清朝统治者认为,八旗官兵"攻战勤劳,佐成大业",占有的俘虏"获自艰辛"③,理应分配给各级官兵作为奴仆。清王朝建立以后仍然以俘为奴。例如乾隆西征回部之役,就曾将俘虏及"降回""酌量分赏官兵等为奴",④元、清两次改朝换代都是经过残酷的战争,生产力也两次遭受极其严重的破坏。大屠杀后幸存者,大都沦入社会的底层,过着悲惨而屈辱的生活。掳掠的主要对象也是汉人。

2. 关于人口买卖

　　元朝准许驱奴买卖,但始终是禁止买卖良人的;既有诏谕也有立法。如前所述,在实际生活中,买良人为奴的人口买卖是常见的事,从未间断。多次官代为赎就可证明。旱涝蝗雹等天灾,课税重负以及豪强威迫等人祸,都是南人、汉人以至蒙古、色目贫苦百姓卖儿鬻女的重要原因。

　　清律也是禁止买卖人口的。因天灾人祸导致卖妻鬻子的现象,清代同

---

① 以下各点联想明清两代的情况,请参阅拙稿《关于清代奴婢制度的几个问题》,见《中国科学院经济研究所集刊》第 5 集,中国社会科学出版社 1983 年版。
② 顺治十一年六月甲子旨。见《顺治实录》卷八十四。参阅顺治十二年三月壬辰谕,见《顺治实录》卷九十。
③ 顺治十三年六月己丑谕八旗各牛录。见《顺治实录》卷一〇二。
④ 乾隆二十四年十月癸卯谕军机大臣等。见《乾隆实录》卷五九九。

样大量存在，即"在平时亦有之"，① 民间"因家无衣食，将子女入京贱鬻者不可胜数"。② 不过，清朝的官方观点是"赤贫之民饥寒待毙，困于计无复出，于是鬻卖以各全其生等情形岂能目之以诱？既不为诱，则不当治以诱卖之罪矣"，③ "穷民当饥寒交迫之时，将妻妾子女售卖与人，原非得已，向所不禁"。④ 雍正帝说，禁止卖鬻子女是断绝灾民生路，"岂为民父母所忍言乎！"⑤ 在这种思路指导之下，凡人卖妻鬻子，卖良为奴的行为实质上合法化了。在买卖良民这一点上，清朝走得更远。事实上，天灾人祸乃是中国历朝历代人口买卖的共同起因。

3. 关于驱奴的法律身份

前节已述，蒙元王朝建立之前"法制未定，奴有罪者，主得专杀"。⑥ 这突出地反映了驱奴的非人属性，他们只是作为主人的财产而存在。王朝建立后，逐步制定了一系列主奴关系条文以保证奴主对驱奴的统治。主奴关系法律的原则都是奴犯主者处刑重于良人罪，主犯奴者轻于良人罪乃至免罪。元朝的某些案例表明，驱奴的法律地位不仅低于主人本人，而且低于主人的家庭成员，特别是近亲。驱奴法律地位低于凡（良）人。凡人杀死他人驱奴要受一定的惩罚，但在诸多情况下都没有死罪。

清朝奴婢的法律地位低于主人，《大清律》中，有许多律文，都规定了家长（主人）和奴婢作为犯罪人和作为受害人时完全不同的处刑，而且其差别高低悬殊。这些律文既可反映主奴间法律地位的差异，也正是由于这些律文的存在，奴婢的低下法律地位被固定化了。也举斗殴（未成伤）罪为例：凡人与凡人，笞二十；奴婢殴家长，皆斩；家长殴奴婢，无罪。主奴法律地位悬殊程度，已经无须多着笔墨了。清朝的条律还清楚地规定，奴婢的法律地位低于家长的整个家族。仍以斗殴（未成伤）罪为例：

---

① 《雍正实录》卷一〇三。
② 《康熙实录》卷八十二
③ 《刑案汇览》卷二十，刑律，贼盗。
④ 乾隆二十四年通行，湖北臬司条奏。《刑案汇览》卷二十，刑律，贼盗。
⑤ 《雍正实录》卷一〇三。
⑥ 燕南诸路廉访使兼断事官布鲁海牙"知其非法而不能救，尝出金赎死者数十人"。《元史》卷一二五列传第十二布鲁海牙。

奴婢殴家长期亲，绞候，为从减一等，家长期亲殴奴婢，勿论；奴婢殴家长大功亲，杖八十徒二年；凡人殴大功亲之奴婢，勿论；奴婢殴家长小功亲，杖七十徒一年半，凡人殴小功亲之奴婢，勿论；奴婢殴家长之缌麻亲，杖六十徒一年，凡人殴缌麻亲之奴婢，勿论。所有关于主奴相犯罪行的处罚，几无例外地对应与主人五服亲族关系的远近一一列出刑等的差异。亲近一级，刑疏一等，家族亲属关系的亲疏程度被用刑等级别的高低数量化了。清朝对奴婢一系列条律处刑规定都与家族中对子孙卑幼的处刑规定相同，反映奴婢在主人家族中的法律地位类比子孙卑幼。这意味着清朝把奴婢设定在家长家族体系中最低下的位置。清朝法典规定主人可以对奴婢"依法决罚"，并"邂逅致死"可以无罪，但没有赋予主人以任意杀死奴婢而不受任何处罚的权利。同时，另外一系列处刑条律规定奴婢低于凡人，这意味着还把奴婢设定在全社会最低下的位置。从处刑的原则上看，清朝和元朝的奴婢法是一致的；从法律条文的全面性和严密性方面相比较，清朝的奴婢法要细致得多。

4. 关于驱奴婚姻及其妻女的身份

元朝定律，准许良家女嫁给驱奴，但她婚后失去良人身份而成为婢。因嫁给驱奴而改身份的婢，主人不得将其出卖，如出卖，婢身份改正为良，买卖双方均获罪。驱奴之女也可以嫁给良人，身份改为良人。驱奴收娶主人妻女者罪致死。子女身份随母而不随父。母为良，子女仍为良而不随父为奴；母为婢，子女亦随母为奴婢。法律规定，主人奸奴仆之妻无罪；奸驱奴已许嫁良人为妻之女，有罪。

清律中有"良贱为婚姻"律，禁止主人为奴仆娶良人为妻，禁止奴仆自娶良人为妻，禁止因奴仆娶良人为妻而将良人改为奴婢，禁止将奴婢冒称良人与良人为夫妻，禁止奴婢自己与良人为夫妻。任何情况下组成的良贱家庭都要强制离异，主持者刑杖。执行这些规定必然是奴婢互配，所后子女为家生子，其结果是奴婢身份世袭化，等级固化。

5. 关于义男

元代收领"义男"者并不都是为了后继有人，承续香火，更多的是以领养为名，实则买进劳动力。"名为养子，实为奴也"，远距离乞养，如江南人把人卖到北方，更是如此。①

明代早期规定非功臣之家不得蓄养奴婢，但在实际生活中富家百姓家中使用奴婢者大有人在。对于这一现实，朝廷在法律上做出让步性的调整，准许非功臣之家用价买进的人口以"义男"的名称予以承认。"义男"的法律地位，"照例同子孙论"、"以雇工人论"或"比照奴婢论"。清代的义男也大抵如是。看来，明清时期律法中之义男，与元代的义男不无渊源可溯。

(2004年初稿，2011年10—12月修改。)

(原载陈支平主编《相聚休休亭，傅衣凌教授诞辰100周年纪念文集》，厦门大学出版社2011年版。)

---

① 《元史》卷一五一，列传第三十八王玉附王忱。

索　引

A

阿席熙　300

B

八旗　93 - 96, 153, 154, 163 - 168, 170 - 174, 177, 179, 191, 193 - 196, 201, 202, 204, 206, 209, 210, 217 - 227, 231 - 234, 236, 238 - 243, 245, 246, 250, 251, 274, 304, 355, 369, 412

八旗丁壮　239

八旗都统　94, 95, 101, 164, 170 - 175, 191 - 193, 196, 201, 202, 204 - 207, 210, 217, 220, 222 - 225, 228, 229, 232, 233, 238 - 241, 243, 246, 247, 355

八旗壮丁　240, 241

百姓　78 - 83, 85, 86, 96, 97, 102, 105, 108, 165 - 167, 174, 176 - 178, 184, 238, 240, 250, 263, 272, 274, 275, 303, 335 - 337, 339, 342, 346, 349, 352, 373, 376, 377, 380 - 382, 384, 388, 412, 415

半家长制半奴役制　130

包揽　82, 85, 86, 105, 237

包衣　91, 94, 95, 225, 235

保长　263, 264

保甲　78, 82, 85, 188, 242, 263, 303, 304

保甲制度　30, 303, 304, 313

保举　78, 86

抱告　84

卑幼　4 - 9, 12, 14, 87, 107, 119, 120, 131, 147, 159, 160, 162, 252, 299, 414

比部　24, 61, 62

比佃　260, 263 - 265, 267, 268

比追　261, 263, 265, 268

比租　112, 256, 261, 263 - 268, 272

笔帖式　75, 180, 232, 244

婢女　96, 97, 121, 153, 156, 161, 162, 170, 188, 195, 197, 199, 200, 206, 209, 241, 252, 354, 394, 395, 400, 402

婢妾　110, 111, 165, 255 - 259, 301, 310, 395

兵丁　105, 106, 154, 173, 179, 181 - 183, 202 - 204, 207, 217, 222, 224,

238,241,246,303
兵籍　372
拨什库　232,240,244
博士　139,327
不成文法　71,78,375,388
不加功　155
不杖期　19
步快　90,100
部曲　72,139,309,342
财买义男　26,29,63,88,151,152,344,363

C

参户　171
参领　173,186,219,226,239
参随　345
漕粮　274-277,324
查郎阿　110,255,257,269
差徭　78,80-82,105,114,167-169,175-177,278
娼妓　50,103-105,166
长工　24,26,28,30-34,36-39,48-50,53,55,56,58-60,67,69,89,90,130,132-134,139,146,147,334-337,340-342,346-349,352,359,361
长随　40,90,100-102,104,324,325,345,354
抄估　407
超经济强制　72,109,116,257,273,312,315
朝鲜　25,72,164,412
车夫　40,44-47,49,68,89,128,138,140,344,364,365
臣　25,34-36,38,43,44,46,47,49-51,53,67,68,74,75,79,80,107,118,120,138,150,164,165,167,168,174,176,177,180,187,203,204,224,228,232,234,243-245,252,269,270,300,305,313,370,373,376,379,382-384,403,405,411,412
陈伯瀛　113
陈大受　280
陈宏谋　109,260,261,297,300,301
陈辉祖　136
陈龙正　304
陈其凝　280
陈钟毅　359
成案　3,22,23,29,31,32,36,37,48,131,198,208,227,258,275,280
成化　169
成文法　71
城镇居民　105,106
答　8,13,15,34,62,75,76,79,80,83,87,91,92,100,111,113,119,155,157,211,265,266,268,298,311,380,389,397,398,401,402,413
出账　265
厨役、水火夫　45-47,68,89,138,140,344,365

淳熙 309
淳熙法 310
催促人 240
催甲 262-266

D

打牲户 171
大不敬 74,75
大德 370,372,378-384,386,389,394,398,399,406
大地主 49,53,57,59,106,112-116,132,141,278,352
大功 5-7,14,19,76,92,119,157-159,212,213,216,300,414
大粮庄头 95,236
大名 72,394,395
大商人 106,126
大姓 82,98
戴启达 70
戴惺菴 70
戴兆佳 109
旦民 102
疍民 102,104,121
疍户 90,102
疍民 102
当身奴婢 91
盗窃 8,10,14,159,160,168,390,391
等第 72,73,78,83,84,104,106,112,114-118,149,368
等级 1,3-5,7,8,17,20,22,23,25,28,30-35,38,42,45-47,49-52,54,57,58,60,61,71-73,76,78,83-86,88,101,104-108,112,114-128,131,132,135,139,141,144,145,149,150,159,161,167,200,208,213,230,231,236,238,252,253,267,268,297,300,314,315,329-331,333-338,340,344,346-349,352-358,363,367,368,370,388,392,393,402,410,414
等级的阶级 60,61,71,125
等级阶梯 334,368,370
等级结构 71,72,76,107,117,118,126,337,355,367,368
等级制度 17,37,52,60,61,72,116-118,120-127,132,149,184,231,336,338,353,357,367,368
地丁 262,274-277,281,282
地主 2,26,32,51,52,57,60,73,85,95,96,105-108,111-116,118,123,126,132,135,141,146,167,174,177,251,255,257-260,262-265,267-269,271-273,277,280-282,296-298,300-304,306-316,336,337,352,367
地主经济制 106,107,118,123,251,252,255,267,272,273
地主制经济 251,282,313,316,368
地总 263
典簿 327
典当雇工人 45,101,344,354,365

典当家人　38,40,41,44,45,64,67,
　68,89,137,140,141,195,344,345,
　363-365
典籍　327
典吏　263
典卖　45,125,129,163,169,171,181,
　185,192,236,246,310,311,344,
　365,379,383,384
佃户　68,78,98,99,104-116,118,
　132,139-141,145,146,163,232,
　235,255-269,271-274,277-282,
　296-306,308-316,336,337,
　354,407
佃客　107,298,307-312,314
佃仆　97-99,104,114,121,169,312
佃仆制　99,296
店伙　105,123
店铺老板　105
店铺小郎　41,44-46,66-68,89,
　138,140-142,145,146,347,348,
　364,365
靛户　97,171
丁壮　239,246,319,371
斗级　90
斗殴　4,7,10-13,15,24,26,34,38,
　41,44-46,50,76,79,88,91,92,
　94-97,99,101,107,112,115,119,
　121,134,142,145,153-157,160,
　179,180,182,193,196,198-200,
　206,210-213,217,226-228,231,
　234,249,259,300,335,354,363-

　365,389,395,397,408,411,413
短工　23,24,26-28,31-33,36,37,
　48,49,53,55,56,58-61,89,90,
　121,130,132-134,141,335,336,
　339,342,347-349,352,359,361
短雇　4,26,28,30,32,33,38,39,41-
　43,58,63,64,66,88,89,130,134,
　142,146,335,336,338,342,347,
　348,361,363,364
段汝霖　302
堕民　102,103
惰民　90,102,104

E

俄国　17,27,28,56,58,60,253
恩蠲　274,275,277,278

F

发遣为奴　91,179-183
发冢　180
法律地位　1,4,6,8-12,15,17,20,
　21,28,29,33,34,37-41,46,49,50,
　54,58-60,72,80,83,84,86-94,
　102,104,106,107,109,116,119-
　124,128,129,131,132,135,138,
　140,141,144,152,154,157-162,
　199,210,211,214,215,221,227,
　228,231,251-253,298,307,308,
　311,312,315,333,334,346,357-

359,362,363,370,385,387,394,395,400,402,408-411,413-415

法权　36,71,72,78,107,110,114,124,154,313

法制史　115,128,139-142,147,333

凡人　3,7-9,11-15,17,20,26,27,31-41,44-46,49-51,53-55,61,63-65,67,68,73,79,80,83,84,86-92,99,103,105,106,108,110,112,114-116,119,123-126,128-131,134,136-138,140,141,143,145,146,154-161,166,169,171,184,211-215,221,227,245,250,259,267,268,271,299,301,304,306-308,312,314,330,334,336-340,343,346,348,349,354,357,364,365,367,368,376,379,387-389,391,395-397,408-411,413,414

凡人等级　104-106,113,114,116,118,122-125,184,250,253,256,267,273,302,312,339,352,354

范荪　309,310

放出　1,16,20,28,38,40,58,90,93,94,99,122,131,132,134,149,156,162,172,173,200,201,203,204,207,209,210,216-220,224-232,251,335,337,347,360,361,369,402,403,405,407,408

放出奴婢　89,94,144,214,216,227,228,406

非等级的阶级　60,61,125

封建等级制　17,41,47,73

封建制　37,51,71-73,76,118,123-126,139-142,316

封爵等级　72

封赠官　79

俸禄　77,325-327,331,332

佛伦　81,277

服役劳动者　24,49,55,89,336,342,345,349

服役之人　40-42,47,48,50,53,55,66-68,89,142,146,344,347,348,364

服制　6,9,14,19,42,76,119

福格　238

父母　4-8,13-16,19,29,64,65,76,85,87,89,119,120,154,157-160,166,170,185,203,211-214,216,217,226,230,281,311,381,382,388,389,398,413

附籍　91,146,147,372,385,401,404

驸马　79,372

赋税　78-80,124,167,176,184,262,322,374

傅僧阿　182

傅衣凌　20,130,415

富农　59,133,336-339

富僧阿　180,182

富裕农民　27,105,106,121,123,135

G

丐户　90,102

干犯　14,15,38,41,46,64－66,68,77,89,94,118,135,141,143,157,195,196,204,211－213,216,227,228,348,364,365

干名犯义　7,14,92,118,157－159,212,214,228,231,392

冈田朝太郎　46

高官　80,83

高丽人　372

高利贷　21,126,192,237,377－379

高其倬　279

高桥芳郎　145,334,353

高士奭　25

高廷瑶　99

高遐昌　277,278

诰命　79

弓兵　89,90,100,345

功臣　25,51,52,63,72,150－152,179,181,346

功臣之家　25,28,61,150－152,178,179,250,337,338,415

龚大器　23,24,61,62

贡生　81,82,182,303,324

勾当　189,391

孤儿　163,166,167,250

故杀　3,6,8,40,50,64,65,67,68,92,94,134,153,155,156,159,195,200,212,213,216,226,227,388,390,395,396,408

雇　1－17,20－69,83,87－90,96,105－107,120－123,125,126,128－147,153,158,160,244,251,262,298,304,321,330,331,333－349,352－354,356－367,378

雇工　4,11,14,20,21,23,24,26,27,29－55,57－60,63－69,83,88－90,101,105－107,121,125,129－133,135－141,143,145－147,198,298,303,304,333,335－349,352－354,356,357,359－362,364,366

雇工经营制　296

雇工人　1－17,20－66,68,73,86－90,92,94,100,101,104,106,107,120,123,128－147,150－154,156,158,182,195,196,198－200,207,211－213,216,221,227,228,254,333－349,352－354,356－359,362－368,415

雇工人等级　16,28,32,35,36,41,42,48,49,53,60,86,88,93,100,105,106,120－122,131,134,141,144,254,346,348,352,356－359

雇工人身份　4,11,20,26,28,30,31,37,39,56,88,105,106,122,123,128,131,132,134,137,140－142,144,146,147,334,335,345,346,348,349,357,358,366

雇工人条例　29,32,36,37,45,46,54,60,63,65,68,90,130,132－143,145,334,335,344－346,352－354,356,359

雇佣　2,16,20,55,128,133,143,336,

352,359,362

雇佣关系 1,2,4,11,16,17,20,56 – 60,90,122,123,125,131,132,135, 136,141,145,336,337,341,352, 356,360 – 363,366

雇佣劳动性质 22,56,333,359,361, 363,366

雇佣契约 1 – 3,360,361

雇用条件 362

挂号 193,194,322,323,325

官户 82,337

官妓 103

官僚缙绅 73,78,79,83,150,151,349

官僚缙绅等级 78

官民之家 3,26,41,44,63,64,67,68, 88,89,138,140,141,151,335 – 342, 344,363,364

官奴 150,183,399

官屯 232

官庄 154,220,232 – 234,242 – 245, 248,251,253,254

管志道 49

鹳户（鹳翅） 171

诡寄 82,85,86,105,114

贵族 2,34,49,57,72,73,76 – 78, 104,106,107,114,120,122,125, 163,167,168,170,177,238,352, 368,370

国王 73,75,76,106,107,124,125

国子监 229,327,331

过失杀 3,10,129,354

H

海船船主 303

海户 171

海山 389

汉人 34,72,73,86,91,96,97,103, 121,165,170,172,174,178,191, 200,201,210,217,224,226,229, 238,354,370,372,383,385,412

杭奕禄 278

耗羡 326

何广 25

贺长龄 113,301

弘历 75,185,186,214,221,225,230, 270 – 272,276,280 – 282,331

红契 38,46,64,91,153,193 – 200, 202,204,206,207,210,254,344, 347,365

红契奴仆 93,193,196 – 198,200, 202,205,206,208,210,355

洪弘绪 8,30,338

洪武 4,22,24,25,107,152,169,299, 314,334

洪用斌 381

忽必烈 371,373,375,382,405

狐户（打狐户） 171

胡文伯 322

户籍编审 149

户籍内人 241,246

户下 81,92,95,114,170 – 172,201,

202,204,209,210,215 - 222,224,
232,235,236,238,239,241,243,
246,395,401,404

护军　191,240

荒政制度　304

皇帝　22,25,31,36,38,73 - 76,78,
79,81,85,98,104,107,114,120,
123,126,153,157,161,164,165,
175,177 - 180,183 - 186,188,199,
200,211,222,223,227,230,235,
237,239,245,248,252,255,270,
272,274,275,277,279 - 281,296,
300,305,307,313,331,335,368,
370,374,383,386,389,392,393,
405,406

皇后　75

皇庆　389,407,410

皇太极　103

皇祐　309,310

皇庄　95,154,174,232 - 234,236,
237,241,246,248,251,253,254,296

黄恩彤　23

黄六鸿　30,82

黄彭年　262

黄叔琳　305

黄惟质　70

黄中坚　277

灰丁　171

回回　372,383,385

秽多　72

J

籍没　95,103,178,190,246,252,375,
376,386,411

祭酒　229,327,331

寄养人丁　242

寄云斋学人　211

寄庄户　114

加功　31,155,158

家长　3,5 - 17,24 - 26,29,31,34 -
36,38,39,41 - 48,50 - 54,57,60 -
62,64 - 68,87 - 89,91 - 96,99 -
101,106,118,120,121,129,131,
139,141,143,145 - 147,150,154 -
161,169,172,182,193,195 - 198,
200,205,206,208,210 - 216,221,
226 - 228,231,248,251,252,254,
300,333 - 335,339,341,343,344,
347,348,354,357,363 - 365,
413,414

家奴　26,34,50,86,91,92,95,101,
149,153,171,173,182,193 - 197,
200 - 204,206,207,209,210,215,
217,220,221,223 - 226,228 - 231,
234,235,239,243,247,248,303,
354,371 - 374,376,387,398,
405 - 407

家人　45,46,63,80,85,95,100 - 102,
104,108,150,153,154,157,169,
173,191,195,198,200,201,203,

204,206,207,209－211,216,219,
220,222,224,226,227,239,241,
252,258,304,305,319,345,354,
365,389,406

家生孩儿　385

家生奴仆　45,137,354

家生子　91－93,97,161,193,197,
200－202,210,221,229,414

家族主义　129

嘉靖　25,81,150,169

嘉庆　4,8,11,23,34,38,44－46,48,
52,53,75,77,96,99,101,130,131,
136－138,142,181－183,186,187,
193,196,207,210,226－228,230,
231,234－236,240,248,249,261,
274,275,277,297,305,323,326,
344,354,356,364,365

嘉祐　307,308

嘉祐编敕　307

嘉祐法　307

甲长　263,264,303

价买良民　379

奸　10－13,31－33,35,41,43,48,54,
65－68,85,89,92,100,103,111,
113,129,134,135,141,143,154－
156,160,161,163,167,168,175,
176,179,181,188,190,224,237,
255－261,270,274,301,308,312,
339,344,348,364,382,388,391,
392,397,401,402,409,414

监丞　327

监候　6,7,9,10,13,31－34,40,65,
75,79,110,111,160,199,211－213,
216,227,256－259,301,339

监生　81,82,84,125,161,223,269,
303,337

减租　113,265,272,274,278－283,
296,302

贱民　9,11,38,73,88,89,92,93,98,
100－106,114,115,121,123,129,
131,147,160,162,166,167,179,
185,186,193,212,215,230,236,
252,271,297,301－304,306,312,
313,334,368,378

贱民等级　90,91,100,104,114,117,
118,120,121,125,149,160,161,
184,231,234,250,252,254,366,
368,369

蒋鸣龙　188

降民　371－374,405,411,412

绞　3,6,7,9,10,13,31－35,50,65,
67,74,79,87,92,100,110,111,119,
155－157,160,163,179,187,192,
199,211－214,216,221,227,228,
256－259,301,339,414

脚埭　102

脚米　263

轿夫　44－47,49,68,89,128,138,
140,344,364,365

教授　327,328,415

教谕　327,328,331

阶级　1,2,4,5,17,20－22,27,29,32,

36,46,47,49-52,60,71-73,85,
105,106,111,123,125,126,128,
135,170,228,251,253,257,263,
267-269,272,273,280,283,303,
306,311,312,315,316,360,362,367

金德纯　239,240,245

金蓉镜　85

金应麟　34

禁卒　90,100

缙绅　2,17,25,26,28,49,50,52,53,
57,63,79-86,96,104,105,108-
110,112-117,123-126,141,151-
153,166,169,170,230,234,256,
257,259,262,263,267-269,271-
273,281,282,297,303,312-314,
329,336,346,352,355,368

缙绅之家　26,28,50,63,88,150,151,
336-338,340,342,363

经济史　128,147,272,283,296,316,
317,333,365-368

经营地主　53,59,121,334-349,352

经造　263-266

矜善　98

九姓渔户　90,102,104

旧家长　11,34,88,94,211-215,227,
228,231

举人　81,84,224,269,303,337

瞿同祖　128,129,333

捐纳　86,105,124,125,224,267,325

蠲免　272,274-283,302

蠲免政策　272,274,276,277,281,
296,302

觉罗　76-78,120,122,123

军功　86,224

军泮　100

军驱　371

君　47,73,75,78,117,118,120,126,
179,320,331-333,355,403

K

喀宁阿　43,44,47,49-52,65,68

开户　93,162,172,173,182,200,215,
217-225,238,243,251,369

开户人　93,200,214,217,220-225,
240,243,253

开豁为良　98,99,212,213,215

开禧　309,310

考试　74,86,93,95,97,99-102,104,
149,192,209,217,223,224,228,
230,231,234-236,242,246,269,
301,312,324,375

科目　269,270

科目中人　269,271,272

孔府庙户　74

库丁　90

蒯德模　266

L

来朝　64,65

阑遗奴婢　400

劳乃宣　46

老本人　164

乐户　90,103,104,303

乐人　103

李程儒　263

李慈铭　321

李绂　270

李观澜　23

李柟　5,23,87,120

李榕　320,321

李天麟　62

李文治　21,86,109,130,135,136,333

李心传　307

李治运　35

李䎖　86

隶身长随　38,40,41,44,45,64,67,68,89,140,141,344,345,363-365

隶卒　35,90,100,101,104,105,160

良　2,10-12,25,34,35,41,44,51,65-67,76,88-93,98-100,104,107,110,113,115,129,131,135,137,141,143,149,152-156,160,161,163,166,167,182,184,185,188-190,206,211-213,215,228,230,231,237,238,250,256,258,280,281,299,300,330,343,348,355,364,371,377,378,380,381,386,390,393,395,398,400-411,413,414

良贱界限　90,104,297

良贱为婚　12,93,160,161,401,414

良贱相奸　12,92,160

良贱相殴　3,12,35,92,160,212,213,216,228

良口　403,404

良民　34,50,67,92,98,101-105,108,129,153,161,163,165,166,176,185,192,224,228,231,237,250,306,311,313,355,356,372-377,379,381-383,385,401-403,405-407,409,410,413

良人　12,34,92,93,160-163,179,186,258,259,311,371,375,377-382,388,390,395-397,400-402,409,410,412-414

良书　402,406,408,409

梁方仲　370,407

梁懋修　153

梁启超　99

粮差　90,100,114

粮长　102

两班　72

寮民　303

猎户（枪手）　171

廪生　84

凌迟处死　6,13,40,43,64,66,67,87,158,388,396

领催　191,222,232,240,242,244

领主　51,106,107,114,118,123-125

领主制经济　106,368

另户　93,95,203,217,218,220-222,224,225,238,239,241,243,249

刘维谦 4,5
刘永成 53,115,132-135
刘馀祐 168,175-177
六纪 47
陆燿 38,275,343,344
吕坤 303
略卖 162,163,165,166,184,187,188,258,259,380,381,410,412
略诱 163,379
罗仑 333,334

M

马甲 222,232,240
马克思主义 1,2,56,59,315
马快 90,100
马世璘 11,35
骂詈 7,13,78,79,87,154-156,158,211,214
卖身契约 3,193
满人 94-96,121,165,191,245
满洲家人 164,354
莽佳 277
毛文铨 256,260
煤丁 171
门皂 89,100
门子 90,100
蒙古 72,75,165,191,192,200,203,218,238,240,304,370-372,375,376,381,383-385,387,396,399,411,412

蒙古人口 191,192,383,384
蒙思明 370,378
蜜户 97,171,236
庙户 74,114
民 1,2,9,11,17,21,26,27,38,39,41-44,46,49,50,52,56,58,60,62-68,71-74,77-79,81-85,88-95,98-110,112,114-116,118,120-126,129,131,132,134-137,140-143,145-147,153,154,157,160-179,181-188,190-196,198-204,206-210,212,213,215-220,223-226,228-231,233,235-237,239,240,246,247,249,250,252,253,255-257,260,261,263,267,269-274,276-282,296-298,300-313,315,316,321,326,330-342,345-349,352-355,360,361,363,364,366-385,398,399,401-407,410-413
名分 5,11-13,16,31-33,35-37,43,47-51,53,64,66,68,79,87,88,107,119,120,129,207,213,214,223,231,299,312,339
名器 80,104,106,124,230
谋大逆 74
谋反 14,67,74,155,179,180,388,389
谋杀 6,8,10,13,29,35,43,66,67,87,92,129,154,155,159,163,180,181,211,212,214,215,217,308,

395,408

木丁 171

幕宾 322,324,325

幕客 322

幕僚 322

幕学 318

幕友 127,318,322-326,330

穆克登额 136-138

N

那苏图 276

纳赎 80,84,258,259

纳银庄头 97,171,233

南人 72,370,381,383,385,398,403,409,412,415

年熙 103

聂崇歧 240

聂尔康 3

农民佃户 26,44-46,49,52,53,57-60,68,89,90,132,133,138,140,334-338,340-343,346-349,352,354,364,365

农奴 60,106,107,115,139-142,252,253,315

农奴制 17,58,121,253

农奴制经济 97,253

农业雇佣劳动者 3,17,20,24,53,55,60,131,133,334,349,352,359

农业经营主 59,133

奴婢 3,8-12,15-17,24-26,28,29,34,38,39,41,44-46,50,61,63,64,76,87-89,91-97,100,101,104,106,114,117,118,120,121,128-131,138,143-147,149-167,171,172,177-179,181-187,189,190,192-197,199,200,206,211-216,221,226-228,231,241,245,246,248-254,300,308,310,311,334-336,343,344,347,353-358,362-365,367,368,371-381,383,385-398,400-403,405-408,410-415

奴婢制度 91,149,163,202,249-251,253,355,356,368,369,412

奴产子 385

奴隶 17,60,71,93,100,110,115,165,171,238,248,253,255-257,271,297,311,370,372,374,377,393,405,406

奴隶制 71,72,149,246,253

奴隶主 371

奴仆壮丁 77,94-97,104,121,149,154,166,167,180,233,241-243,245-249,251-253,296

努尔哈赤 76,250

女直 372,385

O

欧阳凡修 19,70,90,131,132,333

P

牌头 263

朋党 269-272

棚民 303

鹏户(雕翎) 171

品秩等级 72

平人 11,38,66,96,105,107,115,134,226,228,231,247,299,312,343,354

Q

期服 19,89,94,145,227

期亲 5-8,13-16,19,30,31,43,48,51,54,64-67,76,87,89,92,100,119,157,158,212,213,216,227,333,339,414

齐衰 19

骑士 72,77,106,125

旗本 72

旗地 77,94-96,121,154,170,171,174,233,247,251,253,254,296

旗民 77,93,95,122,153,154,172,174,195,198,200,201,217,226,229,230,233,246,247,253

旗人 34,77,95-97,101,105,153,163,164,168,170-176,181,182,186,190-192,194-196,199-201,203,206,207,209,215,216,219,222,224-226,229,232-236,238-243,246,247,249,251,269,304,355

旗下奴仆 192,201,203,217,218,224,226

乞丐 82,105,106,320

契丹 372,385

契买婢女 153,200

契买奴仆 45,96,137,201,204,206,207,219,222

契买壮丁 95

钱谷 322,323,325

乾隆 4,5,8,11,23,29-31,33-44,46-48,51,52,54,55,63-66,68-70,74,75,78,79,82,84,87-90,93-99,101,107,111,113,115,121,122,130,131,133-139,142-146,153,160,161,164,165,170-173,179-188,190-193,195,197-201,203-225,227-231,233-236,239,240,242-249,251,257-261,271,272,274-277,279-282,297,299,302-306,310,312,313,318-323,325-329,338-341,343-345,347,348,354,356,359,363,364,412,413

乾隆五十三年 4,38,41,44-49,52-55,57-60,89,90,103,131,132,135,137-141,145,146,186,195,197,198,210,217,229-231,263,264,344,345,348,349,352-354,356,357,364

遣奴 179-183,250,252,253

傔从　391

姜　50,95,103,110,162,163,178,179,184,187,192,211,212,214,217,235,256,258,259,328,376,377,380,389,391,392,394,395,400,401,413

姜媵　252

怯薛官　372

钦拨佃户　114

亲族　7,9,41-43,55,66-68,76,82,89,103,119,127,138,142,146,166,199,252,340,341,346-348,364,394,414

亲族制度　368

青衿　84

清代刑档抄卡　37

裘轼　334,358

驱丁　371,385

驱口　370,371,374,375,380,381,386,387,390,392-395,397,398,401,403,404,406-408,411

驱奴　370-372,374-377,379-403,405,407-414

驱奴买卖　379,411,412

驱奴制度　370,379

駈口　310,372

圈地　74,97,121,167,168,171,176

全士潮　43,53

雀户　171

R

人口买卖　121,149,163,184,187,196,409,412

人身隶属关系　1-4,6,9,20-22,26-28,32,36,37,40,42,46-48,53,55-60,89,90,97,108,122,130-132,134,312,314,316,333,334,359-361

人身依附关系　122,133,136,138,267,281,306,312,314

人市　91,121,187,189,190,252

人牙　190

仁井田陞　115

仁井田陞　139,141,142,145-148,333

日本　25,46,72,122,123,139,140,143,145,387,388

容隐　14,118,159,384

儒户　82

儒人　375

儒士　320,325-328,330-332,375

S

三纲　47,118

色目　72,370,371,384,387,412

僧道　169,303,304,376

僧侣　72,106,125

僧尼　105

山长　321,330

商贩　102,105,106

商品货币经济　130

商品经济　333

商人地主　135
上下之分　8,11,65,79,88,212,215,393
尚友斋　25
邵延龄　109,301
绍兴　302,307-310,319
社会等级　1,3,4,20,28,60,72,116,119,120,128,139,144,149,238,334,357,367,368,370
社会史　128,332,333,368
申启贤　186
绅衿　49,53,57,73,78,81-86,96,104,105,108-112,114-116,123,125,126,141,215,255-259,262,263,267-273,281,282,297,300,301,303,305,312-314,337,338,346,352,368
绅衿等级　83,84,86,104,105,109,112,113,115,124,126,166,267,282,329,337
沈家本　23,25,46,54,112,142,150,259,371,375,403
沈如焞　5
沈廷正　256,260
沈沾霖　48
沈之奇　8,11,23,83,153
生产劳动者　17,52,55,57,89,130,135,336,342-345,348,349,352
生员　81,84,96,223,224,258,260,337
牲丁　171

绳地人　97,171
师爷　318,322-325,328,330
十恶　74
士庶之家　26,28,50,88,151,337,338,344,363
士族　375,407
世仆　91,96-100,172,201,215,225,229
世袭　51,73,74,76,78,86,93,107,114,161,252,331,370,414
世袭制度　120
势家　235,376,381,398,403
收租局　262-264
收租总局　262
手工业工人　21,105
手工业劳动者　3
手工业作坊主　105,106,123
书禀　322
书记　322,323
书启　322-325
舒赫德　136-138
赎身　9,38,93,94,149,153,162,172,173,182,183,194,195,197-220,224,226,227,231,247,251,253,297,369,407
赎身奴婢　89,94,144,210-216,221,227,253,369
塾师　318-321,328,330,331
束脩　319-321,326,330
庶民　25,44,49-52,63,91,105,107,149-154,250,263,298,335,

337,355
庶民地主 135,336－339
庶民之家 25,44,51,52,61,67,149,
    150,152,153,308,355
水手 303
顺治 4,22,23,28,29,73,74,77,79－
    83,86,95－97,100,103,108,109,
    112,149,152,164,165,167,168,
    170－178,184,187,194,196,197,
    211,212,215,226,232,234,237,
    239,240,244－246,260,275,282,
    296,299－301,303,304,312,313,
    331,355,363,412
司业 327,331
司账 262,264,265,267
私奴 149,150,376,403
私属驱奴 379,403
缌麻 5－10,13－15,19,45,76,92,
    119,157－159,195－197,212,216,
    365,414
孙甄陶 103
孙中山 306

T

谈迁 26,151,190
袒免 19,76
唐绍祖 23
逃犯 191,192
逃奴 101,248,251,397－400,411
逃人 30,96,164,172,194,197,245,

247,248,354
逃人法 30,95,96,121
陶宗仪 371,400,407
提督学政 327
天聪 77
天历 14,376,382,385,405,406
天圣 308
天顺 3,16,25,169
田赋 77,171,184,225,232,233,235,
    236,240,243,246,247,272,326
田文镜 78,85,109,110,163,185,
    186,255,256,260,269－272,
    301,313
条例 20－23,25,29,36,38－55,57,
    58,68,80,81,86,88－91,101,102,
    107,110－113,115,121,122,128,
    131,135,137－146,149,151－153,
    163,169,171,173,178－180,182,
    185,186,190－194,196－199,201－
    208,212,213,220,223,229－231,
    243,248,250,251,254,255,257－
    262,265,267－269,271－273,277－
    280,282,296,299－302,312－314,
    316,334,335,339－349,352－356,
    359,363－366,369,379,383,
    386,389
条律 20,22,23,25,34,49,152,154,
    161,184,214,298,340,343,346,
    356,366,367,413,414
铁木真 373,376
町人 72

同德 11,31,339
僮奴 149,386
投充户 114,170
投充人 77,94,97,104,167,170-178,218,224,226,232-234,236,252,304,369
投充庄头 95,171,172,233,236-238
投靠 97,146,147,168-170,172,250,354
投献 146,147,167-170,297
图差 264,268
图铁睦尔 376,385,386
徒 3,7,8,10,13-15,35,50,62,67,68,74-77,79,80,87,92,107,118,119,127,155-158,163,175,178,180-183,187,188,198,199,211-213,216,221,227,228,258,259,264,275,281,299,303,308,319-324,328,380,383,390,391,393,395,397,400,403,408,409,414
屠赖 177
屯居壮丁 240,241,244
脱户 403,409

W

万枫江 5,23,87,260
万历 23-27,60-63,81,130,145,150,151,169,298,303,335,336,341,347
万历十六年 3,4,20,23-29,36-40,42,49,50,52,53,55-59,62,63,88,90,130,131,133,135,143,152,335,336,340,344,345,349,363
汪辉祖 101,318,320,321,323-326,328-330,332
汪楷 318,319
汪锣 320
汪志伊 304,305
王公贵族 78,122,177,238
王公家奴 234
王居正 308
王肯堂 25
王樵 25
王永吉 175-177
王玉如 34
王毓铨 78
网户 171
为奴遣犯 178,182,244,252,253
卫廷璞 280
卫贞元 108,109,300
苇户 97,171
魏际瑞 164,237,245
魏金玉 333
文契 26,30,36,38-41,43-45,47,48,53,54,58,64-69,88,89,97-99,134-138,140,141,143,145,146,153,170,194,200,214,215,338,343-345,348,349,354,364,378,387
文券 4,26,28,30-41,54,55,57,63,64,88,134,335,336,338,339,341,

342,344,345,347,349,362,363
窝阔台　375,377,392
诬告　7,10,15,32,35,41,65,66,68,89,129,135,141,143,173,214,223,228,344,348,364,393
无服　8,19,212,213,216,228
无力者　52,105,349,354
无主仆名分　37,43-48,50,54,66-68,89,115,130,135-141,145,349,354,364,365
吴达海　4,22,23,29
吴量恺　136-138
吴时来　25,26,49-51,62,63,150,151,335
吴坛　4,23,41,142,143,153,199,207
吴振棫　75
吴桭臣　244,245
五常　47
五服制度　5
五伦　47
仵作　90,100

X

西宾　322
西丹　240
西清　179,182,183
闲散　76,191,217,238,239
闲散壮丁　240,241
闲散宗室觉罗　77,78,122
闲仕　81

乡饮酒礼　108,298,299,303
小功　5-7,14,19,76,92,119,157,158,212,216,414
小户　98,113,276
小马　90,100
小山正明　145,354
小姓　98
肖奭　165
谢济世　270
谢肇淛　190
新题例　23-26,28-30,32,33,36-40,42,52,55-57,59,62,88,89,133-135,145,151,152,335-347,349,363
新柱　275,277
刑名　67,119,322-325,328,330
秀才　84,246
徐栋　85,101
徐国相　109,300
徐珂　187,320
徐三省　70
许大龄　21,130
许珽　48
许维遹　47
恤孤局　166,167
宣统　4,22,23,45,46,94,99,112,121,131,211,227,257,259,334,344,365
薛允升　11,52,108,115,142,149,153,182,187,200,205,207,298,299,313,342,349,353,354

学录　327
学政　109,301,304,327
勋贵　49,53,72,117,169
勋戚　49,51,169,352
巡捕营番役　90,100
训导　327,328,331

Y

压良为贱　91,153,161-163,167
鸭户　171
衙役　100
雅尔图　185,278,280,303,305
延祐　311,371,382,383,386,389,391,392,398,399,410,411
衍圣公　77,78,114,123,331
杨世学　168,175-177
杨向奎　78
杨学琛　96
杨日鲲　23,45
养廉　326-328,330,331
姚观　11
姚润　23
姚燧　405
徭役　58,80,106,176,184
耶律楚材　375,377
叶梦珠　83,84
叶绍袁　112,165,260
一般官僚　83
依附关系　11,93,107,114,123,314
以礼致仕　81

义男　3,25,28,29,50,61,144,151-153,345,409-411,414,415
荫监　83,84
印契典卖奴仆　153
印契奴婢　38,91
胤禛　178,185,186,234,237,240,251,256,257,260,269-272,301,314
鹰户(鹰手)　171
佣　1-5,11,14,16,17,20-36,38-43,45,46,48,49,51-61,64,66,68,88-90,105,106,121-123,126,128-135,139-142,144-146,233,244,251,298,303-305,321,331,334,335,337-339,342,343,345-349,352-354,356,357,359-363,366,367,372,376,406
雍正　23,30,33,54,78-81,85,90,95,97,98,102,103,108-111,121,153,163,165,170,172,173,178,183,185,186,191,192,194-199,201,203-209,213,215,222,224,226,227,233,234,237-240,249,256-260,269-272,277-280,282,297,301-303,320,321,324-327,330,338,339,356,413
雍正五年　82,85,98,99,101,110,111,113,193,194,197,199,222,226,234,237,240,245,255-257,259-262,265,267-273,282,296,301,302,312-314,316,354-356

颙琰 183,186,240,275
永泰 37-39,63,134,142,143,347
优伶 50,103,104
优免 80-83,105,337
有服亲属 4,6,12,34,87,88,120,131,157-160,252
有力者 52,53,105,108,259,310,349,354
渔户 171
裕谦 84,166,188,261
元丰 307,308
元祐 307
元展成 278
元贞 372,386,398,410
袁景澜 262
袁枚 102

Z

杂差 81,82
杂户 72
灾黎 274,276-278,280,281
臧获 306,371
皂隶 90,100
灶丁 90,192
灶户 105,106,191,192,303
灶民 192
灶头 192
增生 84
斩 3,6,7,9,13,33,34,40,64,65,67,74,75,91,92,95,119,134,155-158,160,165,179,212,238,270,388,393,413
斩决 6,10,13,43,53,54,64,67,75,155,156
斩衰 19
栈伙 262,265
战俘 150,163,250,252,371,372,374,376
站户 384
张德昌 321
张楷 3,16,25,305
张澧中 11,23
张联桂 84
张履祥 84,101,250,301,302,314
张嗣益 320
张五纬 261
张心泰 190
张之洞 46
章有义 98,99
章钺 23,34
杖 7,8,10,13-15,19,25,31,33,35,48,50,62,67,68,74-80,83,84,87,92,93,100,103,107,110-113,118,119,149,152,153,155-158,161-163,181-183,187,190-192,198,199,211-214,216,221,228,248,256-260,265,279,281,298,299,301,308,310,311,345,355,372,376,377,380,386,388,390-392,394,395,397,398,402,407,408,410,411,414

杖期　19
昭裢　165
赵冈　334,359
赵匡胤　306
赵晓华　333
赵翼　345
征比　260,322,323,325
征收　106,322,376
正德　24,27,61,62
正俸　326-328,331
正户　93,238
郑獬　307
郑燮　302
至顺　103,174,372,386,389
至元　19,189,371-386,388-399,
　　401-409
至治　377,383,384,386,389
致和　389
中人层　72
中统　311,375-377,388,398,405-
　　407,411
中小地主　106,113,114,116,135,
　　267-269
钟琦　93,95,201,240,269
重田德　143-146,148,357,358
周鉴　30
朱瑞熙　307
朱轼　23
朱文熊　23
朱元璋　22,150,169,299,312
诸王　165,176,372,378,389

主仆名分　3,10,11,15,16,32,34,37,
　　41,42,44-52,54,59,65-68,87-
　　91,94,98,99,104,106,115,116,
　　120,128,129,135-143,146,212-
　　215,227,231,297,300,341,344,
　　345,348,349,352,354,357,364,365
助教　327
祝世昌　103
庄奴　108,296,300
庄仆　97,99
庄田　77,94,233
庄头　77,94,95,108,149,167,171-
　　174,224,226,232-238,241,242,
　　244,246,248,249,253
庄头户下壮丁　242
壮丁　77,95,96,171,172,177,217,
　　218,220-222,224,232,234,237-
　　249,253
追租　113,261,263,272,273
资本主义萌芽　1,2,16,20,55,57,
　　129-133,147,333,366,367
子孙　4-9,11,12,14,23,26,28,29,
　　38,63,79,84,87,88,91-93,98-
　　103,109,119,120,131,147,151,
　　154,157,159-162,170,172,173,
　　178-182,187,193,194,196,197,
　　201-204,210,213-217,220,223,
　　224,227,228,230-234,248,252,
　　253,267,300,301,312,314,354,
　　363,380,385,414,415
自耕农　105,106,114,123,145,167,

184,277,336-339
自赎　182,211,407,408
自由劳动　1,122,360,361
宗法家长制体系　4,5,8,9,12,20,61,
　　87,92,131,147,159,252,334
宗室　73,76-78,104,120,122,123,
　　167,170,173,174,224,226,235,
　　243,244,368,398
宗室贵族等级　73,76,117,122
宗室王公　95,117,170,171,234-
　　237,248
总长　263,303
总甲　264
邹应元　323
租地农业家　59
租佃制　96,121,251,296,306
租栈　262-266
尊长　4-9,14,19,87,107,119,131,
　　154,158-160,227,299,300
佐贰　79,260,263,264,328
佐领　93,161,170,173,175,177,178,
　　191,193,200,203,215,217-222,
　　224,226,228,232,235,238-240,
　　247,304
佐领下人　240

《八旗通志》　97,170,171,224,225,
　　227,233,234,239,240
"白契"。白契所买之人（或称白契卖

身之人）193
《碑传集》　109,297,301
《北海道大学文学部纪要》　145
《北游录》　190
《病榻梦痕录》　318
《驳案汇编》　43
《驳案新编》　43,53,160,214
《驳案续编》　53
《不远复斋见闻杂志》　237,238
《陈确集》　115,211
《成案所见集》　11,35
《成案续编》　11,31,33,34,339,343
《成案续编二刻》　31,35,36,38,40
《成案质疑》　30,33,98,338
《成规拾遗》续增　260
《从吴葆和堂庄仆条规看徽州庄仆制
　　度》　98
《大明令》　25
《大明律》　22,25,152,169,298,335,
　　342,357
《大明律附例》　25
《大明律附例笺释》　25
《大明律疏附例》　25
《大明刑书金鉴》　24,25,27,28,59,
　　134,150
《大清律集解附例》　4,22,23,29,363
《大清律集解附例笺释》　23
《大清律集注》　5,23,87
《大清律辑注》　8,11,13,23,83,88,
　　119,153,258,300
《大清律例》　23,38,41,44-46,74-

76,79,80,83,92,93,100 - 103,107,
110,111,115,118,119,152 - 154,
156 - 162,179 - 183,211,212,214,
217,279,298,299,355,364

《大清律例按语》 23,47,142,145

《大清律例根源》 11,23

《大清律例汇辑便览》 23,78,223,
227,228

《大清律例全纂》 11,38,364

《大清律例全纂集成汇注》 23

《大清律例通考》 4,8,23,38,41,65,
77,80,100,111,115,142,153,178,
199,201,204,207,210,312,364

《大清律例增修汇纂大成》 4,23

《大清律例增修统纂集成》 23,34,
50,83,100,101

《大清律纂修条例(律例馆进呈按语册稿)》 23,45,365

《大清现行刑律》 4,22,23,46,112,
227,259,365

《大清现行刑律案语》 23

《大清刑律》 23,46

道光《户部则例》 182,212,213,
235,236

道光《陵县志》 321

《道咸同光奏议》 166

《定例成案合镌》 81,109,260,274

《定例汇编》 34,43,44

《定例续编》 85,93,95,98,103,153,
196,199,212,213,217,221,223,224

《定例续增》 87,120

《东华续录》 242,280

《读例存疑》 94,96,99,103,108,
115,121,142,153,156,173,180,
182,184,187,193,200,205,207,
210 - 212,217,221,225,227,230,
234 - 236,258,259,300,349,354

《福惠全书》 30,263,303

《福建省例》 188

《抚豫宣化录》 85,163,260

《古今图书集成》 25,92,93,150,
172,181,185,187,190 - 193,196 -
198,200,204,205,210,221,238

《关于江宁织造曹家档案史料》 191

《关于明清时代的雇工人律》 145,354

《关于清初的逃人法》 96

《关于宋元时代的奴婢、雇佣人和佃仆——法律身份的形成和特点》 145

光绪《巴陵县志》 261

光绪《大清会典》 73,75 - 77,80,83,
84,90,91,100,104,238,239,
274,325

光绪《大清会典事例》 41,77,79,82,
83,94,95,97 - 99,101,103,111,
112,143,304,354

光绪《畿辅通志》 167

光绪《嘉定县志》 212,213

光绪《鹿邑县志》 320

光绪《婺源乡土志》 98

《国朝先正事略》 167,174

《国榷》 26,151

《河东宣化录》 109
《核定现行刑律》 94
《黑龙江外纪》 179，182，183，232，239，240，244
《红楼梦》 154，193，229，231，234
《洪武实录》 299
《湖南省例成案》 115，297，302，306
《宦游纪略》 99
《荒政辑要》 304，305
《皇朝经世文编》 11，81，82，85，88，113，190，262，276，301，323，326
《皇朝琐屑录》 93，95，168，171，201，217，235，238-240
《皇明制书》 25
《皇清奏议》 81，168，176，184
《汇报》 264，281
《几亭全书》 304
《寄簃文存》 193
嘉庆《太平县志》 115，297
《建炎以来系年要录》 307-310
《江苏成案》 48，54
《江苏山阳收租全案》 263，264
《江苏省例》 112，265
《江苏省例三编》 266
《江苏省例续编》 112
《江苏省明清以来碑刻资料选集》 261
《金瓶梅词话》 169
《金汤借箸》 30
《晋政辑要》 103
《绝域纪略》 236，248
康熙《江南通志》 108，109，297，300，306
《康熙实录》 78，81，95，157，163，178，184，196，203，204，220，234，237，243，245，269，275，413
《康雍朝时期城乡人民反抗斗争资料》 199
《历代刑法考》 371，375，383，403，405，406
《例案全编》 300
《例案续增》 5
《濂江公牍》 3
《梁方仲经济史论文集集遗》 370，407
《列宁全集》 17，27，28，56，58，60，71
《吕氏春秋集释》 47
《律例辨疑》 25
《律条疏议》 3，16
《论清代雇佣劳动》 53，132
《论清代前期的土地占有关系》 86，135
《论中国资本主义萌芽的历史前提》 133
《马克思恩格斯全集》 1，2，27，32，56，73，75，122，124，360
《满官汉释》 240
《梦痕录余》 318-320，322
《勉益斋偶存稿》 166，188，261
《勉益斋续存稿》 166
《民抄董宦事实》 169
《名臣传》 270，271
《明代勋贵地主的佃户》 78
《明会典》 81

《明律》 4,5
《明律集解附例》 4,22,26,151,342,363
《明律统宗为政便览》 298
《明末清初奴婢、雇工人等级的重修和特点》 353
《明清江南地主经济新发展的初步研究》 20
《明清社会经济史研究》 354
《明清时代的农业资本主义萌芽问题》 19,70,333
《明清史料·丙编》 168,174-176,237
《明神宗万历实录》 25,26,342
《牧庵集》 405
《牧令书辑要》 85,101
《牧沔纪略》 86
《(南村)辍耕录》 371
《廿二史札记》 345
《宁古塔纪略》 244
《"农民佃户"所雇农业长工社会性质的问题——明清法典上的"雇工人"问题》 334
《培远堂偶存稿》 109,261,301
《旗军志》 239,240,245,246
《启祯纪闻录》 112,165
乾隆《八旗则例》 222-224
乾隆《沧州志》 297
乾隆《上杭县志》 280
《乾隆实录》 73-75,79,80,82,84,93,97,161,164,165,179,181-183,185-187,192,200,204,211,222-224,227-229,235,236,245-247,274,276,281,305,412
《切问斋集》 38,343
《切问斋文钞》 85,211,275
《清稗类钞》 98,187,189,248
《清朝通志》 80,326
《清朝文献通考》 81,90,97,100-102,163,263,303,326,327
《清朝续文献通考》 46,274,276
《清代前期佃农抗租斗争的新发展》 115
《清代乾隆时期农业经济关系的演变和发展》 136
《清代山东经营地主经济研究》 334
《清代社会经济史研究》 143-145
《清代鸦片战争前的地租、商业资本、高利贷与农民生活》 130
《清季一个京官的生活》 321
《清吏列传》 326
《清律中的雇工和佃户——关于"主仆名分"的探讨》 143
《清史稿》 176,235,270,271
《清史纪事本末》 77
《清史述闻》 103
《庆元条法事类》 308
《仁宗圣训》 75
《日记故事续集》 211
《儒林外史》 169
《三台明律正宗》 25
《上谕八旗》 95,178,240
《申报》 188,189,261,263-266,

268,276,297
《沈寄簃先生遗书》 150,151
《十六世纪、十七世纪初期中国封建社
　　会内部资本主义的萌芽》 21
《十三峰书屋全集》 320,321
《世事通考全书》 70
《视已成事斋官书》 261
《释义经书士民便用通考杂字》 69
《淑问汇编》 62
《双节堂庸训》 318,320,328
《顺治实录》 73,74,77,80,95,96,
　　164,165,167,168,170-172,174-
　　177,226,239,245,412
《四此堂稿》 164,237,245
《宋代佃客法律地位再探索》 307
《宋会要辑稿》 308-310
《宋——清身份法の研究》 353
《宋史》 307,308
《宋史研究论文集》 307
《太崑先哲遗书》 49
《痰气集》 85
《唐明律合编》 11,149,150,153,
　　169,298
《天台治略》 109
《条例(附成案)》 34,36,343
《听雨丛谈》 238,241
《通制条格》 311,370,378
同治《长沙县志》 109,297,301,306
同治《户部则例》 217
《汪龙庄先生遗书》 318
《吴门岁华纪丽》 262

《吴中判牍》 266
《五杂俎》 190
《西江政要》 260,261
咸丰《户部则例》 179,183,191,224,
　　242-244,247
"乡约"制度 303
《校订大明律直解》 25
《啸亭杂录》 165,239
《心政录》 185,278,303,305
《新报》 188
《新编万宝元龙通考杂字》 70
《(新刊)招拟指南》 24,61
《新刻徽郡补释士民便读通考》 69
《星博士退官纪念中国史论集》 145
《刑案汇览》 8,34,53,94,95,97-
　　99,101,184,198,199,207,208,214,
　　226,228,230,231,234,236,246,
　　249,413
《刑案汇览三编》 54
《刑部比照加减成案》 48
《刑名条例》 38,39,64,347
《醒世姻缘传》 169
《醒世恒言》 169
《雄县新志》 167,168,170,174
《续资治通鉴》 189
《续资治通鉴长编》 307
《续子不语》 102
《蓄斋集》 277
《宣统政纪》 99
《学海群玉》 69
《学治续录》 84

《研堂见闻杂记》 213
《杨园先生全集》 84,101,250,301,
    302,314
《养吉斋余录》 75
《养吉斋馀录》 168
《益闻录》 264,265,314
《鄞县通志》 102
《饮冰室专集》 100
《庸行编》 96
《雍正定例成案合钞》 109,111
《雍正实录》 102,111,184,185,192,
    201,232,234,249,256,269,270,
    324,325,412,413
《雍正朱批谕旨》 249,256,260
《永宪录》 165
《元代的奴隶买卖》 381
《元代社会阶级制度》 370
《元代社会经济史》 370,407
《元典章》 169,308,310,311,370-
    372,374-376,378-381,383-404,
    408-411
《元史》 14,311,370-403,405-
    411,413,415
《阅世编》 83,84
《越缦堂日记》 321
《粤游小志》 190
《郋溪集》 307
《暂行新刑律》 46
《折狱龟鉴》 307

《支那身份法史》 139,147
《鹰华堂文钞》 34
中国第一历史档案馆藏《军机处
    档》 99
中国第一历史档案馆藏《吏垣史书》雍
    正 234
中国第一历史档案馆藏《起居注》,雍
    正 111
中国第一历史档案馆藏《清代军机处录
    附档案》 43,44,69
中国第一历史档案馆藏《刑科史书》,
    雍正 111
《中国法律与中国社会》 128,129
《中国法制史研究·奴隶农奴法、家族
    村落法》 139
《中国古代社会与古代思想研究》 78
《中国历史上的劳动力市场》 359
《中国历史上雇佣劳动的身份》 359
《中国田制丛考》 113
《中国资本主义萌芽的学术研究与论
    争》 333
《重订增补释义经书四民便用杂字通考
    全书》 70
"自由"雇佣劳动者 16,20,56,
    132,334
《字林沪报》 82,113,125,189,262,
    264-266,268,314
《佐治药言》 318,330